빅터 프랭클,

당신의
불안한 삶에
답하다

빅터 프랭클,

당신의
불안한
삶에
답하다

마음을 다독이는 심리 치유서

빅터 프랭클 지음 | 마정현 옮김

청아출판사

1928년부터 1945년까지

오스트리아 빈대학병원 신경정신과 과장을 역임한

오토 푀츨Otto Pötzl을 기억하며

알렉산더 바티야니

나는 두 가지 분야의 전문의이자 네 곳의 강제수용소에서 살아남은 생존자이기도 하다. 그 때문에 인간의 자유에 대해서도 잘 아는데, 그것은 모든 제약을 훌쩍 뛰어넘고, 가장 지독하고 가혹한 조건과 상황에 용감히 맞서며, 내가 '영의 반발력'이라고 부르는 힘으로 대항한다.[1]

빅터 프랭클이 강제수용소에서 해방되고 얼마 지나지 않아 이 글을 썼던 당시에는 '회복력resilience'에 관하여 말하는 사람이 아무도 없었다. 이 개념은 1970년대 후반 미국의 발달심리학자 에미 워너Emmy Werner가 주도한 '카우아이Kauai의 아이들'이란 종적 연구를 통해 비로소 의학 담론에서 주요한 위치를 차지하게 되었다. 에미 워너는 1955년에 하와이 카우아이섬에서 태어나 온갖 역경 속에서 자란 698명의 아이들을 40년 동안 추적 관찰하였다. 그들 가운데 3분의 1에 해당하는 아이들이 가난, 실업, 알코올 중독 같은 불우한 가정환경에도 불구하고 정서적으로 안정된 유능한 성인으로 성장하였다. 이들을 좀 더 자세히 살펴본 워너는 일련의 '회복력 인자들'을 발견했는데, 그중에서 무엇보다 중요한 것은 언제나 변함없는 한 사람과의 안정적인 관계였다. 이 밖에 유머, 적극적인 자세, 도움 받아들이기, 영성의 다양한 형태가 공통 인자로 발견되었다.

긍정심리학이 등장하면서 회복력 연구를 통해 이런 인자들과 더불어 결정적 요인이 되는 또 다른 인자들이 더욱 심층적으로 탐구되었고, 이내 이 인자들이 삶의 어려운 상황을 극복하는 데 영향을 끼치는 것은 물론, 성공적인 삶을 위한 일반적인 지침으로 고려할 수 있다는 것도 알게 되었다. 이러한 이유로 얼마 전부터 회복력이라는 개념이 학술서 및 심리학 대중서에서 대유행을 이루었다.

이러한 책들을 보면 빅터 프랭클이 자주 언급되는데, 그의 저서와 자서전 모두 많이 인용되고 있다. 그중에서도 특히 그의 생존과 히틀러 독재 기간에 강제수용소 네 곳에서 수감 생활을 했던 경험담이 자주 등장한다. 몇몇 저자는 프랭클을 회복력 연구의 개척자로 기술하기도 한다. 프랭클의 수많은 저서에서 '회복력'이란 단어는 단 한 번도 등장하지 않는데 말이다.

이 회복력이란 단어의 부재는 눈여겨볼 만한데, 이는 프랭클이 1997년 사망하기 전까지 매우 활발하게 최신 정신의학, 심리치료 및 심리학 학술 담론에 큰 관심을 가지고 참여했고, 행동학의 새로운 연구 동향이나 주제에 대한 비판적 대담에도 끊임없이 모습을 드러냈다는 점에서 그렇다. 이에 무엇보다 그가 하버드, 댈러스, 듀케인, 샌디에이고 등 미국의 여러 대학에서 학생들을 가르칠 때 회복력이란 개념을 접하지 않았을 것이란 말은 전혀 개연성이 없는 이야기다.

정작 프랭클 본인은 왜 이 개념을 단 한 번도 다루지 않았는지 이제 와서 확실하게 파악하기란 불가능하다. 비록 그가 '영의 반발력 Trotzmacht des Geistes'이란 단어로 비슷한 개념을 소개했지만 말이다. 이는 빅터 프랭클의 글에서 자주 볼 수 있는 "왜 사는지 아는 사람은 어떤 상황도 견디어 낸다."라는 니체Friedrich W. Nietzsche의 인용문*에서도 감지할 수 있다. 하지만 프랭클은 니체의 수동적인 '견디기'를 적극적인 '영의 반발력'으로 바꾸었다.

전형적인 강제수용소 수감자가 됐든, 아니면 그 같은 궁지, 심지어 스스로 그러한 극한의 상황에 처한 인간이 됐든 여전히 매 순간 결정에 직면했다. … 만약 영의 반발력이 실재한다는 증거가 필요했다면, 강제수용소는 결정적 실험experimentum crucis이었다.**

'회복력'과 '영의 반발력'은 서로 어떠한 태도를 취할까? 불변의 고

통을 정신적으로 건강하게 극복할 가능성에 대한 물음에 회복력이라는 개념과 프랭클의 저서들은 어떻게 설명하고 있는지, 이 두 개념의 공통점과 차이점을 이야기하면서 개요를 살펴보겠다.

회복력이라는 용어가 나오기 전의avant la lettre 회복력?

회복력 연구와 프랭클의 연구 간에 대화를 시작하기에 앞서 한 가지 역사적 오해를 풀어야 할 필요가 있다. 이 오해를 합리적으로 해명하는 것은 프랭클의 로고테라피(의미치료)와 회복력의 관계를 더 잘 토론하는 데 도움을 주기 때문이다. 때때로 사람들은 프랭클이 3년 동안 수감되어 있던 테레지엔슈타트, 아우슈비츠, 카우퍼링 및 튀르크하임 강제수용소에서 살아남은 것이 그의 회복력(또는 반발력)에 기인한다는 이야기를 읽곤 한다.[2] 이거야말로 회복력이 영향을 끼친 대표적인 예일지도 모른다. 이렇게 해서 회복력과 (혹은) '영의 반발력'에 대한 역사적, 실존적 사실주의가 부족하다는 것을 알 수 있다.

고통, 질병, 불의나 죽음은 쉽게 피할 수 없고 인간이 좌지우지할 수도 없다. 이에 단순히 '올바른' 태도나 특정한 회복력 인자만으로는 생존이 보장되거나 고통스러운 상황을 이겨 낼 수 없다(또 살아남지 못하고 이겨 내지 못한 사람들에게 암묵적으로 운명에 대한 공동 책임을 전가할 수도 없다). 프랭클 역시 기념 강연에서 '가장 선량한 사람들'이 홀로코스트에서 살아남지 못했고, 생존 자체는 대부분 순전히 우연이거나 아니면 받을 자격이 없는 은총에 기인한다는 것을 강조하기도 했다.

> 왜냐하면 살아남은 우리는 우리와 함께 있었던 가장 선량한 자들이 그곳에서 나오지 못했다는 것을 너무나 잘 알고 있었기 때문이다! 그래서 우리는 생존을 과분한 은혜로 느낄 수밖에 없었다.[3]

프랭클은 오히려 죽음의 자의적 역할과 생존의 은혜를 강조했다. 이와 함께 순전한 우연, 이를테면 감독관과 수용소 사령관들이 순간의 기분으로 수감자들의 삶과 죽음을 결정할 수 있게 내버려둔 정치 시스템의 유해한 역할도 부각하였다. 프랭클은 이런 점에서—역사적, 전기적으로 전무후무한 홀로코스트의 시련과 관련해서만이 아니라—인간의 고통을 현실적으로 평가해야 한다는 커다란 의무감을 느끼고 있었다. 그리하여 생생하게, 그리고 어떤 것도 미화하거나 눈가림하는 것 없이 고통을 다른 목표나 개념으로, 최소한 고통이 무엇인지를 증명할 수 있었다.

프랭클이 보기에—유익한 소명을 포함한—고통을 재해석하려는 시도는 두 가지 이유에서 의심스러웠다. 첫째, 사태의 심각성은 물론 고통의 상황적 타당성도 올바르게 평가하지 않았고, 둘째, 고통의 절대성 자체를 과소평가하려 하기에 고통을 인정하고 정직하게 마주하면서 극복할 수 있게 하는 정신적 상태로 만들지 않았기 때문이다.

그럼에도 불구하고 삶에 '예'라고 말하다

프랭클의 관심사는 구체적인 고통의 극복에 있기보다는 미리 밝혀야 할 매우 근본적이고 절대적인 물음, 즉 언젠가 한 번쯤은 '고통, 죄, 죽음'이라는 비극적 3요소와 마주치는 삶이—그리고 이로써 인간의 모든 삶이—진정 의미 있고 살 만한 가치가 있는가 하는 물음에 있었다. 이에 대한 프랭클의 생각은 강제수용소에서 해방된 후 가진 강연들 가운데 하나에서 밝힌 핵심 쟁점에 잘 나타나 있다. 그 강연에서 프랭클은 필생의 작업 및 로고테라피와 실존 분석의 중심 사상을 언급하였다.

여러분, 제가 이 대목에서 개인적인 이야기를 꺼내는 것이 실수라고는 생각하지 않습니다. 저는 여러분께 어떻게든 빚을 지고 있고, 그리하여 제가 무엇을 설명하고 싶은지 쉽게 이해할 수 있도록 해야 한다고 봅니다. 강제수용소에는 수많은 그리고 힘겨운 문제들이 있었습니다. 하지만 수감자들의 문제는 결국 이것이었습니다. '과연 내가 살아남을 수 있을까? 정말 그럴 수만 있다면 나의 고통도 의미가 있을 텐데.' 하지만 제게 문제는 다른 것이었습니다. 제 문제는 정확히 그 반대였습니다. 즉 '고통이 의미가 있다면 죽음도 의미 있을까?' 하는 것이었죠.

정말 그렇다면 생존은 의미가 있을 테니까요! 다시 말해 제겐 오로지 의미 있는—어떤 경우에도 의미 있는—삶을 체험하는 것만이 가치 있게 여겨졌습니다. 그러한 유의미성이 순전히 우연의 손에 넘겨진 삶과는 반대로 말이죠. 우연, 말하자면 그것으로 (위험한) 삶에서 빠져나오든 아니든 미심쩍은 의미가 있는 삶은 설령 그것을 모면한다고 해도 전혀 살 만한 가치가 없어 보였습니다.[4]

프랭클이 그의 방대한 저서에서 고통의 극복이라는 주제를 반복적으로 화제로 삼긴 하지만, 고통 속에서도 어떻게 하면 정신적으로 건강한 상태를 유지할 수 있는가 하는 물음에 몰두하거나 중점적으로 이야기하지는 않는다. 그보다 먼저 명확히 한 것은 고통이 삶을 그늘지게 해도 과연 삶 자체는 의미가 있는가 하는 문제였다. 그래서 프랭클은 고통을 현존의 유의미성과 연관 짓고, 그럼에도 불구하고 사람들이 삶에 예라고 말할 수 있는지 물었다.

프랭클은 고통에도 불구하고 삶이 의미가 있는 한, 또 때로는 고통스러운 상황 속에서도 의미를 알아차릴 수 있는 한 우리가 삶을 위해 그리고 삶과 함께 싸우는 노력은(고통은 우리를 그러한 싸움 앞에 세울 수 있다) 매우 가치가 있다고 보았다. 하지만 항상 그 전제는 변경할 수 없는 고통이라는 점이다. 다른 한편으로 그것이 바뀔 수 있다면, 그 순간의 의미는 분명 견디는 데 있지 않고 고통을 극복하거나 최소한 완화하도록 노력하는 데 있다.

프랭클의 고통에 관한 논의에서 중요한 요소는 현실성이다. 그렇기에 이 책에 모은 60년간의 글들은 고통받는 인간을 바라보는 프랭클의 시선이 회복력을 포함해 당시 유행하던 수많은 대응 이론들과는 구별된다는 것을 잘 보여 준다. 이는 그가 고통을 인간이 체험하는 예외적인 경우가 아니라 인간 실존의 일반적인 구성 요소로 간주한다는 점에서 그렇다. 어떤 현존재도 고통과 죄를 피할 수 없고, 개개인은 자신의 죽을 운명과 사물의 무상함이라는 문제와 직면하기 때문이다. 이에 프랭클은 '고통력Leidensfähigkeit'을 인간의 사랑 및 노동력과 함께 영적, 정신적 성숙 목록의 일부로 보고 도움을 주는 직업의 현실주의에 호소했다. 이는 결국 생존력으로, 기쁨과 마찬가지로 고통 역시 삶의 일부이기 때문이다.

고통 속의 의미, 고통에도 불구하고 의미

빅터 프랭클은—추측건대 정당한 이유로—매우 낙관적이고 긍정적인 인간상과 세계상을 그려 냈다고 자주 회자되고 있다. 따라서 첫눈에는 그의 저서에서 고통력과 고통의 극복이 상당히 많은 자리를 차지하고 있다는 게 모순으로 보일지도 모른다. 물론 이것은 한편으로는 역사적, 전기적으로 이해할 수 있다. 지난 20세기 엄숙했던 유럽의 정신의학과 심리학은 그렇게 할 수 없었고 또 그렇게 하길 바라지도 않았다. 당시 사람들은 현실을 최소화하는 데 의무감을 느껴서 아우슈비츠와 히로시마의 문명 파괴를 어떻게든 빨리 지나가고 아무 걱정 없는 일상생활로 복귀하길 원했다. 다른 한편으로 의미에 대한 물음은 무엇보다 고통 속에서, 즉 개인의 자유 공간이 폐쇄되고 사람들이 위험에 처한 결과 삶 전체를 의심하거나 자포자기할 때 제기된다는 것을 쉽게 알 수 있다.

이러한 문제에 대해 로고테라피가 기여한 것은 무조건적인 현실주의에 있다. 이는 한편으로는 삶 전체의 고통을 배제하지 않는 것을 의미한다. 하지만 다른 한편으로는 고통 속에 남아 있는 좋은 점을 잊거나 간과하지 않으면서, 여전히 남은 새롭게 열리는 자유 공간으로 시선을 돌리고, 그 안에 감추어진 의미의 가능성을 발견하는 것을 말한다.

로고테라피와 실존 분석이 고통받는 인간에게 전하는 위로는 삶은 항상 의미가 있고, 고통 속에서도 여전히 의미가 있다고 확신시키는 데 있다. 그뿐만 아니라 고통이 반드시 좌절을 의미하지 않고, 때에 따라서는 매우 폭넓은 반응의 다양성을 마련한다는 것을, 다시 말해 운명이 어떤 결합으로 우리와 만나든지 계속해서 변화할 수 있다는 것을 임상적 관찰에 근거하여 전하고 있다.

최근 유행하는 회복력 개념의 수용과 관련된 성과에 대한 의견과 마주칠 때는 프랭클의 '영의 반발력'을 오해하지 않도록 주의해야 한다. 프랭클은 고통받는 사람들을 아주 생생한 최적화 노력으로 당장 성공, 힘, 자기실현으로 이끄는 것이 중요하다고 했다. 고통 속에 있는 의미를 발견할 가능성에 대한 경험적 연구는 실제로 그러한 영향력을 매우 강력한 방법으로 암시하기도 했다. 그럼에도 프랭클이 '영의 반발력'에 대한 생각과 고통 속의 의미 발견에 관해 말했을 때, 그것은 자신이 토대를 구축한 '의료적 영혼 돌봄'의 중심에 있진 않았다.

오히려 프랭클에게 중요한 것은 일차적인 질병 외에도 고통으로 인해 금방이라도 무너질 것 같은 환자들이 자신이 믿었던 개선의 여지를 잃었을 때 무의미한 삶 속의 고통을 살 만한 가치가 있는 대안과 서로 견주는 일이었다. 다시 말해서 고통 때문에, 또 고통에 대항하는 것이 아니라 고통에도 불구하고 개인의 의미 가능성을 탐색하고 실현하는 일이었다.

치유는 의미를 필요로 한다

이러한 실존적 상부 구조와 여기에서 비롯된 의료적 영혼 돌봄으로 빅터 프랭클과 로고테라피는 오랫동안 외톨이였다. 이들은 엄밀히 말해 혼자일 뿐만 아니라 실존적 동인과 상관없는 대립 이론들과 직접적인 반대 입장에 서 있었다. 이 대립 이론들은 의미 문제를 모조리 병리학적 영역으로 몰아내려고 했다. 빅터 프랭클은 이러한 맥락에서 병리주의*는 인간적인 문제와 관련된 과오를 인간 성숙의 표시가 아니라 오히려 영혼의 탈선으로 잘못 이해하고 있다고 말했다.

---

* 이 책 314~316, 349~350쪽 참고.

병리주의가 가장 염려스러운 것은 인간적인 것과 병적인 것을 혼동할 뿐만 아니라 존재할지도 모르는 가장 인간적인 것, 다시 말해 인간 현존의 의미를 최대한 실현하기 위한 염려를 병적인 것과 혼동한다는 데 있다. 이런 가장 인간적인 것은 오로지 너무나 인간적인 것, 어떤 약점과 콤플렉스로만 간주되고 있다. 인간은 자신의 현존에 대한 의미를 주장하지 않는다. 이런 의미로의 의지는 병적인 증상이 아니며, 이는 심지어 ··· 치료제로 동원되기도 한다.[5]

이러한 병리주의적인 의혹의 결과는 특히 의미에 대한 물음에 의해 움직이는 개인, 즉 고통 속에서 실존적인 물음과 대면하게 된 개인에게는 이중으로 치명적이라는 것을 예견할 수 있다. 한편으로 그의 삶은 어두워지고, 다른 한편으로 그의 고통은 추정적 혹은 실제적인 의미 상실에 대한 실존적 관심의 표현이 아니라 심리적 변형이라고 밝혀지기도 한다. 지그문트 프로이트Sigmund Freud는 이에 대한 견해를 다음과 같이 말했다.

사람들이 인생의 의미와 가치에 대해 묻는 순간 병이 드는데, 왜냐하면 이 둘은 객관적인 방식으로 존재하지 않기 때문이다. 그들은 충족되지 못한 리비도libido가 남아 있다고 자백하기는 했지만, 이와 함께 뭔가 다른 것이, 슬픔과 우울함으로 이끈 일종의 동요가 일어난 게 틀림없다.[6]

이러한 전조 아래 프랭클이 던진 물음 가운데 가장 인간적인 물음, 즉 의미에 대한 물음은 심리적 결함의 신호로 설명되었다. 이는 이 세상뿐만 아니라 우리도 뭔가 잘못되었다고 전달하는 결과를 초래했다. 여기서 쿠르트 아이슬러Kurt Eissler가 의미 모델을 토대로 죽어 가는 환자에게 조언하고 돕는 과정을 기술한 것을 잠깐 살펴보겠다.

환자는 과거 삶의 의미 충만과 현재의 무의미함을 비교했다. 지금은 더 이상 직장에서 일할 수 없고 하루 대부분의 시간을 그저 누워만 있는데, 그럼에도 불구하고 자신의 생존이 자녀들에게 중요하고 스스로 과제를 이행해야 하는 한 삶은 의미가 있다고 했다. 하지만 병원에 입원하여 다시는 집으로 돌아갈 가망이 없거나 병상을 떠날 수 없다면, 자기 몸은 쓸모없는 썩은 살덩어리가 되고 자신의 삶은 모든 의미를 잃을 거라고 말했다. 그녀는 여전히 고통이 어떻게든 의미가 있다면 오랜 시간이라도 모든 고통을 짊어질 각오가 돼 있었다. 그런데 나는 무엇 때문에 그녀에게 삶이 무의미해 보이는 시간에 고통을 견디라고 지시하려 했을까? 나는 그녀가 심각한 실수를 저지르고 있다고 보았다. 왜냐하면 그녀가 자기 일생이 아무런 의미가 없고, 또 오래전 자신이 아프기 전부터 이미 무의미했다고 말했기 때문이다. 나는 철학자들은 삶의 의미를 찾기 위해 지금도 아무 보람 없이 애쓰고 있다고 이야기했고, 그녀의 과거와 현재 삶의 차이점은 오직 하나, 현 단계에서는 삶의 의미를 더 이상 믿지 못했지만 예전에는 믿었다는 데 있다고 했다. 실제로 나는 그녀 삶의 두 단계 모두 절대 의미가 없지 않았음을 거듭 강조했다. 이 말에 환자는 어쩔 줄을 몰라 하면서 내 말을 이해하지 못한 척 울음을 터트리는 것으로 반응을 보였다.[7]

로고테라피와 실존 분석은 우리가 어떻게 희망을 품고 세상에 맞서고, 불완전함 속에 있는 이 세계 자체를 받아들일 수 있는지 조언하고 도우면서 이러한 허무주의에 답변한다. 그 불완전함은 세계가 우리의 희망에 의존하고 있고, 오직 인간만이 세상에 희망을 전할 수 있는 존재라는 것을 말해 준다. 인간이 이를 포기한다면, 희망은 지상에서 조용히 사라져 버린다. 이는 세계뿐만 아니라 개개인에게도 일어날 수 있는 결과다. 다시 말해, 인간의 희망과 의미 지향적 태도는 심리적인 결핍이 아니며, 그것은 인간의 본성 안에 있고 그리하여 세계의 본성에도 들어 있다는 걸 의미한다. 심리적 결핍은 오히려 희망과 의미를 등질 때 나타난다. 왜냐하면 그것은 인간의 자기 체험 및 세계 체험의 핵심 특징을 외면하는 것이기 때문이다.

이 책은 제1부와 제2부로 구성되어 있다. '제2부 실존 분석과 로고테라피 개요'에서는 다양한 주제를 상세히 논하고, 프랭클이 60년에 걸쳐서 써 온 글들을 모은 '제1부 60년간의 글들'은 의미 중심적 심리학의 다양한 차원을 보여 준다. 먼저 프랭클이 결핍에 방향을 맞춘 정신분석학과 일찍이 거리를 둔 이야기로 시작해(〈정신과 의사의 자기반성〉, 53~59쪽) 〈강제수용소 심리학과 정신의학〉(87~125쪽)을 거쳐 현대 소비사회의 의미의 위기에 대하여 논하는 것으로(《시대정신의 병리학에 관한 소견》, 221~235쪽) 끝맺는다.

어려운 생활 여건에 직면할 때 내적인 힘에 이르는 길은 강하게 단련되는 자기뿐 아니라 실현되는 의미를 통과한다. 그 때문에 프랭클이 때때로 회복력의 개척자로 여겨지는 역할을 고려하면, 분명 회복력과 '영의 반발력' 사이의 커다란 교집합을 찾을 수 있지만, 고통을 극복하는 길과 목표는 서로 다르다는 것을 놓쳐선 안 된다.

프랭클의 모델은 회복력을 결코 목표로 보지 않고 의미의 무조건적인 개방성의 부산물로 간주하며, 더 나아가 인간이 타고나는 자기 치유력을 믿는다는 점에서 동시대 회복력의 이해와는 구별된다. 이는 인간이 바꿀 수 없는 시련 속에서 단 하나의 의미 가능성이라도 인지하고, 그렇게 해서 그때그때 유일한 상황 속에 있는 인간의 개별적인 특색을 더 잘 인정한다는 점에서 그렇다.

프랭클의 모델과 달리 회복력 연구에서는 개별 관찰과 집단 조사에서 얻은, 일반적으로 사람들의 회복을 도울 수 있는 모든 인자를 격리하려고 애쓴다. 그때 종종 고통과 고통 극복이란 문제 앞에서 '통상적인' 이로움이라는 범주 안에 있는 생각들은 모두 유일한 상황—그리고 그렇게 해서 한계—에 처한 유일무이한 개인과 충돌한다는 점이 간과되기도 한다. 인간은 구체적인 고통과 직면할 때 자신의 체험, 선택, 행동과 도움을 잘 알려진 사실뿐만 아니라 아직 발견되지 않은 불확실한 상황에서 실현되기를 기다리고 있는 가능성 쪽으로 향하게 할 필요가 있다.

이를 좀 더 이해하기 쉽게 설명하자면, 프랭클의 모델은 상처받은 인간의 존엄성을 고통의 손아귀에서 지켜 내려고 노력하고, 동시대 연구들이 회복력 변수로 발견하고 확정한 수많은 인자를 부작용으로 활성화시킨다.

이러한 관점 아래 회복력 연구의 맥락에서 프랭클의 재발견이 이루어졌고, 이는 지금까지 거의 주목하지 못했던 새로운 가능성을 열었다. 한편으로 현대 심리학이 점점 완전히 다른 인식의 길로 들어서는 모습은 로고테라피스트logotherapists(의미치료사)가 보기에 대단히 흥미로운 일인데, 그것은 이전까지 다른 사상역사적, 사회적 맥락 안에(여기서는 특히 홀로코스트 그리고 히로시마, 나가사키 사건의 흐름 속에) 있었다. 또 현대의 정신의학자, 심리학자와 심리치료사들에게는 회복력 연구에서 논의된 보호 인자들이 더 큰 실존심리학적 모델과 연관성이 있다는 점 역시 흥미로울지 모른다. 실존심리학적 모델은 믿기 힘든 지난 세기 문명의 붕괴 앞에서 스스로 증명되었고, 그 속에는 회복력 외에도 현재 고통받는 사람들에게 최상의 도움을 줄 수 있는, 아직 발견되지 않은 수많은 암시가 담겨 있을 것이다.

※ 알렉산더 바티야니Alexander Batthyány는 심리학의 철학 교수이자 리히텐슈타인대학교 빅터 프랭클학 교수 겸 모스크바대학교 정신분석연구소 로고테라피 학과장이다. 오스트리아 빈 소재 빅터 프랭클 연구소를 이끌고 있으며, 빅터 프랭클 전집의 최초 발행인이기도 하다. 신판 출간을 앞두고 여러 가지 의견을 함께 나눴던 타렉 뮌히Tarek Münch에게 감사의 말을 전한다.

1986년 5월 14일 오스트리아 빈대학교는 빅터 프랭클 교수에게 명예 자연과학 박사 학위를 수여했다. 이것은 프랭클이 받은 열두 번째 명예박사 학위로,* 이 의식의 찬미자인 나에겐 30년 전 내가 대학생일 때 만났던 한 남자의 삶과 업적을 되돌아보는 계기가 되었다.

찬미자로 계속 남아 있는 것은 어렵지 않았다. 1946년 이래 20개의 언어로** 출간된 27권이 넘는 책을 저술한(이 밖에도 일본어로 7권의 전집이 나온!) 남자를 기리는 것은 전혀 어려운 일이 아니었다. 《죽음의 수용소에서Man's Search for Meaning》를 쓴 저자의 공로를 입증하고, 지금까지 전 세계적으로 149판 이상 인쇄된 책의 진가를 인정하고, 또 찬미

---

* 빅터 프랭클은 생전에 27개의 명예박사 학위를 받았다.

** 2017년 봄 기준, 프랭클의 책 39권이 50개 언어로 번역되었다.

자로서 여유를 갖고 본보기인 그에게 존경과 영예를 표현해 보여 주는 일은 간단한 과제였다. 그리고 그가 저술한 다수의 저서에서 그에게 그리고 그의 이론과 발달에 결정적인 것은 무엇이었는지 가리는 작업도 과제에 포함되었다.

당시 난 혼자 조용히 결정해야 했고, 나의 선택은 빅터 프랭클이라는 인물 그 자체로 입증되었다. 그리고 '50년간의 글들'을 하나로 통합하려는 이 저서의 서문을 작성해 달라는 부탁을 받고, 과연 이 선집은 어떤 모습일지 무척 궁금했다. 프랭클의 첫 번째 출판물은 1924년에 발간되었는데, 그것은 내게 너무나 좋은 기억으로 남아 있다. 그가 1905년에 태어난 것을 고려하면 1924년이란 연도는 사람들의 눈을 의심케 한다. 겨우 열아홉 살밖에 안 된 소년이 《국제정신분석학회지》에 〈표정이 말하는 긍정과 부정의 발생〉이란 주제로 논문을 발표한 것이다. 프랭클은 그가 중학생이었을 때부터 이미 프로이트와 오랜 기간 서신을 주고받았다. 2년 뒤, 그는 젊은 의학생 자격으로 국제 개인심리학회에서 기조연설을 했다.

그때 이미 우리는 빅터 프랭클의 가장 근본적 특징이라 할 수 있는 자기 자신의 길을 가는 불굴의 의지를 발견했다. 그러한 결정을 내린 사람은 기존 제도에서 받아들여지기 어렵다. 이 기조연설에서 그가 은근히 암시하던 정통 개인심리학파와의 견해 차이는 더욱 심각해져서 결국 알프레트 아들러Alfred Adler와 절교에 이르게 되었고, 아들러의 단호한 요청에 따라 프랭클은 1927년 개인심리학회에서 제명되었다.

이 책의 제1부를 구성하고 있는 글들 가운데 〈개인심리학과 로고테라피의 만남〉(163~179쪽)은 프랭클이 불가피하게 자기만의 길을 걷게 된 발전 단계에 대한 화해적 회고를 보여 준다. 이미 그때 프랭클이 보기에 정신분석은 인간을 현실에 적응시키는 것을 목표로 하고, 개인심리학은 그 현실을 설계하는 것을 목표로 삼는다는 것이 분명했다. 이는 계단식 발전으로, 젊은 프랭클의 눈에는 그곳엔 다음의, 최종적이고 결정적인 자리가 결여된 것처럼 보였다. 이에 관해서는 〈심리치료의 정신적 문제점에 대해〉(33~51쪽)에서 자세히 설명하고 있다.

적응과 설계를 넘어서 최종적인 단계는 '책임'을 떠맡는 것이다. 내가 존재한다는 것은 책임이 있다는 것을 의미한다. 그리하여 개개인이 구체적인 인생의 운명 속에서 실현할 수 있는 가치, 즉 '의미 발견'을 최고 단계로 간주할 수 있다. 프랭클은 이미 1938년에 쓴 글(〈심리치료의 정신적 문제점에 대해〉)에서 우리가 아닌 환자 스스로가 누구 앞에서 책임감을 느끼고(신 앞에서든 양심 앞에서든), 무엇에 책임감을 느끼는지, 다시 말해 환자가 자기 삶에서 어떤 의미를 발견할지 결정해야 한다는 점을 명백히 밝혔다.

1930년대 후반의 초기 글들을 보면, 빅터 프랭클은 실존의 무의미 문제를 그의 생각 중심에 두고, '세계관 중심으로 전개되는 대화'를 주목할 만한 치료법으로 요구하고 있다.

하지만 그때 특정 입장을 제안하거나 강요해서는 안 되며, 오히려 타협하지 않는 열성적인 태도가 정신과 의사들의 중심 신조가 되어야 한다며 위험성을 인식하고 피하게 되었다. 이에 관해 프랭클은 〈정신과 의사의 자기반성〉(53~59쪽)에서 분명하고 단호하게 다음과 같이 말했다. "누가 어떤 세계관을 선택하느냐는 영향을 받지 않는다. 중요한 것은 그에게 세계관이 있는가 하는 점이다."

이런 관대한 태도는 종교적 영역에서도 계속된다. 오스카 피스터상(미국정신의학협회가 스위스 출신 목사이자 정신분석학자 오스카 피스터Oskar Pfister를 기리기 위해 1983년에 설립한 상으로, 빅터 프랭클은 1985년도 수상자였다. 참고로 1986년에는 한스 큉Hans Küng, 1988년엔 올리버 색스Oliver Sacks가 이 상을 받았다-옮긴이) 수상 연설인 〈궁극적 의미를 찾는 인간〉(189~213쪽)에서는 정신과 의사의 행동이 가져오는 온갖 결과와 함께 종교로 향하는 다리를 놓았다. 그런데 프랭클이 이해한 '종교'라는 개념은 너무 광범위하여 불가지론agnosticism과 무신론까지 포함될 수 있다.

빅터 프랭클은 그의 자서전에서 네 살 무렵 자기도 언젠간 죽는다는 사실을 깨닫고 깜짝 놀라 잠에서 깼다는 이야기를 적고 있다. 이러한 어린 시절의 충격이 그로 하여금 어떻게 하면 삶의 의미와 무상함이 조화를 이룰 수 있을까 하는 아주 핵심적인 질문을 던지게 한 것일까? 프랭클은 중학생이었을 때 특별히 구스타프 테오도르 페히너Gustav Theodor Fechner에게 많은 자극을 받고 여러 생각과 씨름했는데, 나중에 그런 생각에 대하여 마르틴 하이데거Martin Heidegger와 토론을 벌이게 된다. 이처럼 프랭클에게는 세계관 영역이 처음부터 신경과 의사의 일에 통합되었다.

프랭클은 〈철학과 심리치료〉(61~71쪽)에서 신경과 의사는 환자의 세계관에 따른 선택과 개인적 가치를 무시하고 치료하면 안 된다는 것을 분명히 요구하고 있다. 신경증 환자는 매우 특정한 세계관적 입장에 의해 생기거나 그것으로 유지된다. 그리하여 프랭클이 〈철학자이자 정신과 의사 루돌프 알러스〉(127~139쪽)에서 자신의 생리학 스승의 말을 그대로 인용한 것은 절대 우연이 아니다. "나는 해결되지 않은 형이상학적 문제가 최후의 문제와 최후의 갈등으로 모습을 드러내지 않은 신경증 환자의 사례를 아직까지 본 적이 없다."

만약 운명이 프랭클을 그가 세운 가설로 저울질하려고 한다면, 이러한 목표 지향적이고 성공적인 길은 한순간에 무너질 수밖에 없다. 프랭클은 오스트리아 로트실트 병원에서 주임의사로 일하다 여러 강제수용소로(아우슈비츠 포함) 보내졌다. 그곳에서 아내, 아버지, 어머니, 형을 모두 잃은 그 시기에 대해 무엇을 말할 수 있을까? 그때 이미 의미 발견에 관하여 명확하게 생각을 정리한 프랭클은 아주 담담하게 '결정적 실험'에 대해 이야기했다. "생존은 오로지 미래 지향으로만, 미래에 실현되기를 기다리는 의미로만 이루어질 수 있다."

《영혼을 치유하는 의사Ärztlichen Seelsorge》의 원고를 잃어버린 뒤, 그것을 재구성하려는 소망이 빅터 프랭클이 생존하는 데 중요한 동력 중 하나가 됐다는 이야기는 운명을 너무나 간단히 설명하는 것처럼 보이지 않는가? 〈강제수용소 심리학과 정신의학〉(87~125쪽)에서 프랭클은 끊임없이 지속되는 잠정적 실존과 끝을 알 수 없이 계속되는 불확실성의 한계 상황을 냉정하게 분석한 형태로 기술하고 있다. 그러나 그는 생존할 수 있는 정신력뿐만 아니라 강제수용소에서 돌아온 뒤에도 차분하게 자신의 신조에 충실할 수 있는 힘을 가지고 있었다. 프랭클은 연대죄라는 개념에 단호하게 반대하며, 이에 관해 1947년《실존 분석과 시대의 문제점Die Existenzanalyse und die Probleme der Zeit》이란 글에서 이렇게 말했다. "집단적 책임이 존재한다면, 그것은 오로지 세계적인 것만 있을 수 있다. 건강한 한쪽 손은 종양이 생긴 손이 자기가 아니라 다른 손이라고 절대 자만해서는 안 된다. 왜냐하면 아픈 것은 항상 전체 유기체이기 때문이다."

프랭클은 긍정적인 기본 태도에서 출발한 자신의 차별화된 태도—사랑을 통해 실존하게 하는—를 1947년에 쓴《시대와 책임Zeit und Verantwortung》이란 글에서 압축하면서, 데카르트의 "나는 생각한다. 고로 존재한다cogito ergo sum."라는 말을 "나는 사랑한다. 고로 존재한다amo ergo est."라는 말과 대조하였다.

철학과 심리학의 연결—프랭클이 그의 삶에서 그랬듯이 가르침 속에서도 실현한—이 또 다른 중요한 요소인 그의 자연과학적 실험에 대한 열정을 잊게 해서는 안 된다. 프랭클은 자서전 초안에서 이미 세살 때부터 의사가 되겠다고 말했고, 약물을 시험하는 몇 가지 아이디어도 상상할 수 있었다고(오늘날의 기준에는 전혀 부합하지 않을 수도 있지만) 적고 있다.

어찌 됐건 프랭클은 실험심리학에 몹시 매료되어 1949년에는 빈대학교에서 심리학 박사 학위를 취득하기도 했다. 인식론 및 심리학 영역과 함께 '생물학 분야'를 간과해서는 안 된다는 그의 근본 사상은 그가 이미 1939년에 논문 〈신경증 환자 심리치료에서 약물적 지지에 대해〉(73~85쪽)를 쓰게 한 원인이 되기도 했다. 발터 푈딩어Walter Pöldinger가 《정신약물치료 개요Kompendium der Psychopharmakotherapie》에서 글리세린 에스테르glycerin ester를 사용하여 불안-긴장성 우울증을 치료한 유익한 성과를 보고한 최초의 학자들 가운데 한 명으로 프랭클을 인용하고, 그를 신경안정제 연구의 개척자 그룹에 배치한 것은 외부인들이 보기에는 놀라운 일이다.

물론 여기서도 '도구'인 약물을 따로 분리하여 보진 않는다. 프랭클의 확신에 따르면 그것은 "환자가 사전에 심리치료사의 손에 있는 무기를 얻어야 하는 전투에서의" 도핑과 같은 비중을 차지하고 있다. 1939년에 쓰인 이 문장은 모든 것을 낫게 하고 모든 것에 대항하는 약이 있어야 한다는 믿음이 형성된 오늘날 그 어느 때보다 더 소중하게 여겨진다.

실험심리학을 대하는 빅터 프랭클의 열린 마음은 1972년 첫 번째 실증적 논문(엘리자베트 루카스Elisabeth Lukas의 〈성격 이론으로서의 로고테라피Logotherapie als Persönlichkeitstheorie〉)이 내 지도하에 박사 논문으로 제출된 동인이 되기도 했다. 루카스는 개별적 명제들과 실존 분석의 연구 방향 및 심리치료법인 로고테라피에 관한 사상을 연구했고, 일련의 논문들을 발표하였다.

그러나 이쯤에서 프랭클이 생전에 쓴 저서들의 중심 사상을 그냥 지나쳐선 안 된다. 또 환자를 도우려는 노력에서 세계관 논쟁을 빠트려서도 안 된다. 증상 무시하기, 탈숙고dereflexion(탈성찰, 반성 제거라고도 함-옮긴이) 혹은 비꼬기, 역설적 의도paradoxical intention와 같은 기법들은 훨씬 뒤에 나온 행동 치료적 접근법에서 만나게 된다. 하지만 이들을 따로 분리된 도구로 사용하는 것은 치료에서 약물적 지지를 과대평가하는 것과 마찬가지로 똑같은 실망으로 이어질 수밖에 없다.

이곳에 선보인 반세기 동안의 연구 논문들은 빅터 프랭클이 정신의학, 철학, 심리학 사이에 세운 놀라운 가교를 보여 준다. 우리는 그의 염원을 잘못 이해할 수도 있는데, 그렇게 다리를 놓은 것에 감탄만 하고, 또 동시에 프랭클이 떼어 놓을 수 없는 이 세 분야의 통합을 요구한 것을 깨닫지 못한 채 끝날 수 있다. 철학적, 사상적 차원을 고려하지 않은 심리치료적 노력은 헛될 뿐이다. 이 책에 실린 글들은 그 발생사에서 기인한 이러한 요구를 이해하고, 이를 진지하게 받아들일 수 있도록 도와줄 것이다. 이 책이 보여 주는 희망을 프랭클이 한 말 가운데 하나를 빌려 표현한다면 이렇다. 빅터 프랭클의 인생의 의미는 사람들을 돕고 그들의 삶 속에 있는 의미를 발견하는 데 있었다!

※ 기젤헤어 구트만Giselher Guttmann 교수는 오스트리아 빈대학교에서 일반 및 실험심리학을 가르쳤다.

차 례

제1부   60년간의 글들

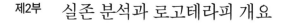

제2부   실존 분석과 로고테라피 개요

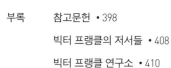

제1부

60년간의 글들

*이 글이 최초로 실린 곳은 〈심리치료 중앙 신문 XZentralblatt für Psychotherapie X〉(1938년, 33~45쪽)이다.

심리치료의
정신적 문제점에 대해

심리치료의 정신적 문제점을 지적하려면, 먼저 현재의 심리치료 흐름이 어떤 정신사적 발달 경향으로 관찰되는지 과학사적 관점에서 연구하는 것이 바람직하다. 여기서 우리는 역사적으로 위대한 대표적인 체계인 '정신분석'과 '개인심리학'을 만나게 된다. 이 두 학설의 입장에서, 신경증 발생과 관련하여 대체 무엇이 본질적인 결과를 형성하느냐고 묻는다면 다음과 같이 말할 수 있다. 정신분석가가 보는 신경증적 증상이 나타나는 결정적인 순간은 '억압', 즉 어떤 의식의 내용을 무의식화하는 데 있다. 그리하여 정신분석 내에서의 치료 원칙은 억압을 지양한다는 의미에서 의식화하게 만드는 것이다. 지그문트 프로이트가 "그것Es(이드)이 있는 곳에서 나Ich(에고)가 되어야 한다."고 한 말은 정신분석 치료법의 특징이라 할 수 있는데, 그는 이 행위를 네덜란드 조이데르해(海)의 간척 사업에 견주었다. 이와는 달리 개인심리학적 치료법에서 보면, 신경증적 증상은 전적으로 아들러의 기본 개념인 '배치arrangement'에서 책임을 전가하는 개인의 시도로 해석된다. 다시 말해 정신분석적 견해에 따르면, 신경증 발생에서 의식하는 존재로서 나는 어떤 식으로든 구속받게 되고, 개인심리학은 책임지는 존재의 감소가 일어난다고 본다.

일반적으로 인간 실존의 가장 깊숙한 저변의 숙고는 결과적으로 '나 존재Ich-Sein는 의식하는 존재이자 책임지는 존재다.'*라는 인간학적 공식을 낳는다.

이 인간학적 공식에 비추어 볼 때, 정신분석이나 개인심리학은 인간 실존의 한쪽 면을 주목해 신경증 발생을 해석한다. 하지만 동시에, 이 해석이 두 체계가 우연히 만들어졌다는 의미는 결코 아니다. 분명 인식론적으로 타당하게 존재론적 필요성에서 생긴 것이 틀림없고, 이러한 관점에서 볼 때 그들의 편파성과 모순성은 단지 실제적인 보완일 뿐이다.

그렇지만 우리가 가정한 두 학설의 '인간학적 출발점'뿐만 아니라 그들이 인간의 정신생활을 기본적으로 이해하는 '방법적 길'도 실제로 서로 보완을 이룬다. 둘은 현상으로 주어진 정신적 실재, 즉 정신분

---

* 이 두 요소는 물론 모든 정신적 기능과 마찬가지로 생물학적 토대를 갖고 있는데, 의식하는 존재가 명백한 감정에 의해 유지된다면, 책임지는 존재는 개인의 본능적 확신에 의존한다. 둘의 기능은 본래 강박신경증적 성격의 경우 생물학적 층위에서 충격을 받은 것처럼 보이고, 개별적인 강박신경증적 증상 안에서 보상적으로 과다 구축된 듯하다. 우리는 강박신경증 환자가 평생 과잉 의식과 책임감으로 고통당한다는 점을 발견했다.

석은 물질적인 관점에서 심리적 추구의 내용과 관련해 마지막 해소에서 언제나 리비도만을 가능한 내용으로 인정한다는 점이 그렇다. 이와는 달리 개인심리학적 해석은 다양한 내용의 추구를 인정하긴 하나 신경증적 형태가 문제시되는 한 이를 가짜라고 간주해 심리적 발생을 형식적인 면에서 제한한다. 다시 말해서 개인심리학은 방금 언급한 배치의 개념으로** 목적을 위한 수단이라고 주장한다. 당연한 것은 실제로 일반적인 심리적 발생은 신경증 발생에서와 마찬가지로, 한편으로는 리비도뿐만 아니라 다른 욕구들도 중요하다는 것이다. 다른 한편으로 (개인심리학의 해석과는 달리) 신경증적 증상은 목적을 위한 수단이 될 뿐만 아니라 (최소한 일차적으로) 직접적인 표현이 된다는 것이다. 어쨌든 우리가 알게 된 것은, 이러한 관계에서 정신분석과 개인심리학은 한쪽으로 치우치고 과장으로 이끄는 그들의 심리학적 기본 입장 안에서 결국 두 가지 필요한 보완을 나타낸다는 점이다.

인간학적 출발점과 방법적 길을 넘어서, 두 학설은 '세계관적 목표'를 의식적으로든 무의식적으로든 그들의 현장에서 염두에 두고 있고, 또 암묵적으로 내포하고 있다. 정신분석적 행위의 최고 원칙은 무의식의 요구와 현실의 요청이나 거부 이 둘 사이에 타협을 이루는 것이다. 이렇게 해서 충동성은 현실에 '순응'한다고 말할 수 있다. 이와 반대로

** 1926년 독일 뒤셀도르프에서 개최된 개인심리학회에서 신경증을 일차적으로는 표현으로, 이차적으로는 수단으로 설명하려고 시도했다.

개인심리학은 개인의 모든 순응을 초월해, 나ich의 편에서 현실을 용감하게 '형성'하는 것을 치료 모토로 삼는다. (여기서 우리는 두 체계의 비교에서 처음으로 보완하는 대립 대신 진보하는 연속적 단계와 만난다!) 우리는 인간을 치유하려고 하는 한, 그가 순응과 형성 외에 소위 밀고 나가야 할 또 다른 차원이 존재하지는 않는지 묻는다. 혹은 우리의 인간상이 심리정신적 실재를 평가한다면, 인간상과 함께 고려해야 할 마지막 범주는 무엇인지 살펴본다. 그런 후에야 그 범주가 '성취', 즉 의미 발견의 범주일 수 있다는 견해에 이를 수 있다. 그때 비로소 인간의 성취는 단순히 삶을 설계하는 것을 뛰어넘고, 이렇게 해서 그때그때 비싼 값을 치르는 성취나 의미 발견과 같은 형성물은 말하자면 벡터의 크기를 나타낸다는 것을 깨달을 수 있다.

의미 발견은 모든 개별적 인간 인격체human person에 남겨지거나 더 정확히 말해서 성취해야 할 부과된 가치 범위를 향하고 있다. 다시 말해 그것은 모든 개별적 인간이 실존의 일회성과 운명 공간의 유일무이함 속에서 실현해야 할 가치들이다. 따라서 정신분석이 '과거'와 인과성에, 개인심리학이 '미래'와 목적성에 초점을 맞추고 있다면, 심리치료는 마지막 의미로 근본적으로 무시간적, 초시간적인 것, 말하자면 객관적 가치성이란 의미에서 절대적인 것을 목표로 삼는다. 혹은 개인심리학이 원한다will(앞서서 '용감하게 형성'한다고 말했다)로 정신분석의 해야 한다must에 단호히 맞선다면, 우리는 세 번째 범주인 마땅히 해야 한다shall는 어디 있는지 물어야 한다. 만일 두 학설이 정말 도덕적 인정을 향한 매우 순수하고 독자적인 욕구, 다시 말해 개인심리학의 핵심어인 그 유명한 '도덕적 인정욕구'라는 온갖 추구의 복합체를 소홀히 했다면 말이다.

심리치료의 이러한 권리 주장은 프리츠 퀸켈Fritz Künkel이 제기한 것으로 알려졌다. 퀸켈은 기존의 정신의학을 영혼 구제학이란 명제로 맞섰다. 여기서 막스 셸러Max Scheler의 정의를 떠올릴 수 있는데, 그에 따르면 인간의 구원은 가능한 인간의 가치를 최대한 실현하는 가운데 이루어진다. 언젠가 J. H. 슐츠Johannes Heinrich Schultz는 '높은 실존 가치 층위'에 관해 다음과 같이 설명했다. "그곳에 자리 잡은 사람은 아프지 않아도, 즉 신경증에 걸리지 않고도 고통당할 수 있다." 이렇게 인간 실존의 '높은' 층위를 이론적 개요에 포함시키고, 이런 의미에서 '깊이의 심리학depth psychology(심층심리학)'과 대립되는 '높이의 심리학 psychology of height'이란 이름을 붙일 만한 치료에 관심을 둔 심리학이 어디에 있을까? 다시 말해, 심리적인 분야를 뛰어넘으면서 인간의 실존을 모든 면에서 빠짐없이 고려하고, 이에 따라 '실존 분석'이라고 부를 수 있는 심리적, 그리고 특히 신경증적 발생에 관한 이론이 어디 있단 말인가?

사실 이러한 생각은 새로운 것이 아니다. 하지만 중요한 것은, 환자에게 실존 분석적 태도를 취하는 것이 가능하면서 실질적인 일관성 안에서 세계관적 공정성을 유지하기 위해 방법적으로 그 뒤를 정확히 쫓는 일이다. 물론 심리치료사들에게는 심리치료 실무에서 의사의 역할을 동시에 수행하는 것이 전혀 어렵지 않다. 또 심리치료 행위를 하면서 자신들의 종교적 신념이나 정치적 가치를 작동시켜 세계관의 안내자로서의 역할도 가능하다. 하지만 바로 거기에 특별한 위험이 도사리고 있음을 알 수 있다. 의식적으로 평가하는 심리치료는 필연적으로 순수한 의료 행위의 경계를 넘고, 치료 시 의사가 환자에게 사적인 세계관을 부여할 위험이 있다.

실제로 오랫동안 경고의 목소리도 계속 제기되었다. 너무 일찍 세상을 떠난 한스 프린츠호른Hans Prinzhorn은 독일 심리치료에서 손꼽히는 인물 중 한 명이다. 그는 '어떤 권한으로?'라고 물었다. 다시 말해 심리치료사는 어떤 권한을 명목으로 자신의 일에 대한 평가를 내릴 수 있는가를 의미한다. 빅토르 폰 바이체커Viktor von Weizsäcker는 심리치료사들이 "인간을 교육하는 것이 아니라 가능하게" 해야 한다고 상기시켰다. 급기야 에른스트 크레취머Ernst Kretschmer는 의사가 사제가 되고 있다고 경고했다.

하지만 우리는 점점 더욱 절박하게 세계관과 평가를 심리치료 행위에 의식적으로 포함해야 한다는 요구들과 마주치고 있다. 쿠르트 가우거Kurt Gauger는 "인간 존재의 의미에 대한 물음이야말로 심리치료의 물음"이라고 하면서, "마음의 건강"은 "삶의 의미를 묻는 질문에 올바르게 대답한 것"임을 강조하였다. 슐츠는 "신경증은 원래 무의미한 삶의 한 사례다."라고 말했다. 그리고 C. G. 융Carl Gustav Jung은 신경증을 "자신의 의미를 발견하지 못한 마음의 고통"이라고 말했다.

이렇게 우리는 사상적 견해와 의식적으로 평가하는 견해가 심리치료에서 얼마나 필요한지 분명히 그리고 인상적으로 보았는데, 다른 한편으로는 심리치료가 가능한가, 다시 말해 심리치료가 앞에서 전제한 세계관적 공정성 및 방법적 정확성의 관점에서 허용되는가를 물어야 한다. '평가의 필요성과 부여의 불가능성'이라는 딜레마에 직면할 때, 문제 상황에 봉착하게 된다. 이것을 철학자 칸트Immanuel Kant의 모범적인 역사적 표현에 따라 이렇게 질문할 수 있다. 심리치료는 평가하는 심리치료로서 가능한가? 평가하는 심리치료로서 심리치료는 어떻게 가능한가? 오늘날 심리치료의 위기 상황 속에서 근본적으로 필요한 것은 칸트의 말을 계속 빌려 말하자면 소위, '평가하는 심리치료로 등장할 수 있는 심리치료에 대한 프롤레고메나'이다(칸트의 비판철학 입문서 《프롤레고메나Prolegomena》에 나오는 질문 '형이상학이 도대체 가능한가?', '형이상학 일반은 어떻게 가능한가?'를 프랭클이 형식과 제목을 그대로 차용했다-옮긴이).

하지만 이 딜레마에서 우리는 인간 존재의 가장 깊은 부분, 즉 실존 분석의 토대에서 다뤘던 인간 실존의 경이로운 근원적 사실에 대한 단순하지만 폭넓은 성찰을 생각하게 된다. 그러나 이는 (당연히) 의식하는 존재와 더불어 책임지는 존재가 인간의 '거기 있음Da-Sein'을 구성한다는 것을 전제로 한다. 인격체의 책임성은 인간학의 중심 개념으로 간주하는데, 그것은 윤리학의 한계 개념, 즉 윤리적으로 중립적인 개념을 뜻한다. 만일 우리가 어떤 사람에게 그의 현존을 철저히 책임지는 존재로 이해하게 만든다면, 이렇게 해서 책임감을 그의 실존의 근본적인 이유로 자각하게 만든다면, 이는 평가할 무조건적 의무가 그에게 있다는 것을 포함한다. 다른 말로 하면 자신의 책임을 깨달은 인간은 이런 책임감으로 인해 평가 내리도록 철저히 강요당할 수밖에 없다. 하지만 그가 어떻게 평가하고, 어떤 가치 순위를 매기게 될지는 이미 의사의 영향에서 벗어난다. 우리는 그가 깨달은 책임감에서 벗어나 스스로 독립적으로 자신의 개성에 따른(블라디미르 엘리아스베르크 Wladimir Eliasberg가 말한 '마음에 드는') 가치와 가치 순위를 위해 전진하도록 격려해야 한다. 동시에 다른 한편으로는 이러한 구체적 입장 표명 및 각각의 내용 가치를 두고 개입하는 것을 거부해야 한다.*

단 한 번이라도 그 필요한 실존 분석의 범위 내에서 환자가 심리치료사를 통해 자신의 본질적인 책임을 깨닫게 되었다면, 심리치료사(의

---

* 이런 해석은 수많은 측면에서 비슷하게 설명하는 해석들로 증명된다. 칼 야스퍼스Karl Jaspers는 '결정하는 존재로서의 존재'에 관해 말했고, 파이퍼Johannes Pfeiffer(독일 작가 겸 철학자–옮긴이)는 마르틴 하이데거와 칼 야스퍼스에 대해 쓴 책에서 명확하게 '책임성을 최후의 것'이라고 지칭했다. 특히 심리치료의 관점에서 루돌프 알러스Rudolf Allers(오스트리아 태생 정신과 의사–옮긴이)는 언젠가 (한 강연에서) 심리치료를 '책임의 인정을 위한 교육'이라고 정의 내리기도 했다. 그리고 앞서 언급한 딜레마를 잘 알고 있었던 아르투어 크론펠트Arthur Kronfeld(독일 정신과 의사–옮긴이)는 신경증 환자는 '자기 자신에게 높은 책임감'이 있어야 한다고 역설했다. 평가하는 심리치료를 위한 한계 설정과 관련해 슐츠는 '환자는 의사의 치료를 통해 자기 존재의, 자기 세계의, 자기 책임의 인간이 되어야 한다.'고 말했다. 요제프 마이네르츠Josef Meinertz(독일 철학자–옮긴이)도 '… 특정한 가치를 보여 주고, 전향시키는 것이 아니다. 적절한 가능성이 있는 그의 가치와 성격을 관통하도록 돕는 것이다.'라고 소망했다. 오스발트 슈바르츠Oswald Schwarz(체코 태생의 의사이자 심리학자로 성병리학을 연구했다–옮긴이)는 (사적인 글에서) '우리가 안내하는 것은 태도이지 결코 내용물이 아니다.'라고 아주 명백히 기록했다.

사)는 다음 두 가지 주요 질문에 대한 답변을 환자 자신에게 맡겨야만 한다. 첫째, 그는 '누구 앞에서' 책임을 느끼는가? (예를 들어 자신의 양심 앞 혹은 신 앞.) 둘째, 그는 '무엇에' 책임을 느끼는가? 다시 말해 어떤 구체적인 가치에 심혈을 기울이고, 어떤 방향에서 삶의 의미를 발견하며, 어떤 과제를 수행하는가?

이러한 질문에 대한 해답은 어떤 경우에도 환자 자신의 몫이다. 그리고 환자가 다른 많은 사람들과 마찬가지로, 자신의 존재 의미를 위하여 분투하는 모습을 보인다면, 무엇보다 마지막에 우리는 그가 질문한 자가 아닌 질문 받은 자임을 깨닫게 해야 한다. 또 끊임없이 인생의 의미에 대해 묻는 대신 환자 스스로 질문 받은 자로, 자신이 삶이 부단히 물음을 던지는 사람으로 넘쳐나는 과제 한가운데에 놓인 존재임을 체험할 때, 이는 현존 속 책임성의 근원적 사실에 더욱 부합한다는 것을 알게 해줘야 한다. 심리학은 의미를 끄집어내는 것이 의미를 부여하는 것보다 더 높은 발달 단계에 있다고 가르친다. 하지만 심리치료사는, 환자가 유일성과 일회성 안에 있는 그의 삶에서 의미를 끄집어낼 수 있도록, 다시 말해 독자적으로 의미를 발견하는 능력을 가질 수 있게 해야 한다.

지금까지 우리가 살펴본 것은 모두 실존 분석의 일반적인 부분이라고 할 수 있다. 이제 실존 분석의 특별한 부분을 통해 보완이 필요한데, 그 속에서 우리는 말할 수 없이 다양한 환자의 항변에 대처하는 기술과, 또 소위 책임지는 존재라는 중압감에 대한 인간의 반발, 즉 자유로부터의 도피를 지양하는 변증법을 생각해 낼 수 있다. 무엇보다 경우에 따라서는 단순한 인간에게 인간 현존재의 특징인 책임성을 보여 주는 것을 이해시키는 일이 불가피할 때도 있는데, 가능한 한 구체적인 일상 언어로 말하면서 때론 적절한 비유를 드는 것을 겁내서는 안 된다. 계속해서 이어지는 내용은 당연히 환자와의 그런 세계관적 논의 가운데 얻은 사적 경험의 산물이다. 따라서 모두 다 현장의 기록이 수반될 뿐만 아니라 모든 개인적 경험이 그러하듯 단편적이면서 주관적인 특성 역시 자연스레 따른다.

방금 언급한 대로 단순한 일상의 인간에게 커다란 책임을 깨닫게 해 주려면, 그가 개인적 고통에 어떻게 철저히 고립돼 있는지, 또 그것을 극복할 수 있는 얼마나 수많은 가능성을 가졌는지를 충고할 수 있다. XY씨라는 남성 혹은 NN씨라는 여성은 우주적 사건 안에서 단 한 번만 존재한다. 그 혹은 그녀가 어떻게 인생에 대응하고, 무엇을 하며 또 하지 않는지, 이 모든 것은 되풀이할 수 없고 결정적이다. 이들은 그들만의 운명과 함께 그때그때 유일한 모습으로 있고, 어느 누구도 그들에게 과제를 수행하는 일을 빼앗을 수 없으며, 그것은 유일무이하고 독점적이다. 모든 개개인은 이렇게 특별한 과제를 의식함으로써 자동적으로 책임 의식이, 때로는 일종의 사명감이 뒤따른다. 어려움과 맞서 싸우거나, 피할 수 없는 것을 견디는 데 있어 자신에게는 둘도 없는 과제가 있고, 다른 어떤 사람도 이를 대신할 수 없다는 느낌보다 인간을 더 강하게 만드는 것은 없다.

우리는 환자에게 그의 삶은 한 권의 소설이고, 환자 자신은 그 주인공이라고 상상해 보라는 지시를 내리기도 한다. 그런 뒤 사건의 방향을 자기 힘으로 돌리는 것, 다시 말해 다음 장에서 벌어질 일을 결정하는 것은 전적으로 그의 손에 달렸다고 이야기한다. 그러면 환자는 그가 꺼리고 두려워하는 책임이라는 짐이 아니라, 무수히 많은 행동 가능성에 대한 선택의 자유로 현존 속의 근본적인 책임을 체험한다. 그다음 환자에게 삶의 종착역에 이르러 자서전을 쓴다고 한번 상상해 보라고 요청한다. 우리는 환자에게 행동을 개인적으로 적용할 것을 더욱 강력히 말할 수 있다. 그러면 환자는 현재에 관해 이야기하는 장에서 딱 멈출 것이다. 그리고 마치 기적이 일어나는 것처럼 모든 수정은 완전히 그의 손에 달려 있게 된다. 그는 바로 어떤 일이 벌어질지 자기 마음대로 결정할 수 있다. 이러한 비유의 수단 역시 환자에게 완전한 책임감으로 살고 행동하게끔 강요할 것이다.

심지어 병적인 신경증이 발생해도 책임감이 얼마나 무의식적으로 인간의 밑바탕에 침투하는지 입증할 수 있다. 많은 신경증 환자에게 나타나는 병적으로 과장된 죽음에 대한 불안은 궁극적으로 양심의 가책 외엔 아무것도 아니다. 나는 개별적 사례에서, 어느 암 공포증 환자에게 미래 죽음에 대한 열렬하고 집착적인 관심은 단지 그가 살아온 모든 방식, 의식하지 못한 삶의 방식, 자신의 책임에 대한 무관심의 상부 구조일 뿐임을 깨닫게 되었다(이런 의미에서 수많은 우울 신경증은 말하자면 일반적인 죽음에 대한 불안=양심의 가책을 분리해 개별 신체 기관에 나타난 것일 수도 있다).

하지만 우리를 믿고 자신을 맡긴 환자에게 우리가 현존재 안의 근본적인 책임성을 완전히 인정하게 하였다 해도 여전히 많은 명백한 반론과 자유에 대한 변명은 존재한다.

그래서 우리는 삶은 시간의 유한성, 다시 말해 죽음이라는 사실을 고려할 때 참으로 무의미하다는 주장을 끊임없이 듣는다. 그때는 환자에게 다음의 간단한 생각을 명확하게 보여 주면서 이러한 항변에 별다른 어려움 없이 응수할 수 있다. 만약 인간의 현존이 시간적으로 무한하다면, 우린 당연히 모든 개별적 행위를 임의로 미룰 것이다. 지금 당장 행하는 것은 전혀 중요하지 않다. 왜냐하면 내일이나 모레, 혹은 백 년 후에 할 수도 있기 때문이다. 삶의 마지막 한계라는 사실, 즉 행동 가능성이라는 사실은 우리가 시간을 아무렇게나 써 버리고 행동 기회를 흘려보내지 않도록 만든다. 그렇기 때문에 삶과 우리의 현존에 유일한 의미를 부여하는 것은 바로 죽음이다.

그런데 실존의 시간적 유한성뿐만 아니라 인격체의 능력 및 재능과 관련된 유한성, 제한, 다시 말해서 개체화individuation란 사실도 마찬가지로 명백한 반론으로 나타난다. 우리는 다재다능하지 않고, 불완전하며, 독일의 사회학자 게오르크 짐멜Georg Simmel이 '삶의 단편적 특성'이라고 부른 것에 사로잡혀 있다. 하지만 우리가 개체화를 의미 있는 원리로 보여 줄 수 있다면, 인생의 유의미성에 반대하는 이런 견해도 반박할 수 있다. 이는 생물학에서 나온 간단한 비유를 들어 설명할 수 있다. 다세포 생물이 더 낮은 생물학적 발달 단계에 있고, 그것의 단일 세포가 적게 분화될수록 이 세포의 모든 개별 세포들은 더 쉽게 대체할 수 있다. 위계적 구조의 생물체와 연합을 이룬 고도로 분화된 세포는 우리가 보기에는 비교적 대체 불가능한 것으로 보인다. 적어도 유형이 다른 세포로 아무렇게나 대체할 수는 없다. 다시 말해, 자신의 전능함의 대가로 이 고도로 분화된 세포는 전체, 즉 분업의 원칙으로 구축된 유기체 안에서 중요성과 가치를 획득한다. 이는 우리의 불완전성, 우리 개인의 유일무이함과 모든 개성을 형성하는 일방성과 유사하다. 마치 모자이크 안에 있는 모든 조각이 형태와 색을 바꿀 수 없어 그 범위 내에서 대체 불가능한 것처럼, 공동체 안에 있는 각각의 개인도 자신의 불완전하고 한쪽으로 치우친 재능과 능력으로 절대적으로 가치 있는, 더 높은 전체의 구성원이 될 수 있다(이런 방식으로 공동체는—감정에 치우친 조건을 벗어나—인간 현존에 부과된, 본질적인 과제로서 정당화할 수 있다).

물론 수많은 반론이 계속 이어질 수 있다. 의사가 환자를 상대로 세계관적 논의에 과감히 뛰어들었다면 그러한 반론을 제거하는 것이 때론 의사의 책무이기도 하다. 하지만 이는 실행 범위 내에서 더욱 가치 있게 특수한 부분에 기여하기 위한 심리치료의 일반적인 문제점과 일반 실존 분석의 기초에 속하는 건 아니다. 그러므로 우리는 일반적인 문제로 다시 돌아가서, 심리치료가 세계관적 결과로 이어지는 실존 분석적 시도는 극히 드물게 또 예외적인 경우 지금까지의 심리치료 방법을 대체하고, 일반적으로 보완을(사정에 따라서는 중요한 보완을) 의미한다는 것을 밝히려고 한다. 이 보완은 그 자체로 새로운 것은 아니다. 실제로 훌륭한 심리치료사들은 모두 적어도 의식적으로는 이미 그러한 세계관적 시각을 고려해 왔다. 하지만 우리의 질문은 어느 정도까지 합법적인가였다. 그리고 우리의 노력은 자의적으로 경계를 넘어서는 위험을 막기 위하여 '영적인 것에서 나온' 심리치료의 방법적인 경계를 설정하는 데 있었다.

오랫동안 세계관은 언제나 정신의학적 행동의 대상에 지나지 않았고, 사람들은 심리주의psychologism의 오류에 빠져서 심지어 '세계관의 심리학'에 관해 말할 수 있다고 믿었다. 그때 열등감에서 나온 염세적이고 숙명론적 세계상의 기원이 부적절한 비판을 의미한다는 것을 미처 생각하지 못했다. 이는 마치 인생의 의미를 의심하고 자포자기한 사람에게 비소 요법이 신체 상태를 낫게 해준다고 충고하는 것이나 똑같다. 중요한 것은 환자의 인생관에 대한 내재된 비판이고, 이는 우리가 원칙적으로 순전히 세계관적 토대 위에서 논의할 자세를 갖추는 일이 전제되어야 했다. 세계관에 대한 심리치료란 존재하지 않고, 또 그런 선험적인 것은 결코 있을 수 없다. 하지만 심리치료로서의 세계관은 가능하고, 우리가 보여 준 것처럼 가끔 필요할 때도 있다. 철학 내에서 논리주의logicism로 심리주의를 극복하는 것과 마찬가지로, 심리치료에서 지금까지의 심리적 편차는 '로고테라피'로, 다시 말해 세계관적 논쟁을 심리치료법 전체에 포함시키는 것으로 극복할 수 있다.

비록 조건적, 제한적, 중립적 형태, 즉 실존 분석의 형태일지라도 말이다. 실존 분석은 인간 실존의 본질인 인간의 책임성이라는 부정할 수 없는 근원적 사실에서부터 출발하고, 환자 쪽에서 이러한 사실을 철저히 받아들이는 것 자체를 목표로 삼는다. 이 점이 환자의 정신적 의지처를 만드는 데 일조하고 정신적 버팀목이 되어 준다.

많은 경우 이러한 실존 분석적 경향을 띤 심리치료는 '비특수' 치료라는 말을 들을 수도 있다. 다시 말해, 경우에 따라서 환자가 고통당하는 구체적 원인에서 출발하지 않고 환자를 돕는다. 하지만 우리는 '모든' 심리치료가 대부분 특수하지 않다는 사실을 안다. 최근 들어 한편으로는 심인성psychogenic 증상과, 다른 한편으로는 그러한 증상의 심리치료 지표가 반드시 서로 일치해야 하는 건 아니라는 것이 많은 면에서 인정되고 있다. 예를 들어 특정 형태의 사마귀 형성은 암시적 치료suggestive therapy를 쓸 수 있는데, 하지만 이 경우 심리적인 것이 원인이된다는 점을 진지하게 받아들이는 사람은 없을 것이다.

한편 증명된 바와 같이 심적인 것에 기인하긴 해도(수면 주기를 방해하는) 약물 영향으로 악순환, 즉 예기 불안anticipatory anxiety이 바탕이 된 불면증의 경우 상당수가 생성 단계에서 제거되기도 한다. 따라서 경험이 풍부한 심리치료사들은 오늘날 정신분석이 병인성pathogenic이라고 내세우는 콤플렉스가 많든 적든 편재해 있는 현상이라는 것과, 하지만 증상의 정신분석학적인 이해로 신경증 치료가 계속 성공하고 있다는 것을 잘 알고 있다. 다른 면에서 나는 수많은 개인 심리치료가 실제 연관성을 발견하는 것보다 오히려 환자의 도덕성에 철저히 호소해 덕을 보고 있다고 확신한다. 말하자면 환자는 의사가 자신을 폭군이나 인생의 겁쟁이로 몰아세우는 것을 더 이상 '감수'하려 하지 않고, 오히려 마지막 남은 힘으로 증상을 극복한다.

이렇듯 심인성과 심리치료의 지표 간 불일치는 어디서나 존재하기 때문에, 우리는 심리치료가 실존 분석적 방법으로 경우에 따라 비특수 치료를 의미한다는 것을 이해하고 인정한다. 왜냐하면 때때로 세계관에 대한 실존 분석적 접근, 즉 영적인 것에서 치료 노력이 소위 더 경제적인 길이라는 것이 드러나기 때문이다. 예컨대 나는 강박신경증 현상(소위 신성 모독적 강박)에 시달리던 한 여성을 기억한다. 그녀는 외국으로 이민을 떠나기 직전 상담소를 방문했다. 시간이 얼마 남지 않은 상태여서 제대로 된 치료는 불가능했고, 환자와의 면담은 주로 일반적으로 이루어지는, 대부분 세상을 보는 견해를 이야기하는 대화로 진행될 수밖에 없었다. 내가 놀랐던 건 환자가 이민을 떠나기 전에 다시 한 번 상담소를 찾아와 자신이 '다 나았다'고 말했을 때였다. 그녀는 적어도 더 이상 그 증상으로 고통을 겪지 않는다고 말하고 싶어 했다. 어떻게 문제를 해결했느냐고 묻자, 그녀는 말 그대로 아주 간단히 말했다. "선생님, 그건 이제 아무 상관 없어요. 전 인생은 의무라고 생각하게 됐으니까요!" 물론 이것은 하나의 사례지만, 어쨌든 신경증의 수많은 형태에서 의문시되던 세계관 전환의 의미가 뚜렷이 드러난 의도하지 않은 실험이었다.

요구되고 설계된 실존 분석에서 어떠한 경우에 특별히 심리치료가 필요한지 묻는다면 다음과 같이 정리할 수 있다.

1. 무엇보다 환자가 세계관적 위기 상황, 즉 정신적 버팀목 없이 삶의 의미를 발견하기 위해 고투하는 모습이 압도적인 경우다. 이런 경우는 지적인 유형으로 자신의 모든 심리적 위기를 소위 정신적 영역으로 옮긴 것이다. 하지만 우리가 본 것처럼, 우리는 특정한 중립적 경계인 그 영역까지 세계관의 부여를 피하면서 환자를 따라갈 수 있고, 또 따라가야 한다.

2. 실존 분석적 바탕 위에서 '로고테라피' 절차에 대한 지시가 주어질 때다. 소위 개인의 정신적 중심에 있는 성향이 즉시 환자의 경미한 신경증 증상의 바닥짐을 버리게 할 수 있다고 기대해도 좋은 경우다. 그때 토론이 충분히 가능하게 보여도, 문제가 되는 것은 우리를 세계관적 토론으로 몰고 가지 않는 환자다(한 번은 내가 우연히 그런 경우에 세계관적 질문이나 해당 환자의 인생관에 대해 말했을 때, 갑자기 환자가 "박사님, 그게 바로 만물의 핵심이라고요!"라고 하면서 말을 중단시켜 몹시 놀란 적이 있다).

3. 장애인, 병약자 그리고 가까운 시일 내 바꿀 수 없는, 순전히 경제적인 궁핍으로 우울증에 걸린 사람들처럼 기본적으로 극복하기 어려

운 사실, 피할 수 없는 운명으로 고통받는 경우 모두 세계관적 문제를 다룰 필요가 있다. 무엇보다 우리가 그들에게 환기시켜야 하는 것은 책임을 자각하는 삶이 언제나 창조적인 가치 실현이나 체험 속(예술, 자연 향유 같은)의 자기실현에만 있지 않고, 우리가 일반적으로 태도 가치라고 부르려는 가치 범위의 마지막 범주에도 여전히 존재한다는 점이다. 다시 말해서 한 인간이 지속적이거나 일시적으로 불가피한 운명적 사실 앞에서 어떻게 행동하는가 하는 물음은 여전히 가치 실현의 기회를 가져다준다. 자신을 억누르든, 꿋꿋하게 버티든, 또 이것이 개인적 가치(불굴의 정신, 용기, 품위)를 실현하는 마지막 기회를 내포하든 어떻게 사람들은 운명을—그것이 정말 운명적이라면—견딜까? 우리에게 필요한 것은 단 한 사람, 예컨대 다리 하나를 절단한 사람에게 인생의 의미가 그 속에 있다고 정말 믿는지 진지하게 물어보는 것뿐이다. 다시 말해 인생의 의미가 잘 걷는 것에 있는지, 아니면 인간의 삶이 너무 가치가 낮아서 사지 하나를 잃고 나면 의미가 없어질 수 있다고 믿든지, 그가 생각했던 것보다 더 절망할 수는 없을 것이다. 이러한 책임감과 가치 범위에 대한 철학적 성찰은 경제적 어려움이 사람들을 전형적인 무관심과 불완전함으로 몰아넣는 이른바 '실업 신경증' 같은 경우에 특히 중요하다. 이에 상응하는 심리학적 경험(특히 젊은 실업자에 대한)으로 우리는 어떻게 하면 너무나 많은 여가 시간을 자발적으로 적절히 선택한 정신적 내용물과 목표 설정으로 채울 수 있는지 잘 안다.

‘신체적’ 증상 뒤에 있는 ‘심리적’ 원인을 보았을 때, 다시 말해 심인성을 발견했을 때 심리치료는 탄생했다. 이것은 이제 계속 마지막 발걸음을 내디디며 신경증의 모든 정서적 역동성에서 벗어나 심인성 배후에서 정신적 곤경에 처한 인간을 보고, 여기서부터 우리가 이 글 첫머리에서 설명하려고 시도한 방법적 가능성 안에서 돕는다는 것을 의미한다.*

---

* 나는 우연히 이 세 단계의 치료를 하나의 ‘사례’에 적용하는 것을 우연히 볼 수 있었는데, 이는 특별히 교훈적으로 여겨졌다. 한 여성이 주기적으로 재발하는 전형적인 내인성endogenous 우울증으로 치료시설에 입원한 적이 있었다. 증상의 유기적 제약을 고려해 환자는 아편제 처방, 즉 약물 치료를 받았다. 언젠가 그녀가 금방이라도 울음을 터트릴 것 같은 흥분 상태에 처했을 때, 우연히 어떤 심인성 요인이 관련되어 있다는 것이 밝혀졌다. 입증된 바와 같이 환자는 울음을 터트리는 것으로 심리적 상부 구조에 있었다. 환자는 운명적으로 발생한 내인성 우울증 때문에 이 외에도 심인성 우울증이 있었다. 이런 사실을 간단하고 적절하게 설명해 울음을 억제하고 우울증을 감소시킬 수 있었다. 다시 말해, 신체적인 것과 연결해 약물 치료로 보완해 주는 정교한 심리치료 단계가 일어났다. 그녀의 심리적 위기 상태를 의학적인 시각으로 이해시키자 환자는 오히려 가장 일반적인 삶의 문제에 대해 활발하게 의사와 말하기 시작했고, 환자의 정신적 위기가 모두 그 모습을 드러냈다. 재발하는 내인성 우울증이라는 불행으로 불리다고 느끼던 한 인간 실존의 온갖 내용물의 결핍과 외관상의 무의미가! 세계관에 대한 대화가 자연스럽게 오고갔는데, 그것은 점점 책임지는 존재로서 환자의 현존에 대한 매우 깊은 이해로 이어졌다. 환자는 우울증으로 절망하는 대신 불쾌한 상태에도 불구하고 온전히 자기만의 과제로 꽉 채운 삶을 구축하는 것뿐만 아니라, 과제를 더 많이 발견할 수 있는 방법까지 배웠다. 과제는 가능한 한 힘을 더 적게 소모하고, 더 적은 가치의 손실을 가져오는 역할을 했다.

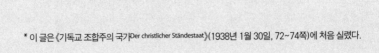

* 이 글은 《기독교 조합주의 국가Der christlicher Ständestaat》(1938년 1월 30일, 72~74쪽)에 처음 실렸다.

정신과 의사의
자기반성

　지금도 여전히 일반 사람들은 심리치료와 정신분석을 혼동하는 경우가 많고, 이 둘을 똑같은 것으로 오해한다. 실제로 정신분석은 오랫동안 대표적인 심리치료 체계였고, 역사적으로도 심리치료 최초의 거대하면서 닫힌 시스템이었다. 이러한 정신사적 가치는 그대로 유지되고 있지만, 그 가치는 '시대에 뒤떨어'졌을 수 있다.

　하지만 이러한 '시대에 뒤떨어짐'에 관해서는, 적든 마지막이든 현재 주어진 다른 '답변들'이 중요하다. 특히 마음의 고통 문제가 시작된 곳에는 오히려 완전히 다른 질문을 던지는 것이 중요했다. 오스발트 슈바르츠는[1] 이러한 상황을 아주 정확하게 표현했다. "… 의학심리학은 … 잘못 이해한 자연과학적 야망으로 인간의 삶을 일부는 완전한 (성적) 욕구 충족으로, 일부는 사회적 평판(여기서 뜻하는 것은 개인심리학이다)을 위한 투쟁으로 격하시켰다. 일상적 삶의 수많은 동기와 확신에 맞서서 신경증적 현존재의 비본래성에 대한 우리의 시선을 날카롭게 만들고 불신을 가르친 것은 의심할 나위 없이 영웅적이면서 역사적인 프로이트의 업적이었다. 하지만 그러한 사실이 과학적 심리학에 널리 알려졌고, 이제는 환자 안에 있는 '인간'을 보고 이러한 인간적인 것을 신뢰해야 할 때가 왔다." 이미 막스 셸러는 인간적인 것이 근본적으로 다른 차원에 위치해 있거나 아니면 순전히 충동적인 것에 맞서 최소한 어떤 보다 전체적인 것, 보다 포괄적인 것을 나타낸다고 교시했다. 하지만 "정신적 연금술로, 리비도로 이루어진 그 기술로 '생각'과 '선함'은 만들어진다."고 말하기도 했다. 정신분석이 인간 안에 있는 윤리적인 것과 대면하고, 리비도로 '나Ich'와 '초월 나Über-Ich'를 구축해야 할 때 내적 모순은 명백해질 수밖에 없다. 이에 대해 에르빈 슈트라우스Erwin Straus는[2] "본능적인 삶을 조절하는 힘은 인간의 근원적 장치의 일부임이 틀림없다. 그 힘이 충동 자체에서 나올 순 없다."고 강조했다.

이렇게 부정적으로 남아 있는 정신분석(부분적으로는 개인심리학) 비판에 대한 긍정적인 보충으로, 이제는 모든 심리치료가 세계관적인 것으로 혹은 영적인 것을 향해 확장될 것을 요구하는 목소리가 나오고 있다. 이때 더욱 중요한 것은 심리치료 연구의 끝없는 인식론적 문제라기보다 정신과 의사 행동 속에 있는 '가치 평가의 문제'다.[3] 이미 칼 G. 융Carl G. Jung은 신경증을 '의미를 발견하지 못한 마음의 고통'이라고 명명하기도 했다. 이것은 레온하르트 자이프Leonhard Seif의 신경증 치료에 대한 주장과도 완전히 일치한다. "신경증 치유를 위한 의사와 환자 작업공동체의 출발점과 목표는 '인생의 의미에 대한 물음'이다."

하지만 여기서는 근본적인 가치문제가 제외될 순 없다. 왜냐하면 이제부터는—중요한 것은 바로 지금이다—누가 인생의 의미를 결정하고, 누가 먼저 길을 알려 줄 수 있는지, 그 권리를 완전히 가졌다는 것을 보여 주는가가 문제가 되기 때문이다! 일상 진료에서 환자들의 모든 정신적 위기와 세계관적 방향 상실이 신경과 의사들에게 밀려올 때, 이들을 도울 권한과 자격이 우리에게 있는가? 그때 우리는 의사로서 권한을 벗어나는 것은 아닐까? 우리가 정신과 의사와 사제 사이의 경계를 허무는 것은 아닐까? 우리가 상담하는 일상의 구체적 모습 속에 담긴 이러한 질문의 절박성과 어려움을 아는 사람이라면 원칙의 중요성에 대해 잘 알고 있을 것이다. 원칙은 심리적으로 고통당하고 정신적으로 씨름하는 환자를 위해 걱정하고 애쓰는 심리치료사가 보편적으로 정확하고 공정하게 행동할 수 있게 해준다. 정확하고 공정하다는 것은, 심리치료 작업에 '세계관적 토론을 포함시키는 것'이 개인적인 부여로, 본의 아니게 심리치료사의 세계관으로(난 이렇게 말하고 싶다) 이어질 수 있는 위험이 크고 직접적이라는 점에서 그렇다.

우리가 관련 문헌들을 무작위로 훑어보면, 심리치료 작업에서 (앞서 말했듯이) 세계관적 확장을 요구하는 현대 저자 가운데 이미 특정한 견해를 대변하고—환자 치료 범위 안에서—옹호하는 저자들도 있다. 나는 몇 가지 예와 인용문으로 제한하려 한다. 이를테면 칼 해버린

Karl Häberlin은 다음과 같이 썼다. "심리치료는 삶의 위력에 … 복무하여 삶과 그 가치에 주도권이 남았고, 정신은 삶에 의존하면서 지속된다."[4] 독일제국의 손꼽히는 심리치료사 가운데 한 명인 가우거도 비슷한 견해를 보이면서 자신의 책에 "삶의 의미는 인생 그 자체 외엔 아무것도 아니다."라고 썼다.[5] 또 다른 심리치료사인 M. H. 괴링M. H. Göring 교수는 종국에 "… '독일 심리치료 일반 의사회'는 … 과제가 있었고, … 요약해서 말하면 … 무엇보다 … 나치의 세계관 안에서 정신과 치료법을 개발하고 실행하는 데 기꺼이 응한 의사들"이라고 숨김없이 말하기도 했다.[6]

이와는 달리, 이미 오래전부터 자기 비판적인 심리치료사들은—정신과 치료에서 평가하는 것이 근본적으로 불가피하다고 여긴 사람들은—경고의 목소리를 높였다. 그리하여 블라디미르 엘리아스베르크Wladimir Eliasberg는 이렇게 썼다.[7] "고통받는 인간에게 낯선 가치를 강요하는 것이 심리 요법의 과제가 될 수는 없다."

심리치료가 반드시 평가해야 하거나 혹은 마땅히 그래야만 한다면 우리는 딜레마에 빠질 수밖에 없다. 한편으로는 엄격한 필연성과 세계관 그리고 가치의 문제점을 그 안에 끼워 넣고, 동시에 다른 한편으로는 불가피한 요구를, 온갖 부여를 할 수밖에 없는 딜레마에 말이다! 나 스스로는 이러한 딜레마를 제거하려고 노력했다.[8] 이를 위해 필요한 것은 오로지 어떤 구체적인 방향성을 띤 것에 연루되지 않은 순전히 형식적, 윤리적 가치로서의 가치, 즉 '책임성'의 가치에 의지하는 것이다!

다양한 정의에 대한 형식적 가치를 제외한 가치 체계, 개인적인 가치 순위, 또 바탕을 이루는 가치로서 책임성을 인정하지 않는 어떤 사적인 세계관이란 생각할 수도 없다. 환자들이 어떤 세계관을 신봉하고, 어떤 가치를 선택하는가는 우리 심리치료사에겐 전혀 중요한 일이 아닐지 모른다. 그렇지만 반드시 필요한 것은, 환자들이 세계관을 버리지 않으면서 가치에 대해 전적으로 책임감을 느끼도록 하는 일이다. 하지만 심적 고통을 겪는 이들이 스스로 책임질 수 있게 이끌어 주는 것이 치료에서 얼마나 유의미하게 지렛점이 될 수 있는가 하는 것은 전형적인 범위 안에서는 결코 논할 수 없다.

그보다 더 중요한 것은, 심리치료 작업에서 유일하게 가능한 가치인 책임이라는 회전축을 중심으로 어떻게 심리치료가 세계관 쪽으로 방향을 돌리는가, 이에 대해 조언하는 일이다. 왜냐하면 우리 심리치료사들에게 최후의 목표가 되는 것은 오늘날 철학(철학적 인간학과 실존철학이 각인된)의 출발점이 되기 때문이다. 루돌프 알러스는 어느 강연에서 심리치료를 "책임성을 인정하기 위한 교육"이라고 정의 내렸다(아르투어 크론펠트Arthur Kronfeld도 이와 비슷한 말을 했다). 따라서 우리는 양심을 대변하는 책임성이야말로 당대 철학의 가장 근원적 사실이라는 점을 발견할 수 있다. 여기서 나는 의학 잡지에 실린 글 하나를 인용하고자 한다. "양심은 가장 확실한 것이다. … 거기엔 아르키메데스의 점이 있다. … 세계관을 얻고자 하는 자는 그 점으로부터 세상을 응시해야 한다."[9] 언젠가 요제프 마이네르츠는 "심리치료의 운명은 '실존' 영역을 심리적인 학문의 이해 안으로 끌어들이는 데 성공하느냐에 달려 있다."고[10] 말했다. 일찍이 구스타프 발리Gustav Bally는 심리치료에서의 인간 실존에 대한 주제로 강연하는 자리에서(1936년) 강령적인 이런 요구를 구체적으로 실현하려고 시도하면서 이렇게 말했다. "궁극적으로 심리치료의 과제는 도움을 구하는 사람들이 스스로 책임지게 하는 것이다."

이에 책임성은 '가치 있는 심리치료'로의 이행을 가능케 하는 유일한 가치일 뿐만 아니라, 실제로 우리가 '실존 분석'을 향한 출발점으로 필요한 가장 확실한 것이기도 하다. 반대로 그러한 실존 분석—나는 두 번째로 인용된 내 논문에서 실존 분석의 기초 닦기를 시도했다—은 더 정확히 말해 과거의 심리치료 방법에 보완적으로 인간 존재Mensch-Sein의 총체성을 포함했다. 다시 말하면 실존 분석은 심리적 영역을 의식적으로 초월하고 있다. 그것은 마음의 온갖 고통처럼 신경증이 심리적인 것이나 생리적인 것에도 뿌리를 내리고 있을 뿐만 아니라, 때론 최소한 정신적인 것에도 뿌리를 내리고 있을 가능성이 아주 많다고 본다. 또한 치료 접근법을 단지 콤플렉스나 열등감을 드러내는 데만 국한하지 않고, 하나의 혹은 다른 사례에서 세계관 결정의 정신적 영역까지 갈등을 추적해 정신적인 것에서 해결하는 것도 가능케 한다.

정신적인 것을 지향하고 실존 분석이 된 심리치료는 치료 가능성을 모두 다 끌어낼 수 있는데, 필요성과 가능성의 세계로, 존재와 당위의 긴장 상태에 놓인 실체로서 마음의 고통에 시달리는 사람 뒤에서 여전히 정신적으로 힘겹게 싸우는 사람을 볼 때 그렇다. 우리가 하는 일에서 최고의 원칙이 될 수 있는 괴테Johann Wofgang von Goethe의 말을 기억한다. "우리가 인간을 그대로 받아들인다면, 그를 더 나쁘게 만드는 것이다. 하지만 마땅히 되어야 할 모습대로 받아들인다면 그가 될 수 있는 것으로 만드는 것이다."

* 이 글이 처음 실린 곳은 〈스위스 의학 주간지Schweizerische Medizinische Wochenschrift〉(제31호, 1939년, 707~709쪽)이다.

철학과 심리치료:
실존 분석의 토대에 대해

우리가 '철학과 심리치료의 경계'(이 둘은 모든 학파와 정설을 초월한 매우 일반적인 것을 말한다)에 발을 들여놓는다면 두 영역 간에 일어날 수 있는 관계를 다루어야 한다. 그래서 우선 이들을 두 가지 관점에서 대조해 보려고 한다. 먼저 심리치료와 철학은 이론적 권위자로서, 즉 때로는 하나가, 때로는 다른 하나가 관찰의 주체로서 서로 맞설 수도 있다. 다른 한편으로 그들은 서로를 실용적 관계 안에서 평가해야 하는데, 이 말은 하나 혹은 다른 하나가 목적을 위한 도구로서 얼마나 적합한가 하는 점이다. 여기서 다음과 같은 네 가지 가능한 관점이 나온다.

1. 주체로서 철학, (이론적인) 관찰 대상으로서 심리치료: 이 문제를 구체적으로 말하면, 정신병리학의 인식 비판.
2. 반대로 주체로서의 심리치료, (이론적인) 관찰 대상으로서의 철학:

구체적으로 말하면, 우리가 계속 증명해야 할 것은 원칙적으로 불가능하고 실패할 수밖에 없는, 흔히 부르듯이 '세계관의 정신병리학'의 시도.

3. 실용적 주체로서의 철학, 심리치료는 철학의 손안에 든 의심쩍은 수단: 구체적으로 윤리(의 수단으)로서의 심리치료.

4. 마지막으로, 반대로 철학이 얼마나 자신의 지식에 어울리는지 심리치료가 시험하는 권위자로서: 구체적으로 말해 심리치료(의 수단으)로서의 철학.

곧바로 첫 번째 주요 문제인 '정신병리학의 인식 비판'(실제가 아닌 이론과 관련해서 말해야 하므로 여기서 '심리치료'란 말은 무의미하다)에 대해 논하려 한다. 문제 상황에 대한 짧은 고찰을 시도하기 위하여 지금도 여전히 심리치료를 대표하는 거대한 두 학설, '정신분석'과 '개인심리학'을 살펴보겠다. 또 이들이 자신들의 가설과 기본 입장을 벗어나 병태심리적 현실을 구체적이면서 포괄적인 그림으로 제공할 수 있는지를 인식 비판의 심판자 관점에서 물어보려고 한다. 대략 도식화한 개요에서 우리는 실제로 두 체계가 각각 반대 방향에서 현상적 현실을 제한한다는 것을 알 수 있다. 이를테면 정신분석은 모든 것을 성(최후의 욕동 에너지, 리비도)으로 축소시키고, 마음속에 일어난 현상들을 그 상징으로 본다. 개인심리학은 신경증의 모든 증상이 어떻게 목적을 위한 수단이 될 수 있는지 보여 주긴 하나, 성적 욕구와 더불어 근본적으로 다른 심적 욕구도 인정하고 있다. 따라서 정신분석의 제한은 '실질적인', 욕구의 내용과 관련된 제한이고, 반대로 개인심리학의 제한은 그것이 소위 주어진 욕구의 진정성, 순수성, 직접성을 의심하는 '형식적인' 제한임을 알 수 있다. 사실 성적 욕구만 존재하는 것이 아니고 다른 내용들도 존재하는데, 이는 정신분석과는 대치된다. 다른 한편으로 개인심리학 견해와는 상반되게 직접적으로 표출되는 증상 역시 존재하며, 모든 것을 목적을 위한 순수한 수단으로 해석할 수는 없다.

하지만 더 넓은 관점에서는 병태심리적 현실에 대한 정신분석 및 개인심리학의 견해는 제한적이면서 다른 한편으로는 상반된 방향에 있다. 먼저 우리가 순수한 발견에 의거하여 '나 존재Ich-Sein는 의식하는 존재이자 책임지는 존재다'란 명제에 근거를 둔다면, 인간 현존에 대한 두 가지 관점이 가능해진다. 이는 하나의 관점을 나머지 다른 관점으로부터 얼마나 따로 두드러지게 하느냐. 다시 말해 정신분석이 보는 신경증 증상은 근본적으로 억압 과정의 산물인데, 이것은 이 관점에서는 무의식적으로 만들어진다. 하지만 개인심리학은 신경증적 증상을 환자 스스로 뭔가를 책임지지 않으려고 하는 시도로 본다! 이러한 고찰을 통해 정신분석과 개인심리학은 우연히 만들어진 체계가 아니라 바로 존재론적 필요성에서 서로 대립적인 입장을 취하는, 어찌됐든 대립 속에서 서로 보완하는 학설로 보인다.

따라서 그들이 심리학적으로 투사한 면에 그린 인간상은 반쪽짜리 그림이다. '인간 존재의 총체성'은 그러한 이론적 접근으로는 파악할 수 없다. 정신분석은 에로스eros-로고스logos-에토스ethos 삼총사에서 오로지 첫 번째만을 강조해 철학적 인간학의 삼위일체를 무너뜨린다. 그리고 그 때문에 정신분석은 인간 존재의 총체성을 파악할 수 없다. 반대로 심리치료는 인간 존재의 총체성, 즉 인간상을 몸-마음-영 단위로 마음이 아픈 사람까지 고려하여 이어받음으로써, 인식 비판의 요구들을 매우 충족시킬 수 있다.

다음으로 두 번째 주제 '세계관의 정신병리학' 가능성에 관한 물음을 살펴보도록 하겠다. 어느 누구도 철학을 정신병리학의 평가에 내맡길 권리는 없다. 반대로 철학은 객관적인 정신적 창조물로서 그러한 이종異種의 접근으로부터 어떻게든 벗어난다. 그 접근은 내용의 타당성을 행동으로부터 추론할 수 있다고 둘러대는 심리주의에서 경계 및 권한을 침범하려는 시도나 다름없다. 모든 철학적 견해는 내재적 비판을 필요로 하고, 마음이 병든 환자도 심리치료에서 그럴 권리가 있다. 그러므로 신경증 환자의 세계관을 거부하는 사람은 핵심에서 벗어난 말을 하고, 환자는 그것을 콤플렉스나 열등감으로 '돌리'려고 계속 애쓸지 모른다. 설령 조현병(정신분열증) 환자가 주장한다 해도 2×2=4다! 하지만 우리는 정신과 의사로서가 아니라 다시 계산함으로써 계산의 오류를 발견한다. 이에 의사도 철학적인 이야기를 하는 환자에게 대답하기 위해 노력하고, 또 객관적으로, 세계관을 토론하는 선에 머무르며 논거들을 반박하는 대신 게으른 'Μεταβασις ες αλλο γενος' Metabasis eis allo genos(아리스토텔레스의 《형이상학》에 나오는 말로, 어떤 논거를 다른 맥락으로 옮기는 부당 이행을 뜻함-옮긴이)를 통해 논쟁에서 달아나는 것을 거부해야 할 것이다. 그러면 의사는 심리치료에서 심리주의 오류를 피하면서, 심리치료가 근본적으로 감행한 것, 즉 로고테라피(나는 이렇게 말하고 싶다!)를 통해 자신의 심리치료를 보완할 용기를 갖게 될 것이다. 왜냐하면 오직 로고스로만 우리는 온전히 세계관적 개념에, 또한 신경증 환자의 개념에도 비판적으로 대응할 수 있기 때문이다. 우리가 심리치료에서도 심리주의를 피하고 싶다면, 여기서도 이를 논리주의로 극복하겠다는 각오가 서 있어야 한다. 즉 이 말은 환자 스스로 던진 철학적 문제 앞에 심리치료가 서는 한 로고테라피로 심리치료를 보완한다는 뜻이다.

하지만 정신과 의사의 활발한 일관된 행위 안에서 그런 방법적 차별화는 당연히 이행될 수 없다. 이때 우리에게 주어진 것은, 다만 발견될 의도를 가지고, 의미치료적 요소들을 끄집어내는 것뿐이다. 이걸로 어떤 근본적 문제와 위험이 발생하는지 보여 줄 수 있다. 우리가 앞에서, 넓은 인본주의적 시각에서 환자를 바라보는 일이 얼마나 필요한지를 보여 주려고 했다면, 우리가 고찰한 이 부분의 마무리로 밝혀진 것은 환자가 자신의 의견을 자유롭게 드러낸 철학을 단순히 정신병리학적으로 판단하는 것이, 다시 말해 철학을 정신의학의 왜곡된 거울로 들여다보는 것이 얼마나 합당치 않은 일인가 하는 점이다.

그럼에도 불구하고 이러한 행태 속에 포함된 심리주의는 스스로 겨냥하는 무기로 사용할 수 있다. 우리는 수십 년 간 이어진 이런 사고방식을 잘 안다. 늘 정체를 폭로하려 하고, 늘 폭로한다고 믿으며, 모든 정신적이고 창조적인 것은 항상 '결국에는 오로지' 성이나 권력 추구 이런 것만 내세우기에 급급하거나 혹은 그럴 채비만 한다. 연구 방향은 더 이상 본질적인 것에는 전혀 관심이 없고, 마지막에는 리비도와 열등감과 인정욕구 등 '배후에서' 작용할지도 모르는 것만 바라본다. 왜냐하면 언젠가, (문화비판적 시기에 또는 신경증 사례에서) 어떤 심적 능력이나 성과가 가면이었거나 목적을 위한 수단이었기 때문이다. 그래서 그것은 결코 진짜가, 본원적이고 직접적인 것이 될 수 없다.

이러한 태도는 언젠가 군주가 자신의 부관에게 물었다는 우스갯소리를 어떻게 볼까? "대체 그건 무슨 새인가?" 하고 묻는 군주의 질문에 부관은 "황새입니다!" 하고 대답했다. 군주는 웃으면서 "그런 새는 없다네!" 하고 말했다. 황새라는 새가 유명한 옛날이야기에서 목적으로 사용되었기 때문에, 실제로 존재하면 절대 안 될까? 불안은 무의식적으로 성적 원인이나 '안전 경향'을 가진다는 이유로, 삶이나 죽음에 대한 불안이라든가 도덕적 불안(양심의 가책)은 결코 존재할 수 없단 말인가? 또 예술이 예술가에겐 때때로 현실 혹은 성적 취향으로부터의 도피를 의미하기에, 모든 예술은 본질적으로 아무것도 아니란 말인가? 그러한 연구 방향에서 문제가 되는 것은 우리가 본 것처럼 무능력한 판단이 아니라 판결 내리기이다. 그것은 이제 스스로 심리학적 해석의 대상이 돼서, 100년 전 유물주의에서, 그 후에는 상대주의와 심리주의에서 가치 저하를 의도한 수단으로 나타났고, 사물로부터 가치를 빼앗는 시도를 했다. 마치 다양한 현대 집단주의가 인간에게 (자유와 함께) 존엄성을 빼앗으려고 시도하는 것처럼….

이와는 반대로 심리치료는 심리치료사의 심리학적 개입을 피하면서, 모든 영적인 것의 자율성에 대한 존중을 보장해야 한다. 이렇게 해서 구체적인 심리치료 상황 안에서 세계관 같은 영적인 것만을 전적으로 다루지 않고 개인적인 것, 환자 개개인의 개별적인 세계관을 다룬다. 그리고 바로 이러한 개인적인 것, 유일한 것, 이런 구체적인 정신적인 것을 대하는 의사의 인본적 태도는 더욱 위엄 있게 직접적이고, 관대하며, 공정해야 할 것이다. 이것으로 어느덧 우리가 고찰할 세 번째 주제에 이르렀고, 인간에게 윤리적 영향을 끼치는 기술적 도구로서, 다시 말해 목적을 위한 수단으로서 심리치료의 가능성을 묻는 질문 한 가운데 서 있다.

심리치료는 윤리의 손에서 가치를 넘겨받은 후 이를 전제로 평가해야 하는 것이 분명해졌다. 하지만 문제는 그것이 과연 평가해도 좋은가 하는 점이다. 도처에서 신경과 의사는 진료 시간에 환자가 선택한 세계관과 사적인 평가들을 만나게 된다. 의사가 이들을 그냥 지나치고 치료한다는 것은 불가능하고, 오히려 이에 대한 입장을 밝힐 것을 강요받는데, 환자는 자신이 겪는 온갖 정신적 어려움을 끊임없이 의사에게 쏟아 붓고 해결책을 요구한다. 양심적인 의사에게는 이것을 피하는 것이 허락되었을까? 아니면 의사 스스로 평가 내려도 괜찮은 것일까? 어쩌면 특정한 가치 척도에 따라 행하거나 관여하는 게 필요하지는 않을까? 건강의 가치가 심리적 측면에서, 모든 의료적 또한 정신과 의사의 행위에도 주어졌다면 말이다. 이 외에 신경증 자체는 영적인 것에 뿌리를 두고 있다는 것이 계속해서 밝혀졌는데, 이 말은 특정한 세계관적 입장에 의해 발생했거나 아니면 보존되었다는 의미다. 그러므로 환자의 사적 세계관 및 가치 척도 영역에 대한 개입이며, 따라서 의사의 가치 역시 중요하다. 다시 말해 심리치료는 스스로 평가 내려야 한다. 그렇게 해서 윤리적 가치를 정하고 윤리를 위해 봉사해야 한다. 하지만 그렇게 평가하는 심리치료가 필요하다면 이런 의문이 생긴다. '심리치료는 평가하는 심리치료로서 가능한가?' 또 '평가하는 심리치료는 어떻게 가능한가?' 이러한 의문이 생기는 이유는, 우리가 앞서 심리치료를 하는 의사의 태도 안에 개인의 가치 척도, 즉 구체적으로 영적인 것에 대한 존중이 드러나야 한다고 요구했기 때문이다. 다시 말해 의사는 절대로 월권해서는 안 된다는 것과, 이미 정해진 가치 순위를 환자에게 전달하고, 이를 정신의학 치료 안에 들여놓아서, 세계관을 부여하는 정당성이 부과된 사제와 같은 권리가 없다는 것을 의미한다.

이제 우리는 한편으로는 가치의 규정이라는 불가피성과, 다른 한편으로는 도의적인 불가능성의 부여라는 딜레마에 빠졌다. 나는 이 문제를 해결할 수 있다고 본다. 한 가지 특정한 해결책은 있기 때문이다! 다시 말하면 단 한 가지, 형식적인 윤리적 가치는 여전히 존재한다. 그건 바로 그 자체로 순위를 정하지 않으면서, 스스로 모든 평가의 조건이 되는 가치, 즉 '책임성'이다! 그것은 소위 윤리적 중립의 한계치를 나타내는데, 여전히 심리치료는 함축적이면서 명백하게 평가하는 행위로서 거기까지 밀고 나가도 좋고, 또 밀고 나가야 한다. 심리치료에서 이를 통해 실존의 본질적 특징인 깊은 책임 의식에 이른 환자는 이미 스스로 자신에게, 자신의 유일무이한 인격체와 일회적인 운명의 공간에 부합하는 평가에 이른다. 말하자면 책임은 주관적인 쪽에, 객관적인 쪽에는 '가치'가 자리 잡고 있다. 그 선택, 선별과 인정은 의사가 부여하지 않아도 이루어진다. 그렇다. 이미 '누구 앞에서', 즉 어떤 권위자 앞에서(신, 양심 등) 해당 환자가 책임이 있다는 것을 체험하는가 하는 문제는 의사의 통제로부터 벗어난다. 또 환자가 '무엇을', 어떤 가치 내지 가치 순위를 선택하는가 하는 문제 역시 마찬가지다. 오로지 그가 가치를 택하고 책임을 깨닫는 것만이 본질적이다. 어찌 됐든 부여를 거부한다는 의사의 태도를 버리지 않고서도 종국에는 마음이 병든 환자가 정신과 의사의 치료로 상당히 호전되는 것이 '가능'한데, 이것을 여기에서 볼 수 있어야 한다.

그런데 환자가 완전히 책임을 의식하도록 하는 게 '필요한지', 또 얼마나 '필요한지' 이 물음으로 관심을 돌릴 때, 우리는 네 번째이자 마지막 질문과 만난다. 다시 말해 심리치료로서 윤리는, 이렇게 말해도 좋다면 정신과 의사의 치료에서 세계관 논의는 가능한가, 어떻게 가능한가 하는 물음에 부딪치게 된다. 우리가 움직여서 환자가 자신을 책임지는 존재로 생생하게 느낄 수 있도록 깨닫게 한다면, 그것은 치료적 중요성을 갖게 될까? 이미 우리는 앞에서 '나 존재Ich-Sein는 의식하는 존재이자 책임지는 존재다'라는 철학적 인간학의 기본 공식을 이야기했다. 우리는 심리치료가 인간 존재의 총체성을 이런 뜻으로, 그리고 규율적인 편파성을 뛰어넘어 (마음이 병든) 인간상 안에서 이해할 것을 요구했다. 더 나아가 심리치료가 심리학적 오류에 빠지지 않고, 영적인 것의 '자율성'을 철저하게 존중할 것을 요구했다. 끝으로, 세 번째 주제에서 가치 선택에 관해 구체적인 영적인 것의 권한은 환자의 영적 인격체에 온전히 맡길 것을, 다시 말해 그의(의사의) 사적인 세계관을 부여하는 걸 피할 것을 심리치료사에게 요구했다.

이제부터는 심리치료에 대한 마지막 네 번째 요구, 다시 말해 마지막 네 번째 문제 제기를 하려고 한다. 환자는(과제에 대해) 단지 책임만을 자각해선 안 되고, '특별한' 과제에 대한 '특별한' 책임을 져야 한다. 그래야만 환자가 자신의 내적 기질과 외적 상황, 즉 세계 내 자신의 모든 입장을 일회적이고 유일무이한 것으로 체험했을 때에만 비로소 책임 의식은 그에게 최대한 가능한 힘을, 신경증에 대항할 저항력을 펼칠 수 있게 할 것이다. 막연한 책임감에서 나온 특별한 사명감은 매우 특정한 사적인 과제와 함께 자신을 세계와 연관 짓는 경험이 된다. 하지만 개인의 책임 의식, 자신의 특별한 사명을 깨닫는 것 외엔 그 어떤 것도 인간이 자신을 뛰어넘을 수 있게 끌어내지 못하고, 활성화할 수 없으며, 부담이나 어려움을 극복하게 할 수도 없다. 이 점에서 책임지는 존재로서 현존 분석의 비교 불가능하고 정교한 심리치료적 이용 가치, 본질적 특징과 관련된 인간 존재에 대한 분석의 이용 가치가 있는 것이다.

이곳은 우리가 심리치료라고 일컫는 실존 분석 기술에 관한 특수한 질문을 다루는 곳은 아니다. 하지만 우리가 분명히 하려는 것은 윤리를 심리치료에 포함시키고, 환자의 특별한 책임과 과제를 제시하는 것이 심리치료 입장에서 필수적인 일임을 보여 주는 것이다. 즉 시범을 보이는 것이다. 만일 우리가 심리 영역을 넘어서 영적 영역을 연구한다면, 다시 말해 인간 실존의 총체성을 심리치료에 포함시키고자 한다면 마지막 한 가지, 인간 실존의 정수—책임지는 존재, 사명 갖기—를 심리치료의 중심에 둘 것을 요구해야 한다. 이렇게 해서 심리치료는 이중으로 실존 분석과 연관 지어 볼 수 있다. 즉 심리치료는 모든 실존(에로스, 로고스, 에토스)의 분석이 되고, 실존과 관련된 (인간 존재, 책임지는 존재로서의 현존재) 분석이 된다. 우리에게 이러한 세계관으로의 확대와 영적인 것과의 연결은 심리치료에 대한 시대적인 요구로 보인다. 이를 충족할 수 있는 가능성과 필요성은 앞서 설명한 것들이다.

* 이 글은 〈스위스 신경학 및 정신의학 아카이브Schweizer Archiv für Neurologie und Psychiatrie〉(제43호, 1939년, 26~31쪽)에 처음 실렸다.

신경증 환자 심리치료에서의
약물 지원에 대해

β(베타)-페닐이소프로필아민설페이트, 다시 말해 '벤제드린' Benzedrine(교감신경 흥분제 암페타민의 상품명-옮긴이)이란 이름으로 시판 중이고, 주로 중추신경(프린츠메탈과 블룸버그Prinzmetal & Bloomberg)과 자율신경(구트만Guttmann)에 미미하게 작용하는 이 에페드린 유사 성분은 최초로 기면증(발작성 수면)과 뇌염 후 파킨슨증 치료에 매우 성공적으로 사용되었다. 그 후 나타슨Nathanson을 비롯해 다비도프와 라이펜슈타인Davidoff & Reifenstein도 일반인들에게서 확인한 행복감을 우울증에 이용하려고 시도했다(윌버Wilbur, 맥MacLean, 앨런Allen). 그때 약 70%에서 불안을 보이지 않고 정신운동psychomotor을 억제하는 경우가 보였으나 대체로 처음에만 효과적인 반응을 나타냈다(메이요 클리닉). 구트만과 사간트Sargant와 비슷하게 마이어슨Myerson은 다음과 같은 연구 결과를 얻었다.

"우울증, 피로, 무쾌감증anhedonia과 관련된 몇몇 신경증 사례 및 정신 질환과 동일한 일반형 사례에서 '벤제드린 설페이트'는 개선에 영향을 끼친다."

정신 질환 임상에서 우리 경험에 따르면 벤제드린은 멜랑콜리아 우울증을 치료하는 데 지금까지 사용하고 있는 약물의 보고에서 소중한 보충제로 알려졌다. 하지만 정통적인 아편 치료에서 단 하나의 약제만이 불안을 다스리는 데 효과가 있었고, 다른 주요 증상인 억제는 거의 영향력을 미치지 못했다. 바로 이런 복합적인 멜랑콜리아의 증상이 벤제드린을 이용한 치료에서는 선택적으로 효과가 있을 것으로 보였다. 억제가 병증을 통제하면, 밤에는 차도를 보이다 낮에는 전형적인 변동이 뒤따랐는데, 우리는 벤제드린이 효과를 보일 때마다 일일 변동의 반작용anteposition을 관찰할 수 있었다. 정확히 말하자면, 아침에 약을 복용할 경우 보통 저녁 무렵이 돼서야 나타날 거라고 예상하는 혼미한 상태가 풀리는 과정이 오전 중에 일어난 것이다. 이와는 달리 멜랑콜리아 우울증 환자의 기분에 미치는 벤제드린의 효능은 의심쩍었다. 때때로 우리는 그 효능이 간접적으로 발생한다는 인상을 받았는데, 해당 경우마다 반작용 요소, 즉 억제에 대한 감정적인 반응은 소멸되었다.

최근 쉴더Schilder는 "더욱 깊은 통찰로 벤제드린이 심리학적 작용 방식에 이르도록" 시도하면서, 선별한 일련의 사례들과 그가 주장한 약물 심리학의 관점에서 벤제드린이 야기한 "나Ich의 구조 변화"를 추적했다. 쉴더는 자신의 연구 결과를 다음같이 요약했다. "신경증이 완치

되기 어렵다는 것은 분명하지만 증상의 관점에서 보면 유익할 수 있다." 이제 우리는 몇몇 주요 심리치료 사례를 토대로 방금 인용한 의견의 정당성을 증명하는 데 기여하고자 한다.

사례 1

R. S. 씨는 43세의 여성 환자다. 부모는 사촌지간으로, 엄마는 꼼꼼하고 화를 잘 냈다. 오빠는 고지식하고 매우 양심적인 성격에 강박적 반복과 자주 뭔가를 잃어버린 것 같은 기분에 시달리는 듯 보였다. 남동생은 말 그대로 '신경질적'이라고 했다. 환자 본인은 이미 유년 시절부터 여러 강박 증상이 있었는데, 현재는 뭔가를 반복하고 씻는 행동을 하는 심한 강박신경증이 주를 이루었다. 치료는 계속 되풀이되었고 심리치료도 받았다. 그럼에도 증세는 점점 악화되었고, 이는 자살을 생각하게 했다. 무엇을 완전히 처리하지 못했다는 기분에 시달렸고, 그럴 때마다 '명증의 감정이 부족함'을 보였다. 환자는 "뭔가 잘 했다는 걸 알지만, 그걸 한 번 더 꼭 해야 해요." 하고 말했는데, 이는 해결되지 않고 남아 있는 것을 '감정상으로' 경험한다는 뜻이다.

환자에게 우선 강박신경증적 충동과 건강한 의도를 구분한 다음, 충동으로부터 거리를 두라는 지시를 내렸다. 이러한 거리 두기로 환자는 나중에 강박신경증적 침입이 불합리하다는 것을 이끌어내고 그것을 기선 제압하는 법을 배웠다. "제 손이 깨끗하지 않은 건 아닐까 무척 불안해요. 심지어는 아주 더럽다고 가정하지요. 그래서 손이 훨씬 더 더러워지기를 바라죠!" 환자에게 이러한 강박신경증적 충동과 싸우는 대신, 그것을 풍부한 유머로 몰아내고 이겨 내라고 가르쳤다. 이렇게 해서 환자의 전체적인 인생관은 수정될 수 있다. R. S. 부인은 강박증 환자에게서 나타나는 전형적인 완벽주의, 또 앎과 선택에 있어서 절대적인 확신을 추구하는 모습을 보였는데, 이는 명증의 감정이나 깊은 '본능적 자신감'이 부족한 데서 기인한다. 하지만 현존재의 완벽성이란 실현 불가능하기 때문에 환자는 깨끗한 손, 청결한 집 같은 특수 영역에서 제약을 받았다. 그녀에게는 '삶의 단편적 특징'에 대한 인정과 행동 시도가 요구되었는데, 이에 대해 신경증은 짐과 보호를 동시에 보여 주는 그릇과 같은 모습으로 나타났다. 여기서 마지막 보호의 의미는 먼저 환자와 순전히 이론적으로만 이야기 나누었다. 그녀는 다음 상담시간에 즉흥적으로(!) '의혹'이라는 말을 입 밖으로 냈고, 신경증은 때때로 자신에게는 핑계나 다름없다고 말했다.*

---

* 이러한 '이차적 질병 동인'은 강박증의 원인이 아니라 단지 그 증상이 지속해서 고착되는 원인일 뿐이다. 어떤 순수한 '형식적인 것'인 강박 메커니즘의 원인은, 잘 알려졌다시피 어느 정도는 운명적이고 경우에 따라서는 유전이다. 다양한 '내용적인' 결정은 당연히 심인적이다. 그렇다고 구체적 내용이 심인성임을 드러내는 것이 치료에서도 중요한 의미를 지니고 하물며 무조건 필요한 것이라고는 말할 수 없다. 오히려 우리가 더 기대하는 것은 환자가 인생관 전체를 근본적으로 전환함으로써, 말하자면 영적인 것에서 변화된 삶의 태도에 도달해 신경증에 거리를 두면서 심지어는 이를 모두 제거하는 것이다. 하지만 최소한 그것과 함께, 그것에도 불구하고, 그것을 떠나서 의미를 충족하는 삶을 살 수 있게 시도하는 치료 효과다.

2주간의 치료를 마친 뒤, 환자의 상태는 눈에 띄게 좋아졌다. 강박 신경증 충동이 일어날 때마다 적절히 대응하면서, 그녀는 자신의 행동에 온전히 책임이 있다는 것을 아는 기술 통제력 또한 점점 증가했다. 얼마 지나지 않아 그녀는 강박신경증 충동을 버팀으로써 얻는 제약적인 불쾌보다 그 충동에 '대승리'를 거두는 즐거움(아직 자주는 아니지만)이 더 크다는 것을 배웠다. 치료가 시작된 지 3주가 지난 치료 단계에서 환자는 벤제드린 처방을 받았다. 환자에 대한 일반적 보고에 따르면, 벤제드린을 복용한 뒤 모든 것이 쉬워지고 기분이 좋아졌다고 했다. 그녀는 "모든 것이 조금 낙관적으로 보였어요."라고 말했다. 또 밤에 브리지 게임을 할 때마다 자신의 과거 모습보다 훨씬 더 활기가 넘친다고 했다. 그런 다음 "마치 눈이 맑아지고 시력이 좋아진 것처럼 이전보다 선명하게 보이는 것 같아요." 하고 덧붙였다. 환자는 그 무렵에 닥친 불행도 눈에 띄게 침착하게 아무 동요 없이 받아들였다. "(벤제드린 효과로) 그때는 불행이 아주 비관적으로만 보이지 않았어요." 그러더니 "(집안)일은 더 쉬워졌어요."라고 명랑하게(!) 말했다. 그녀는 반복 강박에 끼친, 더 자세히 말해 자신의 행동에 끼친 특별한 효과에 대해 언급하기도 했는데, 이제는 자신의 행동에 스스로 더 성공적으로 '방어'할 수 있고, 유머러스하면서도 용감하게 맞설 수 있다고 자랑스럽게 이야기했다. 또 심리치료를 받을 때 배운 것이 효과가 지속적으로 나타났고, 쉽게 적용할 수 있었다고 했다. 환자는 현재 매우 낙관적이며, 자신의 느낌을 이렇게 부언했다. "그 일을 통해 성장할 수 있을 거예요. 저는 더 이상 그게 제 위에 있는 것이 아니라 발아래 있다고 생각해요. 지금까지 강박신경증이 소위 존경하는 사람 같았다면, 현재 저는 그에게 화가 났다고나 할까요…" 환자는 자신이 '더 이상 동일한 사람이 아닌' 것 같은 기분을 느낀다고 하면서, "세상에 무슨 일이라도 저지를 수 있을 것만 같아요."라고 말했다. 이제 그녀는 약이 가져다준 활력을 적절하게 이용하라는 지시를 받는다.

심리치료가 환자에게 신경증에 대항해 무기를 통제하게 하고 칼을 다루는 법을 가르쳐 주었다면, 약은 마치 전투에서 환자의 힘을 증대시키는 도핑 같은 역할을 했다고 볼 수 있다. 벤제드린이 가져다준 활력은 계속되는 훈련으로 틀림없이 발전할 것이고, 이제부터 환자는 활기를 가져오는 것은 물론 유지할 수 있도록 노력해야 한다. 실제로 이는 몇 주간 계속 이어진 치료에서 성공적으로 이루어졌고, 그 기간 동안 환자는 더 자주 '유혹에(예를 들어 손 씻기 강박 같은) 저항하기' 위해 벤제드린을 매일 한 알에서 두 알씩 복용했다. 심지어 그녀는 강박적 상상(예컨대 손이 더러워졌다는)이 '더 희미해졌다!'고 말했다. 결국 벤제드린을 더 이상 복용하지 않을 때도 제한된 범위 내에서의 성공은 유지되었다. 환자는 별다른 어려움 없이 강박신경증 충동에서 완전히 거리를 두는 데 성공했다. 그녀는 이를 이렇게 설명했다. "저는 여기 있고 강박적 상상은 저기 있어요. 그것은 계속 제게 말을 걸어요. 하지만 받아들여선 안 돼요. 강박적 상상 자체는 씻을 수 없거든요. 전 그래야 하지만 그렇게 하지 않을 뿐이에요." 이 단계에서 치료는 외적인 이유로 중단되었다.

사례 2

S. S. 씨는 41세의 남성 환자다. 그는 정신분석이 아무런 도움이 안되자 치료와 실제로 상담만 받으려고 진료실을 찾아왔다. 며칠 후면 도시를 떠나 (외국에 있는) 고향으로 돌아가야 하는 상황이었다. 큰 기대를 걸었던 정신분석이 실패로 끝나자 몹시 절망해서 심각하게 자살을 생각했고, 이미 유서를 주머니 속에 지니고 있었다. 환자는 지난 15년간 심각한 강박신경증 증상으로 고통받아 왔고, 최근 증상은 더욱 악화됐다. 그는 매우 경직된 모습이었고, 안간힘을 다해 강박적 사고와 싸우고 있었다. 강박신경증에 맞서 싸우는 투쟁은 그 '힘'과 고통을 더욱 강화시키기만 할 뿐이라서 반대로 오히려 통제를 그만두는 법을 배워야 했다. 환자의 시간이 얼마 남지 않았음을 생각하면, 증상의 분석은 처음부터 포기하고 단지 강박 메커니즘에 대한 그의 태도만을 검토했다. 실제로 며칠 뒤 환자는 강박신경증 발작과 거의 화해했는데, 처음으로 상당히 일반적인 심리적 홀가분한 상태에 도달했을 뿐만 아니라 동시에 관련된 것을 꼬치꼬치 캐묻는 버릇이 효과적으로 줄어들면서 점차 사라지기 시작했다. 이 심리치료는 벤제드린 약제로 촉진되었다. 환자는 이전보다 더 용감하고, 희망에 부풀고, 마음이 한결 가볍다고 했고, 아내에게 낙관적인 편지를 썼으며, 다시 직장도 생각하게 되었다고 보고했다. 치료 셋째 날에는 기쁨이 넘치는 얼굴로 말하기를, 전날 10년 동안 경험하지 못한 강박관념에서 자유로운 상태를 한 시간

가량 체험했다고 했다! 그 후 벤제드린 효과로 차츰 강박적 사고에서 멀어졌고, 그것과 떨어져서 생활하는 것이 가능했다. 그는 강박관념에 저항하고 계속 신경을 쓰는 대신 유머 넘치고 여유로운 태도로 맞서고 무시하려고 노력했다. 그때 그는 비유 하나를 늘 잊지 않았다. 다른 개만 보면 사납게 짖는 개가 있었는데, 그 개는 사람들이 자신을 향해 올 때마다 더 시끄럽게 짖었지만 자기를 쳐다보지 않고 무시하면 이내 짖기를 멈추었다는 것이다. 사람들이 개 짖는 소리를 듣지 않는다면 방 안의 시계가 째깍거리는 소리처럼 무심히 '흘려듣게' 될 것이다. 벤제드린은 이 환자 사례에서도 심리치료 보조제로 효과적임이 입증되었다. 이는 우리가 미리 심리치료의 범위 내에서, 환자 손에 적절한 무기를 쥐여 줘 강박관념과 싸우는 자아에게 '배후의 힘'을 부여한 것이나 똑같다. 환자는 고향으로 돌아간 뒤에도 오랫동안 편지로 상태를 알려 주었다. 의사의 최종 소견에도 적혀 있듯이 그는 아주 잘 지내고 있고, 외부 상황이 그리 좋지는 않지만 만족하며, 지금도 여전히 강박증이 침투할 때마다 심리치료에서 배운 올바른 태도를 취한다. 그는 벤제드린을 계속 복용한 것이 증상을 완화시킨 것 같다고 전했다.

사례 3

F. B. 씨는 24세로 남성 환자다. 유년 시절부터 말을 더듬었고, 친척

둘도 말을 더듬는다. 그는 말하는 것이 소위 시끌벅적한 생각이나 다름없다고 배웠다. 자신에게 필요한 것은 오로지 생각에만 집중하는 거여서 그러면 입이 저절로 말하는 것 같다고 진술했다. 그 순간에는 '어떻게'가 아닌 오로지 '무엇에'만 집중해야 한다고 했는데, 생각의 내용이 아니라 말하는 형태에 신경 쓰는 것을 딴 데로 돌릴 경우, 당황해서 말하는 것에 집중할 수 없다고 했다. 이 환자는 적절한 훈련으로 언어 장애 성향 보완이 가능했고, 또 보완해야 했다. 즉 J. H. 슐츠가 주장한 치료 방법인 긴장 완화(숨 들이마시기), 숨소리가 들릴 정도로 내쉬기 eating the breath('숨 먹기', 언어 장애 치료법의 하나로 입 안에 공기를 머금고 씹는 연습을 뜻함-옮긴이), 말하기 같은 연습이 필요했다. 그는 집에서도 이 순서대로 연습했고, 얼마 지나지 않아 "'말하려' 하지 않아도 말이 나왔다."고 하면서 언어 행위에 대한 올바른 태도가 성공적이었다는 소식을 전했다.

우리는 이 청년에게 생각하는 것만 소리 내서 말하라고 지시했다. 그리고 남아 있는 일반적인 수줍음을 떨쳐 내기 위해 처음에는 말을 하고 사람을 사귀는 데 두려움이 있더라도 적극적으로 다른 사람들과 어울리고 이야기하라고 권했다(우린 이렇게 부언하기도 했다. "불안해하면서 이야기하는 것은 금지라고 누가 그러죠?"). 물론 실패도 감수해야 하지만 그렇게 해야 나중에 성공할 수 있고, 불안이 마침내 사라질 수 있다는 것을 강조했다. 그러면서 만약 불안이 몇 배로 늘어난다 해도 룰렛 게임도 돈을 다 걸어야 하는 법이라고 단호히 말했다. 다음 치료 단계에서 환자는 사회에 성공적으로 적응한 후에 나타난 불안감을 호소했다. 그는 삶과 연결된 결과, 자신의 '화려한 고립'의 상실을 두려워하는 것이 틀림없었다. 하지만 이제부터 중요한 것은 비이성적인 현존의 불안을 의식적인 극복에 따르도록 맡기는 일이라고 보고, 이를 받아들였다. 환자에게 벤제드린을 처방 내렸다. 며칠 후 그는 일기 형식으로 기록한 글을 토대로 보고했는데, 처음 약을 먹고는 여전히 어려움이 많았지만, 바로 전화로 짧게나마 확실히 더 잘 말할 수 있었다고 했다. 또 몇 시간 후 저녁 모임에서 이야기할 때는 눈에 띄게 차분하고 당당한 모습이었다고 기술했다. 하지만 가슴 두근거림, 압박감, 불면증 같은 부작용도 언급했다. 그때부터 환자는 약을 반 알만 복용했고, 말하거나 모임에서 몇 시간이 지나도 최상의 컨디션을 유지했다. 환자가 전달한 나타난 효과를 요약하면, 무엇보다 말할 때 알 수 있었다. '부끄러움'이 사라지고, 감정을 '억누르는 것'이 감소했지만 특별히 말하고자 하는 충동이 없었다고 전했다. 또 일반적인 자의식에도 영향을 미쳤고, 이는 긍정적인 면에서 그랬다. 이렇게 호전된 상태는 지속되었다.

사례 4

F. W. 씨는 37세로 남성 환자다. 임상적으로 이 사례는 외적으로 매우 정돈된 모습과 함께 철저한 사고체계에서 정신운동 억제가 동반된

우울증 상태를 보여 주었다. 그에겐 주관적인 자책 경향을 비롯한 심한 불쾌감, 불안, 죄책감 및 부족감이 보였다. 환각 체험은 확인되지 않았고, 심상에 기반을 둔 편집증적 사고가 있었다. 추정 진단은 조현양상 정신 질환에서 재발성 우울증 단계로, 당시 지배적인 증상은 이인離人 체험이었다. 환자는 "전 그저 과거, 제 모습의 그림자일 뿐입니다. 환영일 뿐이라고요."라고 하소연했다. 현존재로서 자신을 부족한 존재로 인식했고, 이런 말을 하기도 했다. "전 몹시 기가 죽었어요. 말 그대로 3차원에서 2차원적 존재로 내밀렸다고요." 결핍감은 무엇보다 자극의 체험과 관련이 있었다. 그는 "내적 삶을 공급하는 전원이 꽉 막혀 있는 것 같다고나 할까요."라고 기술했다. 인지 행동도 결핍과 관련 있었다. "좀 더 감정적 사고가 없는 것 같아요. 제겐 무질서하면서 생각이 떠오르는 공간이 없어요." 환자는 의도적 착란도 매우 적절하게 묘사했다. "마치 정신적 장님인 것처럼 생각하는 대상을 마음속에서 이리저리 더듬어 봐야 해요. 전 엉뚱한 걸 붙잡고 있거든요." 이 외에 좁은 의미로 활동 장애도 언급했다. "제가 하는 일은 죄다 모조품처럼 본질적이지 않고 비현실적이죠. 전부터 기억 속에 있는 진짜 인간적인 것을 우스꽝스레 흉내나 내는 동물 같다고요." 환자는 또 '결함 있는 정신적 통합'을 체험했고, '존재가 완전히 해체된 기분'(캉브리엘Cambriels)도 느꼈다. "시간이 멈추지 않고 흐른다는 걸 전혀 자각하지 못합니다. 정신적으로, 마치 접착력이 다 떨어져서 뒤죽박죽 아무 맥락 없는 모자이크 퍼즐로 이루어진 것 같다고나 할까요. 실 끊어진 진주 목걸이처럼 말이죠." 환자가 설명한 개별적인 표현은 (베르체 Berze가 말한) 의식의 긴장 저하hypotonia'가 있음을 보여 주었다. "너무나 긴장해서 긴장감을 못 느끼고, 완충 장치도 없는 것 같고…. 마치 태엽이 바깥으로 튕겨져 나온 회중시계와 비슷합니다." 그는 결국 지각 세계의 소외derealization(현실감 상실), 특히 자기 인식의 변화를 스스로 지각하는 지경까지 왔다. 환자는 이따금 발생하는 간헐성 삼차 신경통 trigeminal neuralgia(삼차三叉 신경 이상으로 인해 얼굴에 나타나는 심한 통증으로, 중년 여성에게 흔한 뇌신경통으로 알려져 있다-옮긴이) 때문에 왠지 모르게 통증이 변한 것처럼 느껴진다고 하면서 실제 통증에 더 많이 불평했다. "가끔 제 손, 제 목소리가 아닌 것 같아요. 더 이상 저와 물체, 대상과의 관계를 제대로 파악할 수가 없다고요. 사물들은 더 이상 객체가 아니예요. 모든 게 다 똑같이 보이고, 거울에 비친 모습처럼 창백하고 좌우가 뒤바뀐 것 같아요." 환자는 자신이 '공명판 없는 바이올린'과 마찬가지라고 했다. 또한 '아무 근거도 없는 듯한' 감정을 느낀다고 토로하면서, 과거에는 세상이 '화려한 색채를 띠었지만 지금은 오로지 흑백일 뿐'이라고 말했다. 그는 한 차례 벤제드린을 처방 받았는데, 이는 실험적인 의도가 컸다. 현기증, 긴장감, 압박감 등 결과적으로 긍정적인 작용을 가져오지 못하게 자극하는 불쾌한 부작용으로 인해(혈압 130/90mmHg, 환자는 오랫동안 심장 기능 장애를 앓아 왔다) 약을 반 알만 복용했다. 이전까지의 부작용은 치료적 관점에서 환영할 만한 것이었다면, 구체적 사례의 독특한 심리적 구조를 고려할 때 지금은 실험적 관점에서 더 주목할 만했다. 환자(자기 관찰의 달인이자 자기 성찰 묘사의 대가)는―평소 관찰되는 두드러지게 신체적, 정신적으로 활발한 점을 제외하면―비현실감은 '확실히 완화'되었다고 하면서, 이는 수년간 한 번도 겪어 보지 못한 일이라고 설명했다. 그리고 생각은 '훨씬 더 정확하고 명료해'졌으며, 자기 자신은 '정신적으로 건강해지고 좀 더 침착해'졌다고 했다. 환자는 벤제드린 반 알을 복용한 다음, 세 시간가량 '사고 기능 촉진'이 지속된다고 전하면서 본인 상태를 이렇게 표현했다. "새로운 추동력을 얻은 것 같은 일종의 도취 상태라고나 할까요. 저는 무척 활발해졌고, 행동하고 말하고 싶은 욕구가 생겼어요."

요약

벤제드린이 일부 신경증 증상의 치료를 위해서만 사용할 수 있다고 본 쉴더의 견해는 자신의 경험들로 증명되었다. 말 더듬기와 이인증 depersonalization(탈인격화) 이 두 가지 강박신경증 사례에 의거해 어떻게 심리치료가 벤제드린 약물치료의 도움으로 보완될 수 있는가 살펴보았다. 물론 여기서 후자의 경우, 일시적인 도핑 기능은 환자가 심리치료사 손에서 받은 무기를 반드시 미리 가지고 있던 전투에서 나타났다.

* 이 글은 《현대 정신의학Psychiatrie der Gegenwart, 제3권》 (베를린, 괴팅엔, 하이델베르크: 슈프링거, 1961년, 743~759쪽)에 최초로 실렸다.

강제수용소 심리학과
정신의학

I. 강제수용소 심리학

제1차 세계대전 이후, 포로수용소에서의 심리학적 관찰과 경험들이 소위 (비셔Vischer가 말한) '가시철망병barbed wire disease' 증상을 진술하게 했다는 점에서 감금 심리학을 풍부하게 했다면, 제2차 세계대전은 의사들에게 '신경전'의 후유증을 알려 주었다. 군중 심리학mass psychology 이라는 연구가 활발해진 것은 최근의 일인데, 이는 강제수용소에서의 집단생활이 기여했다.

이에 대한 경험을 네덜란드 우트레히트 대학교 박사 학위 논문에 수록한 코헨Cohen은 아우슈비츠에서 벌어진 일들을 수집해 프로이트의 이론만을 기반으로 해 정리하였다. 그렇지만 방법론적인 측면에서 이런 심리학적 시도는 난관에 부딪혔다. 심리학은 과학적 거리를 요구했다. 그런데 수용소 생활을 몸소 겪었거나 온전히 체험 가운데 있던 사람이 유의미한 관찰을 해야 했던 시기에 필요한 거리를 유지할 수 있을까?

강제수용소에서 인간 현존재는 변형을 겪었다. 그러한 변형은 너무나 컸기 때문에, 수용소에 있던 관찰자가 스스로 판단을 내리는 상황에서 과연 충분한 객관성을 유지할 수 있었을까 의심스러울 수밖에 없다는 점을 인정했다. 심리학적으로 봤을 때, 자기 자신이나 타자를 판단하거나 평가하는 능력도 병들 수밖에 없다. 하지만 제3자는 거리를 유지할 수 '있었다'. 코헨은 "어느 형태로든 직접 강제수용소를 겪어 보지 않은 사람은 수용소 생활에 대해 결코 알 수 없다."고 주장했다. 길버트Gilbert도 이와 비슷한 말을 했다. "그 세계에서 살아 보지 않은 사람은 그곳 삶을 이해할 수 없다."

너무 거리가 있어서 제3자는 공감할 수 없다면, 그 '한가운데' 있으면서 낱낱이 경험한 사람에겐 거리라는 것이 있을 수 없었다. 다시 말해, 근본적인 문제는 변형된 삶의 현실을 측정하는 척도 자체가 왜곡되었음을 받아들여야 한다는 데 있었다.

인식에 대한 비판적 우려에도 불구하고, 심리학자와 심리치료사들에 의해 자기 및 타자 관찰에 대한 유의미한 자료, 즉 그들의 경험과 체험의 총합은 여러 이론으로 압축되었다. 이 이론들은 주관적이라고 무시하기에는 기본적으로 서로 상당히 일치했다.

다음에 설명하는 내용은 관련 문헌뿐만 아니라 아우슈비츠, 다하우,

테레지엔슈타트 강제수용소에서 겪은 고유한 경험 및 체험을 바탕으로 적은 글이다. 코헨은 다음과 같이 설명했다."아우슈비츠는 일반적인 강제수용소의 특징을 모두 지니는 동시에, 인간 존재에 가스 대량 학살이 벌어졌다는 점에서 다른 수용소들과 구별되었다."

수용소 수감자의 반응은 1. 수용 충격, 2. 오래 지속된 수용소 생활에서 나타나는 전형적인 성격 변화, 3. 해방 단계, 이 세 단계로 나눌 수 있다. 이와 유사한 분류를 코헨에게서 다시 찾을 수 있는데, 그는 이렇게 정리하였다."수감자들은 강제수용소에서 체류하는 동안 다양한 단계를 거쳤는데, 이는 1. 초기 반응기, 2. 적응기, 3. 체념기로 나눌 수 있다."

1. 수용 충격

코헨은 자신의 반응을 스스로 관찰할 수 있게 되자 이를 외관상의 인격 분열이라고 묘사했다."난 그곳에 어울리지 않는 것 같았고, 모든 것이 나와 상관없는 일처럼 느껴졌다. 나의 반응을 말하자면 주체와 객체의 분열이었다."코헨은 그러한 상태를 '급성 이인증'으로 간주할 수 있다고 하면서, 이는 자주 관찰되었고, Ⅰch의 보호 조치, 즉 방어 기제로 해석해야 한다고 지적했다. 그래서 (수용소에 들어온) 신참자들 경우 자기 몫으로 받은 '옷(죄수복)'을 보고 (여전히) 웃을 수 있었다. 하지만 가스실이 있다는 이야기를 듣자마자 그들은 결국 극심한 심리적 트라우마가 왔다고, 코헨은 말을 이었다.

가스실에서 죽는다는 생각은 공포 반응을 일으켰는데, 코헨의 경험에 따르면, 이러한 반응은 마치 아내와 아이들이 살해당했다는 소리를 들은 사람들처럼 매우 격렬했다. 이와 같은 맥락에서 드 빈트de Wind도 '불안신경증의 범위에서 만난 강렬한 트라우마'에 관해 이야기한 적이 있다. 코헨은 이에 대한 답으로는 급성 공포 반응 외에는 어떤 것도 '있을 수 없고', 아우슈비츠에 도착했을 때 그것을 피할 순 없었다고 부언했다.

수용 충격 단계를 정신의학적으로 분류하려 한다면, 급성 공포 반응은 당연히 비정상적 지각 반응abnormal perceptional reaction 안에 배치해야 한다. 다만 이때 기억해야 할 것은, 강제수용소라는 비정상적 상황에서 그러한 '비정상적' 지각 반응은 정상적이라는 것이다. 헤벨Hebbel은 이렇게 말했다. "제정신을 잃게 만드는 것들은 존재한다. 그렇다고 해서 정신까지 잃어버리면 안 된다."

몇 날 며칠 동안 1,500명의 사람을 이송하는 광경을 상상해 보자. 한 량마다 80명을 실은 기차 안에는 사람들이 자신에게 남은 마지막 재산인 짐을 얼싸안고 이리저리 흩어져 있었고, 차창 맨 위 빈 공간으로 동 트는 모습을 볼 수 있었다.

어느 순간 기차가 천천히 움직였다. 그곳이 슐레지엔인지 아니면 이미 폴란드에 도착했는지는 알 수가 없었다. 기관차의 날카로운 기적

소리가 섬뜩하게 들렸다. 마치 큰 재앙에 빠진 무리가 기계의 몸을 빌려 도움을 청하는 것인 양 귀청을 찢을 듯한 굉음이었다. 기차는 아주 거대한 역사 앞에서 다른 선로로 옮기기 시작했다. 갑자기 불안한 얼굴로 기다리던 사람들의 비명이 터져 나왔다. "표지판이 있어. 여긴 아우슈비츠야!" 그 순간 모두는 심장이 멎는 듯한 기분을 느꼈다. 기차는 자기가 싣고 가는 이 불행한 인간 화물을 되돌릴 수 없는 그곳으로 최대한 천천히, 마치 소중히 하며 데려가려는 것처럼 머뭇거리듯 매우 느리게 움직였다. "아우슈비츠라고!" 그제야 사람들은 많은 것을 볼 수 있었다.

날이 밝아지자 철로 좌우로 수 킬로미터에 달하는 엄청난 규모의 수용소 형체가 눈에 들어왔다. 끝없이 펼쳐진 여러 겹으로 엉킨 가시철조망, 감시탑, 전조등, 너덜너덜한 누더기를 걸친 사람들의 긴 행렬. 잿빛 여명 속에서 그들은 음울하고 피곤함에 찌든 모습으로 일직선으로 쭉 뻗은 황량한 수용소 거리를 느릿느릿 지나가고 있었다. 어디로 가는지 아무도 몰랐다. 간간이 명령하는 호각 소리가 여기저기서 들려왔다. 무엇 때문인지 아는 사람은 없었다. 마침내 우리를 실은 기차가 역 안으로 들어갔다. 어느 것도 움직이지 않았다. 그때부터 독특한 방식으로 호령하는 매우 날카롭고 거친 고함이 수용소 어디서든 들렸는데, 그것은 마치 살해당하는 자에게서 터져 나오는 최후의 비명 같았지만 그와는 달랐고, 마치 악을 쓰며 소리치는, 죽어가는 남자의 목청에서 나온 새되고 쉰 소리였다.

그때 별안간 기차 화물칸의 문이 열리면서 줄무늬 쳐진 수감자 옷을 입은 작은 무리가 물밀 듯 안으로 몰려들었다. 머리털을 바싹 깎은 그들은 한눈에 보기에도 영양 상태가 좋아 보였고, 모든 가능한 유럽의 언어로 말하고 있었다. 사람들은 모두 예외 없이 친절했는데, 이는 그 순간과 그 상황에 왠지 기이했다. 그들의 모습은 나쁘지 않았고, 눈에 띄게 기분이 좋아 보였으며 심지어 웃기까지 했다. 정신의학에는 소위 사면 망상이란 것이 있다. 사형을 언도받은 사람은 마지막 순간, 사형을 집행하기 직전 최후의 순간에 자신이 사면될 것이라는 망상에 빠진다. 우리도 희망을 걸고 마지막 순간까지 나쁜 일은 없을 거라고, 나쁜 일은 있을 수 없다는 믿음을 버리지 않았다. 포동포동 살진 그들의 홍조 띤 얼굴을 보고 어찌 그렇게 믿지 않을 수 있었겠는가!

나중에야 안 사실이지만 그들은 날마다 아우슈비츠역에 도착하는 수천 개의 짐을 인계하기 위해, 다시 말해서 짐들과 그 안에 숨겨 놓은 귀한 일상용품과 밀수한 장신구를 모조리 수거하기 위하여 선발된 수감자 그룹으로 '엘리트'라 불리던 사람들이었다. 이송된 우리는 단 한 사람도 예외 없이 모두 다 잘 될 거라는 사면 망상에 빠져 있었다. 왜냐하면 그때는 눈앞에서 벌어지는 일의 의미를 몰랐기 때문이다.

밤이 되자 비로소 그 의미가 명확해졌다. 우리는 가지고 온 짐을 기차에 다 두고 내리고 남녀 따로 각각 한 줄로 서라는 지시를 받은 다음, 나치 친위대 고위 장교 앞으로 행진했다. 난 내가 서 있는 줄의 남자들이 장교 쪽으로 가까이 다가가는 것을 보았다. 어느덧 나도 장교 앞에 이르렀다. 그는 키가 컸고, 날씬하고 세련됐으며, 흠잡을 데 없는 말쑥한 제복을 입고 있었다. 품위 있고 깔끔한 장교의 모습은 몇 날 며칠을 뜬눈으로 새우고 무척 추레하고 비참한 몰골의 우리와는 거리가 멀었다.

장교는 냉담한 표정으로 서서 왼손으로 오른쪽 팔꿈치를 잡고는 오른손을 들어서는 검지손가락을 때론 왼쪽으로, 때론 오른쪽으로 까닥까닥했는데, 왼쪽으로 자주 작게 움직였다. 우리 가운데 단 한 사람도 한 인간의 손가락 움직임의 의미를 알지 못했다. 내 차례가 되자 장교는 날 자세히 훑어보더니 망설이거나 의심쩍다는 듯 두 손을 내 어깨 위로 얹었다. 나는 '절도 있게' 보이려고 안간힘을 쓰면서 부동의 자세로 꼿꼿이 서 있었다. 장교는 천천히 내 어깨를 돌려 오른쪽으로 세웠고, 난 그대로 오른쪽으로 가야 했다. 그날 밤이 돼서야 우리는 검지손가락 놀이의 의미를 알게 되었다. 그것은 첫 번째 선별*이었다! 그것은 삶과 죽음을 가른 첫 번째 결정으로 이송돼 온 우리 가운데 거의 대부분, 약 90%의 사람들에게 내려진 죽음의 선고였다(프랭클).

실제로 "유대인 이송으로 수용소에 들어온 (도착한 후 바로 수용실에서 가스 살해를 당하지 않은) 수감자들의 숫자는 아우슈비츠로 끌려온

---

* 선별이란 말은 수용소에서 다음번 가스실로 가야 할 사람들을 선택할 때 쓰는 일반적인 용어였다.

사람들의 평균 약 10%였다."(폴란드 독일전쟁범죄수사중앙위원회Central Commission for Investigation of German Crimes in Poland, 1946년 바르샤바, 코헨의 글 인용).

당시 이송된 소수였던 우리는 이러한 사실을 수용소에 도착한 그날 밤에 알게 되었다. 나는 우리보다 수용소에 오래 있었던 수감자에게 내 동료와 친구 P.가 어디로 갔을지 물어보았다. "그는 다른 쪽으로 보내졌나요?" 나는 "예."라고 답했다. 그러자 남자가 말했다. "그러면 저기서 볼 수 있겠군요." "그게 어디인가요?" 손 하나가 몇백 미터 떨어진 곳에 있는 굴뚝을 가리켰다. 굴뚝에서는 훨훨 타오르는 연기가 아주 멀리 음침한 폴란드 하늘 위로 섬뜩하게 솟구치며 시커먼 연기구름을 흩뜨리고 있었다. "저기 뭐가 있지요?" "당신 친구는 저 하늘로 날아가고 있을 겁니다." 사람들은 나에게 건성으로 대답했다.

우리는 모든 것을 너무나 빨리 알게 되었다. 한 인간이 정말 말 그대로 모든 것을 빼앗겼다는 사실을 믿을 수가 없었다. 나는 수감자 중 나이 든 노인 한 명에게 비밀을 털어놓으려 했다. 그래서 그에게 몰래 다가가 내가 입은 외투 안주머니에 있는 종이 뭉치를 보여 주면서 이야기를 꺼냈다. "어르신, 잘 보세요. 여기에 학술 원고가 들어 있어요. 어르신께서 무슨 말씀을 하실지 알지만 전 살아남는 게, 이 적나라한 삶을 지켜 내는 게 전부이고, 이것이 운명에 바라는 것입니다. 하지만 지금은 어쩔 도리가 없네요. 더 많은 걸 원하지만 전 이 원고를 끝까지 지키고 싶고, 어떻게든 잃고 싶지 않습니다. 이 속에는 제 인생이 들어 있거든요. 무슨 말인지 아시겠죠?" 노인은 이해한다며, 얼굴에 활짝 미소를 띠기 시작했다. 처음에는 동정하는 표정이더니, 점점 재미있어 하다 비아냥거리고 경멸하는 조로 변했다. 급기야 잔뜩 찌푸린 얼굴로 내게 윽박지르면서 큰소리로 단어 하나를 외치는 것으로 내 질문에 반응을 나타냈다. 그때부터 그 단어는 수용소 수감자들이 하는 말속에서 끊임없이 들렸다. 노인은 "염병할!" 하고 크게 소리 질렀다. 나는 어떤 상황인지 바로 알았다. 이렇게 나는 심리학적 반응의 정점에 해당하는 일을 봤다. '지금까지의 내 인생은 모두 끝났다!'(프랭클).

절망적인 상황, 매일, 매시간, 매 순간 도사리던 생명의 위험과 다른 사람들, 즉 다수에게 다가온 죽음은 누구에게나 잠깐이라도 자살을 생각하게 만드는 건 너무나 당연했다. 그러한 상황에서 '철조망에 뛰어드는 것'을 고려하는 건 충분히 납득할 만했다. 수용소에서 일상적으로 행해지던 자살법을 그곳에선 그렇게 말했다. 이는 고압전류가 흐르는 가시철조망에 접촉하는 것을 뜻했다. 물론 철조망 속으로 들어가는 부정적인 결정을 하지 않아도 되었다. 아우슈비츠에서는 그렇게 어려운 일을 결정할 필요가 없었다. 결국 자살 시도는 매우 무의미했다. 순수하게 기대할 수 있는 확률상 혹은 숫자상의 '예상 수명'을 볼 때, 그곳에 수감된 평범한 사람이 눈앞에 닥친 계속해서 이어지는 모든 선별과 여러 종류의 선별법에서 살아남는 소수에 포함되는 것은 예상하기 힘들었다. 충격 단계에 있는 아우슈비츠 수감자는 죽음을 전혀 두려워하지 않았다. 수용소의 첫날을 지내면서 가스실은 더 이상 공포의 대상이 아니었다. 그의 눈에 그것은 그저 자살을 방지하는 것일 뿐이었다. 공포감은 이내 무관심으로 변했고, 그렇게 우리는 두 번째 단계인 성격 변화에 이른 것이다.

2. 적응기

언젠가 도스토옙스키가 인간은 모든 것에 적응하는 존재라고 정의한 것이 얼마나 옳은 말인지 우리는 아주 명백히 깨달았다. 코헨은 이에 대해 이렇게 말했다. "신체적으로나 정신적으로 인간의 적응력은 대단히 크다. 그것은 최소한 내가 가능하다고 생각했던 것보다 더 크다. 사랑하는 사람들이 모두 가스실에서 죽었다는 이야기를 들었고, 아니면 강제수용소의 잔혹함을 가까이서 목격하고 심지어 자신이 직접 겪고도 '그저' 남의 이야기인 양 반응하는 모습을 누가 상상이나 하겠는가? 당사자가 급성 정신 질환에 걸리거나 스스로 목숨을 끊을 거라고 생각하지 않을 사람이 어디 있겠는가?" 베텔하임Bettelheim은 "사람들이 자살하거나 미치지 않고 수많은 것을 견딜 수 있었던 모든 시간에 놀랐다." 수감자의 수가 대규모였던 것에 비해 자살한 사람의 숫자는 매우 미미했다(코헨). 레더러Lederer는 테레지엔슈타트(체코 프라하 근교에 위치한 도시 테레친을 말한다. 폴란드에 아우슈비츠가 있었다면 체코엔 테레지엔슈타트가 있었다-옮긴이) 수용소에 관한 통계표를 작성했는데,

이 자료를 보면 1941년 11월 24일부터 1944년 8월 31일까지 사망은 3만 2,647건, 자살은 259건으로 기록돼 있다. "비인간적 삶의 조건을 고려할 때 설명할 수 없을 정도로 자살은 드물었다."(E. 헤스-타이센E. Hess-Thaysen, J. 헤스-타이센J. Hess-Thaysen, 킬러Kieler, 티게센Thygesen)

무관심은 말하자면 마음의 자기 방어 기제다. 이전에 수감자를 흥분시키거나 불쾌하게 만들고, 분노하거나 좌절하게 내몰았던 것이, 또 그가 자신을 둘러싸고 어떻게 평가하고 혹은 스스로 무엇을 경험할 수밖에 없느냐가 이젠 그를 둘러싼 일종의 갑옷 막에서 빗나간다. 여기서 중요한 것은, 이제부터 처한 환경에 마음이 적응하는 현상이다. 마음속에서 벌어지는 일은 흐릿하게 의식에 도달한다. 정서 생활은 낮은 수준으로 떨어지고, 관심은 지금 이 순간의 절박한 욕구에 한정된다. 수감자가 열망하는 것은 모두 그날그날 살아남기, 이 한 가지에 집중돼 있는 것처럼 보인다. 밤이 되면 수감자들은 추위에 얼어 지칠 대로 지쳤고, 혹사당한 굶주린 몸을 이끌고 눈 덮인 들판 위를 비틀거리며 '특수 작업반'에서 수용소로 돌아온 그들 입에서는 어김없이 깊은 탄식이 터지는 소리가 들렸다. "오늘 하루도 무사히 넘겼어!"

일반적으로 수용소 수감자와 관련해서 문화적 동면으로 도피했다고들 이야기한다. 수감자들은 점점 자기 보존에 도움이 된다면 그게 뭐든 가차 없이 행했다. "내가 생각한 것은 어떻게 하면 살아남을 수 있을까 오직 이 한 가지뿐이었다." 하고 코헨은 회상했다. 수용소 수감자 가운데 정신분석가들은 이런 것을 스스로 원시적 행동 방식으로 물러나는 것, 즉 퇴행이라고 말하곤 했다.

코헨은 "늘 관심은 '어떻게 하면 음식을 더 많이 얻고 좀 더 견디기 쉬운 작업반에 들어갈 수 있을까?' 하는 물음을 벗어나지 못했다. 그러한 생활 방식과 현존재의 태도는 퇴행이라고밖에는 말할 수 없다."라고 말했다. 그러고는 이어서 다음과 같이 기술했다. "강제수용소에서 인간은 다시 동물적인 밑바닥으로 내던져졌다. 그때 문제가 된 건 자기 보존 본능의 가장 원시적 단계에서 나타나는 퇴행이었다."

강제수용소에서 내적 삶의 원시성은 수감자들이 꾸는 전형적인 꿈 속에 특징적으로 나타났다. 그들은 대개 빵, 케이크, 담배 그리고 아늑하고 따뜻한 욕조에 담그는 목욕에 관한 꿈을 꾸었다. 음식 이야기도 내내 끝없이 이어졌다. 수감자들은 '특수 작업반'에 함께 있을 때 근처에 보초병이 보이지 않으면 서로 요리법을 교환하기도 하고, 상대방에게 언젠가 수용소에서 풀려나면 자기 집으로 초대해 제일 좋아하는 음식을 대접하겠다고 아주 상세히 이야기하곤 했다. 그들이 가장 바란 것은 더 이상 배를 곯지 않아도 되는 날이 오는 것이었는데, 이는 맛있는 음식을 먹을 수 있어서가 아니라 마침내 먹을 것 외에는 아무것도 생각할 수 없는 비인간적 상태가 멈추기 때문이었다. 수용소 생활이 (예외와 함께) 원시성을 낳았다면, 영양실조는 식욕을 주된 내용으로 만들어 생각과 소원이 그 주변만 빙빙 맴돌았다. 그리하여 눈에 띌 정도로 온갖 성적인 대화에 무관심한 것도 대부분 영양 결핍이 그 원인인 듯했다. 카우츠키Kautsky는 성욕이 사라진 현상은 먹을 것이 풍족한 전쟁 이전부터 이미 나타났을지도 모른다고 신중한 태도를 보였다. 티게센과 킬러에 따르면, 성은 일반적인 수감자들에게는 전혀 무관했다. 두 학자는 "보통 평범한 재소자들에게 성적인 대화와 음란한 이야기가 이례적이라면, 반대로 예를 들어 군인들에게는 평범한 것이었다."고 지적했다.

두 번째 단계에서는 언급한 무관심 외에도 아주 뚜렷하게 (자극에 대한) 흥분성irritability이* 나타나는데, 그래서 수감자의 마음은 무감정과 공격적 태도가 특징이라고 할 수 있다.

물론 수감자 다수는 일종의 열등감에 괴로워했다. 우리는 모두 한때는 '누구'였고, 적어도 누구였다고 믿었다. 하지만 그때 그곳에서는 글자 그대로 아무도 아닌 것처럼 취급당했다. (분명한 건 더 본질적이고 고차원적 영역, 정신에 닻을 내린 의식은 수용소 상황에도 흔들리지 않았다는 것이다. 그렇지만 얼마나 많은 사람이, 또 얼마나 많은 수감자가 그렇게 단단한 의식을 지니고 있었을까?) 이에 대해 많이 생각하지 않아도, 또 이를 계속 깨닫지 못한다 해도 보통 수감자라면 자연스레 완전히 몰락한 기분을 느꼈다. 하지만 그러한 체험은 사실 먼저 수용소 생활의 독특한 사회 구조에서 형성된 대조 효과에 의해 실제로 변했다.

당시 난 다른 수감자를 감시하는 수감자, 요리사, 창고지기와 '수용소 경찰' 같은 소위 유명 인사로 간주된 소수의 수감자들을 생각했다.

---

*   카우츠키는 대개 '결코 혼자가 아닌 상태'가 자극을 일으키는 데 일조한다고 보았다.

그들은 하나같이 원초적 열등감을 청산했다. 일반적으로 그들은 수감자 '다수'가 느끼던 몰락한 기분을 전혀 느끼지 못한, 말하자면 출세한 사람들이었다. 가끔 그들에겐 과대망상증이 축소된 형태로 나타났다. 이 소수의 행동에 대한 다수의 불평과 시기심 가득한 정서적 반응은 다양한 형태로 분출되었고, 때론 악의에 찬 농담으로 나오기도 했다. 예를 들어 이런 식의 농담이었다. 수감자 둘이 서로 이야기를 나누면서 한 명이 제3자에 관해 이렇게 말했다. "저기 저 자는 ○○에서 가장 큰 은행 회장일 때부터 내가 알던 사람이라네. 이제 여기선 감시자 역할을 하는군."

수용소 생활에 나타난 정서적 반응을 충동성의 원시적 구조로의 퇴행이라고 한 것이 유일한 해석은 아니었다. 우티츠Utits는 수용소 수감자들에게 관찰되었다고 믿는 전형적인 성격 변화를 순환기질에서 분열기질 성격 유형으로의 이동이라고 해석했다. 그렇지만 우티츠의 눈에 띄었던 것은 수감자들 대부분 무감정뿐만 아니라 흥분성도 보였다는 점이다. 이 두 정서 상태는 전적으로 크레취머가 말한 분열기질의 심리미학적 비율과 일치했다(독일 정신의학자이자 신경학자 에른스트 크레취머는 개인의 기질을 한편으로는 흥분성과 과민성, 다른 한편으로는 무감각과 무감정으로 세분화해 차등을 두고 이를 '심리미학적 비율'이라고 불렀다. 이들은 한 개인에게 교대로 나타나거나 조금씩 변화를 보이기도 한다-옮긴이).

성격 변화라든가 지배적인 변화에 대한 모든 심리학적 의문을 제외하고 우리가 보기에 이러한 겉으로 보이는 정신분열화(조현병화)는 아주 간단히 설명할 수 있다. 수감자들은 대부분 영양 결핍과 불면증으로 극심한 고통을 겪었다. 불면증은 지나치게 좁은 밀집된 주거 공간에서 발생한 해충에 시달린 것이 원인이었다. 영양실조는 사람들을 무감각하게 만드는 동시에 급성 수면 결핍을 부추겼다. 하지만 다른 두 요소가 이 두 증상이 발현된 시점에 가세했다. 일상생활에서 무감정이나 흥분을 완화시키는 역할을 하는 두 가지 문명의 독이 중단된 것이다. 그것은 바로 카페인과 니코틴이었다.

그러나 그셀Gsell이 계산한 바에 의하면 수감자들이 하루 섭취한 칼로리 양은 1944~1945년 겨울 라벤스브뤽Ravensbrück 강제수용소의 경우 800~900, 베르겐–벨젠Bergen-Belsen 강제수용소의 경우 600~700, 마우트하우젠Mauthausen 강제수용소의 경우 500에 불과했다(코헨). 칼로리로만 볼 때 영양은 절대적으로 부족했는데, 여기에 극심한 육체노동과 혹한에 노출된 상태, 게다가 변변찮은 의복까지 고려하면 더욱 심각했다.

우티츠는 수감자의 내적 상황을 다른 관점에서도 해석하기 위해 노력했는데, 그것은 일시적 존재에 관한 것이었다. 우리가 보기에 이러한 특성화는 근본적인 보완이 필요했다. 인간 현존재의 이러한 형태에서 문제가 되는 것은 이른바 가처분뿐 아니라 그것이 '기약 없는' 가처분이라는 점이었다. 미래의 수감자들이 수용소에 발을 들여놓기 전에 자주 느낀 기분은 다신 이전으로 돌아갈 수 없다는, 오로지 저세상을 마주보고 있는 기분하고만 비교할 수 있었다. 물론 수많은 수용소에서 사람들은 두 번 다시 되돌아가지 못하거나 아니면 여전히 소식을 모르는 경우도 있었다.

수용소에 발을 들여놓고 (그곳 상황에 대한) 불확실이 사라지면 어느새 마지막에 대한 불확실이 찾아왔다. 수감자 가운데 자신이 얼마나 더 그곳에 머물게 될지 아는 사람은 단 한 명도 없었다. 우리는 흉악범이 얼마나 부러웠는지 모른다. 그는 10년 형을 치를 것을 정확히 알기 때문에 석방되는 날까지 얼마나 남았는지 예측할 수 있었다. 이 얼마나 행운아인가! 수용소에 있는 우리는 하나같이 '기한'이 없거나 이를 알 수 없었고, 또 마지막이 언제 올지도 몰랐다. 동료 수감자들이 공통으로 진술한 대로 이것이 수용소 생활에서 가장 정신적으로 견디기 힘든 일 중 하나였을 것이다! 그리고 매일, 매 순간, 빽빽하게 들어앉은 무리 속에 파다하게 퍼진 '마지막'에 대해 떠드는 무성한 소문은 점점 더 심해져, 심지어 완벽한 절망감으로 이어지기도 했다.

언제 해방될지 모르는 불확실성은 그 끝을 알 수 없어서 수감자들은 실질적으로 수형 기간이 무한정하다고 느낄 수밖에 없었다. 그 때문에 시간이 흐를수록 가시철조망 밖 세상에 대해서는 낯설게 느껴졌다. 수감자는 가시철조망을 통해 저 밖의 사람과 사물들을 보았다. 그들은 이 세상에 속하지 않은 듯했고, 심지어 자신이 이 세상 사람이 아니고 이승에서 '행방불명된' 것 같았다. 수감되지 않은 사람들의 세계는 마치 저승에서 온 사자死者가 바라보고 있는 곳 같았다. 그곳은 비현실적이고, 다가갈 수 없고, 손에 닿지 않는 유령 같은 곳이었다.

강제수용소 안에서 기한 없는 존재 방식은 마치 인생이 끝난 것 같은 체험으로 이어졌다. 긴 행렬로 수감자들이 장차 머물 수용소를 향해 걷고 있을 때였다. 누군가 지금 스스로 자신의 시신을 쫓아가는 듯한 기분이 든다고 말했다. 그는 자기 삶에 미래는 없고, 더 이상 과거도 없으며, 죽은 사람의 삶처럼 다 사라진 거 같다고 느꼈다. 그런 '살아 있는 시체들'의 삶은 완전히 회상적 현존으로 변했다. 사람들의 생각은 늘 똑같이 과거 체험을 낱낱이 파헤치면서 그 언저리만 떠돌았다. 그때 지극히 평범한 가장 소소한 일들은 동화 속 이야기처럼 반짝거렸다.

모든 인간 실존과 관련된 본질적인 시간 구조를 고려할 때, 수용소에서의 삶이 필연적으로 실존 구조에 상실을 가져오는 것은 너무나 당연했다. 본디 인간은 미래에 고정점이 없으면 존재할 수 없다. 일반적으로 인간의 모든 현재는 그것으로부터 형성되고, 작은 쇳조각이 자석 끝을 향하듯 그것을 향해 있다. 반대로 '자신의 미래'를 잃어버리는 순간 인간은 내적 시간, 경험 시간, 이러한 시간 구조 전체를 잃게 된다. 그런 다음 오직 지금만 있는 그날그날이 시작된다. 이러한 상태를 토마스 만Thomas Mann은《마의 산》에서 잘 묘사했다. 이 작품은 불치병인 결핵을 다룬 소설로, 이 병 역시 언제 요양소에서 나가게 될지 알 수 없던 병이었다. 혹은 공허한 삶의 태도나 공허감, 현존의 무의미가 뒤따랐는데, 이는 수많은 실업자를 지배하기도 했다. 실직 광부들을 대상으로 한 심리학적 연구 결과가 보여 주듯이(라자르스펠트Lazarsfeld와 자이셀Zeisel), 일자리를 잃은 사람도 시간의 체험 구조가 와해되었다.

라틴어 '피니스finis'는 끝이란 의미와 목표라는 뜻을 함께 지닌 단어다. 인간은 일시적인 삶의 끝을 예측할 수 없을 때 더 이상 목표를 설정할 수 없고, 과제를 수행하는 것이 불가능하다. 삶은 모든 내용과 의미를 잃어버릴 수밖에 없다. 이와는 반대로, '끝'과 미래의 목표점을 볼 수 있을 때 정신적 버팀목을 발견할 수 있다. 이것은 수용소 수감자들에게 무엇보다 필요했는데, 이 정신적 버팀목은 그 자체로 벼랑 끝에 몰린 인간 성격에 영향을 끼치고 유형을 형성하는 사회 환경의 힘, 즉 슬럼프로부터 지켜 주었다.

목표점, 어떤 미래 속 시점, 종착점을 꼭 붙들고 있지 않은 사람은 내적으로 고꾸라질 수밖에 없다. 정신적 버팀목이 없는 데서 연유한 무너진 마음, 게다가 완전한 무감정에 빠진 상태는 수용소 안의 모든 수감자에게 나타난 익숙하면서도 두려운 현상이었다. 이러한 현상은 종종 매우 급작스럽게 발생해서 불과 며칠 사이에 수감자들을 파국으로 이끌었다. 어느 날 수감자들은 막사 자기 자리에 누운 채, 소집이나 '특수 작업반' 배치를 받으러 나가길 거부했다. 식사 배급도 관심이 없고, 더는 세면장에 가지 않았는데, 어떤 질책과 위험도 그들을 무감정에서 빠져나오도록 할 순 없었다. 그들은 더 이상 어떤 것도 두려워하지 않았고, 처벌 역시 마찬가지로 무감각하고 아무렇지 않게 받아들였다. 그들에게는 모든 것이 아무래도 '상관없었다'. 이렇게 누워 있는 상태, 때로는 자신의 배설물 속에 그대로 있는 상태는 징계뿐만 아니라 목숨을 위협하는 일이었다. 이런 현상은 '무한'의 체험이 수감자에게 갑자기 엄습할 때마다 뚜렷이 나타났다. 다음 이야기는 이에 대한 예화다.

1945년 3월 초, 한 동료 수감자가 나에게 지난 2월 2일 이상한 꿈을 꾸었다고 털어놓았다. 그는 예언자 같은 목소리가 들리더니, 모든 것을 이야기해 줄 테니 무엇이든 물어봐도 좋다고 말했다고 했다. 그는 전쟁이 언제 끝나느냐고 물었다. 답은 1945년 3월 30일이었다. 날짜는 점점 다가왔지만, 주위 상황은 그 '목소리'가 말한 것처럼 보이지 않았다. 3월 29일, 그는 열이 나면서 정신착란을 일으켰다. 3월 30일에는 의식을 잃었고, 다음날인 3월 31일 그는 죽었다. 사인은 발진티푸스였다. '그에게' 전쟁이 끝난 날은 그가 의식을 잃은 3월 30일이었다. 실제 일의 경과가 실망을 가져왔고, 그의 신체 대사율, 면역상태, 저항력이 저하되었고, 그래서 그의 몸속에 숨어 있던 병이 발생하기에 너무 수월했다고 우리는 당연하게 또 임상적으로 매우 진지하게 받아들일 수밖에 없었다.

한 수용소 군의관이 보고한 대규모 관찰은 우리가 이 사례를 이해한 것과 일치한다. 그가 근무하던 수용소에 있던 수감자들은 대부분 1944년 크리스마스 즈음엔 다시 집으로 돌아갈 수 있다는 희망에 부풀어 있었다. 하지만 크리스마스가 다가와도, 신문기사는 수감자들의 기운을 북돋아 주는 내용과는 상당히 거리가 멀었다. 무슨 일이 일어났을까? 성탄절과 새해 사이의 한 주 동안 강제수용소에서는 집단사망이 발생했는데, 그 전까지 어떤 조짐도 없었을 뿐만 아니라, 날씨 변화나 노동환경의 악화, 감염병 발생 같은 상황으로도 그 이유를 설명할 순 없었다.

결국 몸과 마음의 무너짐은 정신적 태도에 달렸고, 이러한 정신적 태도는 자유라는 결론에 이르렀다! 이는 수감자가 수용소로 이송될 때 안경과 허리띠를 제외한 모든 것을 다 빼앗겼을 때도 이 자유는 수감자에게 있었다. 말 그대로 마지막 순간, 마지막 숨을 거둘 때까지도 남아 있었다. 어떤 태도를 취하느냐, 그것은 자유였다. 그리고 '어떤 식으로든' 자유는 존재했다. 또 자신의 흥분 상태를 누르고 무감정을 극복하게 해 줄 수 있는 것도 항상 있었다. 그것은 다름 아닌 동료 수감자들이었다.

남자들은 수용소 막사를 지나가고 점호 장소를 넘나들면서 여기저기 위로의 말과 마지막 빵 조각을 남겨 두었다. 그들은 수용소가 누구에게 무슨 짓을 하든 결코 동의하지 않았다는 것에 대한 증인들이었다. 전형적인 강제수용소 수감자가 됐든 그런 궁지에 놓여 있든, 아니면 그렇게 극심한 한계 상황에 처했든 인간은 남아 있었다. 이는 그때그때 결정을 요구했다. 그러므로 인간은 필연적으로, 불가피하게 자신의 성격에 영향을 끼치는 수용소 삶의 위력에 예속될 수밖에 없다는 말은 있을 수 없었다. 내가 다른 맥락에서 '영의 반발력'이라고 명명한 것의 힘으로, 인간은 원칙적으로 환경의 영향으로부터 자신을 버티게 하는 능력이 있었다. 만일 내가 영의 반발력이 실재라는 사실을 증명할 필요가 있었다면, 강제수용소야말로 그 '결정적 실험'이었다.

프로이트는 "각양각색의 인간을 똑같이 배고픔에 노출시키는 실험을 했다고 하자. 점점 더 걷잡을 수 없는 식욕으로 모든 개별적 차이는 사라지고, 그러한 차이 대신 충족되지 않은 본능이 획일적으로 표출된다."고 주장했다. 하지만 그들은 그렇지 않았다. "실제로 이기주의에 완전히 지배당하지 않은 수감자도 존재했다. 그들에겐 여전히 이타적 감정과 지각이 있었고, 동료 수감자들에 대해 동정심이 있었다. 강제수용소의 조건들이 그들에겐 다른 수감자들처럼 똑같은 효과를 내지 못한 듯 보인다." 코헨 같은 정신분석학 경향의 저자조차 이렇게 시인했다.

이와 유사하게 아들러도 테레지엔슈타트 수용소에 대해 쓴 광범위한 학술 저서에서 다음과 같이 역설했다. "성격 변화를 심경 변화나 고정된 도덕성의 쇠퇴로 이해하면 안 된다. 외적인 교양은 때론 대부분 전혀 존재하지 않았던 것처럼 하루아침에 사라졌다. 영혼의 사막에서 큰 해를 입지 않고 자신을 지킨 사람은 가장 고귀한 것을 실현했다." 확실한 것은 그들과 같이 인간성을 보존하기 위해 본질적 능력을 선택한 사람은 드물었다는 점이다. '모든 뛰어난 것은 드물 뿐만 아니라 어렵다 sed omnia praeclara tam difficilia, quam rara sunt.' 이 말은 베네딕투스 데 스피노자 Benedictus de Spinoza의 저서 《에티카 Ethica》에 나오는 마지막 문장이다.

　모든 위대한 것은 좀처럼 만날 수 없고 실현하기도 어렵다. 자신의 인간성을 지킬 수 있는 사람은 극소수였다. 하지만 그들은 다른 사람에게 선례를 보였고, 그 선례는 본보기가 되어 연쇄 반응을 일으켰다. 그들은 수용소에서의 삶을 단 한 번도 단순한 이야깃거리로만 여기지 않았다. 오히려 자신을 입증할 수 있는 시험이자 자기 현존의 정점이 되었다. 어찌 됐든 '이러한' 인간은 퇴행regression을 겪은 것이라고 말할 수 없다. 그 반대다. 그들이 체험한 것은 도덕적으로 진행progression이었다. 또 도덕적, 종교적으로 겪은 진화이기도 했다. 감금당한 수많은 수감자들에게는 무의식적 또는 억압된 신과의 연관성도 나타났다.

　어느덧 이렇게 해서 수용소 수감자 심리학의 세 번째 단계인 해방 단계에 대하여 이야기할 차례가 되었다.

3. 해방 단계

　해방에 대한 수감자의 반응은 다음처럼 간략하게 말할 수 있다. 처음에는 모든 것이 아름다운 꿈처럼 여겨지고, 여전히 믿을 수 없다는 반응을 보인다. 그런 아름다운 꿈에 이미 많이 속았을수록 그렇다. 자기가 해방되는 꿈을 꾸지 않은 적이 있었던가? 집으로 돌아가 아내를 품에 안고, 친구들에게 인사하고, 식탁에 앉아 이야기를 시작하는 꿈을 말이다. 그는 자신이 체험한 것을, 자신이 이런 재회의 순간을 얼마나 그리워했으며 이러한 순간이 이번엔 드디어 현실이 되기를 얼마나 꿈꾸었는지 이야기하는 꿈을 꾸었다. 바로 그때 새벽 기상을 명령하는 날카로운 호각 소리가 세 차례나 귓가에 울리며 그를 깨웠다. 꿈은 그에게 자유가 있는 것처럼 속였고 희롱했다. 그러다가 간절히 그리워하고 꿈꾸던 것은 실제로 현실이 되었다. 해방된 사람은 계속 일종의 이인감에 시달렸다. 그는 아직은 삶을 진정으로 기뻐할 수 없었다. 그리하여 우선 자신이 잊어버린 기뻐하는 법부터 다시 배워야 했다. 자유의 첫날, 현재가 아름다운 꿈처럼 보인다면 과거는 더욱 악몽처럼 여겨졌다.

해방된 수감자들도 심리적 보살핌이 필요했다. 해방, 급작스러운 석방, 정신적 억압으로부터의 자유는 심리학적 관점에서 볼 때 그들에게 위험이나 마찬가지였다. 이때 성격학적으로 위협이 되는 것은 심리적으로 잠수병과 정반대로 나타난다.

II. 강제수용소 정신의학

코헨의 말에 따르면, 좁은 의미의 신경증은 강제수용소에서 관찰되지 않았다. 그곳에서 신경증 환자들은 다시 건강해졌다. 크랄Kral은 테레지엔슈타트 전쟁포로수용소에 있던 수감자들의 반응과 행동을 자세히 기술했는데, 어떤 면에서 전형적인 강제수용소와 많은 부분에서 구별되었다. 크랄은 '수용소에서 중증 강박신경증의 호전'을 주목했다. 그에 따르면 많은 환자가 전쟁 전에 정신과 의사로부터 진단 받은 장기적인 중증 정신신경증(공포증phobia)과 강박신경증을 앓고 있었는데, 이 신경증이 테레지엔슈타트에서 완전히 사라지거나 거의 완치되었다고 말했다. 환자들은 일할 수 있게 되었고 의사의 치료도 필요하지 않았다.

헬벡–라르센Helweg-Larsen과 동료들은 그들이 공동으로 저술한 책에서 심리 변화에 대한 내용을 별도의 장으로 만들어 중점적으로 다뤘는데, 이 책은 독일 강제수용소에 구금되었다가 생존한 덴마크 사람 1,282명을 연구한 것을 토대로 정리한 책으로 이와 관련된 세계 여러 나라 문헌에 나온 500개의 논문도 참고했다. 주제에 상응하는 절은 주로 해당 저자들이 직접 관찰하고 체험했던 것을 바탕으로 기술했다. 당시 수용소에서 우울증, 불안신경증, 정신 질환*, 히스테리 증상 및 자살 시도는 거의 찾아볼 수 없었다. 강제수용소의 실제 이미지는 근동 및 중동 지역의 전쟁포로수용소에 대해 다룬 영국 출판물들이 묘사한 것과는 거리가 멀었다.

급성 영양실조를 동반한 심리적 증상은 "무감정, 반응 지연, 집중력

---

* 테레지엔슈타트 강제수용소에는 정신 질환동이 있었는데, 몹시 참혹했던 병영의 방공호 안에 있었다. 아들러가 강조했듯이, 그곳은 테레지엔슈타트의 무감각한 수용자조차 극심한 공포를 느낄 만큼 소름 끼치는 분위기가 압도적이었다. 환자 200명은 "온갖 '게토Ghetto(유대인 거주 지역)'의 참상이 극도로 치달았던 암흑 속 창살 쳐진 창문 뒤의 비참한 동굴 속에 늘" 틀어박혀 있었다.

및 기억력 저하"였다(코헨). 반 불프텐-팔테van Wulfften-Palthe는 일본 수용소에서 최악의 영양실조 마지막 단계에서 정신장애의 강도 및 횟수가 증가했고, 언제 급성 혼란 상태가 발생하는가를 관찰할 기회가 있었다. 이와는 반대로 글라스트라 반 룬Glastra van Loon의 연구 결과를 보면, 네덜란드에서의 영양실조는 조용히, 아무런 증상 없이 진행되었고, 죽음도 평온했다는 점에서 코헨의 관찰과 일맥상통한다.

티게센과 킬러는 가장 두드러진 심리적 변화를 기억력 장애-리비도 결핍-무감정으로 설명했다. 하지만 우울증, 불안신경증과 히스테리 증상은 거의 보이지 않았고, 자살 시도는 아주 예외적으로 있었다고 했다. 저자들에 의하면 비타민 결핍이 병인이라는 가설의 근거가 되는 경우는 매우 드물게 나타났다. 티게센과 킬러는 여기시 언급된 심리 증상, 즉 기아로 인해 생긴 독특한 정신장애는 뇌의 기능적 혹은 형태상의 변화를 의미한다고 말했다. 특히 라미Lamy는 소수의 사례에서 부검을 통해 뇌부종을 확인할 수 있었는데, 이 질환은 살아 있을 때 정신착란, 완전한 방향 감각 상실 및 목의 경직 형태로 드러났다.

수감자들이 강제수용소에서 고향으로 돌아온 뒤 심리 상태와 관련해 호프마이어Hoffmeyer와 헤르텔-불프Hertel-Wulff는 초조, 피로, 집중력 결핍, 흥분, 불안정, 기억력 및 집중력 감퇴, 과민성, 자율신경 증상, 우울증, 두통과 같은 증상들이 나타났다고 지적했다. 그들 가운데 78%는 신경증적 증상을 보였고, 47%는 강제수용소에 대한 악몽을 호소했다. 수많은 사례에서처럼 여러 증상이 나타나기까지 6개월 이상 걸렸지만 종종 회복 경향이 없는 오래 지속된 진행 결과를 보이기도 했다. 많은 사람이 귀향 후 4년 후나 심지어 (44%는) 만성적인 강제수용소 후유증으로 고통받았다. 중증 신경과민 증상의 비율은 강제수용소 생활 조건의 어려움에 비례했다. '무젤만Muselmann'* 52%와 발진티푸스를 앓았던 사람 중 75%는 심각한 귀향자 신경증을 보였다. 호프마이어와 헤르텔-불프는 이 신경증의 원인을 신체적, 정신적 트라우마로 돌렸다. 이와 함께 귀향자 '신경증'의 병인 요소 가운데 전적으로 신체적 스트레스가 우세하다는 것은 확실하고, 이는 체중 감소와 증상의 정도 사이의 뚜렷한 상관관계를 볼 때 더욱 가능성이 높다. 신경 결손 증상이 없다고 해서 강제수용소에서 고향으로 돌아온 사람의 '신경증'이 신체적으로 기인한 것을 결코 배제할 수는 없다! 이는 잠복기도 마찬가지다.

그셀에 따르면 굶주림으로 생긴 병에서 어느 정도 회복하려면 중도中度의 경우 4~8주가 필요했고, 가벼운 발목 부종은 한 달 정도 지속되었다. 로젠허Rosencher는 최소한 6개월간 지속되는 '교감 항진'에 대해 언급했고, 복Bok은 아주 긴 시간이 지난 후에야 완전한 회복에 대해 말할 수 있다고 주장하면서, 그때가 되면 환자는 가벼운 피로감을 느낄 수 있다고 주장했다. 또 정신적인 면에서는 느릿느릿 배우며, 서 있거

---

* 참혹한 형체, 극한으로 전락한 사람으로 살아 있는 시체처럼 보이고, 뼈만 앙상하게 남아 더는 힘든 일을 할 수 없는 유대인(독일어 'Muselmann'은 원래 무슬림을 뜻하는데, 이슬람교도가 기도할 때 몸을 흔들거리는 모습과 비슷하다고 해서 부르게 된 수용소 은어다-옮긴이).

나 걸어 다니면 발목 부종이 재발하거나 설사를 하기도 한다고 설명했다. 여성 환자들의 경우 대부분 수개월이 지난 후에야 다시 생리가 시작되었다.

덴마크에서는 감옥에 있었던 저항 운동가들을 대상으로 국가가 주도면밀하게 연구를 진행했는데, 이 연구에서 헤르만Hermann은 정신의학적 관점에서 그러한 증상을 강제수용소 증상이라 불렀고, 프랑스에서는 추방자의 무력 증상이라고 말하기도 했다.

자율신경 불안정은 1954년 6월 코펜하겐에서 개최된 과거 추방자 및 포로의 병리학에 대한 사회의학회의에서 중점적으로 논의되었다. 당시 헤르만은 매우 신중하게 고려한 것을 기반으로 그러한 증상의 보상 신경증compensation neurosis적 근거를 받아들이지 않았다. 반시Bansi는 강제수용소 수감자의 독일 대표 미헬Michel이 2개의 대규모 추방 집단, 즉 전쟁 포로와 정치적으로 독일 강제수용소에 감금됐던 수감자들을 분리하여 다양한 관점에서 살펴보려는 것은 중요하지 않을지도 모른다는 견해를 밝혔다. 후자의 경우 생활환경의 비인간화와 굶주림, 끊임없이 이어진 굴욕감, 신체적 학대로 인한 엄청난 고통 그리고 마지막으로 위협적인 사형 집행까지 더해졌기 때문이다. 반시는 이와 같은 추가적인 정신적 스트레스가 대다수의 전쟁 포로에게는 문제가 되지 않았다는 것을 인정해야 한다면서, 이에 강제수용소 수감자들에게는 정신적 외상이 굶주린 전쟁포로보다 훨씬 더 컸을 것이라고 말했다. 코헨 역시 유대인 수감자들과 관련해, 그들은 자신의 배우자, 자녀, 부모 등이 살해된 사실을 알고도 견뎌야만 했다고 덧붙였다.

콜레Kolle는 이 문제에 대해 독일 뮌헨대학병원이 제공한 약 216개의 소견서를 직접 모니터링하고, 수많은 사례를 직접 조사했다. 그 결과 79개 사례에서 기질성 뇌손상이 입증되었고, 29개 사례에서는 뇌타박상contusio cerebri 후 후유증이 있었다(감금 시 학대 또는 노동 재해). 놀라운 것은 발진티푸스를 앓은 후 객관적으로 입증 가능한 뇌손상이 비교적 많았다는 점이었다(10명).

콜레는 발진티푸스 후에 발생한 뇌손상에 대한 진단은 언제나 파킨슨증, 수면 발작, 요붕증尿崩症 같은 특징적 증상에 기반을 둔다고 설명했다. 또 눈으로 직접 확인할 수 있는 뇌전도(뇌파 검사, EEG) 소견이 기저 뇌손상을 입증하는 경우가 많다고 했다. 또 무엇보다 영양실조에 걸린 사람에게 이러한 불리한 결과가 나타날 수 있는지 그 가능성을 꼭 검토해 봐야 한다고 주장하였다. 콜레는 6개의 사례에서 임상 및 기뇌 조영술PEG을 통해 중증 뇌 위축을 증명해 보이기도 했다. 하지만 많은 수가 허리 천자lumbar puncture나 심지어 기뇌조영술 같은 시술을 거부했기 때문에 매우 많은 뇌 위축 과정이 기록되지 않은 것으로 가정할 수 있다.

특히 나이 많은 장년층과 고령층은 박해로 인한 특별한 정신적, 신체적 고통으로 위협을 느꼈다. 콜레가 조사한 18명의 젊은 유대인은 발달 단계에서 정신적 발달이 많이 뒤처졌고 신체 발육도 다소 부진했다. 왜소한 몸, 지체되고 불완전한 2차 성징, 또 다른 내분비 기능 장애는 정신적, 심리적 발달 저하와 연결되었다. 환경 영향으로 인한 이러한 퇴화는 자유를 얻은 뒤에도 나아지지 않았다. 총 18건의 사례 중 12건에서 양부모를 모두 잃었다.

콜레의 보고서에 따르면, 평가 대상자 가운데 약 1/3은 '만성 우울' 증상에 해당했다. 박해받은 유대인은 이루 말할 수 없는 끔찍한 일을 당했다. 콜레는 반응의 동기 및 정도 사이에 나타난 그 어떤 불균형도 찾을 수 없었다. 콜레는 정치적 이유로 추방당한 사람들로 이루어진 집단 중 단 한 건의 사례에서만 그러한 반응성 만성 우울증 상태를 볼 수 있었다고 말했다. 그는 자신의 정치적, 세계관적, 종교적 신념 때문에 추방당한 사람들의 운명을 유대인의 운명과 동일시할 순 없다고 강조했다.

콜레는 23개 사례에서 일을 정상적으로 할 수 없을 정도로 심한 신경성 장애를 관찰했다. 이 사례들은 유대인과 관련된 것으로, 그들은 대부분 대가족 사이에서 성장했고, 가족 중 유일하게 살아남은 사람들이었다. 콜레는 보고서에 다음과 같이 적었다. "수많은 사람이 오늘날까지 자신과 가까운 가족들의 감금 및 죽음에 관련된 체험을 잊지 않고 있다. 그것은 지금도 여전히 밤낮으로, 꿈속에서까지 그들을 따라다닌다."

콜레의 보고 내용들은 수년 전 이와 동일한 소견서를 낸 빈 종합병원 신경과의 유사한 경험들을 토대로 확인할 수 있다.

콜레는 다음과 같은 문장으로 보고서를 마무리했다. "정신의학의 언어는 전문가가 추방자들을 감정할 때 경험한 모든 것을 표현하기에는 너무나 빈약하다. 특히 위험하게 여겨지는 것은, 판정 기관이 '신경증(노이로제)'이란 모호한 개념으로 위장된 과학적 진단을 내릴 때다." 콜레는 추방자들에게 나타난 만성화된 우울증과 또 다른 반응성 정신장애를 '신경증'으로 뭉뚱그려서 분류하는 것을 경계하면서, 이는 생명선이 완전히 무너져 내릴 수 있는 엄청난 사실이라고 했다. 콜레는 감금과 그 속에서 입은 신체적, 정신적 상처만이 외상의 원인은 아니라고 지적했다. 그런 가혹한 운명은 수많은 전쟁 포로에게 고통을 주었다. "순전히 외적인 요인으로 광신적 인종 차별의 희생자가 되었고" 또 "종종 자신의 온 가족을 잃은 사람들의 경우 우울증은 해방되었다는 사실에도 거의 영향을 받지 않았다!"(훅Huk).

III. 강제수용소에서의 심리치료

수용소에서 심리치료의 가능성은 당연히 극히 제한되었다. 이와 관련해 어떤 말보다도 훨씬 더 효과적인 것이 있었다. 그것은 바로 본보기였다! 점호하거나 행진할 때, 땅을 파거나 막사에 있을 때, 즉흥적인 형태로 이루어진 '작고' 또 가장 작은 심리치료에 대해 우리가 이야기하는 것을 기대하는 사람은 아무도 없었다. 우리가 마지막으로 할 수 있는 것은 자살을 예방하기 위한 노력이었다. 그래서 신고 서비스를 조직해 자살 생각이라든가, 심지어 자살 의도에 관한 이야기가 즉시 전달되었다.

우리는 무엇을 해야 했을까? 강제수용소에 있는 사람들을 내적으로 다시 일으켜 세우려는 온갖 노력은 그들이 미래의 목표에 방향을 맞추도록 하는 것을 전제로 했다. 하지만 더 이상 미래를 믿지 못한 사람은 수용소에서 길을 잃었다. 그는 미래와 함께 정신적 버팀목을 잃었고, 내적으로 자포자기했으며, 신체적으로나 정신적으로 쇠약해졌다. 더군다나 이러한 일은 대부분 너무나 급작스럽게 일어났는데, 경험이 많은 수감자가 보기에는 익숙한 형태의 위기였다.

모든 심리치료 노력이 수감자들을 상대로 간직했던 좌우명은 수용소에서의 삶, 살아남기, 생존을 향한 의지였다. 그렇지만 삶의 용기나 삶의 권태는 과연 삶의 '의미'에 대한 믿음이 있는가, 오로지 이것에만 달려 있다는 것을 보여 주었다. 니체는 "왜 사는지 아는 사람은 어떤 상황도 견디어 낸다."라고 말했는데, 강제수용소에서 이 말은 모든 심리치료 작업을 위한 좌우명으로 삼아도 좋았을 것이다. '왜', 이것은 삶의 목적이고, '어떤 상황'은 수용소 생활을 힘들게 만드는 삶의 조건이었다. 그곳 생활은 오로지 이 왜와 관련해서만 견딜 수 있었다. 때때로 기회가 주어졌을 때마다 수감자들에게 삶의 '왜'를, 인생의 목표를 깨닫게 해 주어야 했다. 그렇게 해서 현존의 끔찍한 '어떤 상황'에도 내적으로 성장하고, 수용소 생활의 공포를 이겨 낼 수 있게 도와야 했다.

수용소 내 모든 심리치료에서 통용되었던 것은 내가 '의미에의 의지'라고 부른 것에 호소하는 일이었다. 하지만 수용소에 있는 인간이 처한 극한의 한계 상황에서, 사람이 성취를 추구해야 할 의미는 삶뿐만 아니라 고통과 죽음 역시 포함된 의미여야 했다. 왜냐하면 그 의미가 삶의 위험에서 벗어나느냐 그렇지 않느냐에 달려 있는 삶, 다시 말해 그 의미가 우연의 은총에 기댄 삶이라면 살 수도 없고 아무 가치도 없기 때문이다. 중요한 것은 삶의 무조건적인 의미였다. 이는 물론 야스퍼스Karl Jaspers가 진리에 대해 말한 것처럼, 한편으로는 절대성, 다른 한편으로는 보편타당성을 구분할 수 있다.

우리가 수용소에서 그 의미를 의심하고 절망한 인간에게 보여 줘야만 했던 무조건적인 의미는 결코 막연하고 일반적이지 않은, 오히려 개별적인 현존의 가장 구체적이고, 가장 분명한 의미였다. 이는 한 가지 예로 쉽게 이해할 수 있다. 어느 날 수용소에서 두 사람이 내 앞에 앉았는데, 둘은 이미 자살을 결심한 상태였다. 두 사내는 더 이상 삶에 아무런 희망이 없다고 하면서 수용소 어디서나 들을 수 있는 상투적인 말을 했다. 그 순간 중요한 것은 이 두 사람에게 일종의 코페르니쿠스적 전환을 계획하도록 하는 일이었다. 그래서 그들에게 더 이상 삶에서 무엇을 기대할 수 있는지를 묻지 않고, 반대로 삶이 그들을 기다리고 있다고, 누군가가 혹은 무엇인가, 그게 일이든 사람이든 두 사람을 각각 기다리고 있다는 것을 알려 주었다.

실제로 얼마 지나지 않아, 두 수감자가 삶에서 바라던 것 이상으로,

삶이 아주 구체적인 과제를 가지고 이 둘을 기다리고 있었다. 한 사람은 아직은 마무리 단계지만 지리학 관련 도서 시리즈를 출간했고, 다른 한 사람에게는 그를 하늘처럼 여기고 깊은 애착 관계에 있는 딸이 있었다. 이렇게 한 사람을 기다린 것은 일이었고, 다른 한 사람을 기다린 건 사람이었다. 이렇게 두 사람 모두에게 시련에도 불구하고 삶을 의미 있게 만들어 주는 유일성과 대체 불가능성이 똑같이 입증되었다. 한 사람은 학술적 작업에서, 다른 한 사람은 딸의 사랑 속에서 어떤 것과도 바꿀 수 없었다.

미국 군의관 나디니Nardini는 일본 전쟁 포로였던 미국 병사들과 함께 경험한 것을 보고했는데, 이 정신과 의사에겐 포로 상태에서 생존할 가능성이 얼마나 되는가를 규명할 기회였다. 그것은 인간의 인생관, 구체적 상황을 대하는 정신적 태도에 달려 있었다. 수용소에 감금된 인간을 버티게 해 준 것이 근본적으로 심리치료밖에 없었다고 할 때, 이 심리치료는 특별한 의미에서 확정됐다. 말하자면 그것은 생존으로의 의지를 일으키라고 요구한 사람에게 먼저 생존은 당위라는 것을, 살아남는 것은 의미가 있다는 것을 증명하기 위해 애써야 했다. 게다가 수용소에서는 진정 의료적 영혼 돌봄이라는 과제인 정신과 의사의 일까지 가중되어 일반적, 평균적으로 생존할 가능성이 희박한 사람들도 돌봐야 했다! 그들에게 무엇을 말할 수 있었을까?

그때 각 개인의 의식 속에는, 누군가 있었다는 것이, 비록 보이진 않아도 그곳에 있었고, 심지어 이미 숨을 거둔 뒤에도 '그럼에도' 그 자리에, 함께, 어떻게든 '거기에', 아주 은밀한 대화 속의 너로 있었다는 것이 밝혀졌다. 많은 사람에게 그것은 처음이자 마지막이자 영원한 너 Du, 바로 신이었다. 하지만 늘 마지막 단계를 받아들인 사람에게 중요한 것은 '그가 내게 바라는 것은 무엇인가?'라는 물음이었다. 이는 '어떤 태도를?'이라고 해도 좋다. 그렇게 최후에 중요했던 것은 한 인간이 고통받는 것을 이해하고, 죽는다는 것을 아는 태도였다. 어떻게 죽을지를 아는 것, 즉 죽음을 이해하는 것은 잘 알려진 대로 처세술의 진수다.

우리의 죽음에 필요한 것은 릴케의 표현대로 말하자면 '자기만의' 죽음을 죽는 것이었다. '우리만의' 죽음을, 비록 다양한 뜻이지만 의미 있는 죽음을 말이다. 이는 죽음의 의미에 관한 것도 그렇다. 삶의 의미와 마찬가지로 그것은 개인적인, 아주 사적인 것이다. 우리에게는 그런 '우리만의' 죽음이 부과되었고, 그러한 과제에 대한 책임은 물론 삶의 과제에 대한 책임도 우리에게 있다. 이는 누구에 대한, 어떤 권위 앞에서의 책임인가? 이 물음에 누가 다른 사람 대신 답할 수 있을까? 이 마지막 질문은 최후의 순간에 누구나 스스로 결정해야 하는 것이 아닌가? 수용소에서 어떤 이는 양심에, 어떤 이는 신에게, 또 다른 어떤 이는 먼 곳에 있는 사람에게 책임감을 느꼈다면, 이게 뭐가 이상한 일일까?

어찌 되었든 그들은 '모두' 어떻게 해서든, 어딘가에서 보이지 않는 누군가가 자신을 바라보고 있고, 도스토옙스키가 말한 것처럼

'자신의 고통에 합당'할 것을 원하고, 또 '자신만의 죽음을 죽을 것'을 바라고 있다는 것을 알았다. 수용소에는 'primum vivere, deinde philosophari(먼저 살고, 나중에 철학하라)'란 글이 있었다. 그 뜻은 사는 것이 먼저고, 그런 다음 이해할 것이며, 그다음 계속 이야기할 수 있다는 말이었다. 이 말은 효력이 없었다. 오히려 그 반대인 'primum philosophari, deinde mori(먼저 철학하라, 그리고 죽어라)'가 유효했다. 이것은 이렇게 해석할 수 있었다. 궁극적 의미에 관한 물음에 해명하라, 그러면 당당히 걸어갈 수 있고 요구된 순교를 할 수 있다.

코헨은 "본래 사람은 삶의 왕국에서 살아가야 한다. 그러나 강제수용소 수감자들은 죽음의 왕국에서 살았다. 삶의 왕국에서는 자살하는 것으로 삶에서 벗어날 수 있었다면, 강제수용소에서는 정신적인 삶으로 들어가는 것 외에는 별다른 방법이 없었다. 죽음의 왕국으로부터 도피는 정신적 삶을 영위할 수 있던 사람에게만 가능했다."라고 말했고, 이렇게 덧붙였다. "만약 누군가 정신적인 것을 소중히 여기지 않는다면 그는 벗어날 수 없었고, 결과는 자기 파괴였다. 정신생활이 결여된 강한 삶의 욕동은 자살로 이어졌을 것이다."

계속해서 코헨은 "수감자가 어떤 형태로든 정신생활을 살았는지 아닌지가 매우 중요하다는 데 많은 저자가 동감한다."고 하면서, 카우츠키, 드 빈트, 카스Kaas, 프리조프Vrijhoff와 블룸Bluhm 같은 저자들을 언급하고는 이렇게 덧붙였다. "수감자가 수용소 생활의 현실을 더 이상 견딜 수 없다고 느낄 때, 자신의 정신적 삶에서 쉽게 과대평가할 수 없는 도피 가능성을 찾았다. 나치 친위대도 절대 파괴할 수 없는 정신적 영역으로 피하는 가능성을…. 수감자의 정신적 삶은 잘 적응할 수 있도록 그를 이끌었고, 이렇게 해서 생존 가능성을 현저히 높이는 데 기여했다."

선천적으로 정신적으로 활발한 것에 익숙했던 민감한 사람은 경우에 따라 비교적 유약한 성정으로 수용소 생활의 힘든 외적 상황을 고통스럽게 체험했지만, 어찌 되었든 정신적 상태에 관해서는 거의 해를 입지 않았다. 그들은 처참한 환경에서 바로 물러나 정신적 자유세계와 내적 풍요 속으로 들어갔기 때문이다. 이것이 때로 연약한 구성원이 견고한 본성보다 수용소 생활을 더 잘 이겨 낼 수 있었던 모순을 이해하는 방법이다. 나 스스로는 주위를 둘러싼 온갖 고통으로부터 거리를 유지할 수 있는 수단을 강구해 끊임없이 피하고자 노력했고, 그래서 고통을 객관화하려고 시도했다.

기억나는 일이 있는데, 어느 날 아침, 수용소에서 나와 줄지어 행진할 때, 난 더 이상 배고픔과 추위 그리고 부종으로 부어올라 신발을 제대로 신지 못해 그 속에서 얼어붙고 고름이 줄줄 흐르던 두 발의 통증을 참을 수가 없었다. 상황은 암담했고 절망적이었다. 그 순간 난 아주 크고 멋진, 따뜻하고 밝은 강연장 강단 위에 서 있는 내 모습을 상상했다. 나는 호기심에 찬 청중들 앞에서 '강제수용소에서의 심리치료'란 주제로 막 강연을 시작하려는 참이었다. 그리고 지금 내가 겪고 있는 것을 모조리 다 이야기하고 있었다. 스피노자도《에티카》에서 말하지 않았던가, 고통이라는 감정은 분명하고 정확하게 그 모습을 그리자마자 고통이기를 멈춘다Affectus, qui passio est, desinit esse passio simulatque eius claram et distinctam formamus ideam고!

사람들이 그렇게 원하는 한, 강제수용소는 단지 인간 세계의 소우주적 반영에 불과했다. 강제수용소에서의 삶은 인간의 가장 깊은 심연을 파헤치게 했다. 그때 그 심연 속에서 다시 인간적인 것만이 드러난 것이 과연 놀랄 만한 일일까? 그렇게 드러난 인간의 모습, 선악이 뒤섞인 혼합물이라는 것이? 온갖 형태의 인간 존재를 거치면서 선과 악 사이를 갈라놓은 틈새는 가장 깊은 곳까지 이르며, 강제수용소가 보여 준 나락의 밑바닥에서 그 모습을 명백히 드러냈다.

이렇게 강제수용소 안에서의 생활은 소우주, 아들러의 표현대로 하면 '모델'로 변했다. 아들러는 테레지엔슈타트 수용소의 심리학을 "희생자의 새하얀 결백과 박해자의 시커먼 죄의 강력한 모순을 넘어서"라고 묘사하면서 그 이유를 이렇게 설명했다. "그 까닭은 연대기적 역사가 그렇게 압축되어 일어난 장소는 거의 존재하지 않기 때문이다. 수용소의 생성과 진행과 소멸은 범례적이고 드물게 집중된, 일반적으로 다른 모든 공동체 안에 더 많이 분포돼 있으면서도 거의 눈에 띄지 않게 작용하고 있는 고통과 악의 총합을 포함하고 있다. 수용소의 특별한 점은, 그곳에서 인간과 인간의 제도 안에 무성하게 자란 온갖 사악과 위험, 어리석음과 비열함이 섬뜩하고 잔인하게 그대로 감행되었다는 점이다. 여기서 우리는 일반적으로 가능하고 심지어 실재한 행정의 악마 같은 풍자화를, 사이비 집단적 개성 말살, 예속 혹은 굴종 속에 있던 비인간적인 현존을 본다."

지난 몇 년간 우리는 환멸을 느꼈다. 하지만 지난 시간은 우리에게 인간적인 것이 가치가 있다는 것을 보여 주었고, 또 모든 것이 인간에게 달려 있다는 것을 가르쳐 주었다. 강제수용소를 겪으면서도 인간은 그대로 남아 있었다. 나는 이쯤에서 내가 마지막으로 머물렀고 해방을 맞았던 수용소 소장이던 사람에 대해 잠깐 이야기하려고 한다. 그는 나치 친위대 대원이었다. 수용소가 해방된 후에 비로소 밝혀진 이야기지만, 그 이전까지는 수용소 의사만(역시 수감자였다) 알고 있던 비밀이 있었다. 수용소 소장이 몰래 자기 지갑을 털어서 적지 않은 액수의 돈으로 가까운 시장의 약국에서 '자신의' 수감자들에게 줄 약을 사는 데 지출했다는 것이다! 반면 수용소에서 제일 나이가 많았던 수감자는 본인 역시 수감자임에도 그 어떤 친위대 보초병보다 악랄했다. 그는 할 수만 있으면 언제, 어디서, 어떻게든 수감자들에게 주먹을 휘둘렀다. 내가 아는 한 수용소 소장은 단 한 번도 '자신의' 수감자를 때린 적이 없었다.

말하자면 중요한 건 사람이었다! 남은 것은 인간이었다. 고통으로 불타면서 인간은 자신의 본질로 녹아들었다.

강제수용소에서 겪은 기본적인 경험에 대해 생각해 보면, 우리가 체험한 모든 것에서 그 본질은 드러날 수 있다. 어쩌면 우리는 지금까지 그 어떤 세대도 겪어 보지 못한 인간을 만났다. 그렇다면 인간이란 무엇일까? 인간이란 늘 자신이 무엇인지 '선택하는' 존재이다. 인간은 가스실을 발명한 존재이자, 동시에 당당하게 머리를 쳐들고 '하늘에 계신 우리 아버지'나 '셰마 이스라엘'['이스라엘아, 들어라!'(신명기 6장 4~9절). 유대인이 예배할 때 읊는 기도문으로 유대교 신앙의 핵심을 이루는 구절이다─옮긴이]을 읊조리며 가스실로 걸어 들어간 존재이기도 하다.

* 제14회 오스트리아 심리치료의사협회 정기 총회 추모 연설(1964년 3월 24일). 이 글은《심리학, 심리치료 및 의료 인간학 연감, 제11권》(1964년, 187~192쪽)에 처음 실렸다.

철학자이자 정신과 의사
루돌프 알러스

위대한 인물이 내보낸 것은 제자와 후계자들에게 직접적으로 끼친 영향과 역사에 남긴 흔적 속에서 고갈되지 않는다. 그것은 그들이 증언하는 진리처럼 시대를 초월한다.

루돌프 알러스[1]

오스트리아 심리치료의사협회 명예회원인 루돌프 알러스는 1963년 12월 14일 세상을 떠났다. 다음에 이어지는 개요는 당연히 단편적이다. 그 이유는 알러스를 이해하고 전달하려는 우리 노력이 보잘것없는 데에만 있지 않다. 그것은 그의 삶과 가르침을 특징짓는 풍요로움에도 연유한다. 따라서 다음의 소묘는 요점을 간략하게 설명한 것에 지나지 않는다.

알러스는 1883년 오스트리아 빈에서 출생했고, 의학과 철학에서 박사학위를 받았다. 정신의학자인 그는 크래펠린Emil Kräpelin의 제자 중 한 명이었다. 독일 뮌헨대학교에서 강사로 지내다가 나중에는 빈대학교에 있었다. 미국으로 이주 후엔(히틀러 시대 전) 미국 가톨릭대학교The Catholic University에서 교수로 재직했고, 마지막으로 워싱턴 D.C. 조지타운대학교에서 학생들을 가르쳤다.

처음에 알러스는 정신 질환 사례에서 신진대사를 연구하다가 1920년 정신의학에서 심리치료로 관심을 돌리게 되었는데, 이 점은 그의 유명한 강연록《정신분석학에 대하여》(1922년 출간)에 나와 있다. 1927년에는 개인심리학과 논쟁을 벌였고, 알프레트 아들러와 절교를 했다. 그리고 같은 시기 오스발트 슈바르츠와 함께 개인심리학협회를 탈퇴한 후 점점 더 철학에 몰두했다.

이러한 상황에서도 알러스는 700개의 논문과 15권의 책을 발간했고, 16번째 책은 조지타운대학교 국가법 교수인 아들 울리히 알러스Ulrich Allers에 의해 출간되어 8개 언어로 번역되었다. 그중 몇 권을 소개하면 다음과 같다.《성생활의 심리학》(《심리학 안내서》의 일부),《도덕적 인간의 발생》,《특수 교육》,《자기계발과 성공적 오류》(정신분석을 우회적으로 표현한 말).

이러한 폭넓은 주제는 알러스가 그 유례가 없는 다리를 놓는 학자였다는 사실을 보여 준다. 이는 그가 감각 생리학에 대해 쓴 글들을 봐도 알 수 있다. 알러스의 지도하에 일 년간 실험 연구를 할 수 있는 행운을 가졌던 우리는 그의 연구 방식을 증언할 수 있는 증인들이다. 알러스에게 심리학과 사유학noology은 물론 심지어 감각 생리학도 늘 단순한 감각의 생리학 이상이었다. 감각 생리학은 항상 감각 및 가치의 인간학으로 이어졌다. 이와 관련해 알러스가 언급한 "사실"은 시사하는 바가 크다고 본다. "'지각 크기'를 평가하는 것과 주어지지 않은, 심지어 가끔 원칙적으로 경험될 수 없는 최대치를 평가하는 것은 똑같"다.[2] 즉 이 말은 우리가 평가를 할 때마다 비록 명확하지 않거나 전혀 모를지라도 언제나 최고선summum bonum에 대한 지식을 가치의 근거로 삼았다는 뜻이다. 그것은 경험적으로 주어진 사실에 있지 않을 수도 있다.

알러스는 "주체는 결코 자기 자신을 위한 대상이 될 수 없다."고 말하면서 다음과 같이 계속 주장했다. "자기 관찰은 나중에 오는 태도이고, 타자 관찰은 근원적, 일차적 태도라고 할 수 있다. 왜냐하면 나ich는 내가 늘 바라보는 곳, 바로 여기에 있고 결코 바라보는 거기에 있을 수 없기 때문이다."[3]

개인의 본질에 관해서는 이쯤에서 그만두고, 그럼 개인은 어떻게 발생했을까? 특별히 알러스의 주요 저서 제목을 빌려서 말하면 '도덕적 인간의 발생'에 대해서는 어떻게 말할 수 있을까? '실존 조명'(야스퍼스)을 넘어 인간다운 실존을 위한 교육은 어떻게 될까? 교육의 목표는 정말 무엇인가? 알러스는 다음을 확실히 했다. "주관적 가치 체계와 객관적 가치 체계 사이에 조화를 이루는 것"[4]과 "고유한 개인에게 부여된 모든 긍정적 가능성을 완전히 실현하는 것"은 말하자면 "처음부터 그 가운데 어떤 가능성인지, 얼마나 많은 가능성인지"를 미리 이야기할 순 없다. 왜냐하면 "먼저 이것저것 실현하려는 시도야말로 그것이 어떻게 되어 갈지를 가르칠 수 있"[5] 기 때문이다.

알러스는 계속 말을 이었다. "스콜라 철학의 개념으로 말하면 잠재력을 행동으로 바꾸는 것은 인간 삶의 본질이자 의미다. 내가 확신하는 것은 이미 실현된 것과 개인 안에서 가능성의 상태로 머물고 있는 여전히 실현 중인 가치들 간의 긴장, 이러한 '가치 격차'가(난 이렇게 부른다) 삶을 멈추지 않게 하는 고유한 원동력을 제공한다는 것이다. 만약 인간이 자신의 깊은 곳에 내재된 가치 기회를 모두 완벽히 실현했다면 삶은 더 이상 나아가지 않고, 그렇게 해서 인간은 결국 죽고 말 것이다. 내 생각엔 그 때문에 수많은 성인이 젊은 나이에 죽은 것이다. 성 알로이시오 곤자가, 성 요한 베르크만스, 아기 예수의 성녀 데레사, 혹은 아직 시성이 되진 않았지만 매우 신심이 깊은 삼위일체의 마리아 수녀나 예수의 안젤리카 혹은 수많은 다른 이들의 삶을 생각해 볼 때, 그들이 더는 이 땅에서 할 일이 없고, 실현할 수 있는 것을 완전히 다 실현했다는 인상을 지울 수 없지 않은가? 그리고 고통과 질병 가운데 인내하는 것이 마지막으로 해야 할 일이기에 그렇게도 수많은 젊은 성인들이 혹독한 시련 속에서 죽었다면, 그들은 대체 무엇을 성취해야만 했던 것일까? 흔히 이런 사람들을 가리켜 '일찍 경지에 이른 사람'이라고들 말한다. 그들은 언제나 자기 안에서 이루어야 할 것을 이루었고, 자신에게 주어진 모든 가치 기회를 실현함으로써 완성되었다. 물론 이는 반대로 인간이 가치 기회를 모두 다 실현하면 죽는다는 말은 아니다. 대부분 인간의 삶은 이를 성취하지 못한 채 마침표를 찍는다. 하지만 인간이 살아 있는 한 가치는 그 안에서 계속 실현되어 간다. 이에 살아 있는 한 인간은 자신에 대해서도, 또 누구도 지금까지 보지 못한 새로운 것이 나올 수 없다고 말할 순 없다. 열광, 위험, 깊고 참된 사랑같이 매우 특별한 흔들림뿐만 아니라 아주 사소한 사건이라도 전혀 예기치 않은 것을 인간 속에 자라게 할 수 있다. 때로 질병이나 누군가 무심코 내뱉은 말 한마디, 또 흔한 일이 마음을 무너지게 하지만 사람들은 그 이유를 모른다."[6]

교육의 목표 설정도 집단주의나 개인주의의 일방적 표현에서 멀리 벗어나 있다. "인간은 자신이 우선시된 전체의 일원임을 이해하고 깨달을 때 비로소 고유한 가치가 자기 것이 될 수 있다는 것을 인식한다. 그 가운데 잃어버릴 수 없는 고유한 가치와 개인의 절대 유일성을 의식하는 데 도달해야 한다." 왜냐하면 "원칙적으로 객관성, 헌신, 봉사라는 이상은 오직 하나만 존재"하기[7] 때문이다. 그렇지만 고려해야 할 것이 있다. "자신이 완전히 공동체 내에서 드러나야 한다고 여기는 인간은 자신의 고유한 가치, 자신의 특별함을 잃어버릴 수 있다. 자신이 더 이상 존재하지 않는다면, 결국 인간은 공동체 안에서 자신을 더는 헛되이 낭비하진 않을 것이다."[8] 어찌 됐든 "나의 완전한 발견과 구성으로 인간 안에 있는 최후의 본질적인 고독에 대한 의식이, 결국은 단

독인 존재라는 것과 이렇게 해서 절대적인 자기 책임성에 대한 의식이 눈을 뜬다." 여기서 "본질적 고독"에 관해 말하자면, 그것은 "훨씬 더 깊은 수준에 존재하며, 많은 사람이 불평하는 외로움보다 더 감추어진 지점에 있다. 그것은 피할 수 없는 인간 개인의 절대 유일성의 필연적 결과로, 형이상학적 실체와 연결되어 존재하고, 자기 자신을 오로지 초자연적 생명 안에서 일으킬 때만 치유될 수 있다."[9]

지금까지 교육의 목표에 관하여 살펴보았는데, 그렇다면 어떤 길이 그러한 목표로 인도하는가? 이에 대해서는 처벌에 대한 알러스의 입장을 염두에 두고, 예를 근거로 그가 의미한 교육의 배경이 되는 신념을 간략히 알아보는 것이 좋겠다. 알러스는 처벌을 "신뢰의 증거로서 고맙게 여겨야" 한다고 말했다. "이런 생각은 당사자가 행동으로 보이는 것보다 자신의 내면과 참된 존재에 의해 더 나은 사람일 수 있다는 확신을 의미한다." 알러스는 자신이 "주위의 일반적인 관점과 반대편에 서 있다는 것"을 알았는데, "바로 이러한 깨달음에서 온갖 굴욕적 처벌이 비난받을 일이라는 결론을 얻을 수 있다."[10] 그러나 "악을 미워하는 것과 인간을 미워하는 것은 다르다. 성인은 악을 미워해도 죄인은 사랑한다."[11]

알러스는 정신과 의사로서 주로 정신분석학을 비판했다는 점에서 눈에 띄었다. 이는 루이 쥐네Louis Jugnet가 알러스에 관한 저서 제목에 그를 '안티 프로이트Anti-Freud'라고 명명한 데서 기원한다. 정작 알러스는 '정신분석학에서 말하는 비인간화'[12]를 비판했다. 방금 우리는 서

두에서 그의 강연록《정신분석학에 대하여》를 언급했다. 수십 년이 지난 뒤 카를 슈테른Karl Stern과 알베르트 괴레스Albert Görres가 단언한 것과는 정반대로 알러스가 보기에 정신분석학의 방법과 인간상은 서로 분리될 수 없었다. 쥐녜는 정신분석학의 인간상에서 볼 수 있는 극단적 주관주의와 이상주의, 또 유아론唯我論, solipsism을 다음과 같이 비판하였다. "어떤 대상이 욕망의 대상이 되는 것은 그것이 특별하고 고유한 가치가 있어서가 아니라 욕망의 대상이 되기 때문에 특별한 가치가 있는 것이다."[13] 다시 말해 대상은 정신분석학의 본질에 내재된 가치에 따라 주관주의적 인간상에서는 전혀 매력적이지 않다. 오히려 단지 간절히 원하게 됨으로써만 가치가 있다. 쥐녜는 정신분석학적 인간상을 '근본적으로 반기독교적'이라고 부르면서, 그것을 '거대한 이단'으로 규정하기도 했다.

알러스는 이렇게 견해를 밝혔다. "그럼에도 그러한 조직이 어떻게 그 같은 추종자를 얻을 수 있었는가 의문을 던져 봐야 한다. 정신분석가라면 그런 현상과 마주할 때 거기에 어떤 논리적 혹은 문화적 실상이 놓여 있는지를 묻는 대신 인간의 정신생활은 어떤 상태여야 하는지, 그가 얼마나 모친을 갈망하고 부친을 증오하고 부친이 죽기를 바랐는지, 또 얼마나 형제자매를 시기했으며, 부수적인 쾌락을 위하여 대변을 참았는지 논증할 것이다. 요컨대 정신분석가는, 인간이 이런저런 주장을 하면서 다른 것을 받아들일 수 없는 게 무의식 속에 어떤 모습으로 나타나는지를 따진다." 알러스는 계속해서 말을 이었다. "나는 정신분석에 대항하는 무기를 되돌리려고 노력하지는 않을 것이다. 비평가들의 성격이 정신분석학에 관심이 있는 것처럼 난 정신분석가의 성격에 관심이 없다. 내가 논박하는 것은 복합적인 게 아니라 개인과는 상관없이 진실이거나 거짓인 실상의 표현에 있다."[14]

이런 의미로 알러스는 '내재적 비판'을 위해 애쓰면서 다른 저서에서 다음을 고려했다. "처음에 비판은 대부분 정신분석학의 결과, 특히 그것이 성에 부여한 역할과 무의식에서 발견된 '비도덕적' 경향을 향했다. 미학적이고 도덕적인 동기가 이러한 비판의 동력이었다. 따라서 그것은 본질적으로 객관성이 없었다. 그렇게 비판하는 것은 내 관심 밖의 일이다. 나는, 정신분석이 말한 것이 옳다고 전제하면서, 젖먹이나 내 무의식이나 어떤 다양한 인간 형태로든, 성도착이든, 근친상간이든, 보편적 죄가 있든 전혀 관심이 없다는 것을 명확하게 강조하는 바다. 어떤 사실이 다른 것이었으면 하고 후회하고 바랄 수는 있지만, 그렇다고 그것이 사실에 관한 문제라면 어떤 견해를 비난할 이유는 못 된다.'[15]

이제부터는 독자들이 특별한 관심을 보일지도 모를 '소위 자전적 내용'을 옮겨 보려고 한다.

"내가 신경증, 정신 질환과 정상심리학에 대해 아주 많은 경험을 할 기회를 얻기 전까지 난 열광적인 정신분석 신봉자였다. 그것은 아주 명쾌하고 설득력 있어 보였고, 정신생활을 통일성 있게 구성하는 것 등 많은 것을 약속했다. 체계의 논리적 완성과 심리학적 경험은 소중한 결과를 보는 눈을 흐리게 하지 않으면서 여러 가지 면에서 나에게 더 나은 것을―조심스럽게 말해 다른 것을―일깨워 주었다. 내가 강조하고 싶은 것은, 수많은 정신분석학의 성과와 많은 이론적 견해를 옳다고 여기는 경향이 있었을 뿐만 아니라 그것이 가장 중요한 인간 마음학(심리학)의 업적이라고 생각했다. 하지만 다른 한편으로는 정신분석학적 방법을 인정할 수 없다는 걸 알았다. 방법론적 비판의 관점에서 볼 때 정신분석은 특수한 입장에 서 있다. 그것은 정신분석학적 방법으로 진술과 이론을 직접 확인해 보지 않고서는 누구도 비판할 권리가 없다고 주장한다. 이는 몹시 부당하고 내가 보기에 학문에서 완전히 동떨어진 처사다. 누군가 내게로 와서 이렇게 말했다고 하자. '나는 그 물질 속에 염소가 들어 있는 것을 발견했습니다.' 그는 방법을 묻는 내 질문에 이렇게 답한다. '그것을 희석한 염산에 녹였지요.' 그는 내가 같은 방법으로 결과를 확인하리라고는 전혀 상상도 못 할 테다. 왜냐하면 염산을 넣으면 반드시 염소를 발견할 수 있기 때문이다."[16] "나는 이것을 정신분석에도 지적하고 싶다. 정신분석의 결과가 옳을 때, 이는 정신분석 기술로 발견된 게 아님에도 불구하고, 그것 없이, 단도직입적으로 그것에 맞서 발견되었다. 결과의 정확성은, 그런 방법으로 그런 결과에 이르렀거나 혹은 완전히 이를 수 있을 때만 방법의 가치에 대한 뭔가를 증명한다."[17] "한마디로 말해, 정신분석은 실제로 자기만의 방법으로 결과를 얻지 못했다." 이어 알러스는 이렇게 말하며 마무리했다. "정신분석의 통찰과 치료적 성과는 그것이 설명하는 이론과 방법이 아닌 이해하는 행동 덕이다.”[18]

그렇다면 알러스의 신경증학은 어떠한가? 그에게 “신경증이란 병적이고 잘못된 것으로 변하게 하는, 본연의 유한성과 무력감에 저항하는 피조물의 반발 결과다.”[19] 다시 말해 “이러한 반발을 의식적으로 체험한다면 결과적으로 인간 파괴로 이어질 것이다. 존재가 자신의 비존재Nicht-Sein를 추구할 수 있다는 것은 그 자체로 모순이다. 왜냐하면 존재는 무엇보다 존재 추구를 전제하기 때문이다. 인간 존재의 모순과 이율배반은 완전히 끔찍한 긴장으로 변화하는 가운데 나타난다.”[20]

알러스는 하이데거에게 던진 항변처럼, ‘실존 정신의학existential psychiatry’을 향해서도 똑같이 이의를 제기했다. “특히 근심스러운 것은 다른 현존재에 관한 한 그의 타자성 안에 다른 존재의 부재다.”[21] 미국에서 소위 말하는 ‘실존 정신의학’을 지배하고 있다는 알러스의 그릇된 해석과는 달리, 우리는 하이데거와 나눈 사적인 대화를 바탕으로 ‘세계 내 존재In-der-Welt-Sein’라는 개념을, 이 말이 그렇게 부르는 현존재 분석가들에 의해 오해를 받고 있는 것처럼, 마치 ‘세계’가 인간 ‘안에’ ‘있다’고 이해해서는 결코 안 된다고 본다. 사실 알러스는—미국에서 현존재 분석과 함께 ‘실존 정신의학’을 대표하는—로고테라피를 정신분석과 현존재 분석에 대한 비판에서 제외시켰다.[22] 알러스는 자신의 객관주의를 조심스럽게 표현했다. “나는 정신 행위와 관련된 참고 대상들을 통틀어 ‘초주관적trans-subjective’ 영역이라고 부르는 것을 선호한다.”[23]

쥐녜는 "진정한 파괴는 새로운 것으로 대체할 때에만 가능하다." 고 언급하면서 말을 이었다. "오스트리아계 미국인 대가의 비판이 그의 작업 전부라고는 볼 수 없다. 그가 비판하는 유일한 목적은 인간학 전체를 위해 새로운 기반을 마련하는 데 있다."[24] 하지만 우리가 보기에 알러스가 말한 인간학의 인도주의가 다음 고백에서 나타난 것보다 더 명확하게 드러난 곳은 어디에도 없을 것이다. "이른바 해결되지 않은 형이상학적 물음, 특히 인간의 위치에 대한 물음이 마지막 문제 혹은 마지막 갈등으로 나타나지 않은 신경증 사례를 이제까지 난 단 한 번도 본 적이 없다. 그 물음이 종교에 관한 것이든 그렇지 않든, 또 가톨릭 신자에 관한 것이든 그렇지 않든 그건 상관없다. 어쩌면 자주 입에 오르는 신경증적 인간에 대한 철학적 관심이 이와 관련 있을지 모른다. 흔히 일어나는 일이지만, 그러한 '형이상학적' 문제에서 재차 다른 위장된 물음이나 특별하게 표현된 태도를 보려고 한다면 그건 옳지 않다. 더 이상 '그 배후엔' 아무것도 없다. 추동 상태도, 힘으로의 의지도 없다. 거기엔 실제로 인간을 불안하게 만들고 인간이 답할 수 없는, 다시 말해 감히 똑바로 물을 수 없는 마지막이자 가장 중요한 질문이 있다. 우리는 사려 깊고, 다정하고, 조심스럽고, 너그럽고, 아주 경건한 영적인 인도가 많은 경우 종교적 행동을 교정하는 동시에 신경증을 고칠 수 있다는 것을 안다. 왜냐하면 실제로 그러한 감화야말로 핵심적인 문제를 건드리기 때문이다."[25]

이에 알러스는, 오늘날 많은 사람이 생각하듯 나중에 저절로 정신적인 것을 획득할 수 있기에 영적인 것이 건강해지도록 돌보는 것만으로 충분하다고는 생각지 않았다. 우리가 보기에 이는 '은총은 본성을 전제로 한다gratia supponit naturam'라는 명제를 오해한 데서 기인한다. 마치 은총의 작용이 본성에 달려 있고 본성에 의존하는 양, 혹은 간단히 말해 정신생활이 심신의 기능 외에는 아무것도 아닌 양 해석하면서 말이다. 조건과 원인을 혼동하는 일이 이러한 오해의 바탕을 이룬다.

만일 우리가 미국과 유럽의 심리학자들과 함께 믿음의 결정 안에서 인간의 정신생활까지 단지 다양한 요소들의 합력이라고 간주한다면, 아버지 형상father imago이든 뭐든 문제가 될 수 있고, 이렇게 해서 한 인간의 결정 본성에 믿음을 빼앗으면서 종교가 결정하게 한다는 환상에 빠지고, 그런 다음 조작한다. 프로이트가 종교는 정말 '환상'일지 모른다고 여긴 것은 이러한 사이비 종교에 해당될 것이다.

알러스는 자신의 사진 위에 이런 헌사를 우리에게 써 주었다. '진리가 너희를 자유롭게 하리라.' 이 말은 이런 뜻이기도 하다. '우리를 입증하는 것은—신경증으로부터의—자유가 아니다. 다시 말해 그것이 우리를 인식하는, 혹은 심지어 스스로 결정하는 인간으로 만드는 것은 아니다. 진리야말로 우리가 인간 현존의 본질에 속하는 비극에서 승리하게 만든다. 그 점에서 진리는 우리를 고통으로부터 자유롭게 한다. 반면 단순히 고통에서 자유로운 상태는 우리를 결코 진리에 다가서게 할 수 없다.'

알러스는 오늘날 그 어느 때보다 많은 주목을 받고 있다. 그 이유는 그의 연구와 통찰이 시대를 초월하는 데 있다. 알러스는 우리에게 많은 것을 주고 떠났다. 하지만 많은 것을 가져가기도 했다. 수많은 부분에서 앞섰던 미래의 심리치료를.

* 테오도르 빌로트 메달 수여식 기념 강연, 오스트리아 빈의사협회(1980년 3월 21일). 이 글이 최초로 실린 곳은 〈오스트리아 의사신문, 제10권 제36호〉(1981년, 701~707쪽)이다.

심리화인가
의학의 인간화인가

파울 폴락Paul Polak을 기리며

　만일 어떤 '의사협회'가 정신과 의사에게 축사를 해 달라고 요청한 다면, 그는 자신에게 바라는 게 무엇이고, 자신이 일반 의학과 정신의학 사이에 다리를 놓을 수 있는지를 곰곰이 생각할 것이다. 그리고 그 다리를 놓기 위해, 이렇게 말해도 좋다면 교량어로서 '정신신체 의학 psychosomatics'이란 용어를 제시할 것이다. 이 얼마나 적절한 핵심어인가! 그래도 이 용어가 설명하는 것은 모두 여전히 논쟁의 여지가 있다. 그리하여 미해결 문제들이 많이 남아 있는 것도 사실이다. 하지만 우리는 그러한 문제들이 어떻게 아무렇지 않게 취급되는지를 끊임없이 관찰할 수 있다. 그 단어를 얼마나 부주의하게 사용하는지 확인하려면 〈오스트리아 의사신문〉 최신호만 펴 봐도 알 수 있다. 거기엔 "오스트리아 의사들의 대기실과 병원의 병실은 정신적 원인으로 인한 질병으로 추적할 수 있는 환자로 약 50%가 채워져 있다."라고 쓰여 있다. 계속해서 심신의 고통은 "마음에서 연유"하고, 이는 "정서 장애emotional disorders"가 문제가 된다고 적혀 있다. 사실 정신신체질환은 심리적인 것이 관련되지도 원인이 되지도 않는다. 다시 말해 그것은 심인성이 아니다. 심인성인 것은 신경증이다! 정신신체질환은 신경증과 반대로 심인성이 아니고, 단지 정신적인 것에서 비롯된 제1차 체인성somatogenic(신체유래) 질환이다!

나는 이미 수십 년 전부터 정신신체 의학의 문제점을 체계적이고 조직적으로 설명해 왔는데, 이에 대해서는 내가 쓴《신경증 이론과 치료Theorie und Therapie der Neurosen》[1]의 몇몇 장에 나와 있다. 그사이 또 다른 의미치료사logotherapist, 내 제자이기도 한 도쿄 태생의 히로시 타카시마 교수도 그의 저서《정신신체 의학과 의미치료Psychosomatic and Logotherapy》에서 의미치료 시각에서 바라본 문제점에 대해 논하였다.[2]

증상 선택의 문제

아직 미해결 상태로 남아 있는 문제들 중 가장 중요한 것은 증상 선택의 문제, 특히 기관organ 선택의 문제다. 어떤 사례에서 하필이면 다른 기관이 아닌 바로 그 해당 기관에 이상이 있는 것을 어떻게 설명할 수 있을까? 정말로 특정 기관과 다른 한편으로는 특정 정신 내적

intrapsychic 상황 간에 관련성이 있을까? 이미 아들러는 그 실체를 스스로 명명한 '기관 열등성organ inferiorities'과 연관시켜 연구하였고, 프로이트는 이러한 방법으로 아들러의 뒤를 따라 '신체적 호응'란 개념을 만들었다. 이에 관한 연구는 아직 그 이상의 뚜렷한 성과 없이 거의 그대로 머물러 있다.

잘못된 분류

이 문제는 특정 정신신체질환들과 다른 한편으로 특정 성격 유형들 사이의 선호도와 관련이 있다. 이와 관련해서 실제로 증명된 것은 하나도 없다. 나는 언젠가 천식 환자의 성격에 관한 주제로 밤늦게까지 이어진 강연을 들은 적이 있는데, 마지막에 신경증 환자의 성격에 대한 아주 훌륭한 설명을 접했다는 것을 인정하지 않을 수 없었다! 문제는 독특한 천식의 특징이 아니었다. 그렇게 보였던 모습은 사실로 해석되었다.*

---

* 최근 데이비드 M. 샤르치David M. Scharch와 존 E. 헌터John E. Hunter['무작위로 뽑은 편두통과 비편두통 환자들의 성격 차이'. 출처: 〈심리치료: 이론, 연구 및 실제, 제16권〉(1979년, 297쪽)]는 임의적으로 선택한 편두통과 비편두통 환자 모집단 사이에 그 어떤 성격 차이도 확인되지 않았음을 입증했다. 이는 정신분석학이 주장한 병인론과 대치되는 결과다('적대적 충동에 대한 자기 처벌'과 '억제된 분노'). 외견상 차이는 예전에 키드손Kidson과 코크레인Cochrane이 고혈압 연구에서 증명했듯이 편두통 치료 중인 환자에게서 처음부터—그리고 경험상 증명 가능하다!—신경증적 특징이 문

어떻게 정신의학은 그처럼 받아들일 수 없는 가설의 빙판 위를 걷게 되었을까? 나의 제자 엘리자베트 루카스Elisabeth Lukas는 현재 뮌헨에서 대규모 심리상담센터를 이끌고 있으며, '성격 이론으로서의 의미치료'에 관해 박사 논문을 썼다. 루카스는 오스트리아 심리치료의사협회에서 다음과 같이 강연했다. "심리치료는 거의 강박적으로 정신질환의 가능한 원인들을 찾기 위해 출발했고, 치료사는 그러한 원인을 밝혀내기 위해 무조건 노력해야 했다. 그런데 현재 수많은 환자의 삶이 병의 원인에 대해 그 어떤 빌미도 제공하지 않는다는 이유로, 사람들은 필연적으로 환자의 과거에서 그 원인을 찾을 수밖에 없다. 하지만 이를 어떻게 할 수 있단 말인가? 환자들은 대부분 특별한 것 혹은 방해가 되는 것을 전혀 기억하지 못했다. 게다가 정밀한 신경학적 진단 역시 아직까진 충분한 발달 단계에 이르지 못했고, 또 심리 영역에서도 원인들은 쉽사리 나타나지 않았다. 이러한 상황에서 치료사가 어떻게 환자가 앓는 정신 질환의 결정적 원인에 접근할 수 있을까? 결국 남은 것은 원인을 추측하는 것 외에 별다른 방법이 없었고, 거대한 충고와 해석과 사변이 심리학에서 시작되었다. 하지만 시간이 흐를수록 이 모든 충고와 해석에 진저리가 났고, 의심이 고개를 들었으며, 사람들은 서서히 정신 질환의 모든 연쇄적 원인을 재구성하기에 무기력하다는 것을 스스로 인정하는 용기를 발견했다. 이 무기

제가 되었다.

력에서 치료사의 시각은 변하기 시작했다. 그러한 원인들이 추측에서 나왔고, 게다가 치료까지 보장할 수 없다면 대체 무슨 소용이 있겠는가?"

이에 대해 실무자가 한 말을 적어 보겠다. 펠릭스 믈초흐Felix Mlczoch는 이렇게 말했다. "특히 분석 기술은 천식 환자 치료에 전반적으로 별 도움을 주지 못했다. 사람들은 환자가 유년 시절 정상적으로 성장하지 못한 근원을 노출시킴으로써 이러한 비정상적 발달의 결과를 개선하려는 시도를 했다. 이는 환자를 쫓아내는 가장 확실한 방법이다."[3]

정신신체 의학에 수반되는 또 다른 문제점은, 특정 정신 질환들과 이들에게 부과되는 특수한 콤플렉스, 갈등, 문제 및 트라우마 사이의 관련성과 관계있다. 문제는 이러한 모든 정신 내적 상황이 특수하게 병인성인가 하는 것뿐만 아니라, 그것이 정말 병인성인가 하는 것 또한 문제가 된다. 왜냐하면, 먼저 우리가 주의해야 할 것은 지탄의 대상이 되어 버린 콤플렉스, 갈등, 문제와 트라우마 같은 흔히 볼 수 있는 뭔가가 절대로 병인성이 아닐 수 있다는 점이다. 동료들은 우리 신경과 병동에서 무작위로 뽑은 일련의 사례들이 심리치료 외래에서보다 콤플렉스, 갈등, 문제와 트라우마를 훨씬 더 많이 극복했다는 것을 통계로 쉽게 증명할 수 있었다. 우리는 신경과 환자들이 겪는 추가적인 문제를 고려하려면 이 점을 설명해야 한다.

증명할 수 없는 심인성

유명한 미국 정신과 의사 프리츠 A. 프라이한Fritz A. Freyhan은 의학학술지 〈통합정신의학Comprehensive Psychiatry〉에 기고한 '정신신체 의학은 시대에 뒤떨어졌는가?'라는 글에서 이렇게 견해를 밝혔다. "다수의 정신신체 장애가 잠복적인 내인성 우울증으로 판명되는데, 이 우울증의 광범위한 생물생리학적 병인은 적절한 치료 성과로 입증될 것이다. 삶에서 벌어지는 사건들과 질병 발생의 연관성에 대한 연구도 아직까지는 정신신체질환에서 심인성이 우세하다는 것을 증명하지 못했다. 실재하는 소수의 종단 연구들longitudinal studies은 오히려 일상에서의 사건과 환경이 미치는 영향이 미미함을 보여 준다."[4]

특히 콤플렉스와 관련해 언젠가 미국 앨라배마에 사는 독자가 내게 편지를 보낸 적이 있다. "저를 괴롭히는 유일한 콤플렉스는, 실제로는 없지만, 저에게 정말 콤플렉스가 있을지도 모른다는 생각입니다. 저는 아주 끔찍한 유년기를 보냈지만, 그 비극에서 긍정적인 것들이 많이 기인했다고 확신해요."[5]*

---

* 우리는 엘리자베트 루카스가 '나쁜 부모 콤플렉스'라고 부른 콤플렉스를 인정해야 한다. "내 직장 동료들이 수십 년 동안 부모들의 교육에서 실수만 찾아냈다고 비난하지 않을 순 없지만, 결국 부모로서 많은 부분이 상당히 불안했고 이 이유만으로도 그들은 이미 실수를 저질렀다. 이에 대해 서로 상반되는 교육 도서들이 쏟아져 나왔다. 젊은 세대의 모든 비정상적 발달에 있어서 부모는 최고의 공격 대상이 되었고, 젊은 사람들이 자신의 어려움을 너무 쉽게 부모 책임으로 전가하는 현상은 전혀 놀랍지 않다. 이렇게 부모에게 미루는 극단적인 책임 전가 경향은

레네 스콜닉Lene Skolnick은 이 주제에 대해 다음과 같이 설명했다. "정신 질환을 앓는 사람들의 유년기 성장 배경이 자주 부정적인 요인을 보여 준다는 것은 이미 잘 알려진 사실이다. 그들은 대부분 부부관계가 파경을 맞았고, 가족은 단절됐으며, 지배적이거나 배타적이거나 아니면 극도로 소유욕이 강한 편모슬하에서 시달렸고, 부친은 폭력적이거나 역할을 제대로 수행하지 못했다. 이러한 환경이 정상적인 발달에 장애를 가져온다는 게 일반적인 견해다. 하지만 실제로는, 성장 과정에서 여러 가지 어려움과 이른 나이에 시련을 겪은 대다수의 아동이 아주 평범한 성인으로 성장했다는 사실이다. 캘리포니아대학교 인간발달연구소Institute for Human Development가 해체된 가정에서 자란 아동이 성인이 된 후 많은 어려움을 겪는 데 반해 행복하고 부족함 없는 유년기를 보낸 아동은 행복한 성인으로 성장했을 것이라는 가설 아래 연구를 진행한 적이 있다. 피시험자의 2/3가 이 가설에 전혀 해당하지 않았다. 어린 시절에 경험한 스트레스의 외상적 영향은 과대평가되었다. 그뿐만 아니라 아무 문제 없이 유년기를 보낸 사람들의 경우도 예상과는 사뭇 달랐다. 그들 가운데 많은 사람이 행복하고, 만족하고, 근심이 없거나 심지어 성숙한 사람과는 아주 거리가 멀었다(이 결과는 특히 남

잘 알다시피 유년기 트라우마를 지나치게 과대평가한 정신분석학적 인간상으로 거슬러 올라간다. 입증된 바와 같이 이는 한편으로는 환자가 자신의 관련성을 꿰뚫어 보면서 어린 시절과 교육에서 자신의 성장 과정을 도출할 수 있다고 느낄 때 환자 본인의 마음을 조금은 가볍게 만들지만, 다른 한편으로는 정신적인 피드백 과정에서 자신의 행동 및 행위에 대한 자기 책임 의식을 감소시킨다는 게 입증되었다."

자 청소년 가운데 스포츠 샛별이었던 학생들과 여자 청소년 가운데 예쁘고 많은 사랑을 받았던 그룹에서도 일치했다)."[6] *

외관상 어떤 정신신체질환에서 트라우마를 일으키는 병인을 최소한 치료 효과로 증명할 권리가 우리에게 있어야 할까? 나는 이것을 경고할 뿐이다. 이와 관련해서 21세 여성 환자의 사례를 언급하려고 한다. 그녀는 히스테리성으로 진단된 요정체urinary retention 때문에 의사 쪽에서 최면 요법을 의뢰해 와서 우리 병원에 오게 되었다. 겉으로 보기에, 심인성 장애라는 의사들의 추정은 맞는 것 같아 보였다. 환자는 6주 전에 처녀성을 잃었다. 처녀성 상실 자체가 정신적, 신체적으로 트라우마가 되었다. 얼마 지나지 않아 자발적으로 소변을 보는 일이

---

* 하버드대학교 로렌스 콜버그Lawrence Kohlberg가 이끄는 연구 그룹은 다음과 같은 결과를 얻었다. "모든 정신분석학적 사변에도 불구하고 누가 성인이 된 후 신경증에 걸릴지를 생애 첫 단계에 미리 추정하기란 절대 불가능하다. 이른 나이에 엄마를 잃는다든지, 지나치게 무분별한 부모의 행동이나 별거, 근친상간과 같은 극적인 개인의 무거운 짐조차 성장 후 정신발달을 예측하는 데 실질적으로는 아무런 의미가 없었다. 하지만 그때 현저한 제한이 발생할 수는 있다. 어릴 때 격렬한 분노를 터트렸고, 두드러지게 반항적이고, 가출과 또 자주 무단결석했던 사람은 특히 성인이 되었을 때 범죄, 알코올 중독이나 다른 '문제 행위'에 연루될 위험에 처한다." 이 점에 있어서는 조현병과 비슷한데, "이 병은 다른 정서 및 정신적 일탈보다 훨씬 더 정확한 예측이 가능하다. 이는 정신분석가에겐 유감이지만, 여기서 중요한 것은 심리적 발달 장애가 아닌 생물의학적 질병이라는 사실에만 의거한다. 따라서 생물학적 요인도 가장 훌륭한 예측력을 지니고 있다. 만약 아동이 이미 유전적으로 병과 밀접한 관계가 있다면, 비록 건강한 양부모에게 양육되었다 해도 그는 나중에 조현병을 앓게 될 위험이 크다. 반면 특히 태어날 때 가볍지만 측정 가능한 뇌손상을 입은 성인은 만성 조현병을 앓는 경우가 적지 않다. 정신적 외상(트라우마)을 둘러싼 정신분석학적 사변의 바탕이 아닌 오직 이러한 배경 안에서만 사실을 볼 수 있다. 성인 조현병 환자는 유년 시절에 이미 접촉 장애가 있었고, 자주 불안 발작에 시달렸으며, 부모에게 정신적으로 가까이 다가가는 데 어려움이 있었다."[《유전심리학 연구서, 제110권), 91쪽, 독일 일간지 〈프랑크푸르터 알게마이네 차이퉁(FAZ)〉 1985년 10월 9일 자(31~32쪽)에 기재됨]

완전히 불가능해졌고, 그때부터 환자는 매일 여러 차례 카테터(도뇨관)를 삽입해 소변을 배출해야 했다. 계속된 비뇨기과 검사는 약물을 바탕으로 한 (주사 등) 다양한 치료법 및 수치료법hydrotherapy과 마찬가지로 별 효과가 없었다. 사실 우리가 환자에게 시행한 최면은 대단히 성공적이었다(바로 당일 환자는 자발적으로 소변을 볼 수 있었고, 이후 다시는 소변줄을 삽입할 필요가 없었다). 하지만 우리는, 왠지 이 경우는 완전한 심인성 장애가 문제는 아닐 거란 인상을 지울 수 없었다. 우리는 여러 차례의 비뇨기과 검사를 마친 뒤, 기관의 병적 흥분 상태가 겉으로 나타난 기능 장애의 토대가 되었다는 점을 밝혀냈다.[7]

다시 말해, 치료 효과로 정신신체적 토대를 진단해선 안 된다. 이는 어떤 병력으로 인해 드러난 트라우마뿐만 아니라 눈에 보이는 심리적인 성격 유형의 관점에서도 유효하다. 나는 유사한 다른 사례 하나를 알고 있다. 통증을 호소하는 어느 여성 환자인데, 그녀의 고통은 히스테리적 특징을 뚜렷하게 보였다. 생리식염수 주사—이 경우 난 이것을 '심리식염수'라고 부르고 싶다—는 즉시 성공했다. 그럼에도 방사선 검사를 했고, 그녀는 암이 전이된 것으로 판명되었다.

면역과 정서 상태

1936년 빌츠R. Bilz는 《심인성 후두염》이란 제목의 책을 출간했다.

물론 후두염이 심인성 질환은 아니다. 하지만 때로는 심리적으로 자극을 받아 발생할 수 있다. 후두염의 병원체는 도처에 널려 있고 경우에 따라 병인이 되기도 한다. 그렇게 되면 이는 병원체의 독성 자체에 달려 있지 않고 면역상태에 좌우된다. 그러나 면역상태는 정서 상태에 따라 다르다. 이미 수십 년 전에 호프Hoff와 하일리히Heilig는 최면으로 기쁘거나 불안한 감정의 암시를 받은 피시험자들이 상황에 따라 티푸스균에 대한 높거나 낮은 혈청 응집가를 보였음을 실험을 통해 증명했다.

1945년 3월 초에 있었던 일로, 수감자 중 한 명이 나에게 1945년 2월 2일에 이상한 꿈을 꾸었다고 말했다. 그에게 스스로 예언자라고 밝힌 어떤 목소리가 자신에게 뭔가를 물어보면 뭐든 다 알려 줄 수 있다고 했다. 그래서 그는 전쟁이 언제 끝나겠냐고 물었고, 이에 대한 답변은 1945년 3월 30일이었다. 그날이 점점 다가왔지만 그 '목소리'가 옳은 것 같다는 분위기는 어디서도 찾아볼 수 없었다. 3월 29일이 되자 그 수감자 동료는 열이 나면서 정신착란을 일으켰다. 그리고 3월 30일에는 의식을 잃었고, 3월 31일 그는 죽었다. 발진티푸스가 그의 생명을 앗아 간 것이다. 수감자 동료가 의식 불명이 되던 3월 30일, '그에게' 전쟁은 끝났다. 만일 우리가 실제 일의 진행이 동료에게 안겨 준 실망 때문에 조직체의 면역상태, 방어력과 저항력이 그렇게 떨어진 거라고, 그래서 이미 그의 몸속에 숨어 있던 전염병이 그렇게 너무나 간단히 이긴 거라고 생각한다면 이는 잘못된 생각이다.[8]

우리는 심리적 문제로 인해 발생한 후두염에 대한 교훈적이면서 실례가 되는 두 사례를 잘 알고 있는데, 한 임상의와 그의 조교와 관련된 것이다. 두 사람은 후두염에 걸린 줄도 모르게 걸렸다. 조교의 경우는 어느 목요일이었다. 조교는 바로 그다음 날인 금요일에 학술 강연을 앞두고 있었고, 이는 그가 꽤나 긴장한 상태였다는 것이 불 보듯 뻔했다. 임상의가 후두염을 앓은 날, 그 역시 병에 걸린 날은 목요일이었다. 그는 수요일마다 강의가 있었는데, 그날도 후두염은 있었다. 이 전염병이 수요일에 이미 잠복했다는 우리의 가정은 틀리지 않지만 아직 겉으로는 드러나지 않은 상태였다. 그는 자신이 강의하는 날 아프다는 것을 용납할 수 없었고, 후두염 발병은 지연되었다.

그때 왜 한 사람은 병에 걸렸고 다른 한 사람은 건강한 상태였는지, 이 사례는 우리가 정신신체 의학을 거의 이해하지 못한다는 것을 보여주는지도 모른다.

우리는 몹시 피로하고 과로한 상태에서 알프스 산악 구조대에 합류해 몇 시간 동안 구조 작업에 나설 것을 요청 받은 동료의 경우를 알고 있다. 그는 의사로서의 임무를 모두 마치자마자 탈진했고, 자신을 낭떠러지에서 안전하게 지키기 위해 애썼다. 과로 상태가 온 건 너무나 당연했고, 이는 정신신체 의학이 아니더라도 잘 알 수 있는 사실이다. 그가 자신의 임무를 다 완수하기 전 단 1초도 빨리 그런 일이 벌어지지 않았다는 사실은, 오직 정신신체적으로만 설명할 수 있다.

의미 지향과 삶

요컨대 면역상태는 정서 상태뿐만 아니라 동기에도 달려 있다는 것이 명백해진다. 하지만 동기가 인간 현존의 한계 상황에서 얼마나 결정적일 수 있을까 하는 것은 전쟁포로수용소에서 겪은 경험에서 분명해진다. 일련의 정신과 의사들은 한국과 일본 그리고 마지막으로 북베트남에서 자기가 해야 할 의무라고 여긴 의미를 지향했던 전쟁포로들이 가장 높은 생존 가능성을 가졌다는 점을 규명하였다. 이러한 사실을 미국 장교 3명도 마찬가지로 증명했는데, 이들은 북베트남에서 최장기 포로 생활을(7년까지) 견디어 냈다. 셋 다 우연히도 캘리포니아 소재 US 인터내셔널대학교의 내 제자들이었다. 그들은 내가 주관한 세미나에서 각자 경험한 것들을 상세하게 보고한 적이 있는데, 결론은 모두 한결같았다. 그들이 삶에서 붙들고 있던 것은 결국에는 의미 지향이었다![9] 강제수용소에 대한 국제적인 문헌들도 그것이 옳다는 것을 인정한다.[10]

그렇지만 오늘날 인간에게 모든 의미 지향은 더 무거워졌다. 무엇을 먹고살든 넉넉해지긴 했지만, 정작 자신이 살아가는 무엇에 대해서는 거의 알지 못한다. 한마디로 인간은 무의미감으로 괴로워하고 있다. 복지국가와 복지사회는 실제로 인간의 모든 욕구를 만족시킨다. 물론 소비사회 형태 안에서 개인의 욕구가 만들어지는 것은 처음이다. 단 하나의 욕구만 홀대 받았는데, 그건 바로 인간의 감각이다. 지배적인 사회적 조건 아래서 그것은 좌절될 수밖에 없다! 중요한 것은 '의미에의 의지'로 내가 동기 이론적 개념으로 표현한 것이다. 인간은 의미를 발견할 때—만약 필요하다면—포기하고, 고통을 감수하고, 희생하고, 목숨을 바칠 각오가 돼 있다. 하지만 반대로 인생의 의미에 대해 알지 못할 때, 겉으로 보기에는 아무런 문제 없이 잘 지낸다 할지라도 삶에 경고 신호를 보내고, 경우에 따라서는 삶을 내팽개칠 수도 있다. 물질적 풍요와 과잉에도 불구하고 말이다. 오늘날 우리가 대면하는 자살률의 증가는 물질적인 풍요에도 실존적 좌절로 이어질 수 있다는 사실을 잘 보여 준다.

의미 발견을 돕는 것

그럼 어떻게 하면 무의미감을 치료할 수 있을까? 우리가 주위에서 흔히 볼 수 있는 사람이 어떻게 자신의 고유한 인간 존재를 이해하는지 그 방법을 분석해 보면, 의미를 발견할 수 있는 세 가지 주요한 길이 있다는 것을 알게 된다. 먼저 내 삶은 내가 만드는 것으로 행동하고, 작품을 창작하고, 무엇인가를 혹은 누군가를 체험함으로써 의미를 가질 수 있다. 다음은 누군가를 그만의 유일성과 유일무이함 속에서 체험할 때, 다시 말해서 그를 사랑할 때 의미가 있다. 마지막은 우리가 결코 바꿀 수 없는 운명과 마주치는 곳에서 그러하다. 이를테면 불치

병에 걸려서 기댈 곳이 없는 희생자로 절망적인 상황 한가운데 놓이거나, 아니면 그 순간도 삶을 계속 유의미하게 영위할 수 있을 때 마찬가지로 의미를 지닐 수 있다. 왜냐하면 바로 그러한 순간이야말로 우리가 인간 안에 있는 가장 인간적인 것을 실현할 수 있기 때문이다. 이는 고통을 인간적인 업적으로 변형시킬 수 있는 인간의 능력이다. 이러한 가능성 때문에 삶은 잠재적으로 최후의 순간까지 의미가 있다. 다시 말해서 가능성을 실현하고, 또 고통과 죽음 역시 의미 있게 만드는 것은 어찌 됐든 일반적으로 '마지막'에 필요하다.

무의미에 맞서는 의미를 향한 가르침, 즉 의미치료를 바탕에 둔 이러한 의미 이론은 이미 방법적으로 인정할 만한 수많은 연구 프로젝트를 통해 경험적으로 증명되었다. 로고테라피 관련 문헌을 보면, 브라운Brown, 카스치아니Casciani, 크럼보Crumbaugh, 댄사르트Dansart, 더랙Durlak, 크라토치빌Kratochvil, 루카스Lukas, 런스포드Lunceford, 메이슨Mason, 마이어Meier, 머피Murphy, 플라노바Planova, 포피엘스키Popielski, 리치몬드Richmond, 로버츠Roberts, 러치Ruch, 샐리Sallee, 스미스Smith, 야넬Yarnell과 영Young의 저서들이 눈에 띄는데, 이들은 원칙적으로 인간의 성별, 나이, 지능, 교육 수준, 성격 및 환경에 상관없이 삶에서 의미를 발견할 수 있음을 분명히 보여 주었다. 또 마지막으로 종교가 있든 그렇지 않든, 종교가 있다 해도 어떤 종파에 속하든 이와는 전혀 무관하게 인간이 의미를 발견할 수 있다는 것을 증명했다.

실용 로고테라피

하지만 의미 이론은 경험뿐 아니라 실용적으로도 인정을 받았다. 심각한 폐결핵으로, 더는 치유 가능성이 없다는 것을 알고 죽음을 생각할 만한 충분한 이유가 있던 어느 여성 환자가 다음과 같은 글을 썼다.

"내 삶은 언제 풍요로웠던가? 내가(그녀는 경리였다) 쓸모 있고, 오로지 의무만으로 더 이상 나 자신이 아니었던 때인가? 아니면 수천 가지 문제를 머리로 씨름하던 지난 몇 년인가? 상상할 수 없을 정도로 나를 괴롭히고, 부추기고, 몰아댔던 죽음에 대한 공포를 극복하고자 애쓰는 것, 이것마저도 온통 화려하게 빛나던 결산표보다 더욱 소중해 보인다."

또 미국 앨라배마에서 파트리샤 L. 스타크Patricia L. Starck 교수는 1979년 3월 29일 나에게 편지를 썼다.

"제 환자 중에는 18세 때 식료품 가게에 가던 도중 총을 맞고 척수를 다친 22세 여성이 있습니다. 그녀의 상해 등급은 C4로, 오직 입 막대로만 일상적인 일을 처리할 수 있는 상태지요. 그녀는 삶의 목적을 매우 분명히 느끼고 있습니다. 곤경에 빠진 사람들의 이야기를 신문에서 읽고 TV에서 볼 때마다 그들에게 위로와 용기의 말을 해 주기 위해 (입에 막대를 물고 타자로) 편지를 씁니다."

우리가 감히 말할 수 없는 것을 이 환자들은 실행으로 옮겼다. 그들은 극한 상황에 처한 삶에서조차 삶의 의미를 쟁취했다. 우리에게 남아 있는 것은—의미를 얻기 위한 고투 속에서—촉매와 같은 조력자 역할을 수행하는 일이다. 다시 말해 당신이 원한다면 '의료적 영혼 돌봄 ärztliche Seelsorge'을 행하는 것이다. 이와 똑같은 표제의 내 책(한국에는《영혼을 치유하는 의사》로 번역·출간됨-옮긴이)[11]에서 '마지막 도움Letzte Hilfe'이라고 제목을 붙인 장을 볼 수 있는데, 거기에 한 여성 환자와 내가 주고받은 대화가 수록돼 있다. 환자는 그로부터 일주일 뒤 사망했다.

의료적 영혼 돌봄

먼저 여기서 말하는 의료적 영혼 돌봄은 당연한 말이지만 성직자의 영혼 돌봄과 경쟁하려는 게 아니다. 다만 의심스러운 것은, 의료적 영혼 돌봄이 의학적인가, 다시 말해서 이것이 우리 의사들의 의무인가 하는 점이다. 이에 대한 답변은 먼저 오스트리아 황제 요제프 2세가 환자들의 건강을 바라고 위로하기 위하여 헌정한 빈 종합병원 정문 위에 적혀 있다'Saluti et solatio aegrorum(환자들의 건강과 안위를 위하여)'.

두 번째는 의료적 영혼 돌봄은 신경과 의사의 영혼 돌봄만을 가리키지 않고 의료에 종사하는 의사라면 모두 다 해당된다. 예컨대 모든 의료적 영혼 돌봄을 포기하려는 외과 과장이라면 환자를 수술하기 전 수술대가 아닌 자살한 뒤 부검대 위에서, 그와 마지막으로 관련 있는 '최후의 사람'인 의사 곁에서 본다 해도 그리 놀랄 것은 없다.

미국 샌디에이고에 소재한 US 인터내셔널대학교 학생인 내 제자 중 한 명이 31세 기계공을 주제로 수술에 관한 보고서를 썼다. 환자는 고압전류 사고를 겪은 후 병원에 입원했고, 제자가 이 기계공을 담당하게 되었다. 환자는 괴저로 사지를 모두 절단해야 했다. 제자가 상세히 기술한 바에 따르면, 수술하는 내내 외과, 마취과 의사들과 수술실 간호사의 뺨 위로 하염없이 눈물이 흘러내렸고, 아무리 자제하려 해도 계속 탄식 소리가 새어 나왔다고 했다. 제자에게 주어진 과제는 마취에서 깨어난 환자에게 더 이상 팔과 다리가 없다는 사실을 알리는 일이었다. 제자는 환자의 남은 삶에 불을 지펴 줄 수 있는 한 줄기 의미를 찾아 나섰고, 그러던 중 의미치료 원칙을 적용하기로 결심했다. 그리고 실제로 몇 주 후에, 믿기 어렵지만, 환자 스스로 목부터 하반신이 마비된 소년을 혼자서 돌봐 줄 정도로 성공적이었다. 그리고 퇴원한 뒤에 가게를 차려 가족을 부양할 수 있었다. 그는 특수 장치를 갖춘 자동차에 가족을 태우고 온 미국을 가로지르며 휴가 여행을 다니기도 했다. 그러던 어느 날 그는 말 그대로 자신의 치료사였던 내 제자에게 편지를 보냈다.

"사고를 당하기 전까지 저는 무척 공허했습니다. 온종일 술에 젖어 살았고 지루해서 죽을 지경이었지요. 지금은 진정으로 행복하다는 게 뭔지 잘 알아요."

대상화인가 인간화인가

조세프 B. 파브리Joseph B. Fabry는 그의 저서 《의미를 위한 투쟁: 일반인을 위한 로고테라피Das Ringen um Sinn. Logotherapie für den Laien》에 이렇게 썼다. "내가 어렸을 때 우리 집 주치의는 할머니를 매주 방문했고, 그러면 할머니는 통증과 걱정거리를 모두 다 토로할 수 있었다. 나는 지금 매년 철저히 종합 건강검진을 받고 있는데, 그때마다 세 시간 동안이 간호사에서 저 간호사로, 이 기기에서 저 기기로 넘겨진 다음, 마지막엔 컴퓨터가 진단을 내릴 때 도움을 주는 설문지 150개 항목에 답해야 한다. 내가 해당 병원에서 경험한 의학적 돌봄이 할머니의 주치의가 제공할 수 있었던 것과 비교할 수 없이 좋다는 걸 알지만, 이러한 의학 기술의 진보로 뭔가를 잃어버렸다. 프랭클 박사가 미국 강연에서 제기한 문제들을 듣고 있노라면, 역시 그 뭔가가 현대 심리치료에 아주 많이 부족하다는 것을 느낀다."[12] 내가 말하고 싶은 것은 다만 어휘 선택에 주의가 필요하다는 점인데, 오늘날 보통 심리치료사라면 그렇게 하려고 노력한다. 하지만 사람들은 얼마나 기계화와 기술화가 '현대 심리치료'에 침투해 있는지를 잘 알고 있다. 오늘날 '치료'라는 말은 '전략'이라는 유행어에 자리를 내주었다.

리터 폰 바이어Ritter von Baeyer는 언젠가 이렇게 말한 적이 있다. "심리학은 현대 의학이 대상화로 향하는 움직임을 마땅히 저지해야 한다. 그런데 과연 그럴 수 있을까? 일정한 한도 내에서는 가능한 것이 확실하다. 본질적으로 심리학은 다른, 인간 존재를 대상화하는 생리학과는 상반되는 방법이다. 환자는 사람들이 자신의 인간성은 무시하면서 오로지 신체 기능에만 관심을 보일 때는 자기를 심리학의 연구 대상 및 조작으로 이해하게 된다. 심지어 후자인 경우에는 내면의 가장 깊숙한 곳을 건드리고 끌어당겨서 단순한 신체적 처치를 받을 때보다 더 깊은 모욕이 자리 잡을 수 있다. 하지만 자연과학적 의학의 냉정한 객관주의만 존재하는 게 아니라, 심리학의 차가운 객관주의와 심리학이 스며든 냉정한 객관주의 의학 또한 마찬가지로 존재한다."[13]

인간화를 위한 변론

이제 여러분은 내가 왜 의학의 심리화psychologizing(심리 분석)보다 인간화를 지지하는지 이해할 것이다. 그리고 내가 왜, 바이어가 사용한 말을 그대로 적용하자면, 점점 더 많은 의사가, 점점 더 많은 환자에게, 점점 더 많은 콤플렉스를 '끌어내'는 것이 중요하다고는 생각하지 않는지를 말이다. 오히려 필요한 것은 의사들이 스스로 시대에 뒤떨어진 인간상을 끌어내는 일이다. 그 안에서 인간 영혼에 들어 있는 '장치'와 '기계'를 보거나 아니면 병든 영혼 안에서 기계처럼 우리가 수선해야 할 뭔가를 발견한다. 스스로 의료 기술자로 처신하는 사람은 환자 안에서 단지 '인간 기계'를 본다는 것을 증명할 뿐이다. 하지만 인간적인 의사는 '고통받는 인간homo patiens'[14]을 알아차리고 질병 배후에 있는 인간을 본다. 그리고 인간적인 것을 발견한다. 의미에의 의지를, 고통을 두려워하지 않고 또 두려워해서도 안 되는 '의미를 위한 투쟁'을 발견한다. 우리는 고통과 좌절을 구별할 줄 알아야 한다. 고통, 질병, 이것은 고칠 수 없을지도 모른다. 하지만 환자는 고통 속에서 더 이상 아무 의미도 찾지 못할 때 좌절한다. 그래서 의미를 빛나게 하는 것, 이거야말로 의료적 영혼 돌봄의 과제다.

이는 경우에 따라 많은 시간이 걸릴 수도 있다. 언젠가 위르겐 몰트만Jürgen Moltmann이 이런 말을 했다. "오늘날 상담실 안에는 집중적인 투입으로만 상환할 수 있는 값비싼 진단 및 치료 기구들이 산적해 있다. 그곳 이름을 상담실이라고 부르지만 환자와의 상담은 그러한 장비들을 고려할 때 시간을 잡아먹는 적자 사업일 뿐이다."[15]

그러나 나를 찾아온 한 개업의를 보면 꼭 그렇지만은 않다. 1년 전 누구보다 사랑하던 아내가 세상을 떠난 뒤, 그는 상실감을 극복하지 못했다. 나는 극심한 침체 상태에 빠진 환자에게 만일 아내보다 먼저 죽었다면 어떤 일이 생겼을까 생각해 보았냐고 물었다. 그는 "상상도 하지 못할" 일이라고 하면서 아내는 절망했을 거라고 대답했다. 난 개업의에게 단지 이 말을 해 주기만 하면 되었다. "그것 보세요. 아내 분은 그러지 않아도 되잖아요. 그리고 선생님이 아내 분에게 그렇게 해 주신 대가로 이젠 슬퍼할 필요도 없고요." 그 순간 그의 고통은 의미를 얻었다. 그것은 희생이라는 의미였다.

분명한 것은, 어찌 됐든 이와 똑같은 신경을 쓰지 않아도 의사일 수는 있다. 그러나 중요한 것은 비슷한 맥락에서 폴 두보이스Paul Dubois가 다음과 같이 지적한 말이다. '의사는 수의사와 구별되는 아주 다른 점이 하나 있는데, 그건 바로 의뢰인이다.'

요약

소위 정신신체 의학은 수용 불가능한 가설의 빙판 위를 수없이 걸어왔다. 그렇지만 놓칠 수 없는 것은 전염병에서 면역상태는 정서 상태에, 정서 상태는 결국 동기, 특히 의미 지향에 달려 있다는 점이다. 오늘날 인간이 일반적으로 무의미감으로 고통받고 있다는 점에서 그 중요성은 더 커졌다. 오늘날 물질적 풍요에도 불구하고 실존적 좌절에 이르렀고, 치료로 대응하는 것이 필요하다. 하지만 의학을 계속 심리화하면서 치료한다는 건 불가능하다. 왜냐하면 심리학 스스로 광범위하게 기계적으로 해석되고 일상에 적용되기 때문이다. 오히려 의학과 심리학, 두 분야 모두 재인간화가 필요하다.

* 이 글은 《개인심리학과 다른 심리치료들과의 만남》(1984년, 118~126쪽)에 처음 소개되었다. 1982년 8월 2일부터 6일까지 오스트리아 빈에서 열린 제15차 국제개인심리학회 학술회의에 발표한 논문들에서 선별한 것이다(발행인: 라이넬트T. Reinelt, 오타로라Z. Otalora, 카푸스H. Kappus, 뮌헨/바젤: 라인하르트 출판사).

개인심리학과
로고테라피의 만남

여러분은 이 글 '개인심리학과 로고테라피의 만남'이 내게 조금은 슬픈 기분을 갖게 한다는 것을 이해할 수 있을 것이다. 내가 독일 뒤셀도르프에서 열린(1926년) 제3차 개인심리학 국제회의에서 주요 발제자 중 한 명으로 발표한 지도 어느덧 56년이 흘렀다. 다시 말해 당시 뒤셀도르프 회의와 지금 제15차 회의 사이에 56년이란 세월과 12번의 회의가 지나간 셈이다.

그러는 동안 로고테라피가 탄생했고,(지금까지 로고테라피도 두 차례 국제회의를 거쳤다) 개인심리학도 계속 발전해 왔다.

이 두 학파가 갈라진 것은 늦어도 내가 뒤셀도르프에서 '표현과 도구로서의 신경증'이란 제목으로 발표했을 때 시작되었다. 난 발제 범위 내에서 신경증 증상의 배타적인 배치 특성에 대립하는 의견을 피력했다. 이 문제는 예나 지금이나 나에게는 여전히 시급해 보이는 관심

사다. 현재 대표적인 개인심리학자 중 한 명인 마이클 티제Michael Titze
도 "아들러 학파는 신경증적 증상을 끊임없이 배치로 파악하고 있다."[1]
고 말하기도 했다. 이와는 달리 내 견해는 신경증은 분명 직접적인 표
현일 수 있으며, 일반적으로 우선 부수적인 (신경증적) 목표로 (신경증
적으로) 작동된다는 것이었다. 내가 이렇게 언급한 것을 전형적인 개인
심리학자 중 한 명인 에르빈 벡스베르크Erwin Wexberg가 그의 저서《체
계적으로 정리한 개인심리학》에 긍정적으로 인용하기도 했다. 여기서
잠깐 언급해도 좋다면 벡스베르크는 내가 공식적인 개인심리학 시험
을 치렀을 때 시험관 중 한 명이었는데, 유감스럽게도 그 성적 증명서
는 지금 더 이상 없다. 그 이유는 전쟁 중 게슈타포Gestapo(나치의 비밀경
찰)의 손에 들어갔기 때문이다(이는 지그문트 프로이트가 직접 쓴 수많은 진
료 기록부와 내가 그와 교환했던 서한들도 마찬가지다).

　사실 개인심리학과 로고테라피의 만남은 재회였다. 최초의 만남은
훨씬 더 오래전이었다. 1920년대 초반 나는 오스트리아 빈의 도심 치
르쿠스가세에 있는 시민대학에서 알프레트 아들러를 보았고 나중에
는 (그의 청강생 중 한 명으로) 강의를 들었다. 그리고 시간이 흐른 뒤 나
자신도 (벡스베르크와 함께) 그곳에서 강의를 하게 되었고 (빈 시민대학
교에서는 최초로) 정신위생학을 가르쳤다.

　1920년대 초 시민대학 서점은 클럽 분위기가 물씬 풍겼다. 테레지
엔슈타트 강제수용소에서 비극적으로 유명을 달리한 릴리 페를베르
크Lilli Perlberg가—나는 강제수용소에 대해 쓴 책에서[2] 그녀의 업적을 기

넘하기도 했다—당시 서점을 운영하고 있었는데, 그곳으로 젊은 지식인들이 모여들었고, 거기서 나는 마네스 슈페르버Manès Sperber와 처음 만났다.

이후 내가 합류하게 된 개인심리학자 '클럽'은 본래 유명한 카페 질러Siller에 자리 잡고 있었는데, 그곳에서 아들러는 매일 밤 좌중의 시선을 사로잡았다. 그는 여름이면 그 유명한 초코아이스크림을 먹기 전 녹을 때까지 휘저었고, 때때로 우린 그를 따라 2층에 있는 클럽 연회장으로 올라가 그가 피아노를 연주하면서 중간중간 노래하는 것을 들었다.

나는 여전히 정신분석의 마력에서 빠져나오지 못하고 있었다. 1924년 내 논문이 프로이트의 권유로 그가 발행하는 〈국제정신분석학회지〉에 실렸다.[3] 그때는 프로이트가 나에게 당시 협회 사무국장이던 에른스트 페더른Ernst Federn과 정신분석학회 입회 방법을 의논해 보라고 권했던 시기였다. 그 면담은 나에게 결정적인 경험이 되었다. 난 미몽에서 깨어났다. 어쨌든 회원 자리에 지원하려는 마음은 싹 사라졌다.

나는 점점 개인심리학에 호기심이 생기고 마음이 열렸다. 후고 루카치Hugo Lucacs가 나를 그의 교육 상담소에 청강할 수 있게 초대했다. 연구실 안에 상주해 있는 한 곳이었다. 그런 다음 알프레트 아들러에게 나를—카페 질러에서(여기가 아니면 어디겠는가!)—소개했고, 아들러는 조금도 망설이지 않고 내 논문 〈심리치료와 세계관〉 원고를 가져갔다. 논문은 놀랍게도 얼마 뒤 그의 《국제개인심리학학회지》에 소개되었다. 내 논문이 정신분석학회지에 출간된 지 불과 1년 후 벌어진 일이다![4] 나는 이 일을 '고속 증식로'라고밖에는 설명할 수가 없다….

에른스트 헤켈Ernst Haeckel이 말한 '생물유전학 원리'가 맞는다는 것을 증명하려면 물리학이 아닌 생물학 용어를 사용해야 말할 수 있는데, 그에 따르면 개체 발생은 계통 발생을 축약해서 되풀이한 것으로 이해할 수 있다. 실제로 고전 심리치료의 역사적 발달은 내 개인 인생사 안에 반영돼 있다.

나는—막 나의 개인심리학 발달 단계 한가운데 있었다—아들러의 신경증 이론의 타당성에 한계가 있다는 것을 겨냥해 이와 대립된 '의견을 피력'하는 것으로부터 출발하였다. 그때가 1926년이었다. 1927년에는 그것에서 벗어나 원칙적 혹은 이렇게 말해도 좋다면 차원적 의미에서 개인심리학 사상 체계의 확장을 지지하였다. 내가 보기에 그때까지 개인심리학은 완전히 심리주의, 말하자면 환원주의 형태에 매료돼 있었고, 환원주의는 인간 현존의 다차원적 구조를 소홀히 했다고 생각한다. 서로 반박하는 학문적 연구 결과들은 거꾸로 그 반박이 투사, 고차원에서 저차원으로의 투사에서 연유한다는 것을 이해할 때 해결된다.

서로 크게 반박하는 정신분석과 개인심리학의 인간상을 예로 들면서 이것을 펼쳐진 책의 그림 형태로 그려 보면 왼쪽 페이지에는 정사각형이, 오른쪽 페이지엔 원이 있다(167쪽 그림 참고). 알다시피 '원을 사각형으로 만들기(squaring the circle)'란 불가능하고, 또 두 도형은 비교할 수 없이 다르다. 다시 말해 둘은 서로 대립된다. 원과 사각형을

더욱 고차원적인 (3차원적) 공간 차원이 아닌 수평적 (2차원적) 면에서 관찰한다면 둘은 그렇게 계속 대립 상태로 있을 수밖에 없다. 하지만 필요에 의해 우리는 왼쪽 페이지를 수직으로 세우면, 두 도형이 (3차원) 공간에서 (3차원) 원기둥 아래 있는 (2차원) 면에 (2차원적으로) 투사되는 것임을 알 수 있다. 말하자면 원기둥의 평면도나 측면도가 만들어지는 모습을 상상할 수 있다. 이는 인간상의 대립에 있어서도 마찬가지다. 우리는 더 높은 차원으로 뛰어넘기만 하면 된다. 그리고 우리가 그 대립을 순전히 투사로 이해하는 한, 결코 인간의 동일성에 대립하는 것이 아님을 알게 된다. 하지만 그러한 인간의 동일성은—그리고 이와 함께 인간의 모든 인간성도!—더 높은 고차원 속에서 모습을 드러낼 수 있으며, 이러한 차원은 특수한 인간의 차원, 특수한 인간 현상의 차원이라는 것을 의미하기도 한다.

이를 특별한 차원으로서 방법적으로 완전히 의식하면서 개인심리학의 인간학적 토대에 포함시키자는 나의 주장은 유감스럽지만 '받아들여지지' 않았다. 루돌프 알러스(나는 그의 감각생리학 실험실에서 실험적으로 연구했다)와 오스발트 슈바르츠(그는 출간 전인 내 책의 서문을 써 주었다)가 1927년 연설하는 자리에서 그들의 개인심리학자협회 탈퇴를 알렸을 때, 아들러가 내 협회 잔류를 표명하고 회원 탈퇴를 할 이유가 없다고 단호히 말하라고 하면서 나에게 첫 번째 토론자로 발언할 것을 요청했지만, 유감스럽게도 난 아들러를 확신할 수 없었다. 그는 오히려 사람들을 부추겨 내가 탈퇴하도록 계속 종용하게 했다.

아들러 나름대로 내가 탈퇴하기를 바란 이유가 분명히 있을 것이다. 내가 이것을 말하는 이유는 단지 의미치료 비판자들이 늘 로고테라피는 개인심리학의 절정이라고 말하면서, 무엇 때문에 다른 이름을 쓰느냐고 내게 묻기 때문이다. 아들러는 학파의 정체성이나 양립성에 있어서는 가장 뛰어난 판결을 내렸다. 나 자신은 나를 결코 프로이트나 아들러와 동등하게 여기지 않는다. '빈 심리치료 제3학파'란 말은 내가 한 말이 아니라 볼프강 소우체크Wolfgang Soucek[5]에게서 나온 말이다. 나는 의미치료를 언제나 심리치료의 대체물이 아닌 오로지 보완하는 것으로만 소개해 왔다. 내가 신조어를 만든 것은 단지 내가 1인칭으로 말하는 것을 피하면서 제자들의 개인숭배를 막으려는 의도가 있었다.

개인심리학회 탈퇴는 나를 힘들게 했다. 하인츠 안스바허Heinz Ansbacher가 〈국제개인심리학저널International Journal of Individual Psychology〉에 아들러 탄생 100주년 기념을 계기로 요청한 '경의homage'에 나는 이렇게 썼다.[6] "그를 알던 사람은 그를 인간으로서 좋아할 수밖에 없고, 그와 함께 일한 사람은 그를 학자로 존경할 수밖에 없다. 개인심리학은 코페르니쿠스적 전환을 의미하기 때문이다. 아니 그 이상이다. 아들러는 실존 정신의학의 선구자다." 나는 이렇게 나를 (예나 지금이나) 개인심리학과 연결해 주는 탯줄을 자르지 않았다.

심지어 나는 1년 동안 개인심리학지(《일상 속 인간》)를 발행했고, 아들러의 친구들, 특히 그 누구보다 알렉산드라 아들러Alexandra Adler와 알렉산더 노이어Alexander Neuer는 '신의'를 지키면서 아들러를 향한 나의 '애정'에 보답했다. 그들 가운데 루카치Lukacs, 벡스베르크, 루돌프 드라이쿠르스Rudolf Dreikurs, 이다 뢰비Ida Löwy와 힐데 크람플리체크Hilde Krampflitschek는 이후 내가 설립하기로 마음먹은 청소년 상담소에서 함께 일하기로 했다. 개인심리학자가 아닌 사람 중에는 프로이트 학파의 학자 아우구스트 아이히호른August Aichhorn과 샤로테 뷜러Charlotte Bühler

빅터 프랭클이 그린 풍자화로,
그림에는 '빈 심리치료 세 학파'라고 쓰여 있다.

도 있었다.

자전적 요소가 많은 이 이야기는 이쯤에서 끝내고, 이제부터는 개인심리학에 대한 본질적인 비판을 말하고 싶다. 이미 1941년 썼고, 1946년 출간된 나의 첫 번째 책《영혼을 치유하는 의사》의 첫 문장을 다시 반복하면[7], 프로이트와 아들러를 빼고서 심리치료에 대해 말할 수는 없다. 이 책 첫 문단에 나는 계속해서—빌헬름 슈테켈Wilhelm Stekel의 비유를 모방해—'거인의 어깨 위에 선 난쟁이가 더 멀리 볼 수 있다'는 말을 사용했다. 그런 다음 정신분석과 개인심리학은 서로 보완할 뿐만 아니라, 개인심리학은 진보 그 이상을 의미한다는 것을 증명하는 것으로 넘어갔다. 하지만 그것은 인간을 이해하는 데 있어서 특수한 인간적인 것을 특유성으로, 특별한 차원으로 여전히 (혹은 최소한 오해의 여지 없이) 고려하지 않는다고 했다.

이렇게 말해도 좋다면 의미치료는 급진적인 자기 초월과 특히 그 동기 이론적 관점, 다시 말해 인간의 근본적 의미 지향성을 인간적인 것으로 간주한다. 정의상 의미치료는 이를 받아들였는데, 이는 '이름에서' 의미 중심적인 심리치료라고 말하지 않으려는 데 있다. 로고테라피의 이러한 관심은 '오늘날과 같은 시대에' 현 사회적 상황에서 우리 의미치료사들이 무의미라고 부르는 '실존적 공허'가 지배적일 때 더욱 시사성이 있을 수 있다. 무의미는 오로지 의미론의 도움으로만 해결할 수 있는데, 이는 우리가 발전시킨 의미 이론logo theory 형태로 나타난다.[8] 자명한 것은 실존적 공허는 결코 병인성이 아니라는 것이다. 이런 점에서 모든 신경증이 다 우리가 부르는 것처럼 '영인성靈因性, noogenic'은 아니다. 이는 모든 자살의 원인을 다 무의미감으로 돌릴 수 없는 것과 마찬가지다. 물론 자살은 어느 정도 무의미감에서 시도되었다고 볼 수 있다. 만약 자살자가 계속 살아가는 것을 의미 있게 여긴다면 그러한 경향은 경우에 따라 잘 극복될 수도 있다.

우리가 말하는 무의미감은 오늘날 병원성pathogenicity과 관련해서 볼 때 열등감을 능가한다. 10가지 로고테라피 검사[9]가 있는데, 이 검사는 무의미감을 경험적으로 엄격하게 입증하고 있다. 하지만 어떤 경우에는 마지막에 도리어―완전히 무의미감에 상반되는―삶의 무조건적인 유의미가 특징적으로 나타나기도 한다. 로고테라피 내에서 부르는 것처럼 의미치료 명제는 '전성찰적 존재론적 자기 이해pre-reflective ontological self-understanding'[10]의 현상학적 분석 결과다. 하지만 그것은 20개의 통계 연구와 수천 명의 피시험자 및 수백만 가지 컴퓨터 자료를 포함하고 기반으로 해서 안전장치를 확보했다.

일반적으로 로고테라피에서 말하는 의미란 구체적 인물이―그의 '의미에의 의지'에 따라―어떤 구체적 상황에서 발견할 수 있는 구체적 의미를 뜻한다. 그는 어떤 능력 덕에 현실이라는 무대에서 가능성을 지각하고, 이런 현실을 변화시킬 수 있다. 만약 이것이 불가능할 경우 그 원인을 제거할 수 없는 고통 상태에서도 성숙하고, 성장하고, 자기 자신을 뛰어넘으면서 스스로 변화할 수 있다.

이제 여러분은 이렇게 질문할 수 있다. 개인심리학도 끝없이 인생

목표에 대해 말하지 않느냐고, 그렇다면 '삶의 목표'와 '삶의 의미'는 무슨 차이가 있냐고 말이다. 다른 말로 하자면 개인심리학이 아주 많이 강조하는 목적성, 즉 목표 지향성과 로고테라피가 가정하는 의미 지향성이 어떻게 다른가로 바꿔 물을 수 있다. 나는 이 질문에 목표 지향성이 정신 내적intrapsychic 목표를 향해 나아간다면, 의미는 인간을 초월한다고 답할 수 있다. 인간 실존의 자기 초월은, 인간 존재가 어떤 것이든 어떤 사람이든, 또 우리가 헌신하는 일이든 우리가 사랑하는 사람이든, 그 자신이 아닌 것과 관계된다는 것을 의미한다. 어찌 됐든 인간 존재는 자기 자신을 초월해 확장된다. 이와 달리 아들러는 "확실한 것은 인간 존재란 끊임없이 극복해야 한다고 압박받는 열등감을 가진다는 것을 의미한다."[11]고 말했고, 마찬가지로 로버트 E. 안토흐Robert E. Antoch도 "인간 행위는 행위자의 자존감을 유지하도록 돕는다."[12]고 확신했다. 하지만 난 아무리 나만의 열등감을 극복하고 자존감을 유지해도 내 삶에 나 자신을 넘어서는 의미를 부여해 줄 수 있는 그 어떤 것도 발견할 수 없다.

볼프강 메츠거Wolfgang Metzger는 아들러의 책《인생의 의미Der Sinn des Lebens》에 자신이 쓴 서문에서, 프리츠 퀸켈Fritz Künkel과 또 아들러 역시 인간 실존의 자기 초월이라는 관점에서 개인심리학의 이러한 결점을 인지했고, 초기 즉 이미 1928년에 극복했다고 언급하기도 했다. 구체적으로 이 말은 '자기 망각'이란 의미로 '즉물성Sachlichkeit'에 관한 것이었다. 실제로 나는 자기 초월을 눈에 빗대어 설명하곤 하는데, 눈의 보는 능력은 자기 자신을 볼 수 없고 자기 자신을 간과해야 하는 것을 전제로 한다. 이와 마찬가지로 인간은 그가—어떤 임무나 동료에 헌신하여—자기 자신을 못 보고 지나치고 잊어버림으로써 완전히 인간, 완전히 그 자신이 된다. 이와는 반대로 '자기실현'에 관한 가짜 인본주의적 말은 겉만 번지르르한 오도를 낳는다. 자기실현은 곧장 의도할 수 있는 것이 아니고, 늘 자기 초월의 부차적인 영향으로만 어쩌다 그 모습을 드러낸다. 에이브러햄 매슬로Abraham Maslow는 이러한 내 주장을 그의 마지막 출간물[13]에 고스란히 담았다. "내 경험은, 실제로 자기실현을 추구하는 사람은 … 곧바로 달성할 수 없다는 프랭클의 의견에 동의한다. … 그가 인간의 주된 관심은 의미에의 의지라고 한 말에 난 전적으로 동의한다."[14]

앞서 말했듯이 모든 신경증이 영인성은 아니다. 신경증 그 자체는 오히려 심인성이고, 내가 증명한 것처럼 심지어 체인성 신경증도 존재한다. 로고테라피 치료법 가운데 소위 탈숙고 기법과 역설적 의도법은 비영인성 신경증 역시 치료할 정도로 발전했다. 나는 후자를 이미 1929년에—K. 던랩K. Dunlap의 '부정적 연습법negative practice'보다 앞서—치료에 적용했고 1939년에는 최초로 간행물에 실었는데[15], 내 이름으로는 1947이 돼서야 출간되었다.[16] 물론 그 이전에도 논문으로 발표되었다. 한스 폰 하팅베르크Hans von Hattingberg, 드라이쿠르스, 벡스베르크처럼 난 내가 아는 모든 선행자 누구나 공정하게 평가하면서 그들의 글을 인용했다.[17] 하지만 잊어선 안 되는 것이 있다. 만약에 당신이 오스트리아 빈에 있는 카를 성당 외부에서 찍은 사진을 동료에게 보여 주었는데, 그가 주머니에서 성당 사진을 꺼냈다면, 당신은 동료가 훔쳤다고는 의심하지 않고 그 역시 그곳 사진을 찍었다고 생각할 것이다. 이와 마찬가지로 수많은 연구자도 서로 독립적으로 비슷한 치료법을 발견했다. 특히 역설적 의도법과 관련해서 의미치료는 단지 이 치료법을 다른 방법에서 떼어다가 더 발전시키고 한 체계 안에 끼워 넣는 것만 필요할 뿐이다. 이 토대가 되는 원칙은 각 개인이 사용할 수 있는 대처 기제coping machanism다. 핸드I. Hand, 라몽테뉴Y. Lamontagne, 막스I. M. Marks는 환자들이 가끔 스스로 속이기도 하면서 "역설적 의도를 다시 발견"했음을 보여 주었다.[18] 우리가 우선권을 찾아 나서면서 무한한 후퇴에 뛰어든다면, 우린 대체 어디에 도착할 것인가? 신경증의 배치 성격에 대해 개인심리학의 신세를 입지 않고서 말이다. 3000년 전에 성경은 이렇게 말했다. "게으름뱅이는 '밖에 사자가 있어! 길거리에 나가면 난 찢겨 죽어!'하고 말한다."[19] 보다시피 구약 시대에도 알리바이로 이미 광장 공포증agoraphobia이 있었음을 알 수 있다.

그러는 사이 학습 이론과 행동 치료는 역설적 의도의 효과를 입증했고, 더 나아가 솔욤L. Solyom[20], 아셔L. M. Ascher 외 여러 공동 연구자들[21]이 이러한 효과를 실험을 통해—후자의 경우 심지어 통제 실험에서—증명할 수 있었다.

나는 여러분이 이 한 가지만 주목했으면 한다. 방금 전 '서로 비슷한 치료법'이라고 말했는데, 이는 역설적 의도가 의미한 것을 각각 확인했다는 말이다. 내가 매우 존경하는 파울 바츨라빅Paul Watzlawick은 오스트리아 빈에서 강연할 때 서두에서, 자신이 미국 팰로 알토Palo Alto에서 빈으로, 역설적 의도의 고향으로 온 것은 공자 앞에서 문자를 쓰는 거라고 말했다. 실제로 그는, 내가 이렇게 말해도 좋다면, 빈으로 석탄을 가져왔다. 이 '공자 앞에서 문자 쓰기'란 말을 영어로 하면, '뉴캐슬로 석탄 나르기to carry coal to Newcastle'라고 할 수 있다. 내가 하려는 말은, 이중 구속double bind의 원칙은 역설적 의도에 바탕을 두고 있고, 단지 외적이고 피상적으로만 관계가 있다는 것이다. 반대로 이중 구속은 실질적으로 증상 처방symptom prescription이나 다름없다. 둘 다 환자에게 증상을 강화하도록, 다시 말해 더 많은 두려움이 생기게 할 뿐이다. 하지만 역설적 의도 안에서는 두려움 자체가 아닌 그때그때마다 두려움의 내용과 대상이 '역설적으로 의도된'다. 그렇지만 역설적 의도에 대한 지시는 기술(의술)에 적합하게 환자가 그때까지 몹시 두려워한 것을 바라거나 계획해야 하는 쪽으로 움직인다. 간단히 말해 두려움이 아닌 두려워하는 '무엇'이 역설적으로 의도되는 것으로, 무엇보다 환자가 증상을 엉망으로 만든다고까진 말할 수 없지만 고분고분 받아들인다고 하면서, 환자의 신경증을 방해하는 것을 노린다는 다른 역설적 방법들에 달라붙은 조작이라는* 오명을 벗기는 사람도 환자 자신이다.

---

* 역설적 의도도 마찬가지로 조작적 조치가 아니냐고 이의를 제기할 수 있다. 즉 그것이―의심할 여지없이 명백히!―'속임수'로 작동한다면 말이다. 하지만 이러한 반론은 설득력이 없다. 왜냐하면 역설적 의도의 경우 '속임수'를 쓰는 것은 치료사가 환자를 상대로 하는 게 아니라 환

국제의미치료포럼International Forum for Logotherapy에서 제시된 구체적인 예시를 사용해 역설적 의도와 증상 강화의 차이점을 설명해 보겠다.[22] 나의 한국인 제자 고병학 교수는 죽음의 공포로 괴로워하는 환자에게 더 많이 두려워하라고 권하는 대신 다음과 같이 조언한 사례 하나를 소개했다. "더 현기증이 나게 하고, 더 심장이 두근거리게 하고, 더 숨 막히게 하기. 사람들 앞에서 죽으려고 시도하기. 환자와 나는 함께 그가 자신에게 말하고, 또 부끄러워하고, 땀 흘리고, 숨 막혀 하고, 죽는 것을 역설적으로 의도한 문장을 지어 냈다. 다음 상담시간에 그는 아주 쾌활한 모습으로 진료실로 들어왔고 성공을 알렸다." 이 환자는 심장 두근거림에서부터 질식사까지 모든 두려움 종합 세트를 '역설적으로 의도'해야만 했다. 그러나 그가 죽음에 대한 공포 자체를 강화시켜야 했다는 것은 말도 안 된다.

고 교수가 환자에게 적용한 방법을 미국 네브래스카 대학교의 레오 E. 미씨네Leo E. Missine 교수가 (불안신경증이 아닌) 강박신경증을 치료한 개입과 비교해 보겠다. "예를 들어 매일 손을 10번 씻어야 하는 강박

자 본인이 신경증을 상대로 하는 것이기 때문이다. 또 내가 끊임없이 권하듯이 역설적 의도를 인간화하고, 또 아셔가 실험으로 증명할 수 있었던 것처럼, 이 역설적 의도의 치료적 효과를 극대화하기 위해 그러한 '기술'에 토대를 둔 작용 '기제'가 환자도 이해할 수 있게 만들어지는 것이 마지막으로 해야 할 일이다. 달리 말하면, 역설적 의도 범위 안에서는 '솔직하게 행동'하고, 이렇게 해서 조작적 성격이 다양한 유사 '전략들'에 고착된 것처럼 그러한 조작은 처음부터 차단된다. 특히 '역설적 개입'이라고 불리는 치료법과는 반대로 그것은 그때 '개입하는' 치료사가 아니라 그때 '의도하는' 환자 본인이다.

이 있는 사람이라면 하루에 30번씩 씻도록 한다."[23] 이는 전형적인 증상 처방이다! 이와 비슷한 사례에 역설적 의도법을 적용한 것은 내 책 《심리치료의 실제Psychotherapie in der Praxis》에 소개한 '사례 19'에서 볼 수 있다.[24] 엘프리데 G.는 두 번의 자살을 시도할 만큼 강박신경증으로 몹시 고통스러워했다. 그녀의 손 씻기 강박에서 특이한 점은 "환자는 매일 수백 번씩 손을 씻었다". 입원한 첫날 엘프리데는 이런 말을 했다. "전 지금 몹시 흥분돼요. 바꾸기 위해 세균을 무서워하는 게 아니라 반대로 감염되길 바라거든요. 오늘 전 세균으로부터 충분히 벗어날 순 없어요. 세균에 대해 생각할 수밖에 없다면, 할 수 있는 데까지 저를 더럽게 만들려고 해요. 세균보다 좋은 건 없을 걸요." 그런 다음 그녀는 같은 병실에 있는 환자들에게—엘프리데는 내가 담당한 병동에 입원했다—혹시 자신에게 세균을 제공해 줄 사람이 없는가 물었다. "정말 많은 세균과 접촉하고 알게 됐으면 좋겠어요. 저는 더 이상 씻지 않을 거예요. 그 불쌍한 생물이 살도록 내버려둘 거라고요!"—미씨네 교수의 방법이나 손 씻기 강박의 '강화법'으로—환자에게 '매일 몇 백 번'이 아닌 몇 천 번씩 손을 씻으라고 조언하는 것을 우리 의사 가운데 어느 누구도 생각하진 못했을 것이다.

우리가—최소한 불안 및 강박신경증 사례에서—역설적 의도법과 '증상 처방'을 구분하면 할수록 방법의 효과는 더욱 극대화될 수 있다. 매우 흥미로운 것은, 예컨대 티제가 자신이 치료한 환자들에게 '증상을 강화하'라고[구체적인 상황에서 (말 그대로) '가능한 한 많이 두려워하'라고]

독려했을 때, 그중 한 명의 사례에서는 명백하고 눈에 띄는 성공을 거둘 수 없던 것을 관찰할 때다. 하지만 환자들이 두려워하는 것을 '역설적으로 의도하면서' "작정하라. 이를테면 가능한 한 많이 현기증을 느끼고 기절하도록 작정하라."고 지시했을 때, 혹은 다른 경우 "내가 쓰러져서 길 위에 의식을 잃고 누워 있기를 바란다."고 스스로 말하라고 했을 때, 모두 예외 없이 성공했다.

티제의 또 다른 환자가 자기소개에서 말한 구절도 매우 흥미진진한데, 친절하게도 티제는 내가 이것을 실을 수 있도록 허락했다. "난 불안할 거야, 하고 스스로 말하는 순간 불안감은 그 사람을 압도할 것이다. (이 환자는 사람들 앞에서 토할 것 같은 불안감에 시달렸다.) 나는 탁자 위에다 토하기로 작정했는데, 이렇게 마음을 먹자 불안감은 온데간데없이 사라졌고, 난 소시지 샐러드를 먹을 수 있었다."

엘리자베트 루카스는 그녀의 3부작에서 심리치료 역사상 의미치료만큼 교리에 얽매이지 않는 학파는 어디에도 없을 것이라고 썼다. 어쩌면 나도 여기에 한몫 거들었을지도 모른다. 나는 1980년 미국 샌디에이고에서 열린 '제1차 세계로고테라피회의First World Congress of Logotherapy'에서 '의미치료의 탈구루화degurufication'[25]란 제목으로 연설했다. 의미치료가 어떻게 독단적으로 경직될 수 있단 말인가? 나 스스로 늘 하나의 혹은 다른 확신으로부터 벗어나려고 하지 않았던가? 의미치료가 열린 학파라고 끊임없이 강조해 온 사람이 바로 나 자신이 아니었나? "로고테라피만의 고유한 진화와 다른 학파들과의 협력, 이 두 가지 방향에서 열려 있다."고 말하면서 말이다. 의미치료는 주인이 입발림 소리로 손님에게 물건을 팔아넘기려는 오리엔탈의 바자(원래 페르시아의 공공 시장을 뜻하던 '바자르bazaar'에서 유래한 말로 오늘날에는 자선 바자회를 가리킨다-옮긴이)가 아니다. 오히려 슈퍼마켓과 비교할 수 있다. 거기서 우리는 아무런 강요 없이 필요한 것, 나뿐만 아니라 내게 속마음을 털어놓는 사람에게도 필요한 것을 고르기 위해 천천히 돌아다닌다.

개인심리학—현대 개인심리학을 말한다!—또한 마찬가지로 교리에 얽매이지 않게 되었다는 것은 티제가 기조연설로 발표할 것이다. 이렇게 해서 개인심리학에서 매우 중요한 연대감이 두 학파 사이에도 일정하게 형성되고, 또 로고테라피에서 매우 중요한 역할을 하는 무의미감은 개인심리학자와 의미치료사들이 서로 협력하여 이겨 낼 수 있다는 희망이 생겨난다. 여러분에게 감사한다.

* 프랭클과 전 오스트리아 총리 브루노 크라이스키|Bruno Kreisky|는 '제3세계의 기아 문제와 제1세계의 의미 위기'란 주제로 오스트리아 빈 기술대학교 대강당에서 열린 패널 토론 발제자로 초청받았다. 여기서 크라이스키는 주제의 첫 번째 부분을, 프랭클은 두 번째 부분을 발표했다. 이 글은 오스트리아 문화잡지 《티롤러 임풀제|Tiroler Impulse|, 제2년, 제1호.》(1985년, 6~7쪽)에 최초로 실렸다.

빵에 대한 굶주림과
의미에 대한 굶주림

나는 굶주림이 뭔지 아주 잘 안다. 제1차 세계대전 당시 난 농가에 빵을 구걸하러 다녔고, 제2차 세계대전 때는 한동안 (수용소에서) 850cal로 하루하루를 버텨야 해서 몸무게는 40kg에 불과했다. 또 양대전 사이에 굶주린 사람들을 만났는데, 오스트리아 빈노동자회의소가 주도한 '위기에 처한 청소년 돕기' 활동과 관련된 것으로, 여기서 나는 젊은 실업자들을 정신적으로 돌보는 임무를 맡았다. 이는 지금으로부터 50년 전 일로, 그때 경험을 글로 써서《사회의료비평Sozialärztliche Rundschau》지에 발표하기도 했다. 당시 청년들이 겪던 우울증은 '나는 실업자이고, 따라서 아무 쓸모없고 내 삶도 무의미하다'고 그들 스스로 한 말 때문이라는 것을 증명할 수 있었다. 이는 근본적으로 우울증을 불러일으킨 무의미감의 문제였다. 무의미감은 내가 이 젊은이들을 어떤 청년 조직이라든가, 공공도서관 아니면 시민대학교에 성공적으로 끌어들인 바로 그 순간, 즉 그들이 그곳에서 아무 보수 없이 명예직으로 일했고, 이러한 역할이 청년 개개인에게 효과적이었던 바로 그 순간 우울증이 사라진 것으로 입증됐다. 그래도 당시 실업자는 말 그대로 굶을 수밖에 없었기 때문에 청년들의 텅 빈 위에서는 여전히 끊임없이 소리가 났다. 하지만 그 가운데 여러 청년 실업자들이 나를 향해 소리치며 했던 말을 난 절대 잊을 수 없을 것이다. "우리가 원한 것, 우리에게 필요한 것은 먹고살 수 있는 돈만이 아니라 무엇보다 살아갈 이유가 되는 그 무엇이라고요. 삶에 의미를 부여하는 그 어떤 것 말이에요!"

이렇듯 빵에 대한 굶주림뿐 아니라 의미에 대한 굶주림도 분명 존재한다! 이것은 오늘날의 복지국가에서도 거의 고려되지 않는다. 이는 실업과 관련해서도 마찬가지다. 내가 하고 싶은 말은, 소위 사회 보장망이라고 하는 것은 전혀 촘촘하지 않다. 그 사이로 실업자들의 정신적 어려움과 무의미감은 다 빠져나간다!

지금 이러한 무의미감과 그 뒤를 따르는 우울증이 실업자뿐만 아니라 일하는 사람들에게서도 관찰된다는 것은 무척 흥미롭다. 뉴욕의 한 행동치료센터 소장은 그곳에서 치료 중인 환자 대부분이 다음과 같은 하소연을 한다고 보고서에 썼다. "그들은 좋은 직업을 가지고 있고 성공적인 삶을 살고 있지만 스스로 죽기를 원한다. 왜냐하면 자신의 삶이 무의미하다고 생각하기 때문이다."

내적 공허감

무슨 일이 일어나는지 알겠는가? 우울증은 단지 지금 누군가 실업자인가 아닌가 보다는 오히려 그가 삶을 무의미하게 여기는가 아닌가에 달려 있다. 요컨대 텅 빈 위뿐만 아니라 내적인 공허감이라는 것도 존재한다. 일이 있든 없든, 다시 말해 일이 있어도, 때로는 일을 통해서도 이러한 내적 공허감은 존재한다. 그 이유는 그것이 실존적 공허 existential vacuum 상태라는 데 있다. 나는 이 문제를 이미 수십 년 전에 연구하면서 자세히 설명했다. 그러는 동안 실존적 공허는 세계적인 집단 신경증으로 확대되었고, 이러한 현상은 전 세계 학자들의 검사와 통계 자료의 도움을 받아 학문적으로도 증명되었다.

산업 사회는 인간의 모든 욕구를 충족시키려고 궁리한다. 즉 그것은 소비 사회 형태로 수많은 욕구를 낳아 그 욕구들을 충족시킬 수 있다. 하지만 단 하나의 욕구, 인간의 모든 욕구 중 가장 인간적인 것만은 얻을 수가 없는데, 소위 내가 인간의 '의미에의 의지'라고 부르는 인간의 욕구만은 얻을 수 없다. 그것은 완전히 좌절된 상태로 남는다.

그렇다면 언제나 존재하는 이러한 무의미감이나 공허감은 어떻게 구체적으로 나타날까? 그건 무료함과 무관심 속에 모습이 드러난다. 무료감을 흥미 부족, 무관심을 자발성 부족이라고 정의 내릴 때, 오늘날의 인간은 세계, 그 안에 있는 뭔가를 변화시키고자 주도적인 역할을 하기는커녕, 세계에 대한 순수한 관심이 아주 많이 부족하다. 관심과 관련해, 오스트리아 사람은 평균적으로 일 년에 책을 반 권 '소비'한다는 것을 상기해 보라. 또 자발성과 관련해서는 유감스럽게도 주위에 만연한 정치에 대한 부정적 태도만 떠올려도 알 수 있다.

사람들에게 부족한 것은 바로 헌신하기다. 헌신할 만한 일에 헌신하기, 스스로 자유롭게 선택할 수 있는 일에 헌신하기를 찾아볼 수 없다. 건강경영연구소IFG의 설문 조사에 따르면, 오스트리아 사람 29%는 삶에서 아무런 의미를 발견하지 못했다. 또 독일 카리타스Caritas의 통계 자료를 보면 청소년 가운데 42%가 이에 해당됐다.

롤모델의 부재

그런데 인생의 의미를 발견하지 못하는 데는 또 다른 문제가 있다. 그것은 바로 과제에 헌신하는 모범을 보여 줄 수 있는 롤모델의 부재다! 이에 대한 통계 결과도 있다. 시장사회분석 연구소IMAS는 오스트리아 사람들이 누구를 가장 존경하는지 조사했는데, 그 결과 1위에 오른 사람은 위대한 학자나 영향력 많은 정치가가 아니었고, 유명한 예술가나 스포츠 선수도 아닌 바로 '가혹한 운명을 극복한' 사람들이었다! 다시 말해 '큰 개인적 희생을 치르면서 타인을 위해 자신을 바치고 남을 돕는 사람들'이었다! 응답자의 47%가 이들을 롤모델로 꼽았다. 그렇다면 사람들에게 꾸중을 많이 듣는 청소년들은 뭐라고 했을까? 오스트리아 페쎌 연구소Fessel-Institut의 연구 결과에 따르면, 이들 중 83%에 달하는 젊은이들이 다른 사람 돕기를 원했다! 이러한 퍼센티지를 보고도 낙관적이지 않다면, 그는 어쩔 수 없는 사람이다.

아주 희망적인 것은, 모든 무의미감이 유일한 시대착오라는 점이다. 우리에게 필요한 것은 단지 아주 조금만 더 시야를 확장하는 일이다. 그러면 우리가 상대적으로 정치적인 자유가 없거나 어려움에 처한 제3세계 같은, 아니면 둘 다인 나라들과 비교할 때 얼마나 잘살고 있는지 알 수 있다. 어쨌든 일반적으로 해야 할 어떤 일에 여전히 열광할 수 있는 사람들이 존재할지 모른다. 충분한 과제들이 아직도 사람들을 기다리고 있다. 이에 의미는 충분히 존재할 것이다.

심리학적 관점에서 의미 지향은 매우 중요할 뿐만 아니라 생존에도 필수적이다! 만일 여러분도 나처럼 전쟁 포로에 대해 국제 학술 자료들을 아는 데만 그치지 않고 7년 동안 생활을 한 사람들을 만날 기회가 있었다면, 미래에 삶의 방향을 맞추는 것이 살아남는 데 얼마나 결정적인 역할을 했는지 알 수 있을 것이다.

만성적인 자살

만일 젊은 세대가 자신을 인식하면서 스스로 '미래가 없는 세대', 즉 의미도 없고 미래도 없는 세대라고 자칭한다면, 이것이 심리학적으로 어떤 위험을 뜻하는지 한번 생각해 보자. 그들의 이러한 실존적 공허 속에 이른바 우울증, 중독, 공격성, 이 세 가지로 구성된 집단 신경증적 삼위일체가 무섭게 파고들며 위협한다. 이는 실질적으로 좁은 의미에서 자살*을, 마약 중독** 과 특히 타인을 향한 폭력이라는 의미에서 만성적 자살을 뜻한다. 하지만 젊은이들이 '요구 받'는다면, 즉 구체적으로 말해서 천직까진 아니더라도 자신에게 잘 맞는 과제를 만난다면,

---

* 대개의 경우 사람들은 자살 시도를 했던 이유에 대해서만 묻는다. 그렇지만 관심을 가져야 할 것은 자살 시도를 하게 만든 이유보다 오히려 자살 시도를 가로막은 이유다. 간략하게 말하면, 여기서 중요한 것은 포로 상태와 같은 한계 상황뿐 아니라 자살 충동을 수반하는 심각한 우울증에서 벗어나기 위해 동원되는 자원들이다. 어떤 이유에서인지 검사로 자살 충동 강도를 측정하는 일보다 삶의 의미, 살아남는 의미라는 관점에서 환자가 얼마나 자살 충동에 저항할 수 있는지를 밝혀내는 것이 더 중요하다. 이렇게 밝혀내는 대화에 대한 적절한 조언은 나의 저서 《영혼을 치유하는 의사》(43쪽)에서 찾아볼 수 있다.

** 마약 '중독'이라는 단순한 표현은 오해의 소지가 있을 수 있는데, (젊은 사람들이 호기심이 있는 것처럼) 또래 압력의 강한 유혹을 물리치지 못하거나 아니면 이에 저항하는 동안 마약을 처음 복용할 것인지 아닌지 결정할 수 있게 하는 자유를 은폐할 때 그렇다. 만약 저항하기로 결심하지 않고 한번 마약에 빠지면, 더 이상 자유로울 수 없고 마약 중독은 병적인 상태가 된다. 이와 관련해 애초부터 '병'과 그 '희생자'에 관해 처음부터 말하지 않도록 하고, 치료와 함께 예방에 더욱 더 신경을 써야 한다. 우리는 건강한 사람들에게 그러한 구실을 공급할 게 아니라, 그들이 자유를 완전히 의식하도록 도우면서 자신의 미래 운명에 대해 완전한 책임을 느낄 수 있도록 더 노력해야 한다.

나는 언젠가 마약의 세계에 막 발을 담그려던 한 환자에게 '자유냐 의존이냐' 하는 양자택일과 정면으로 맞닥뜨리게 했다. 난 그에게 정황을 이해하기 쉽게 잘 설명한 후 이렇게 말했다. "10년이 지난 어느 날 당신은 이렇게 말할 겁니다. '내가 10년 전 의사 앞에서 마약에서 손을 떼기로 결심한 걸 보면 정말 똑똑했어.' 아니면 이렇게 말할 수도 있습니다. '의사가 10년 전 나에게 해 준 충고를 흘려듣고 마약 세계에 발을 들이다니 난 얼마나 멍청한가.' 오늘 (아직은!) 당신은 인생에서, 당신 자신에게서 무엇이 돼야만 하는가를 결정할 수 있어요, 영리한 사람인지 멍청이인지." 10년이라는 기한은 이미 지났고, 환자는 예나 지금이나 자신을 '멍청이'라고 부를 필요가 없다.

수십 년간의 경험들은 그러한 젊은이들을 '가질 수 있다'는 것도 감사한 일이라고 말한다. 여러분은 오슬로 프로그너 공원Frogner Park에 있는 조각상에 관한 이야기를 들어 본 적이 있는가? 미국의 시사주간지 〈타임Time〉은 이에 대한 기사를 싣기도 했다. 젊은 기물 파괴자들은 공원의 조각상들을 훼손했고, 파괴하려 했으며, 또한 트램 안의 가죽 시트도 칼로 난도질했다. 경찰은 이 젊은이들을 체포했다. 그런 다음 그들로 하여금 자발적으로 작업반을 편성하게 해 밤마다 공원을 순찰하고 낮이면 트램에서 안내하도록 했다. 또 다른 기물 파괴자들을 좋은 말로 설득해 같은 실수를 저지르지 않게 했다.

이제 이 강연의 핵심에 이르렀다. 우리가 이렇게 추론해 보면 어떨까? 자발적으로 공동 과제에 헌신하는 것이 공격성과 폭력성을 극복하게 할 수 있다면, 이는 크게, 다시 말해 각각의 개인과 인간 집단뿐 아니라 인류 전체에도 적용할 수 있지 않을까? 난 개인적으로 전 지구적 관심사와 노력의 본래 의미라고 생각한다. 몇 가지만 예로 들면, 환경 보호, 평화 운동, 개발도상국 원조 등이 있다. 후자의 경우는 내 사적인 주제일 뿐 아니라 우리들의 공동 제목이 다시 떠오르기에 한 가지 이상적인 해결책이 나타난다. 예컨대 제1세계가 제3세계의 기아를 퇴치하는 것에서 과제를 발견하는 것으로, 제1세계는 자기들만의 의미 위기와 싸우는 데 스스로 돕게 된다. 우리는 그들에게 빵을, 그들은 우리에게 의미를 준다. 이는 전혀 나쁘지 않은 교환이다.

* 1985년도 오스카 피스터상 수상 연설, 미국 텍사스주 댈러스에서 열린 미국정신의학협회American Psychiatric Association 연례 회의에서.

궁극적 의미를 찾는
인간

　만일 오스트리아 빈에서 어떤 강연자가 온다면 여러분은 그가 그곳 억양으로 말할 거라고 생각할 것이다. 내가 그렇듯이. 그리고 그가 정신과 의사라면 제일 먼저 지그문트 프로이트를 언급할 거라고 생각할 게 분명하다. 우리 모두는 인간 안에서 본질을 보는 것을 프로이트로부터 배웠다. 그것은 궁극적이면서 근본적으로 오직 하나만을 추구하는데, 다름 아닌 쾌락이다. 결국 쾌락의 원칙을 소개한 사람은 프로이트였고, 쾌락 추구가 인간의 주요 동기를 이룬다는 그의 가설과 현실 원칙의 공존은 절대 상반되지 않았다. 왜냐하면―프로이트가 계속 강조했듯이―현실 원칙은 쾌락 원칙에 단순한 '수정modification'을 의미한다는 점에서 쾌락 원칙을 돕기 때문이다. 이러한 쾌락 원칙의 수정은 '결국 쾌락을 목표로'[1] 하고, 또 '어떤 의미에서는 다른 수단으로 쾌락 원칙을 연장하는 것을 뜻'[2]한다. 프로이트는 "현재의, 계속되는 불안정한 쾌락은 멈추게 되지만, 이는 단지 새로운 방식으로 나중에 찾아오는 확실한 것을 충족하려는 데 있다."[3]고 말했다. 다만 우리는 그럼에도 불구하고—역시 프로이트가 말한—쾌락 원칙 자체가 더 포괄적인 원칙, 즉 캐넌W. B. Cannon[4]이 말한 항상성의 원칙을 돕는다는 것을 간과하거나 잊으면 안 된다. 항상성 원칙의 목표는 내적 긴장을 늦춰서 내면의 평정을 유지하고 회복하는 일이다. 이런 이유로 프로이트도 '마음의 장치'를 "안팎에서 그에게 접근하는 자극량과 흥분의 크기를 잘 감당하고 처리하는"[5] 데 그 '의도'가 있다고 주장했다.

하지만 이러한 인간상 속에는 인간 현존의 기초 존재론적fundamental ontological 특징, 내가 실존의 자기 초월이라고 부르고 싶은 것은 들어 있지 않다. 이 말은 모든 인간 존재는 두 번 다시는 그 자신이 아니라는 것을 항상 지적하면서 스스로 초월하기도 한다는 뜻이다! 다시 말해서 완전히 그리고 최후에, 인간은 쾌락이든 내적 평정이든 어떤 내적인 상태에는 관심이 없다. 그는 세상, 저 밖의 세상을 지향한다. 그리고 이 세계 안에서 자신이 충족시킬 수 있는 의미를 구하거나, 아니면 자신이 사랑할 수 있는 사람을 찾는다. 그리고 어떻게든 전성찰적 존재론적 자기 이해pre-reflective ontological self-understanding를 바탕으로 자기 자신을 '잊어버린' 만큼 자기 자신을 실현시키는 것에 대해서도 알고 있다. 그런 다음 그는 또다시 자신이 하는 일이나 사랑하는 사람에게 헌신하면서 스스로를 망각한다.

그렇지만 정통적인 빈 심리치료 두 학파 가운데 두 번째인 알프레트 아들러의 개인심리학은 실존의 자기 초월을 고려하지 않는다. 근본적으로 개인심리학은 인간을 특정한 내적 상태, 소위 열등감에서 벗어날 궁리만 하는 존재로 본다. 그래서 인간은 우월해지려고 노력하는 형태, 즉 니체가 말한 '힘에의 의지'에 일치하는 동기를 끊임없이 발전시킨다.

동기 이론이 '쾌락으로의 의지'—이제부터는 프로이트의 쾌락 원칙을 바꿔 부를 수 있는 것처럼—의 주변이나 아니면 아들러가 말한 우월 추구의 주위를 맴도는 한, 전형적인 '깊이의 심리학depth psychology(심층심리학)'은 문제가 된다. 이와는 반대로 '높이의 심리학psychology of height'[6]은 인간상에 있어서 '쾌락 원칙을 넘'고 힘에의 의지 저편에 있을지도 모르는 추구들을 고려할 수도 있는데, 그중에서 인간의 의미 추구는 단연 최고의 자리를 차지한다. 실제로 오스카 피스터는 1904년에 이미 이 방향으로 연구를 진행하면서 "(깊이의 심리학과 비교해) 더욱 의미심장한 것은, 인간 본성의 정신적 깊이만큼 아주 강력한 정신의 높이를 인정한 데 있다."[7]고 말하기도 했다.

높이의 심리학은 깊이의 심리학의 대체물이 아니다. 설령 깊이의 심리학의 필수적인 보완일지라도, 오히려 보완으로 남는다. 이는 높이의 심리학이 인간의 특징을 아주 잘 말해 주는 '의미의 욕구'를 주제로 삼는 한 그렇다. 이 의미에 대한 욕구야말로 인간의 욕구 가운데 가장 인간적이며, '의미에의 의지'[8]라는 말로 개인심리학의 동기 이론과는 대립을 이룬다.

의미에의 의지는 현재 크게 절망적으로 변했다. 무의미감이 점점 더 오늘날의 인간을 점령하고 있다. 보통 그것은 '내적 공허감'과 결합한 모습으로 나타나며, 내가 설명한 '실존적 공허'[9]라 불리는 것이 문제가 된다. 이 실존적 공허는 주로 무료함과 무관심의 형태로 드러난다. 이러한 맥락에서 무료함이 흥미—세상에 대한 흥미—의 상실을 의미한다면, 무관심은 자발성, 세상에서 뭔가를 변화시키고 개선하려는 자발성의 부족을 의미한다!

지금까지 실존적 공허의 현상학에 대해 이야기했다. 그렇다면 그 역학epidemiology은 어떻게 말할 수 있을까? 임의로 한 구절을 골라도 좋을지 모르겠다. 어빈 D. 얄롬Irvin D. Yalom이 쓴《실존적 심리치료Extential Psychotherapy》[10]라는 책에 나오는 구절이다. "정신과 외래환자 진료소에 치료를 요청한 40명의 환자 가운데 30%가 자기 평가, 치료사 혹은 독립적인 평가를 포함해서 의미와 관련된 심각한 문제가 있었다." 나는 각각의 신경증(이나 정신 질환) 사례들이 무의미감으로 소급될 수 있다고는 보지 않는다. 반대로 모든 개별적 사례에서 나타난 무의미감이 신경증으로 이어진다고도 생각하지 않는다. 달리 말해 모든 신경증은 실존적 공허에서 유래할 수 있다는 '영인성'[11]도 아니고, 실존적 공허가 모든 사례의 병인도 아니며 병리학적인 것은 더더욱 아니다. 나는 오히려 자기 삶의 의미를 물을 뿐만 아니라 그 의미에 대해 문제 제기를 할 수 있는 인간의 특권이라고 생각한다. 그렇지 않다면 동물이 인생의 의미에 관해 물은 적이 있던가? 콘라트 로렌츠Konrad Lorenz의 야생 거위라도 그렇게 하지는 못했다.

설령 영인성이나 심인성 신경증이 아니더라도 실존적 공허는 분명 사회 유발성sociogenic 신경증이란 의미로 해석할 수 있다. 산업사회는 인간의 욕구를 가능한 한 모두 충족시키려 몰두하고, 그 부수 현상인 소비사회는 욕구를 만들어 내고 이를 충족시킬 수 있도록 노력하고 있다. 그럼에도 불구하고 인간의 모든 욕구 가운데 가장 인간적인 것, 즉 의미 욕구만은 얻을 수가 없다. 산업화는 도시화와 함께 진행되면서 인간을 전통에서 멀어지게 하고 전통이 이어주는 가치와 소원해지도록 만들었다. 이런 경우 무엇보다 젊은 세대가 무의미감으로 고통받을 수밖에 없다는 것은 너무나 당연하고, 이에 대해서는 수많은 경험적 연구 결과가 뒷받침하고 있다. 이와 관련해서 나는 단지 집단 신경증 증세에 대해서만 말하고 싶다. 이것은 '중독, 공격성, 우울증'의 세 가지로 이루어져 있고, 무의미감이 그 바탕을 이루고 있다고 밝혀졌다. 믿을 만한 학자의 연구 결과를 하나 인용해 보면, 스탠리 크리프너 Stanley Krippner는 젊은 마약 중독자들 100%가 모든 것이 무의미하게 여겨져 괴로워한다는 것을 증명했다.

하지만 지금은 우리가 '의미'에 대해 무엇을 이해하는지 스스로 물어야 할 시간이다. 의미치료와 관련하여 의미는 이제 추상적인 것을 뜻하지 않고, 전적으로 구체적인 의미, 마찬가지로 어떤 구체적인 사람이 직면하게 된 구체적인 상황의 구체적인 의미를 가리킨다. 이러한 의미를 지각할 때, 한편으로는 막스 베르트하이머Max Wertheimer가 말한 형태 지각과, 다른 한편으로는 칼 뷜러Karl Bühler가 명명한 '아하aha 체험'을 이야기할 수 있다. 또 쿠르트 레빈Kurt Lewin과 막스 베르트하이머[12]는 주어진 상황의 '요구 특성demand characteristics'을 말하기도 했다. 실제로 모든 상황은 우리에게 요구하고, 우리가 대답해야 할 물음을 던진다. 그때 우리는 어떻게든 뭔가를 꾀하고, 한마디로 그 상황을 도전처럼 받아들인다. 이에 의미 지각과 형태 지각의 차이는, 후자인 '형태'의 경우 그 배경에서 지각된다고 한다면, 의미가 지각되는 동안에는, 이렇게 말해도 좋다면 현실이라는 배경에서 가능성이, 즉 주어진 상황을 어떻게든 만들어갈 수 있는 가능성이 (우리 눈에 띈다기보다는) 빛난다는 데 있다.

당연한 말이지만 우리 정신과 의사들이 환자에게 인생의 의미를 '처방'할 수는 없다. '환자는 처방전으로 움직일 수 있는 존재가 아니다.' 하지만 어떠한 상황에서도 우리 삶은 '가능성에 따라' 죽는 날까지 의미 있게 머문다는 것은 명백한 사실이고, 이것은 가능하다. 적어도 20명의 연구자가 인간은 삶에서 의미를 발견하는 능력이 있다는 것을 경험적 연구로 증명했다. 이는 '원칙적으로' 성별, 나이, 지능, 교육 수준, 성격, 주위 환경과 무관하고, 주목할 만한 것은 종교의 유무, 종교가 있다 해도 종파와는 아무 관련이 없다. 이는 단지 브라운, 카스치아니, 크럼보, 댄사르트, 더랙, 크라토치빌, 루카스, 런스포드, 메이슨, 마이어, 머피, 플라노바, 포피엘스키, 리치몬드, 로버츠, 러치, 샐리, 스미스 그리고 마지막으로 야넬과 영의 논문을 참고한 것이다.[13]

이 과학적 연구 결과는 무의미감이 속삭이는 말들과는 완전히 상반된다. 그렇지만 인간의 전前성찰적 존재론적 자기 및 의미 이해와는 일치한다. 이것의 현상학적 분석은 아주 평범한 '보통 사람'이 삶 속에서 어떻게 의미를 발견하고 이를 충족시키는지, 그 방법에 대한 통찰력을 제공한다. 그는 어쩌면 의미 가능성에 접근하는 세 가지 길을 알고 있다. 첫 번째는 자신이 하는 행동이나 창조하는 작품을 통해서다. 두 번째는 무엇인가를 혹은 누군가를 경험하면서, 다시 말해 일뿐만 아니라 사랑에서도 의미를 경험할 수 있다. 더 나아가 의미에 이르는 세 번째 길이 존재한다는 것도 안다. 자신이 바꿀 수 없는 상황과 맞닥뜨렸어도, 상황에 대한 '태도'는 바꿀 수 있다. 즉 우리의 태도와 자신을 변화시킬 수 있는 가능성은 늘 존재하고, 그때 성숙하고, 성장하며, 자기 자신을 뛰어넘는다. 이는 고통, 죄, 죽음으로 이루어진 '비극의 삼위일체' 3요소에서도 마찬가지다. 즉 고통은 업적으로, 죄는 변신으로, 인간 현존의 무상함은 책임 있는 행동으로 바꿀 수 있다.[14]

인간이 어떻게 개인적인 비극을 인간의 승리로 바꿀 수 있는지는, 게오르크 모저Georg Moser 주교가 전한 이야기를 근거로 증명할 수 있다. 제2차 세계대전이 끝나고 몇 해가 지난 뒤, 한 의사가 유대인 여성과 우연히 마주쳤다. 그녀는 금을 입힌 자녀의 젖니들이 달린 팔찌를 착용하고 있었다. "예쁜 팔찌군요." 의사가 말했다. "그렇죠." 그녀는 대답하며 말을 이었다. "이건 미리암 거고, 이건 에스터, 이건 사무엘…." 그녀는 딸, 아들들의 이름을 나이순으로 한 명씩 불렀다. 그러고는 "모두 9명이에요." 하고 덧붙였다. "다들 가스실로 끌려갔어요."
의사는 소스라치게 놀랐다. "그런 팔찌를 어떻게 몸에 지니고 살 수 있습니까?" 그러자 부인은 감정을 억누르며 이렇게 대답했다. "저는 이스라엘에서 고아원을 운영하고 있답니다."[15]

이렇듯 의미는 고통도 쟁취할 수 있다는 것을 보여 주며, 그리고 다시 인생의 잠정적 의미는 무조건적임을 말해 준다. 그렇다면 이것은 의미를 발견하려면 반드시 고통이 필요하다는 뜻일까? 이는 큰 오해일 수 있다. 내 말은 고통이 꼭 필요하다는 것은 결코 아니다. 말하고 싶은 것은, 고통에 의해까지는 아니더라도 고통에도 불구하고는 가능하다는 것이다. 다만 고통이 필요하다는 게 전제인데, 이는 고통의 원인이 생물학적이든, 심리학 혹은 사회학적이든 고치고 제거할 수 없다는 뜻이다. 만일 악성 종양이 수술 가능하다면 환자는 당연히 수술받을 것이다. 마찬가지로 신경증 환자가 진료실을 찾는다면 우리는 두말할 것도 없이 환자가 자유로워질 수 있도록 최선을 다할 것이다. 또 사회가 병들었다면 정치적 행동이 가능한 한 그렇게 할 것이다. 불필요한 고통은 결과적으로 영웅주의가 아닌 마조히즘masochism이 될 수 있다.

이미 서두에서 (로고테라피와 관련해) 의미는 구체적 사람이 직면하는 상황의 구체적 의미를 뜻한다고 말했다. 더 나아가 궁극적인, 포괄적인 의미도 당연히 존재한다. 다만 그 의미가 포괄적일수록 이해하기는 쉽지 않다. 여기서 중요한 건 전체의 의미, 전체로서의 삶의 의미다. 그리고 나는 이념 주입은 말할 것도 없고, 처음부터 선천적인 전제로 인해 그러한 (유일하지 않은) 보편적 의미의 단순한 가능성을 부인하는 것은 학자는 물론이고 정신과 의사들에게는 있을 수 없다고 생각한다. 그렇다면 '상황의 구체적 의미'는 보편적 의미와 어떤 관계가 있을까? 예를 들어 영화를 생각해 보자. 영화는 천 개, 아니 수천 개의 개별 장면으로 이루어졌고, 각각의 장면들은 관객에게 의미를 부여한다. 하지만 모든 개별 장면들의 의미를 '동시에 얻었다'고 한다면 영화가 끝날 무렵 전체 의미는 희미해질 수밖에 없다! 우리 삶도 이와 비슷하지 않을까? 인생의 의미가 완전히 밝혀진다면 그것 역시 마지막 순간이 아닐까? 또 삶의 '궁극적 의미'도 양심적으로 모든 개별 상황의 의미를 충족했는가에 달려 있지 않을까?

우리는 궁극적 의미는 적어도 지적인 이해를 완전히 벗어난다는 가정에서 출발했다. 하지만 일종의 '추정하기'는 정당한 일일지도 모른다. 이에 내가 마음먹은 바를 구체적 사건을 예로 들어 설명하려 한다. 언젠가 조교인 K 박사가 주최한 집단 치료회의에서 곤란한 상황에 처한 적이 있다. 그 그룹은 맹장 파열로 열한 살 아들을 잃은 지 얼마 되지 않은 여성의 사례를 이야기하던 중이었다. 그녀는 스스로 목숨을 끊으려고 시도했고, 그 후 내가 있는 병원으로 이송되었다. 그룹 토론에서 나는 이런 말을 했다. "척수성 소아마비를 치료할 혈청을 얻기 위해 원숭이에게 굉장히 고통스러운 주사를 놓는 모습을 한 번 상상해 보십시오. 원숭이는 자신이 왜 고통당해야 하는지 이해할 수 있을까요?" 회의 참석자들은 원숭이가 인간 세계를 알 수 없으므로 자기를 실험에 끌어들인 인간의 생각을 전혀 모를 거라고 만장일치로 답했다. 원숭이는 인간 세계에 도달할 수 없으므로, 그 차원에 미치지 못하기 때문이라고 말이다. 이 말을 듣고 나는 또다시 질문을 던졌다. "그럼… 인간은 다를까요? 인간 세계는 일종의 종착역이기에 그 너머에 더는 아무것도 존재하지 않을까요? 오히려 우리는, 인간 세계 그 자체가 인간이 다가갈 수 없는 세계, 인간이 겪는 고통의 의미를 먼저 발견할 수도 있는 그런 세계에 의해 높이 평가되었음을 인정해야 되진 않을까요?"[16] 우연히도 참석자 가운데 종교를 가진 사람은 단 한 명도 없었다. 그렇지만 그들은 모두 예외 없이 그러한 인간적 차원과 관계하는 더 높은 차원을 '믿을' 순 없지만 적어도 '생각 가능'하고, 또 인간적 차원이 원숭이에게 그렇듯이 그것은 인간이 거의 도달 불가능하다고 시인했다.

인간적 차원과 대립하는 더 높은 차원이 '순수한 이성Vernunft'은 물론 순수한 오성Verstand에도 이를 수 없다면, 다시 말해 순전히 합리적으로 이해할 수 없고 순전히 지적으로도 파악할 수 없다면, 그것은 과학적 이해 가능성에 더욱 적합하다. 그리하여 과학적 세계상에 궁극적 의미가 들어설 공간은 어디에도 없다. 그런데 이것이 세계 자체가 의미 없다는 뜻일까? 도리어 그것은 (적어도 '궁극적' 의미와 관련해) 과학은 의미 '맹목적'이라고 말하지 않을까? 슈뢰딩거E. Schrödinger의 말처럼, 온갖 사건의 의미 및 목적과 관련된 것은 자연과학의 세계에는 없다고 생각한다. 단순한 자연과학의 경계에 의미가 나타나는 건 아니다. 자연과학이 현실을 통과하는 횡단면이 의미와 마주치는 것은 아니다.

자크 모노Jacques Monod의 예가 계속 머릿속에서 사라지지 않는다. 이 프랑스 생화학자는 모든 생명은 변이mutation와 선택selection의 상호작용으로 생성된다고 주장했다. 그는 이렇게 말했다. "순전한 우연"이라는 생각은 "유일하게 실제로 생각 가능한 것이다. 왜냐하면 그것은 우리에게 관찰과 경험을 제공해 주는 사실과 일치하는 유일한 것이기 때문이다. 이와 관련해 우리 생각이 재고할 필요가 있거나 재고할 수 있을 거란 가정은 그 어떤 것도 정당화될 수 없다."[17] 이 말은 이렇게 설명할 수 있다. 당연히 변이는 '자연과학'이라는 절단면에서 순전한 우연으로 생긴다. 다만 자연과학이 목적론을 규명할 수 없는 것이 문제라고 한다면, 이러한 공허한 말은 좀 더 신중하게 써야 할 것이다. 목적론은 자연과학적 투영면에 모사될 수 없고, 이러한 절단면에 의해 만날 수도 없다. 하지만 아직 배제할 수 없는 것은 목적론이 더 높은 차원에 존재하지 않는다는 점이다. 자연과학 너머에 있는 차원에 목적론의 가능성을 열어 두지 않고 그 가능성을 부인하는 것은 더 이상 경험론과는 아무 상관없는 일이다. 이는 철학, 그것도 비판적으로 성찰하지 않은 어설프고 시대에 뒤떨어진 철학과 관련 있다.

곡선이 수직면 안에 있고, 이 수직면을 수평면이 교차하는 모습을 한 번 생각해 보자. 곡선이 절단면에 남긴 것은 다름 아닌 교차점들, 이들은 연관성을 잃어버린 5개의 고립된 점들이다. 하지만 그것은 겉

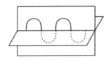 

보기에만 그렇다. 그들은 단지 외관상으로만 서로 관련이 없는 듯 보인다. 왜냐하면 실제로 그 점들은 곡선으로 서로 연결되어 있기 때문이다. 하지만 연결선은 수평면 내부가 아닌 바깥, 다시 말해 수평선 위쪽과 아래쪽에 있다.

이제부터는 이 비유에서 배운 것을 '의미 있는' 관련성을 잃어버린 사건, 즉 무의미해 보이는 변이에도 옮겨 보자. 이렇게 해서 왜 사건들은—그리고 이와 함께 모든 진화는—절단면에서 '자연과학'을 단순히 우연으로 묘사해야 하고, 동시에 '더 고차원적'이거나 '더욱 심오한' 의미가—수평면 위나 아래에 있는 곡선처럼—다른 절단면에 나타날 수 있다는 것을 알 수 있다. 강조하면 모든 것을 유의미한 연관성 속에서, 즉 목적론적으로 (또는 최종적으로) 이해할 수 있는 것은 아니다(그것은 단지 인과적으로만 설명할 수 있다). 그러나 우리는 최소한 그것은 왜 그렇고 그래야 하는지, 왜 어떤 것은 무의미해 보이고 그럴 수밖에 없는지, 또 그럼에도 우리는 왜 그 배후에 숨은, 무엇인가 초월한 의미를 믿을 수 있는지 이해할 수 있다. 비록 그 의미가 우리가 따라 들어가야 하는 다른 절단면에 있더라도 말이다.[18] 그때 지식은 멈추고, 믿음은 발언권을 갖게 된다. 하지만 '알 수 없는' 것은 '믿을' 필요가 없다. 앞서 말한 것처럼, 결국 모든 것이 무의미한지, 아니면 모든 배후에 숨은 의미가 있는지 온전히 지적으로 이해하기란 불가능하다. 이러한 물음에 대한 답변이 존재하지 않더라도 이에 대한 실존적 선택은 가능하다. 궁극적 의미를 변호하고, 이에 맞서는 주장들이 서로 균형을 이룰 때 우리는 고유한 존재의 역량을 '전면前面으로' 발휘할 수 있다. 다시 말해서 두 가지 상상 가능성conceivability 중 하나를 선택할 수 있다.* 이 두 상상 가능성을 고려할 때 '의미를 믿는' 인간은 '피아트fiat(그렇게 하라)!', '아멘amen(그것이 이루어지길 바란다)'이라고 말한다. 나는 이에 대해서 다음처럼 썼다. "그렇다면 내 선택은 마치 삶이 무한한, 우리의 유한한 이해력을 뛰어넘는 '초월적 의미Über-Sinn(초의미)'를 갖는 것처럼 행동하는 것이다." 이렇게 해서 은연중에 적절한 정의가 형성된다. "믿음이란 상상한 것이 현실로 축소된 생각이 아니라 생각하는 사람의 실존성existentiality으로 확장된 생각이다."[19]

그럼 평범한 남녀가 '알 수 없는 것'과 대면한다면 어떻게 행동할까? 질문을 좀 다르게 해 보자. 여러분은 무대에 서 본 적이 있는가?

---

* "인간은 더 이상 논리적 법칙이 아닌 오로지 자신의 고유한 존재의 깊이로부터 선택할 수 있고, 스스로 이것 또는 다른 것을 결정할 수 있다. 하지만 우리가 아는 사실이 있다. 만약 인간이 궁극적 의미, 존재의 초월적 의미를 믿는다고 결심할 때, 그 믿음은 다른 모든 믿음과 마찬가지로 창조적인 힘을 발휘한다. 왜냐하면 … 바로 그 상상 가능성을 붙잡는 것은 단순히 어떤 상상 가능성 하나를 붙잡는 것 이상이기 때문이다. 이는 어떤 단순한 상상 가능성의 실현이다." (V. E. 프랭클, 《한 심리학자가 강제수용소를 경험하다Ein Psycholog erlebt das KZ》, 빈, 1946년 《그럼에도 삶에 예라고 말하네. 한 심리학자가 강제수용소를 경험하다…trotzdem Ja zum Leben sagen. Ein Psychologe erlebt das Konzentrationslager》, 뮌헨, 2015년)

만약 그렇다면 눈부신 조명으로 객석 대신 커다란 검은 구멍 외에는 아무것도 보이지 않는다는 걸 잘 알 것이다.[20] 하지만 관객의 존재를 의심하지는 않는다. 그렇지 않은가? 이와 똑같은 것이 이 지구상의 인구 대부분에 적용된다. 사람들은 일상의 '겉모양'에 현혹되어서 그 '커다란 검은 구멍'을 상징으로 채운다. 인간은 자기 앞에 있는 무無를, 그 뭔가를 '들여다보'려는 욕구가 있다. 무언가를, 더 자세히 말해 누군가를 말이다. 인간은 이른바 '실존주의'를 고수한다. 그것은, 내 생각에는, '무란 본래 아무것도 없는 상태다nothing is really no-thing-ness'라는 명제로 환원된다. 즉 궁극적 존재, 궁극적 의미와 한 쌍을 이루는, 한마디로 신은 여러 사물 중 하나가 아닌—하이데거가 말한—'존재 자체das Sein selbst'다. 이에 (내가 이렇게 말해도 좋다면) '초월적 존재Über-Sein', 즉 세계에 정착한, '세계 내 존재하는in-der-Welt-seienden'(마틴 하이데거) '내세계적innerweltlich' 사물들과 함께 있는 존재도 한 면(차원)에 배치할 수 없다. 단 언젠가 나에게 자신이 무엇이 될지 확실히 안다고 말하던 어느 어린 소년과 같은 실수를 저지르는 경우를 제외한다면 말이다. 그 어린 소년은 '서커스단에서 공중그네를 타는 곡예사 아니면 신'이 될 거라고 말했다. 마치 신이라는 존재가 여러 직업 중 하나인 것처럼 말이다.

그럼 다시 상징으로 돌아가자. 상징하는 것과 상징되는 것 사이의 차이는 초월적 존재에서 가장 극명하게 드러난다. 하지만 상징이 상징으로 나타나는 것과 전혀 일치하지 않는다는 이유로 상징하는 것을 멈추고 포기한다면 그것은 옳지 않다. 풍경 위에 하늘이 그려진 그림을 한 번 떠올려 보길 바란다. 모든 화가, 최소한 사실주의 경향을 띤 화가라면 단지 구름 몇 점만으로도 우리가 하늘을 '볼 수 있게 해 줄' 것이다. 그렇다면 그 구름은 하늘과 동일한 게 아닐까? 구름은—그것이 정말 하늘을 암시한다면—(직접적인) 광경에서 하늘을 빼앗는 건 아닐까? 그런데도 구름은 하늘을 나타내는 최고이자 가장 단순한 상징으로 사용된다.

마찬가지로 신도 일반적으로 신이 '아닌' 어떤 것의 도움으로 상징된다. 신적인 속성이 인간적인 특성이라고 할 수는 없지만 '인간적인' 특성은 남아 있다. 신은 어느 정도 인간 형상을 띤 방식으로 상징되는 것을 피할 수 없다. 그렇다면 인간 형상을 띤 모든 내용물을 근거로 종교적인 것을 총체적으로 거부할 권리가 우리에게 있을까? 오히려 완전히 추상적인 길보다는 상징적인 길이 마지막 진실의 비밀과 신비에 (어쨌든 점근적으로) 접근하는 것이 아닐까? 콘라트 로렌츠Konrad Lorenz는 얼마 전 TV 인터뷰에서 이렇게 말했다. "만약 당신이 세계관의 진실성을, 예컨대 그뤼나우 뒤채에 사는 시골 아낙네의 진실성과 심리학자 스키너B. F. Skinner 세계관의 진실성을 전체적으로 고찰한다면, 동정녀 마리아의 수태와 자비로운 하느님과 모든 성인을 믿는 시골 아낙네의 진실이 행동주의자보다 더 진리에 가깝다고 생각할 것이다."[21]

우리가 비판 없이 신인동형론神人同形論, anthropomorphism에 관여한다면 당연히 함정에 빠질 수밖에 없다. 재미있는 이야기를 예로 들어 보

자. "학교에서 종교 담당교사가 하느님이 행한 기적에 관해 이렇게 이야기했다. '옛날에 가난한 남자가 있었는데, 그의 아내는 산욕 중에 죽었고, 유모를 구할 만큼 형편이 넉넉하지 못했어. 그때 하느님이 기적을 일으켜 이 가난한 남자의 가슴을 자라게 해 아기에게 직접 젖을 먹일 수 있게 했단다.' 이 말을 들은 꼬마 모리츠가 물었다. '선생님, 솔직히 말해 전 전혀 이해하지 못하겠어요. 만약 하느님이 가난한 남자가—겉보기에는 우연히—길에서 돈을 줍게 했다면 훨씬 더 간단하잖아요. 그럼 유모를 구할 수 있고, 또 하느님은 기적을 행하지 않아도 되고요.' 이 말에 교사는 이렇게 말했다. '바보야! 하느님이 기적을 행할 수 있다면 현금을 주진 않겠지!'"[22]

이렇게 종교는 하나의 상징체계로 정의 내릴 수 있다는 게 밝혀졌다. 더 이상 개념으로 포착되지 않고 말로 표현할 수 없는 어떤 것에 대한 상징체계로 말이다. 그렇지만 상징을 명백히 드러내 사용하려는 욕구는 인간 조건의 근본적인 특징이자 표시가 아닐까? 또는 말하는 능력과 발화發話된 것을 이해하는 능력은 인간 존재의 본질적인 특징이 아닐까? 이에 인류 역사가 흐르면서 개별적인 언어를 발전시켜 왔듯이, 이들을 각각 하나의 '상징체계'로 정의하는 것은 전적으로 정당할지 모른다.

우리가 이러한 방식으로 종교를 언어와 연관시킨다면, 누구도 자신의 모국어가 다른 모든 언어보다 뛰어나다고 자처할 권리가 없다는 것을 지적해야 한다. 인간은 모든 언어로 진실—하나의 진실—에 다가갈 수 있고, 마찬가지로 '모든' 언어로 나쁜 길에 빠지기도, 다시 말해 거짓말을 하기도 한다. 이렇게 해서 인간은 또한 '모든' 종교라는 매개를 통하여 신에게, 즉 하나의 신에 이를 수도 있다.[23] 우리는 언어적인 것은 물론이고 종교적인 다원성과도 관련돼 있다. 보통 종교는 다양한 종파의 형태로 우리 앞에 나타난다. 종파, 이에 대해서는 이미 말했듯이, 하나가 다른 것을 상대로 우월성을 요구할 수는 없다. 그런데 언젠가는 종교적 보편주의가 그 자리를 대신해 종교적 다원성이 극복될 수는 없을까? 나는 종교적 에스페란토Esperanto를 믿는 사람은 아니다. 그 반대다. 우리가 다가가는 것은 보편적 신앙이 아니라 개인적인, 완전히 개인화된 신앙이다. 신을 의지하면서 누구나 사적이고 고유한 본연의 언어를 발견하게 될 신앙 말이다.[24] 고든 W. 올포트Gordon W. Allport는 힌두교를 특별히 "개인의 궁극적인 종교적 정서를 인정하는 제도종교institutional religion의 드문 예"[25]라고 간주하기도 했다.

이것은 각각의 종파 혹은 그 조직과 기관이 몰락한다는 것을 의미할까? 나는 그렇게 생각하지 않는다. 왜냐하면 인간이 궁극적 의미를 추구하는 것을 표현하고 궁극적 존재에게 도움을 청하는 개인적인 방식 또한 매우 천차만별이기 때문이다. 그렇다 해도 공통된 의식rituals과 상징은 언제나 존재하고 또 존재할 것이다. 이와 마찬가지로 수없이 많은 언어도 존재한다. 하지만 수많은 언어를 위한 공통된 알파벳도 있지 않은가?

이렇게 우리의 종교—가장 넓은 의미에서의 종교—에 관한 해석을 인정하는 것은 종파적 편파성과 그 결과, 종교적인 좁은 소견과는 관련이 없다. 이런 근시안은 신 안에서 근본적으로 오로지 하나만 추구하는 존재를 바라보는 듯하다. 그것은 바로 가능한 한 아주 많은 사람이 그 존재를 믿고, 그것도 특정 종파가 그에 대해 가르치는 대로 믿는 것이다. 사람들은 '믿기만 하라'고, '그러면 만사형통일 것이다' 하고 말한다. 하지만 만일 교회가 나에게 믿음을 '요구한다'면 그것이 의미가 있는지는 나로선 상상할 수가 없다. 또 나는 '믿으려고도' 하지 않을 것이다. 이는 내가 사랑하려는 것도 마찬가지다. 다시 말해서 난 억지로 사랑할 수 없고, 또 양심을 거스르고 억지로 희망할 수도 없다. 어찌 됐든 이 세상에는 스스로 의도할 수 없는 것들이 존재한다. 그리고 바로 그 때문에 요구에 따라, 명령에 따라 할 수 없는 것들도 존재하는 법이다. 간단한 예를 하나 들어 보자. 나는 명령에 따라 웃을 수 없다. 누군가 내가 웃기를 바란다면 나에게 재미있는 이야기를 들려줘야 한다. 사랑과 믿음도 이와 비슷하다. 이들은 조작이 불가능하다. 오히려 의도적 현상으로서 적절한 내용과 대상이 밝혀져야 비로소 모습을 드러낸다.[26] 만약 여러분이 누군가 신을 믿게 하려면 그가 신을 믿을 수 있게 만들어야 한다. 그리고 무엇보다 여러분 자신이 믿을 만한 사람으로 보여야 한다. 다시 말해 여러분은 겉으로 보기에 서로 다투고 신자들끼리 이간질하기에 바쁜 종파들과는 정반대로 행동해야 한다.

나는 지금 신에게 나아가면서 나만의 고유한 언어를 찾아가는 종교성에 대해 말했다. 실제로 잘 알다시피, 마르틴 부버Martin Buber가 영적 실존의 존재를 보는 나-너의 관계는 기도, 특히 기도의 대화 구조 속에서 절정에 이른다. 단지 우리는 대인 관계적interpersonal 언어뿐 아니라 개인 내intrapersonal 언어, 즉 자기 자신과의 대화, 자기 대화도 존재한다는 것을 유념해야 한다. 이 분야를 연구하면서, 나는 최근 정의 하나를 계속해서 반복해 이용했다. 나는—아주 분명히 기억한다—이 정의를, 내 나이 열다섯 살 때 발전시켰는데, 이것을 여러분에게 숨기고 싶지는 않다. 그건 다름 아닌 신에 관한 정의로 조작적 정의였다. 그것은 다음과 같다. '신은 우리의 가장 친밀한 자기 대화 파트너다.' 이 말이 실질적으로 뜻하는 것은 우리가 완전히 혼자일 때든, 궁극적 고독과 궁극적 진실 속에서 자기 자신과 대화할 때든, 자기 대화 파트너를 신이라고 부르는 것은 정당하다는 것이다. 우리가 신을 믿든 믿지 않든 관계없이 말이다. 그 차이는 조작적 정의에서 볼 때는 중요하지 않다. 우리의 정의는 유신론적 또는 무신론적 세계관의 분기점 앞에 머물러 있다. 차이점이 명백히 드러나는 것은 한 진영이 자기 대화와 오로지 자기 대화만을 중요한 사안이라고 고집하는 반면, 다른 진영은 인간이—자기 대화를 의식하든 의식하지 않든—누군가와, 즉 자기 자신인 다른 누군가와 '둘'이서 말한다는 걸 믿을 때다. 그런데 '궁극적 고독'이 순전한 가상의 고독인지 아닌지가 정말 그렇게 중요할까? 이보다는 그것이 '궁극적 진실'을 성취하느냐, 이것이 유일하게 중요한 것은 아닐까? 왜냐하면 신이 존재한다면, 누군가가 자신의 고유한 '자기'와 신을 혼동하고 이로 인해 신을 다른 이름으로 단순히 부른다 해도, 신은 나쁘게 생각하지 않을 거라는 걸 나는 확신하기 때문이다. 다만 문제는 정말로 무신론자가 존재하는가 이것이다.

내가 쓴 책들 가운데 어느 책에서[27] 나는 사례 보고 자료를 바탕으로 깊이 생각한 적이 있다. 책에서 말하는 방향은, 본디 우리 가운데 누구나 근본적으로, 무의식 깊숙한 곳에서, 적어도 광의의 의미로 신앙을 가지고 있다는 거였다. 이런 신앙은 심히 억압되고 일그러졌을지도 모른다. 언젠가 프로이트가 말하기를, 인간은 종종 자신이 믿는 것보다 훨씬 더 부도덕할 뿐만 아니라 자신이 생각하는 것보다 꽤 도덕적이기도 하다고 했다. 그렇다면 우린 이렇게 덧붙일 수 있다. 인간은 가끔 자신이 인정하는 것보다 훨씬 더 종교적일 수 있다고 말이다. 이러한 신앙의 편재遍在는—단지 무의식 속에서든 또 궁극적 의미를 믿든—경험론적으로 입증된 바와 같이, 공공연한 무신론자가 그들의 삶에서 의미를 발견하는 능력이 의식적인 신앙인보다 뒤떨어진다는 것을 분명히 보여 준다.

거의 드러나진 않더라도 내재하는 신앙이 기대에 대한 내외적 조건에 도전할 수 있음이 밝혀질 때 놀랄 사람이 누가 있을까? 내 동료들은 아버지 형상과 종교생활 사이를 밝히는 상관관계의 관점에서 48시간 내에 무작위로 뽑은 일련의 환자들을 관찰 실험했다. 이 실험에서 눈에 띈 것은 좋은 교육을 받은 성인 23명 중 16명만이 훗날 신과 좋은 관계를 유지했고, 나머지 7명은 신앙을 포기했다. 또 부정적 아버지 형상을 가진 환경에서 성장한 13명 중 단 2명만 무종교로 볼 수 있었고, 그 외 11명은 신앙생활을 유지했다.[28]

지금까지 교육의 영향에 관해 살펴보았다. 그렇다면 환경의 영향은 어떨까? 직업적 경험과 개인적인 체험을 토대로, 나는 신앙을 가진 강제수용소 수감자 절대다수에게 신은 '죽지 않았다'고 말할 수 있다. 나는 《아우슈비츠 이후After Auschwitz》를 쓴 어느 미국 랍비의 주장에 반대하려 한다(이 랍비는 아우슈비츠를 겪지 '않았다'). 신을 믿는다면 무조건적인 것이거나, 아니면 신을 믿지 않거나 둘 중 하나다. 만약 그것이 무조건적이라면 600만 명이 홀로코스트 희생자가 되었어도 견뎌 낼 것이고, 그렇지 않다면─도스토옙스키의 말을 빌리면─한 명의 순진무구한 죽어가는 아이 앞에서 버려질 것이다. 왜냐하면 우리는 신과 거래할 수 없고, 또 이렇게 말할 수도 없다. "홀로코스트 희생자가 6천 혹은 100만 명만 된다면 당신을 믿고, 100만 명 이상이라면 어쩔 수 없이─유감스럽지만─당신에 대한 믿음을 거두겠습니다."

이런 사실은 라 로슈푸코La Rochefoucauld가 이별이 사랑에 미치는 영향과 관련해 말한 잠언의 변주를 뜻하기도 한다. 다시 말해 큰 불은 폭풍으로 더욱 거세게 타오르지만 작은 불은 사라지는 것과 똑같다. 약한 믿음은 큰 불행으로 무력해지지만, 강한 믿음은 더 강하게 단련된다.

지금까지는 외부 조건에 대해 살펴보았다. 그렇다면 믿음으로 맞설 수 있는 내적 조건은 어떤 것일까? 내가 쓴 책[29] 가운데 한 권에서 심각한 조증 단계 사례를 설명했고, 그 밖에 다른 여러 책에서는 내인성 우울증[30]과 몇몇 조현병(정신분열증) 사례[31]를 상세히 다룬 적이 있다. 조현병인 경우, 환자의 신앙은 정신 질환에 의해 아무런 영향을 받지 않았다.

나는 여러분께 종교의 조작적 정의를 아주 중립적으로, 그것도 불가지론과 무신론까지 포함해 보여 주었다. 그리고 종교에 대해 논할 때 정신의학자로 머물러 있었는데, 그 이유는 무엇보다 내가 그것을 진정 '인간적인' 현상으로, 종교를 모든 인간적인 현상 가운데 가장 인간적인 것의 표현, 즉 의미에의 의지로 여기기 때문이다. 실제로 종교는 '궁극적 의미를 향한 의지'의 성취라고 정의 내릴 수 있다.

종교에 관한 이 정의는 우리가 알베르트 아인슈타인Albert Einstein에게 입은 덕과 일치한다. 즉 "신앙이 있다는 것은 '인생의 의미란 무엇인가?'란 질문에 대한 답을 아는 것이다."[32]란 말이다. 그리고 루트비히 비트겐슈타인Ludwig Wittgenstein이 제공한 또 다른 정의도 있다. "신을 믿는다는 건 삶이 의미 있다는 것을 이해하는 것이다."[33] 우리는 물리학자 아인슈타인과 철학자 비트겐슈타인 그리고 또 정신과 의사인 프랭클의 의견이 서로 일치한다는 걸 알 수 있다.

단지 의심스러운 것은, 신학자들에게도 이 세 가지 정의가 얼마나 받아들여질 수 있는가 하는 점이다. 독실한 신자라면 삶의 의미를 믿는다(비트겐슈타인). 그런데 삶의 의미를 믿는 사람이 신앙도 깊을까(아인슈타인)? 어찌 됐든 비트겐슈타인의 명제도 타당하고 아인슈타인의 역추론도 납득이 가능한데, 이 물음에 대한 대답은 신학자에게만 요구하고 기대할 수 있다. 우리 정신과 의사들이 할 수 있는—그리고 반드시 해야 할—단 한 가지는 종교와 정신의학 간의 대화를 멈추지 않는 일이다. 서로 관용하는 마음으로 말이다. 그것이 다원주의 시대와 의학의 각축장에서 필수 불가결한 것처럼, 또 기억할 만한, 오스카 피스터와 지그문트 프로이트 간에 오갔던 서신 교환을 매우 인상적으로 활발하게 만든 것처럼 말이다. 지금까지 강연을 들어주신 여러분께 깊은 감사를 드린다.

요약

로고테라피, 즉 의미치료는 구체적 인물이 연관된 구체적 상황의 구체적 의미와 관계된 심리치료법이다. 하지만 의미의 '이론logo theory'은 일반적으로 '의미에의 의지'에 관여할 뿐만 아니라, '궁극적' 의미를 향한 의지와도 맞닥뜨린다. 현상학적 분석에서 밝혀진 것은 '의미가 광범위할수록 이해하기 힘들다'는 것이다. 심지어 궁극적 의미는 적어도 지적인 통제에서 완전히 벗어난다. 하지만 알 수 없는 것이 믿을 수 없는 것을 필요로 하는 건 아니다.

모든 것에 감추어진 의미가 있는지, 세상은 유일하게 커다란 무의미인지, 이러한 물음 앞에서 지식은 양보해야 한다. 그 순간 지식은 선택을 요청받은 믿음이 된다. 궁극적 의미를 변호하거나 반대하는 주장들이 서로 균형을 이룬 곳에서, 의미를 믿는 인간은 자신의 인간 존재, 실존에 온 힘을 다 기울이면서 '그렇게 하라fiat'고, '그것이 이루어지길 바란다amen'고 말한다. "그렇다면 내 선택은 마치 삶이 무한한, 우리의 유한한 이해력을 뛰어넘는 '초월적 의미'를 갖고 있는 것처럼 행동하는 것이다." '믿음은 그때그때 상상한 것의 현실로 축소된 생각이 아니라 생각하는 사람의 실존성existentiality으로 확장된 생각이다.'

하지만 생각은 늘 상징에 의존하고, 개별 종교나 종파는 저마다 '상징체계'가 된다. 그 점에서 언어도 이와 비슷하다. 단지 우리가 유념해야 하는 것은 대인 관계적 언어뿐 아니라 개인 내 언어, 즉 자기 자신과의 대화, 자기 대화도 존재한다는 사실이다. 이런 맥락에서 최근에 난 열다섯 살 때 내가 발전시킨 정의를 반복적으로 사용했는데, 이를 조작적 정의로 말하자면 이렇다. '신은 우리의 가장 친밀한 자기 대화 파트너다.' 우리가 완전히 혼자일 때든, 궁극적 고독과 궁극적 진실 속에서 자기 자신과 대화할 때든, 이러한 자기 대화 파트너를 신이라고 부르는 것은 신을 믿든 안 믿든 상관없이 정당하다. 조작적 정의에서 볼 때 이 차이는 별로 중요하지 않다. 우리의 정의는 유신론적 또는 무신론적 세계관의 분기점 앞에 머물러 있다. 차이가 명백히 드러나는 것은, 한 진영이 중요한 건 자기 대화, 오로지 자기 대화뿐이라는 것을 고집하는 반면, 다른 진영은 인간이—자기 대화를 의식하든 의식하지 않든—누군가와, 즉 자기 자신 외에 다른 누군가와 '둘'이서 말한다는 것을 믿을 때다. 그런데 '궁극적 고독'이 순전히 가상의 고독인지 아닌지가 정말 그렇게 중요할까? 그보다는 궁극적 진실을 말하는가, 이거야말로 유일하게 중요한 것은 아닐까? 어쨌든 나는 신이 존재한다면, 누군가 자기 자신과 신을 혼동한다 해도 신은 결코 나쁘게 생각하지 않을 거라고 확신한다.

* 히틀러의 오스트리아 침공 50주년에 즈음하여 1988년 3월 10일 오스트리아 빈 시청 앞 라트하우스플라
츠Rathausplatz 추모 집회에서 빅터 프랭클은 3만 5,000명의 청중 앞에서 연설했다.

1938년을
기억하며

여러분은 이 추모 시간에 나와 함께 기억해 주길 바란다. 내 아버지는 테레지엔슈타트 수용소에서, 형은 아우슈비츠에서 목숨을 잃었다. 그리고 어머니는 아우슈비츠 가스실에서, 아내는 베르겐벨젠 수용소에서 죽었다. 그러나 나는 여러분들이 내게서 증오라는 말이 나올 거라고는 기대하지 않기를 바란다. 내가 누구를 증오해야 할까? 내가 아는 것은 희생자이지 범인이 아니다. 적어도 나는 개인적으로는 그들을 알지 못한다. 그리고 누군가에게 '집단적' 유죄를 선고하는 것을 찬성하지 않는다. 집단 유죄라는 건 존재하지 않기 때문이다. 이것은 오늘 처음 말하는 게 아니다. 마지막으로 감금됐던 강제수용소에서 해방된 첫날 한 이야기다. 그때는 누군가 공개적으로 집단 유죄에 반대하는 말을 꺼내기라도 하면 사람들의 원성을 사기 일쑤였다.

어찌 됐든 죄는 개인적인 죄만 가능하다. 자신이 한 일이거나 그렇게 하지 않은 데 대한 죄만 있을 뿐이다! 나는 다른 사람이 저지른 일에 책임이 없다. 그게 부모나 조부모라도 말이다. 이런 의미에서 나는 현재 1세에서 50세 사이에 있는 오스트리아 사람에게 소위 '소급 적용하는 집단 책임'을 운운하는 걸 보면 범죄이자 광기로 여겨진다. 혹은 정신의학적으로 표현하면, 그건 광기가 아니면 범죄일 것이다! 말하자면 나치 연좌제가 재발한 경우처럼 말이다! 과거 집단적 박해 희생자들이 내 말에 동의하는 첫 번째 사람들일 거라고 생각한다. 만일 여러분이 젊은이들을 옛 나치나 네오나치로 내모는 사람이 아니라면 말이다!

내가 강제수용소에서 해방된 이야기로 다시 돌아오자. 당시 나는 맨 처음 이송이 가능했던(불법으로만 가능했던) 화물차를 타고 빈으로 돌아왔다. 그동안 나는 63번이나 미국으로 보내졌다. 하지만 매번 다시 빈으로 돌아왔다. 그 이유는 오스트리아 사람들이 나를 아주 많이 좋아해서가 아니라, 반대로 내가 오스트리아를 매우 사랑했기 때문이다. 아시다시피 사랑이 늘 상호적인 것은 아니다. 내가 미국에 있을 때마다 그곳 사람들이 이렇게 묻곤 한다. "프랭클 씨, 당신은 왜 전쟁이 일어나기 '전에' 미국에 오지 않았습니까? 그랬다면 많은 일을 겪지 않아도 됐을 텐데요." 그럼 난 오랫동안 비자를 기다려야 했고, 마침내 비자가 나왔을 땐 이미 너무 늦었다고, 전쟁 한가운데 있는 늙은 부모를 모른 척 할 수 없었다고 해명한다. 이 말을 들은 미국 사람들은 계속해서 묻는다. "그럼 왜 최소한 전쟁 '후에는' 오지 않았나요? 빈 사람들이 당신과 당신 가족에게 너무 많은 짓을 하지 않았나요?" "그게…," 난 그들에게 말했다. "빈에는 가톨릭 신자인 남작 부인이 있었습니다. 그녀가 목숨을 걸고 내 사촌누이를 몰래 숨겨 주어서 사촌의 목숨을 구했죠. 또 빈에는 사회주의자 변호사도 있었습니다. 그는 할 수만 있으면 언제든 나에게—마찬가지로 위험을 무릅쓰고—남몰래 먹을 것을 챙겨 주었죠." 그 사람은 훗날 오스트리아 부총리가 된 브루노 피터만 Bruno Pittermann이다. "그러니까…" 이제 내가 미국인들에게 되묻는다. "그런 사람들이 있던 도시로 돌아가면 안 될 이유라도 있나요?"

나는 여러분이 이렇게 말하는 소리를 듣는다. "모두 다 맞는 이야기지만 그건 단지 예외였을 뿐이라고요. 사람들은 대부분 기회주의자에 불과했습니다. 저항해야 했음에도 말이에요." 여러분 말이 옳다. 하지만 저항이 영웅주의를 전제로 한다는 것을 잊어선 안 된다. 내 생각에 영웅주의는 단 한 명의 유일한 사람에게만 요구할 수 있다. 그건 바로 자기 자신이다! 이에 대해 누군가 나치와 타협하느니 차라리 갇혔어야 했다고 말한다면, 그는 '먼저 자신이 강제수용소에 있었다'는 것을 스스로 입증한 뒤에야 그렇게 말할 수 있다. 그때 강제수용소에 '있었던' 사람들은 같은 시간 외국에 체류한 사람들보다 일반적으로 기회주의자에 대해 더 관대하게 생각한다는 걸 알게 될 것이다. 젊은 세대는 말할 것도 없다. 사람들이 자유를, 삶을 그리고 무엇보다 자신이 책임졌던 가족의 운명을 위해 얼마나 애태우고 두려워했는지, 어찌 상상이나 할 수 있겠는가? 우리는 저항 운동을 감행한 사람들을 '더욱' 존경할 수밖에 없다(나는 국방군 해체로 인해 사형 선고를 받고 참수된 나의 벗 후버트 그수르Hubert Gsur를 잊을 수 없다).

국가 사회주의는 광신적 인종주의를 퍼뜨렸다. 실제로 세상에는 두 가지 종류의 인류만 존재한다. 예의 바른 인간 '종'과 무례한 인간 '종', 이 둘이다. 그리고 '인종 분리'는 모든 국가에서 그리고 개별 국가 내 모든 정당 곳곳에서 진행되고 있다. 심지어 강제수용소에서도 간혹 예의를 갖춘 친위대원을 만날 수 있었다. 이와 마찬가지로 수감자 중에는 우두머리는 물론 사기꾼이나 협잡꾼도 하나나 여러 명 있었다. 예의 바른 사람은 소수였고, 아마도 소수로 남아 있을 것이다. 우리는 이에 만족해야 한다. 그러다 정치 체계가 무례한 자들을, 다시 말해 한 국가의 바람직하지 않은 선택을 표면 위로 띄우는 순간 위험이 닥친다. 하지만 국가는 그러한 위험을 막을 수 없으며, 이런 의미에서 모든 국가는 원칙적으로 대학살을 일으킬 수 있다! 무엇보다 주목을 끄는 심리학 연구 결과들이 이 점을 잘 보여 준다. 이 연구는 어느 미국 심리학자의 업적으로 '밀그램 실험Milgram experiment'이라고 불리며 역사에 한 획을 그었다.

만일 우리가 이 모든 것에서 정치적인 결론을 내리려고 한다면, 근본적으로 오로지 두 가지 정치 방식만 존재하거나 아니면 다른 말로 말해 어쩌면 두 부류의 정치가만 존재한다는 데서 출발해야 한다. 한 부류는 목적이 수단을, 그것도 '모든' 수단을 정당화한다는 것을 믿는 정치가들이고, 다른 한 부류는 가장 정당화된 목적이라도 더럽힐 수 있는 수단이 존재한다는 걸 아주 잘 아는 정치가들이다. 내가 신뢰하는 정치가는 1988년의 소란에도 불구하고 이성의 소리에, 또 시대의 요구에 귀 기울이면서, 선한 의지를 가진 모든 사람이 경계와 장애를 넘어서 서로 손 내미는 것을 발견하는 바로 '후자'의 정치가다.

지금까지 내 이야기에 귀 기울여 준 여러분께 감사한다.

* 이 글이 맨 처음 실린 곳은 〈인스브루크대학병원 신경정신과 100주년 기념 논문집. 활동 보고서(1989~ 1992)〉 1993년, 26~32쪽이다. 발행인: 하르트만 힌터후버Hartmann Hinterhuber(통합 정신의학)

시대정신의
병리학에 관한 소견

지난 1920년대 오스발트 슈펭글러Oswald Spengler는 책 한 권을 저술했는데, 이 책은 출간 이후 베스트셀러가 되었다. 책 제목은 《서구의 몰락Der Untergang des Abendlandes》이었다. 그의 예언이 실현되지는 않았지만, 1930년대에 출간된 다른 예언서는 상당히 적중했다. 슈펭글러는 책에서 20세기가 끝나기 전에, 고도의 지적 수준에 이른 인간은 더 이상 지금처럼 과학과 기술에 열광하지 않고 삶의 의미에 대한 물음을 숙고하는 데 몰두할 거라고 말했다. 오늘날 이 예언은 틀리지 않았다. 하지만 유감스럽게도 전적으로 부정적인 의미에서 그렇다. 심지어 국제적으로도 현존의 유의미성에 대한 의심이 점점 더 세상을 장악하고 있다. 최근 발표된 미국의 경험적 연구 결과를 보면 대학생 80%가 무의미감으로 고통받고 있을 뿐만 아니라 다른 연구에서는 해마다 미국의 10대 50만 명 이상이 자살을 시도하는 것으로 밝혀졌다. 그렇다면 자살이란 무엇이며, 인생의 의미에 대한 물음에 부정하는 것과 뭐가 다를까?

우리는 이 모든 것을 어떻게 설명할 수 있는가? 가능한 한 간단히 표현해 보면, 산업 사회는 모든 인간의 욕구를 충족시키기 위해 노력하고, 소비 사회는 계속 앞으로 나아가면서 새로운 욕구를 만들어 내고 그 욕구들을 충족시키기 위해 애쓰고 있다. 하지만 '어떤' 욕구—어쩌면 이는 인간의 모든 욕구 중 가장 인간적인 것일지 모른다—는 충족되지 않은 채 남아 있다. 즉 그것은 삶 속에서—혹은 자세히 말해 우리가 직면한 모든 개별적 상황에서—의미를 발견하고, 가능한 한 그 의미를 충족시키는 것이다. 오늘날 사람들은 일반적으로 먹고사는 데 부족함이 없다. 하지만 무엇을 위해 사는 것이 가치가 있을지를 언제나 발견하는 건 아니다. '왜'가 없는 삶은 공허해서 무의미하게 보일 수밖에 없다. 그런 삶은 내가 실존적 공허라고 부르는 것으로 형성되어 있다. 이는 서양뿐 아니라 동양에서도 관찰된다. 나는 몇 년 전 모스크바—브레즈네프Leonid Ilyich Brezhnev가 통치하던 시절—에서 막 돌아와 그곳 상황을 서양은 물론 과거와도 비교할 수 있었다. 70년 이상 소비에트 연방에서 사람들은 '종교는 민중의 아편이다'라는 칼 마르크스Karl Marx의 명제를 견지해 왔다. 그러는 동안 그곳에서는 마르크스주의 자체가 종교가 돼 버렸다. 하지만 마르크스주의적 강박 이념이 실패하면서 이에 복종하게 하는 교육은 더 이상 필요 없어졌다. 오히려 복종을 위한 교육은—난 이렇게 말하고 싶다—'양심을 위한 교육'으로 대체되어야 했다. 그렇지만 양심을 위한 교육은 시간이 필요하고, 그사이 동양의 추가적 공허인 깊은 무의미감이 뿌리를 내렸다. 그 까닭은, 양심은 인간의 영혼 안에 '삽입된' 의미 기관이기 때문이다. 이는 모든 개별적 상황에 내재되어 그 안에 '도사린' 의미의 가능성 안에서 발견하는 역할을 한다. 우리 의사들은 병리학을 통해 소위 지방 위축증fatty atrophy이라는 존재를 안다. 말하자면 장기가 위축된 곳, 즉 노화된 심장 속 근육 세포들이 서서히 죽어가는 곳에 생기는 빈 공간에 지방 조직이 과도하게 증식하는 것을 말한다. 이와 유사하게 군중 심리학적으로 볼 때 실존적 공허 안에도 이 같은 지방 위축증이 생겨서 '시대정신의 병리학'을 형성한다.

　나는 언젠가 미국에서 강연을 코앞에 두고 생생한 정보를 얻기 위하여 택시기사에게 오늘날의 젊은 세대를 어떻게 생각하느냐고 물어보았다. 그는 자신의 경험을 간략하게 요약해 이렇게 대답했다. "젊은 이들은 스스로 목숨을 끊고, 서로 죽이고, 또 마약을 복용하지요." 사실 택시기사의 이 짧은 답변은 젊은 세대를 지배하던 기분의 폐해를 묘사했다. 우울증, 공격, 중독. 다시 말해서 이는 자살, 공격성, 마약 중독을 뜻한다. 나는 자살과 관련한 이 주제에 대해서는 어느 정도 잘 알고 있다. 10년에 걸쳐서 난 빌헬름 뵈르너Wilhelm Börner가 창시한 세계 최초 '삶의 권태 상담'에 공동으로 참여했고, 4년 동안 오스트리아의 제일 큰 정신병원에서 자살 시도 후 이송된 중증 우울증 환자 병동을 담당하기도 했다. 그곳에서 일하던 기간 동안 1만 2,000건 정도의 '사례들'이 내 손을 거쳐 갔다. 당시 나는 끊임없이 환자가 퇴원해도 좋을 지, 아니면 다시 자살할 위험성이 보이는지 이런 물음 앞에 섰다. 그리고 그 결정은 빨리 내려야 했다. 환자가 내 앞에 앉으면, 난 병력이 기록된 차트를 죽 훑어보고 질문을 던졌다. "자살을 시도하고 나서 지금은 이렇게 살아 있는 걸 아시죠?" "그럼요." "지금도 죽으려는 생각을 하세요?" "아뇨, 아니에요." 그럼 난 지체하지 않고 바로 물었다. "'왜' 아닌가요?" 그 순간 다음과 같은 일들이 벌어졌다. 환자가 내 눈을 똑바로 쳐다보지 못하고 당황한 기색을 보이며 갑자기 안절부절못하다 잠시 뒤 이렇게 말했다. "의사 선생님, 그냥 절 퇴원하게 해 주세요." 이런 경우 자살 위험성은 매우 높았다. 환자가 새로운 자살 시도를 하지 못하게 막을 수 있는 방법은 아무것도 없었다. 그 어떤 것도 재시도를 막을 순 없었다. 또 다른 경우는 내 질문에 바로 반응을 보이면서 자기는 가족을 돌봐야 한다거나 그 밖에 다른 해야 할 일들이 많다고 말했다. 아니면 자신이 우울증에서 벗어나 다시 예전 모습으로 돌아갈 수 있다고 장담한 사람이 바로 내가 아니냐고 지적하기도 했다. 그러면 난 안심하고 환자를 퇴원시켰다. 이 경우 환자는 자살하면 '왜 안되는가'에 대해 잘 알고 있었다. 그는 '왜' 계속 살아야 하는지를 알았다. 언젠가 니체도 "왜 사는지 아는 사람은 어떤 상황도 견디어 낸다."고 말하지 않았던가!

1944년 테레지엔슈타트 수용소에서 아우슈비츠로 이송되었을 때 내가 살아남을 확률은—최근에 나온 연구가 입증하듯이—겨우 1 대

29에 불과했다. 그리고 나는 이를 직감했다. 그런 다음 무엇보다 먼저 머리에 스친 생각은 가능한 한 빨리 '철조망으로 뛰어드는 것', 다시 말해 그곳에서 일반적으로 행해지던 전기가 흐르는 수용소의 가시철조망 울타리를 건드리는 자살 방법이 아니었을까? 그 순간 문득 이런 생각이 떠올랐다. "내가 살아남지 '못 한다'고 이 세상 어느 누가 장담할 수 있단 말인가? 아무도 없어. 그렇다면 난 생존을 확신하는 것처럼 행동하면서 책임져야 해. 그리고 내가 돌아오기만을 기다리는 사람들과 그들이 기대하는 것이 실현되도록 온 힘을 쏟아야 할 책임이 있어." 하지만—내가 빈으로 다시 돌아왔을 때—나를 기다리는 사람은 가족 가운데 아무도 없었다. 아버지는 테레지엔슈타트에서, 형은 아유슈비츠에서, 첫 아내는 베르겐벨젠에서 목숨을 잃었고, 어머니는 아우슈비츠 가스실에서 죽임을 당했다.

당시 난—누군가가 아니라면—'어떤 것이' 날 기다리고 있었음을 깨달았다. 다시 말해 나는 내 첫 번째 책(《영혼을 치유하는 의사》)의 초고를 완성하기 위해 아우슈비츠에 왔던 것이다. 적어도 난 이 '정신의 자식'이 나를 살릴 거라고 믿었다. 바로 그것이 살아야 할 이유였다! 그때부터 중요한 것은 원고를 재구성하는 일이었고, 난 이 일에 매진했다. 그리고 그것은 나의 대학교수 자격 취득 논문이 되었다.

이러한 개인적인 회상은 내가 자기 초월을 어떻게 이해하는지 잘 보여 준다. 인간 존재는 언제나 자기 자신을 넘어 다시 그 자신이 아닌 것으로 초월한다는 근본적인 인간학적 현상을 말이다. 그 자신이 아닌 것으로, 즉 그것이 어떤 것이든 어떤 사람이든, 충족시켜야 할 중요한 것으로 여겨지는 어떤 의미든, 또 아니면 자신이 사랑하면서 헌신하는 인간으로든 말이다. 왜냐하면 인간은 어떤 일에 헌신하거나 누군가를 사랑하면서 온전한 인간이 되고, 자기 자신을 실현하기 때문이다. 이에 자기실현은 곧바로 이루어질 수 없으며 에움길로 돌아가야만 한다. 이는 먼저 이유가 있어야 하고, 그런 뒤 자기실현은 그 결과로서 저절로 모습을 드러낸다. 한마디로 말해 자기실현은 목표로 삼는er-zielen 것이 아니라 결과로 따라야er-folgen 하는 것이다. 하지만 자기실현이 의미 충족의 결과인 한, 인구의 현저한 부분이 더 이상 삶에서 의미를 발견할 수 없을 때는 '에움길'이 아닌 도리어 지름길을 찾는다는 것도 알 수 있다. 그러한 인간은 부메랑을 닮았다. 부메랑은 어떻게든 사냥꾼에게로 되돌아온다는 잘못된 가정과는 달리 목표를 달성하지 못했을 때, 다시 말해서 포획물에 명중하지 못했을 때 되돌아오는 것뿐이다. 이와 마찬가지로 '그러한' 인간도 자기실현을 위해 몹시 노력하고 애쓴다. 그들은—의미를 찾는 데 절망해서—자기 자신에게 다시 돌아오고, 자기 자신에게 허리 숙이고, 스스로 '숙고하는' 사람들이다. 하지만 그렇게 해서 자기 관찰을 강행하는 것뿐 아니라 자기실현을 지나치게 의도하고, 이러한 과도한 의도는 매우 비생산적이기 때문에 결국 실패할 수밖에 없다.

자기실현과 관련해 소위 자기 경험이 심리치료 직업교육에 얼마나 필수적인가, 이에 대한 나의 의견도 밝히고 싶다. 사실 직업교육은 심리치료 일을 할 수 있는 유일한 전제는 아니다. 이것 외에도 먼저 개인적인 재능이 필요하다. 이는 소질로 반드시 있어야 한다. 그리고 둘째, 개인적 경험을 습득해야 한다. 이 두 가지는 반드시 필요하다. 하지만 자기 경험과 관련해서 과잉을 주의해야 하는데, 이 자기 경험이 과도한 성찰hyperflexion을 훈련하는 것으로 변질되어서는 안 된다. 하지만 그럼에도 불구하고 자기 경험의 한계, 심지어 선험적 한계 또한 존재한다. 엄밀히 말하면, (난 이렇게 말하고 싶다) 자기 자신은 자신을 잘 보지 못한다. 그땐 매우 집중적인 '자기 정서 상태의 응시'(하이데거)도 아무런 도움이 안 된다. 괴테의 말이 그 이유를 설명하는 데 아주 효과적이다. "인간은 어떻게 자신을 알 수 있는가? 이는 결코 관찰이 아니라 행동하는 것으로만 가능하다. 의무를 다하라. 자신의 위치를 깨달을 것이다. 그렇다면 의무란 무엇인가? 그건 바로 그날의 요구를 행하는 일이다."

그때 특별히 집단 심리치료와 관련해서 실러Friedrich von Schiller가 한 말을 고려한다면 경고의 말로 적절할 것이다. "만약 영혼이 말할 수 있다면 이렇게 말할 것이다. '아, 더 이상 그 영혼이 아니네'라고." 더 나아가 집단 심리치료가 진행되는 동안에는 상호 (감정적) 노출이 확산된다. 하지만 반대로, 참여자들이 억제하는 경향을 보일 땐 한 사람이 다른 상대방을 대신해 일종의 가학적 신문을 할 각오를 해야 한다.

이제부터는 시대정신의 병리학의 두 번째 관점인 마약 중독에 대해 말하려고 한다. 치료가 어려운 만큼 예방이 중요한데 이는 비교적 쉽다. 마약 중독은 근본적으로 두 가지 원인에서 출발한다. 하나는 호기심이고, 다른 하나는 소위 또래 압력peer pressure으로, 이것은 집단에서 야기되는 압력처럼 매우 큰 의미를 지닌다. 1938년 나는 상사―빈대학병원 신경정신과 과장 오토 푀츨Otto Pötzl―의 지시로 당시 유행하던 암페타민(교감신경 흥분제. 당시엔 벤제드린Benzedrine, 나중엔 페르비틴Pervitin으로 불렀다)이 정신 질환 환자에게 눈에 띄는 치료 효과를 미치는가를 연구했는데[1], 이 약을 '직접' 복용하고 싶은 유혹을 참기 어려웠다. 나는 본능적으로 중독될 위험성이 있다는 걸 알았지만, 그 시절에는 그런 사실이 전혀 알려지지 않았다. 어쨌든 말 그대로 젊은이들이 이런저런 화학 물질이 어떻게 작용하는지 호기심을 견디지 못한다는 것만은 이해할 수 있다. 또래 집단과 관련해, 동급생들이 쉬는 시간에 오스트리아 교육부에서 설치한 흡연실로 급히 뛰어가는 모습을 보는 학생이라면, '뒤에 물러서서' 보고만 있지 않고 자신도 충분히 '어른이 되었'고, 흡연자 무리의 일원이라고 알리고 싶어 할 거라는 것을 우린 상상만으로도 잘 알 수 있다. 그는 그것을 자랑스러워할 것이다! 이 학생에게 담배 피우는 친구들을 따라하지 않고 그 유혹을 이겨 낼 수 있다는 것이 스스로 얼마나 자랑스러울지를 알려 주는 사람은 아무도 없다. 미국도 이러한 '드높은' 자부심을 염두에 두었을 것이다. 그래서 적지 않은 돈을 지출해 모든 대학 신문에 전면광고를 발주하였다. 그 광고에는 한 여대생이 나오는데, 그녀는 구경꾼을 도발적으로 쳐다보며―영어로―냉소적으로 이렇게 묻고 있다. "당신은 빅터 프랭클의 '실존적 공허'에 대해 논할 정도로 똑똑하군요. 하지만 담배를 끊을 순 없나 보죠?" 이 같은 '드높은' 자부심에 호소한 것은 매우 적절했고, 확실히 효과도 컸다.

1961년 미국 하버드대학교에서 있었던 일이다. 미국심리학회American Psychological Association 회장으로 선출된 고든 올포트 교수(그는 나에게 하버드대학 교수직을 제안했다)가 어느 날 이렇게 물었다. "프랭클 선생님, 저희 학교에 티모시 리어리Timothy Leary라는 젊은 교수가 있는데, 그를 해고해야 할지 고민입니다. 리어리 교수는 환각제를 유포했습니다. 그 물질은 LSDlysergic acid diethylamide(리세르그산 다이에틸아마이드)입니다. 선생님이라면 해고하겠습니까?" 나는 해고에 동의했다. "저도 교수님 생각과 같습니다. 하지만 대다수 교수진은 학문적 교육의 자유라는 명목으로 저를 투표에서 부결시켰습니다." 이 투표 결과는 전 세계에 일련의 마약 사건을 불러일으켰다! 내가 미국 친구들에게 다음과 같이 말할 때마다 내가 옳다는 것이 다시금 입증되었다. "자유, 그리고 가르칠 자유도 모두 완전한 이야기는 아니고 그저 반쪽짜리 진실일 뿐입니다. 그건 단지 동전의 '한' 면일 뿐이에요. 그리고 다른 면은 책임이지요. 자유는 책임으로 통제되지 않으면 언제든 타락하게 마련입니다." 이런 이유에서 난 미국 동부 해안에 있는 '자유의 여신상'을 보완하고, 서부 해안에는 '책임의 여신상'을 세울 것을 간곡히 권하고 싶었다.

마지막으로 시대정신의 병리학의 세 번째 관점과 관련해서는 최근 독일의 에센이란 도시에서 발생한 사건을 언급하고 싶다. 그곳에서 폭력 행위가 발생했는데, 가해자는 청소년들이었다. '왜' 폭력을 저질렀는가 하는 질문에 이 젊은이들은 이렇게 반문했다. "그럼 '왜' 안 되죠?" 이는 또다시 유효했다. 그때 그 말에 대항할 수 있는 말은 아무것도 없었다. 모든 것이 무의미한 곳에서는 폭력에 대한 어떤 반론도 있을 수 없다.

구동독에는 응급 전화가 존재하는 도시가 있다. '변혁기'까지 사람들은 그 응급 전화를 빈번히 찾았는데, 이용자 대다수가 섹스와 관련된 질문을 했다. 그것을, 말 그대로 인용하면, '우울증-폭력-알코올 중독' 같은 주제와 관련 있었다. 이 삼총사는 우리가 아는 것처럼 앞서 이야기한 '우울증-공격성-중독'과 일치한다. 그런데 더 나아가 주목할 만한 것은, 이 주제와 관계되는 저자들이 '방향 상실'이라고 부른 것이, 결국에는 그들이 관찰한 3대 질병 증상의 바탕을 이룬다고 가정한 점이다. 하지만 방향 상실이 유효한 인간상, 인간학에 대한 부족과 다른 것은 인간학에서는 다시 인간적 차원이 자리를 발견하고, 이 인간적 차원 안에서는 다시 특수한 인간적 현상이 뿌리를 내리고 있다는 점이다. 그 차원은—내가 아주 좋아하는 프로이트의 책 제목을 인용하자면—'쾌락 원칙을 넘어서'가 된다.

인간 실존의 자기 초월이 근본적인 인간학적 현상임을 입증한 후, 이와 관계된 정신분석학적 인간상 속에 있는 결핍을 가장 명백히 확인할 수 있는 것은 프로이트가 성 이론을 명시한 곳이다. 모든 추동Trieb과 마찬가지로 성적 추동 역시 '추동 목표'와 '추동 대상'이 있다. 추동 목표는 긴장의 해소이고, 추동 대상은 긴장을 발생하게 하는 상대다. 목표에 도달하기 위해서라면 자위만으로도 만족할 수 있고, 또—상대가 반드시 그 '어떤' 대상이어야만 하는 것이 아니라면—매춘으로도 충분하다. 하지만 그럼에도 아직 인간다운 영역에는 들어서지 못했다. 왜냐하면 칸트의 정언 명령 두 번째 정식에 의하면, 사람은 결코 목적을 위한 수단으로 사용되어선 안 되기 때문이다. 그리고 상대를 '인간성' 안에서 파악할지라도 난교의 길은 언제든 열려 있다. 이와 더불어 상대의 '일회성과 유일성'을 알아차려야만 관계의 배타성과 지속성, 다시 말해 사랑과 성실함이 보장될 수 있다. 오직 상대를 사랑하는 사람만이 그러한 일회성과 유일성(스콜라 철학자 둔스 스코투스Duns Scotus가 말한 '하이케이타스haecceitas')을 알아차릴 수 있다('이것임thisness'을 뜻하는 라틴어 하이케이타스는 개별적인 것의 정수, 개성을 뜻한다-옮긴이).

특이한 것은, 최근 나온 경험적 연구를 믿어도 좋다면, 오늘날 젊은 세대 대부분은 이런 성에 대한 이해를 사랑의 표현으로 인식한다는 점이다. 하지만—'쾌락 원칙을 넘어서(쾌락 원칙의 저편)'와 함께—쾌락 원칙의 이편도 존재한다. 성이 사랑의 표현 수단이 아니고 욕구 충족이라는 목적을 위한 수단이 되는 '그러한' 인간은 쾌락 안에서 움직인다. 이때 쾌락은 자기 목적이 되고, 바로 자신의 쾌락이 차지하는 본래 비중의 전도는('과한 형태per-version'인 도착은) 실패로 끝날 수밖에 없다. 그이유는 쾌락이 중요할수록 그것은 점점 '사라져 버리기' 때문이다. 더쉽게 말해서 행복을 '쫓아다닐수록' 행복을 쫓아내는 꼴이 된다. 이게 바로 대부분의 성기능 장애에서 병인의 핵심이 된다. 쾌락은 목적이될 수 없고 결과로 머물러야 한다. 그때 어떤 '이유'가 있는 한, 달리 말해 쾌락을 목표로 삼지 않고 목표를 뒤따라갈 때 자동으로 쾌락은 조화를 이루게 된다. 왜냐하면 쾌락도 에움길에서만 '충족'될 수 있고, 지름길로 가려는 모든 시도는 막다른 골목에서 막을 내리기 때문이다.

신경증 환자는 앞서 이야기한 '자기 정서 상태의 응시', 다시 말해서 지나친 자기반성은 물론이고 지나치게 회상하는 경향이 있다. 아들러는 그가 즐겨 말한 재미있는 이야기 하나를 들려주었다. 늦은 밤 대피소 공동 침실에서 한 부인이 불평을 늘어놓기 시작했다. "아, 목말라 죽겠네." 참다못한 누군가가 주방에 가서 물 한 잔을 부인에게 떠다 주었다. 모두들 다시 잠을 자길 원했다. 그러나 그녀는 또다시 불평하기 시작했다. "아, 목말라 … 죽을 뻔했네." 신경증 환자도 끊임없이 과거로 되돌아간다. 그는 계속해서 자신의 유년 시절로, 그 시절 가정교육으로 돌아가서 다른 사람들에게 책임을 전가하기 위하여 '나쁜 부모 콤플렉스'(엘리자베트 루카스)를 들춰낸다. 실제로 미국 컬럼비아대학교와 캘리포니아대학교에서 진행한 광범위한 경험 연구들을 보면, 불우한 유년기 경험이 다가올 미래의 삶에 결정적인 영향을 끼치진 않았다는 것을 서로 독립적으로 입증하였다. 그 이전까지는 나쁜 영향이 있을 거라고들 여겼다. 나는 샌프란시스코대학교 여학생의 박사 논문을 기억한다. 이 논문도 비참한 어린 시절이 훗날 결코 치명적으로 작용하지 않는다는 결론을 내렸고, 불행한 과거에도 불구하고 '행복하고', '성공적이고', '의미 있는' 삶을 구축할 수 있다고 기술했다. 저자는 과거 강제수용소 수감자들의 구체적인 개인사를 상세히 연구하면서 스스로 말하려고 하는 것을 잘 알았다. 그녀 자신도 유년기의 한 부분을 아우슈비츠에서 보냈다. 이 논문 외에도 그녀는 다른 2명의 저자들과 함께 연구한 결과들도 보고했다.

인용한 경험적 연구 결과들 속에 소위 '빈 심리치료 세 학파'의 동기 이론이 반영되어 있는 것 같지 않은가? '행복하게'는 쾌락의 원칙을, '성공적'은 힘에의 의지를, 그리고 '의미심장하게'는 의미에의 의지를 가리키는 것 같지 않은가?

잠시 의미에의 의지에 머무르며 서두에서 언급한 무의미감, 그 실체에 대한 확실한 증거가 있는지 물으려고 한다. 사람들은 오늘날 무의감이 만연한 이 상태에서 어떻게 고통을 당할까? 마음 깊숙한 곳에 '의미에 대한 욕구'가 내재되어 있진 않을까? 그렇다면 의미 자체는 어떻게 되고, 의미의 실존에 대한 증거는 어디 있는가? 나는 여러분에게 되묻고 싶다. 자연은 어떻게 인간의 조건 안에 의미에 대한 욕구를 심어 줄 수 있었을까? 실제로 의미는 존재하지 않는 건 아닐까? 더 정확히 말해서 우리가 현실에 옮겨 주기를 기다리는 의미 가능성은 사실 실존하지 않는 건 아닐까? 어쩌면 여러분은 내가 늘 프란츠 베르펠 Franz Werfel의 아름다운 문장을 간직하고 있다는 걸 눈치 챘을지 모르겠다. '목마름은 물과 같은 그러한 것이 존재한다는 증거다'(소설 《횡령된 천국Der veruntreute Himmel》). 하지만 인생에서 바로 '그' 의미는 무엇인가 하는 물음은 순진함에 있어서 다음 질문과 같다. '체스에서 최고의 수읽기는 무엇인가?' 물론 그런 것은 존재하지 않는다. 모든 체스 말의 배치는 게임 상황과 무엇보다 게임 상대에 따라 움직이기 때문이다. 의미도 이와 다르지 않다. 스콜라 철학자들 사이에서 벌어진 '보편 논쟁'에 개입하려는 건 아니지만 내가 말하고 싶은 것은 의미는 보편적인 것이 아니라 유일무이하다는 것이다. 바로 이것이 의미의 '요구 특성'을, 의미로부터 나온 호소의 '구속력'을 형성한다. 상황의 일회성과 이와 직면한 개인의 유일무이함은 호소의 토대를 이룬다. 하지만 개별적 상황도 마찬가지로 유일할 수 있다. 어떤 상황도 그 안에 잠재적 의미를 감추고 있지 '않은' 상황이란 존재하지 '않는데', 만일 그렇지 않다면 그것은 오직 의미가 '고통-죄-죽음' 이 비극적 3요소를 개인적 승리로 변화시키는 인간의 능력을 증언하지 않을 때다. 바로 이런 의미에서 인간 현존의 의미는 무조건적이다.

무의미한 삶으로 고통받는 것은 너무나 가혹하고, 오늘날 의미 문제는 매우 시급하다. 하지만 이 의미 문제는 일종의 코페르니쿠스적 전환을 통해서만, 즉 문제를 뒤집어봐야 답할 수 있다. 왜냐하면 결국 우리 스스로 질문 받은 자이자 삶이 우리에게 던진 물음에 답변해야 하는 자이기 때문이다. 그렇지만 우리가 한 번 대답했다면 '그것으로 끝이다'! 우리는 그것을 과거 안에 옮겨 놓았다. 그 어떤 것도 되돌릴 수도, 철회할 수도 없다. 과거로부터 만회할 수 있는 건 아무것도 없다. 하지만 반대로 그 안에 있는 모든 것은 빼앗기지 않게 감추어져 있다.

인정해야 할 것은 대개의 경우 우린 과거의 그루터기만 보고 풍성한 과거의 창고는 그냥 지나쳐 버린다는 점이다. 그 안에는 우리가 오래전 거두어들인 수확물들이 있다. 우리가 창조한 작품, 행한 행동, 사랑한 애인 그리고 무엇보다 우리가 위엄 있게, 용기를 잃지 않고 견디어 낸 온갖 고통이 그 안에 들어 있다. 이 글을 끝까지 읽어 준 여러분께 감사한다.

제2부

실존 분석과
로고테라피 개요

* 이 글은《신경증학과 심리치료 안내서Handbuch der Neurosenlehre und Psychotherapie, 제3권》(발행인: V. E. 프랭클, 겝자텔 & 슐츠, 뮌헨/베를린: 우르반 & 슈바르첸베르크, 1959년, 663~736쪽)에 처음 실렸다.

로고테라피(의미치료)와 실존 분석은 각각 같은 이론의 한 면이다. 의미치료가 심리치료 방법이라면, 실존 분석은 인간학적 연구 방향을 말한다. 연구 방향으로서 실존 분석은 두 가지 차원에서 열려 있는데, 그것은 다른 학문과 협력하고 스스로 진화할 준비가 되어 있다.

먼저 '로고테라피'에 대해 말하면, 이 단어가 치료법 범위 내에서 '환자에게 논리로 다가간다'는 데서 유래한 말은 아니다. 이는 의미치료를 설득법과 혼동한 것일 수 있다. 실제로 로고테라피는 어떤 의미에서, 즉 적어도 그 치료법 안에서 '역설적 의도'라고 불리는 것의 관점에서 볼 때 설득의 정반대를 나타낸다.

실존 분석에 따르면 무의식적 충동성만 존재하는 게 아니라 무의식적 영성도 존재한다. 달리 표현하면, 우리는 충동적으로 무의식적인 것뿐 아니라 영적으로 무의식적인 것도 알고 있고, 또 인정한다. 실존 분석의 치료 형태, 즉 로고테라피가 추구하는 방향이자 출처를 이루는 로고스는 무의식에 뿌리를 두고 있다. 여기서 우리가 말하는 로고스는 첫째로 이성ratio, 둘째로 오성intellectus과는 거의 관련이 없다는 것을 알 수 있다. 다른 말로 말해서 우리가 의미하는 정신적인 것은 한편으로는 단지 지적인 것, 다른 한편으로는 단지 이성적인 것과 동일시되어선 안 된다.

'실존 분석'과 관련해, 여기서 실존이라 함은 존재 형태, 무엇보다도 인간 존재의 본질을 뜻한다. 이러한 현존Dasein의 특별한 형태에 동시대 철학은 실존이라는 이름을 달아 주었는데, 실존 분석 혹은 의미치료에서 우리는 내용을 위해 이 표현을 차용하였다.

그럼에도 불구하고 실존 분석은 원래 실존의 분석*이 아니다. 왜냐하면 실존의 종합synthesis이 존재하지 않듯 실존의 분석 또한 존재하지 않는다. 실존 분석은 오히려 실존의 설명이다. 우리가 간과하면 안 되는 것은 실존, 즉 인격체는 설명한다는 것이다. 그는 살아가면서 스스로 설명하고, 발전하고, 자신을 펼친다. 마치 활짝 펼친 양탄자가 그만의 독특한 문양을 드러내듯이 우리는 살아가면서, 성장하면서 인간이라는 존재를 알아차릴 수 있다.

하지만 실존 분석은 존재적ontic 실존의 설명을 의미할 뿐만 아니라 실존인 것의 존재론적ontological 설명이기도 하다. 이런 의미에서 실존 분석은 심리치료적 인간학의 시도다. 인간학은 로고테라피를 포함한 모든 심리치료보다 앞선다. 그 이유는 우리가 푀르스터F. W. Foerster를 믿어도 좋다면, 실존 분석은 "심리치료를 보완해 줄 뿐만 아니라 없어서는 안 될 심리치료의 정신적 토대"이기[1] 때문이다.

실존 분석과 로고테라피의 다섯 가지 관점을 보면 다음과 같다.

1. 인간 실존 설명으로서의 실존 분석
2. 집단 신경증 치료로서의 실존 분석

---

* 올바른 번역은 'Analisis existencial'(스페인어), 'Analisi esistenziale'(이탈리아어), 'Existential analysis'(영어)다.

3. 의료적 영혼 돌봄으로서의 로고테라피

4. 영인성 신경증의 특수 치료로서의 로고테라피

5. 비특수 치료로서의 로고테라피

I. 인간 실존을 설명하는 실존 분석

로고테라피와 실존 분석은 임상 실무에서 출발했다. 그러나 암묵적으로 모든 심리치료의 바탕을 이루고 있기 때문에 둘은 초임상적 metaclinical 이론으로 통합되는 것을 피할 수 없다. 이론이 조망이라면, 이는 인간에 관한 그림의 조망이라고 할 수 있다. 어쨌든 임상 실무는 대부분 인간상에 의해 결정되고 영향을 받아서, 그렇게 점점 더 완성되어 간다. 의사는 통제할 수 없고 의식하지 못할지라도 환자에게 인간상을 제시해야 한다.

사실 모든 심리치료는 선험적 영역에서 전개된다. 그리고 그 토대가 되는 것이 바로 인간학적 개념인데, 이는 심리치료에는 잘 알려지지 않았다.

인간상과 세계관이 없는 심리치료란 존재하지 않는다. 파울 쉴더Paul Schilder도 이 점을 인정했다. "정신분석은 심리학일 뿐만 아니라 철학이기도 하다. 우리에겐 늘 '세계관'이 있는데, 다만 이를 알지 못하거나 알고 싶어 하지 않을 따름이다."[2] 만일 정신분석가가 모든 평가하기를 멈추었다고 주장한다면, 이 역시 판단 중지ἐποχή(에포케) 자체를 또 그것으로써 가치 판단을 의미하는 것이나 마찬가지다. 우리는 스스로 가치중립적이라고 여기는 심리치료야말로 실제로는 그저 가치 맹목적이라고 말할 수 있다.

이는 지적 능력이 결여될 때에도 마찬가지로 가치 맹목적이 된다. 한때 마음이 없는 심리학이 존재했던 것처럼, 지금은 정신이 없는 심리학도 존재한다. 심리치료는 바로 이러한 맹점을 경계해야 하는데, 그렇지 않을 경우 환자의 정신 건강이나 치유를 위한 싸움에서 가장 중요한 무기 하나를 포기하는 것이나 똑같기 때문이다.

만약 우리가 환자에게 진실한 인간 그림이 아닌 완전히 희화된 풍자화가 그려진 인간상을 제시할 때, 인간을 타락시키고 그의 허무주의를 도우면서 신경증도 악화시킬 우려가 있다. 다시 말해서 그를 호문쿨루스homunculus('작은 인간' '정자미인精子微人'이란 뜻으로, 먼 옛날 사람들은 정자 속에 장차 어른이 될 모습이 아주 작게 축소돼 있다고 보았다-옮긴이)로 만들 때 그렇다! 현대의 호문쿨루스는 연금술사의 지하실과 시험관에서 태어나지 않는다. 우리가 인간을 자동 반사나 충동 덩어리, 다시 말해 반응과 본능의 노리개로, 충동, 유전, 환경의 산물로 평가하는 곳에서 생산된다. 한마디로 우리가 인간을 생물학적인, 심리학적 심리주의적인 연구 결과 등에서 결론을 도출할 때 생산된다. 생물학주의는 생물학에서 아주 쉽게 나올 수 있다. 하지만 호문쿨루스 이론에서 인본주의적 진료는 결코 나올 수 없다.

모든 심리치료는 인간학적 전제를 바탕으로 한다. 혹은 이러한 사실을 의식하지 못할 때는 인간학적 암시에 토대를 둔다. 이 경우 상황은 더 심각하다. 무의식적으로 남아 있을 때 심리적 내용물은 물론, 이렇게 말해도 좋다면 정신적 태도에도 수반된 위험에 대한 인식은 지그문트 프로이트의 공로가 크다. 이에 인간의 실존을 인간학적으로 설명하는 실존 분석의 관심사는 '심리치료의 무의식적, 함축적 인간상'을 분명히 깨닫고, 설명하며, 펼치고, 발전시키는 것이다. 이는 마치 암실에서 사진을 현상하는 것과 똑같다.

　　실존 분석은 실존의 정수를 특징짓고 규정하는데, 이는 '실존'이 하나의 존재 형태, 정확히 말해서 인간 존재, '인간 종種 고유의 존재'라는 의미에서 그렇다. 바로 이러한 존재의 특징은 인간에겐 '실제적' 존재가 '아닌 임의적' 존재가 된다는 데 있다. 다시 말해서 신경증적 인간이 자신의 그러한 존재So-Sein를 오해하는 것으로, '반드시 그래야만 하고 다르게는 아니어야 함'이 아니라 '언제나 다르게도 될 수 있음'이 문제가 된다.

　　실존한다ex-ist(밖에 있다)는 말은 자기 자신을 벗어나서 스스로 맞서는 것을 뜻하는데, 그때 인간은 몸과 마음의 차원을 벗어나고 정신적 공간을 지나 자기 자신에게로 온다. 실존ex-istence(밖으로 향하는 존재)은 정신 안에서 발생한다. 영적 인격체로서 인간은 심신적 유기체로서의 자기 자신을 마주할 때야 비로소 자신과 맞서게 된다.

〈그림 1〉

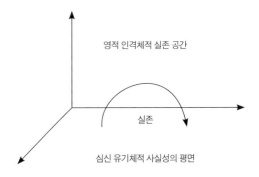

영적 인격체적 실존 공간

실존

심신 유기체적 사실성의 평면

　이러한 마주하기는 맞서기의 놀라운 방식으로 이루어진다. 임상 사례에 의거해 설명해 보면 이렇다. 내인성 우울증에 시달리는 사람은 영적 인격체로서 심신 유기체의 이러한 질병에 맞서고 유기체의 발병에 관여하지 않는다. 실제로 내인성 우울증은 심신 질환과 관계가 있다. 왜냐하면 심리적인 것과 신체적인 것이 이 질환에서 통합되기 때문이다. 예컨대 심리적 우울증은 월경, 위액 분비 등 신체적 이상과 손잡고 동시에 일어난다. 인간은 위, 피부, 머리카락, 몸과 마음 때문에 우울하지만 영 때문에 우울할 수는 없다. 이는 오히려 병에 걸리는 심신 유기체로, 영적인 것인 영적 인격체는 결코 병들 수 없다. 동일한 조건에서 어떤 사람은 내인성 우울증과는 거리가 멀고, 어떤 사람은 이 병에 걸리는지는 내인성 우울증이 아닌 영적 인격체에 달려 있다. 이러한 영적인 것—다른 말로 인격체—은 우리가 실존 분석에서 ‘영의 반발력Trotzmacht des Geistes'이라고 부르는 힘으로 자기 자신을 뛰어넘어 눈에 띄는 실존적 비상을 한다. 이에 우리는 심신 평행론psychophysical parallelism이 '심리이지적 길항 작용psychonoetic antagonism'과 얼마나 대립하는지를 알 수 있다.

다만 로고테라피와 실존 분석이 임상주의를 경계하고 이를 피해야 한다는 것은 오해의 소지가 있다. '마주하기'는 결코 '맞서기'를 뜻하지 않는다. 정신 질환과 마주할 때조차 영적 인격체가 이러한 유기체적 발병과 벌이는 대결을 항상 대치의 의미로 만들어선 안 된다. 오히려 이 대결은 화해 속에서 진행되는 경우가 많다.

심리이지적 길항 작용은 강제적인 심신 평행론과는 반대로 자의적이다. 따라서 영의 반발력은 가능성이긴 해도 필요성은 아니다. 반발하기는 언제나 가능하지만 언제나 필요한 것은 아니다. 언제나 저항할 수는 있지만 늘 그래야 하는 것은 아니다. 인간은 끊임없이 영의 반발력을 사용할 순 없다. 이를 위해 항상 애쓸 필요는 없다. 따라서 무조건적으로 자신의 충동과 유전자와 환경에 저항할 필요가 없는데, 인간에게는 이들이 필요하기 때문이다. 적어도 충동과 유전자와 환경에도 불구하고, 인간은 유전자와 환경 덕에 본능을 통해 자신을 말하기 때문이다.

앞서 말한 핵심은 자기 자신에게 거리 두기였다. 심신 유기체로서 자기 자신에게 거리 두기는 먼저 전적으로 영적인 것인 영적 인격체를 구성하고, 이렇게 해서 영적인 것으로 인간적인 공간을 만든다. 인간은 먼저 자기 자신과 대결하고 나서야 영적인 것과 신체적, 심리적인 것이 분리된다. 하지만 이는 인간이 몸, 마음 그리고 영으로 이루어졌다는 말이 아니다. 인간의 '인간학적 통일성'은 신체적, 심리적, 영적인 것의 '존재론적 다양성'에도 불구하고 오직 차원 존재론dimensional ontology의 의미 안에서만 이해할 수 있다.

차원 존재론

탁자 평면 위에 놓여 있는 유리잔을 투사하면 원의 윤곽이 그려지고 측면도에는 직사각형이 나타날 것이다. 이러한 투사는 비교 불가능하다. 그럼에도 투사로 이해되는 한 양립이 가능하다. 유리잔이 원과 직사각형으로 이루어졌다고 주장할 수 없는 것처럼, 우리는 인간이 몸과 마음과 영으로 구성되었다고 말할 수 없다. 신체, 심리 그리고 영적인 것은 인간 존재 각각의 차원으로 중요하다.

'영적인 것'은 하나의 고유한 차원일 뿐 아니라 인간 존재의 본질적 차원이기도 하다. 하지만 영적 차원이 상당히 본질적인 것을 형성하고 있긴 해도 여기서 인간 존재의 유일한 차원이란 것은 그렇게 중요하지 않다. 인간이 몸-마음-영의 통일체이자 완전체라면 말이다.

인간은 하나의 개체다. 다시 말해 인간은 나눌 수 없다. 인간은 계속 분할될 수도 쪼갤 수도 없는데, 그 이유는 인간이 통일체라는 데 있다. 인간은 나눌 수 없는 존재in-dividuum일 뿐만 아니라 더할 수 없는 존재

in-summabile이기도 하다. 즉 인간은 분할할 수도 없고 합할 수도 없다. 그 이유는 인간은 통합체이면서 완전체이기 때문이다.

심리적인 것과 물리적 또는 신체적인 것은 인간 안에서 밀접한 통합체를 이루지만, 그렇다고 이 통합체가 똑같은 것이나 마찬가지라는, 다시 말해 심리적인 것과 신체적인 것이 동일하다는 뜻은 절대로 아니다. 심리주의는—물리, 생리학이나 생물학 그리고 심리학적인 것을 벗어나—더 넓은 존재 영역을 인정하지 않는다. 인간이 심신 완전체라는 온갖 떠도는 소문과는 반대로 이 완전체는—심신 통합체를 초월하여—바로 영적인 것이 제3자, 즉 제3의 가능성tertium datur으로 다가온 곳에서 비롯된다! 인간에게 매우 밀접한 심신 통합체도 아직 인간의 완전체를 이룬 것은 아니다. 오히려 이지적인noetic 것, 영적인 것이 마지막에 속한다. 인간 존재가 영적인 존재를 (오직 이것만은 아니지만) 나타낸다는 점에서 본질적이고, 영적 차원이 (유일한 차원은 아니긴 해도) 인간 실존의 본질적 차원을 대표한다는 점에서 구성적이다. 이제 인간 안에 있는 이러한 영적인 것을 현상학적으로 인격, 혹은 인간학적으로는 실존성이라고 요약할 수 있다.

다양한 존재 영역 간의 관계는 주로 계단 쌓기나 층 구조로 해석되어 왔다. 첫 번째 해석은 하르트만N. Hartmann이라는 이름이 대변하고 있고(하지만 그도 '층'이라는 표현을 썼다), 두 번째 해석에는 셸러M. Scheler가 대표적이다. 셸러는 인간 안에 영적인 것은 개체화되었다고 보면서 존재 구조에 개체의 원리를 도입했다. 이는 영적 행동 중심지, 즉 핵심

〈그림 2〉

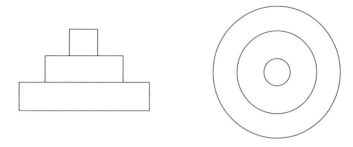

층인 인간의 인격을 중심으로 배열돼 있다.

차원 관찰법은 생리학적, 심리학적, 영적인 것을 각각 통합적, 전체적인 인간 존재의 차원으로 파악하는데[3], 이것은 계단 쌓기론과 층 구조론을 능가할 수 있다. 왜냐하면 이 세 가지 관점 역시 근본적으로 다르고, 따라서 존재론적으로 서로 분리되지만 인간 존재와 관련해서 보면 원칙적으로는 서로가 서로의 일부를 이루고, 인간학적으로 볼 때도 서로 떼려야 뗄 수 없는 사이이기 때문이다.

우리는 유추를 통해서만 이 세 관점에서 표현하는 동일한 존재에 다가갈 수 있다. 무엇보다 차원 관찰법은 이와 관련해 더 기하학적으로 접근된 시도를 의미한다. 물론 이런 경우에도 유사한 접근법, 다시 말해 수학과 유사한 방법만이 중요한 것인지, 또 어쩌면 거꾸로 수학적 차원이 '존재 자체의 완전한 차원성'에 자세한 내역을 보여 주는 것이 아닌지는 아직 확실치 않다. 이에 우리는 실제로 세계를 기하학적 방법으로 관조할 수 있을 뿐만 아니라, 반대로 수학을 기하학적 방식으로 이해할 수도 있어야 한다.

이러한 차원적 도식 안에서 인간의 3차원성으로 인해 아무 두려움 없이 영적 차원으로 들어가기를 시도할 때, 고유한 인간적인 것이 나타날 수 있는 게 분명하다. 인간은 이 제'3'차원을 고려할 때 인간으로서 모습을 드러낸다. 그런 후에야 인간을 인간으로서 알아차릴 수 있다. 말하자면 인간의 무의식적 삶(단지 생명만 있는 삶)은 단순히 신체적 차원에서, 그리고 그의 동물적(충동적) 삶은 간신히 심리적 차원 안에서 설명된다면, 인간 현존 자체는 살아가고, 인격적인 영적 존재는 이러한 2차원성 안에서 사라지지 않으며 또 순전히 심신의 '차원'에서 논할 수 없다. 이러한 2차원 평면에 호모 후마누스homo humanus(인간다운 인간)는 기껏해야 투영될 뿐이다. 실제로 이는 우리가 투사라고 부르는 것의 본질을 이루는데, 다시 말해서 하나의 차원이 희생되고, 바로 그다음 낮은 차원으로 투사된다.

그러한 투사는 두 가지 결과를 갖는다. 그것은 1. 다의성多意性과 2. 대립이다. 첫 번째 경우 그 결과의 원인은 다음 같은 상황이다. 서로 다른 것은 동일한 투사에서 동일하게 모사된다. 두 번째 경우 그 원인은 다음의 사실 안에 주어진다. 동일한 것은 다양한 투사에서 다양한 방식으로 모사된다.

〈그림 3〉의 왼쪽 그림을 살펴보자. 3차원 구성물인 원기둥, 원뿔, 구는 바로 다음 한 단계 낮은 2차원 평면에서 동일한 면적의 원으로 윤곽이 모사된다. 그 원 자체는 다의적이다. 이와 똑같이 인간도, 그리고

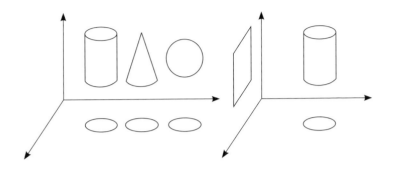

어떤 인간적인 현상도 인간적인 '공간'―영적 차원에 의해 최초로 구성된―에서 심신적 '평면'으로 투영하는 바로 그 순간 다양한 의미로 변하게 된다. 그러한 다의성의 관점에서 보면, 예컨대 성자의 비전과 히스테리 환자의 환각을 구별할 수 없다. 또 다른 예로, 도스토옙스키의 경우 그가 뇌전증만 있었는지 아니면 그보다 더 심각한 질병을 앓았는지를 절대 알 수 없다. 왜냐하면 이러한 투사를 행한 순간 성자는 한쪽에, 히스테리 환자는 다른 쪽에, 즉 같은 평면에 투사되어 동일하게 여겨지기 때문이다. 하지만 이러한 평면을 초월하지 못하는 한, 물리학자이자 의학자 폰 무랄트A. v. Muralt의 책 제목을 옮기자면 '미치광이냐 예언자냐'로 판단하거나, 아니면 리하르트 데멜Richard Dehmel의 말("그것을 광기라고 하지 말고 예감이라 불러다오!")을 인용해 '광기'와 '예감'을 구별 짓는 감별 진단은 결코 존재할 수 없다.

그때 몸과 마음에서 영적인 것으로, 즉 심신의 사실성에서 인간 존재의 영적 실존성으로 넘어가는 것뿐만 아니라 실존에서 초월로 뛰어넘는 것도 마찬가지로 예측할 수 없는 상태로 남아 있다. 그렇게 해서 현세가 내세로 초월하는 것은 희생된다. 인간적 공간에서 단순한 심신적 평면으로 투사된 체험이 다의적으로 되듯이, 체험의 '투명함 속에서 내세적 차원으로' 관찰되지 않고 현세 공간으로 투사되는 한, 다시 말해 완고하고 편협하게 체험의 단순한 세속성 안에서 보이는 한 어떠한 체험이든 마찬가지로 다의적이 될 수 있다.

이제 〈그림 3〉의 오른쪽 그림으로 눈을 돌려 보자. 그림에서 알 수 있는 것처럼 공간에서 각 평면에 투영된 원기둥 하나가 한 차원에서는 직사각형으로, 또 다른 차원에서는 원으로 모사되어 있다. 그렇지만 예를 들어 마음은 근본적으로 몸으로 소급될 수 없고, 몸에서 유래한 것도 아니다. 둘은 비교 불가능하다. 이를테면 어떤 색채와 이에 '상응하는' 파장은 동일하지 않을 뿐만 아니라 비교할 수도 없다. 파장을 '볼' 수 없는 건 말할 것도 없고 파장으로 색채를 지각할 수도 없다. 이와 마찬가지로 사람이 붉게 물들어서 붉은 것을 지각하는 것도 아니고, 스스로 둥글기 때문에 둥근 모양을 상상할 수 있는 것도 아니다. 하지만 이 존재론적 비교 불가능성이 다른 모든 관찰법에서는 참된 통합체, 말하자면 완전체 이상인 인간에 관한 인간학적 개념을 위협하는 반면, 우리의 차원적 인간상 범위 내에서는 최종적인 결론으로 남아 있진 않다.

이제 우리는 몸과 마음*처럼 유사하게 한편으로는 필연성, 다른 한편으로는 자유 사이의 대립도 투사의 불가피한 결과라는 것과, 동시에 이러한 대립도 차원 관찰법으로 해결 가능하다는 것을 알 수 있다. 신체적인 것에서 원인, 작용과 반작용은 일관된 '인과 고리'로 결합되는데, 예를 들어 중추 신경계의 경우, 전적으로 닫힌계closed system라고 말할 수 있다. 하지만 이렇게 겉으로 보기에 완전히 닫힌계가 어떻게 동시에 열려 있으면서 심리적인 것과 영적인 것을 그 안에 흡수하고, 유입하고, 영향을 받을 준비를 하는 것이 가능할까? 이 이중적인 유기체가—표현이 풍부하고 도구적인 자신의 기능에 따라—그러한 류의 유기체 인간에게 봉사할 수 있게 하기 위해서? 가끔 신경생리학적 체계의 폐쇄성과, 그때 모든 초생리학적 존재에 대한 개방성 역시 모순이다. 하지만 우리가 인간 존재를 차원적으로 관찰하는 한 이러한 모순도 표면적이고 상쇄할 수 있다는 것이 입증된다. 유리잔을 스케치해 보면, 다시 말해 이를 평면에 투사한다면 유리잔의 윤곽도 마찬가지로

---

* 몸과 마음 사이와 유사하게 형태와 질료와의 관계는 전자가 후자보다 더 높은 차원에 속한다. 이에 질료형상론hylomorphism에서 영혼을 '육체의 형상forma corporis'이라고 부르는 것은 정당하기도 하다. 육체의 형상인 '영혼' 안에서 영적인 것과 심리적인 것의 유사한 관계를 고려할 때 '영혼Geistseele'을 만드는 형상forma formans으로(난 이렇게 말하고 싶다), '육신의 혼Leibseele'을 만들어진 형상forma formata으로(이렇게 말해도 괜찮다면) 구분해야 한다. 실제로 인간은 자기 자신을 만들어 간다. 자기 안의 영적인 것, 즉 영적 인격체로서 인간은 영적 특성을 띤 자기 자신, 즉 자기 안에 있는 영적인 것을 만들어가고, 이 점에 있어서 창조한다. 다시 말해 "인간은 창조적이다". 그리고 "그 특성은 창조된 것이다".(V. E. 프랭클, 《무조건적인 인간Der unbedingte Mensch, 초임상적 강의록》, 빈, 1949년, 99쪽).

닫힌 원으로 보인다. 그럼에도 불구하고 유리잔 자체는 한 차원 높은 3차원 공간에서 어떤 것을 자기 안에 받아들이는 데 '열려' 있고 '준비되어' 있다. 그렇지만 이러한 개방성은 동시적인 폐쇄성에도 불구하고 바로 3차원적 공간 구성물인 유리잔이 존재하는 차원에 먼저 나타난다. 인간도 다르지 않다. 다만 유감스러운 것은 영적인 것이 인간의 완전성 일부에 속한다는 것이다. 다시 말해 '영적인 것의 차원이 인간의 공간을 먼저 구성한다'는 점이다.

이쯤에서 덧붙여 말하고 싶은 것은, 필연성과 자유(앞서의 내용을 보라), 또한 한편으로는 실존적 자유와 다른 한편으로는 보다 높은 신의 섭리에 의한 필연성 간의 관계처럼 비슷한 관계가 존재할 수 있다는 것이다. 마찬가지로 이 둘 사이의 모순 역시 차원적 관찰법에서는 표면적인 것임이 입증된다. 그리고 신은 그럼에도 불구하고 우리 인간에게 자유로운 선택으로 보이는 것을—또 인간의 공간에서 자유로운 선택인 것도!—바로 이런 자유 안에서 진정으로 원하고 예견한다. 마침내 길들여진 동물(예를 들어 황소) 역시—자신의 '주변 세계Umwelt'에서—인간에 의해 어떠한 '더 높은' 목적을 위하여 자신의 본능이 '구속당해', 인간 농부의 세계에 안착될지는 예견할 수 없다. 그러나 동물의 주변 세계는 다름 아닌 내세를 위한 마지막 세계로서 인간 세계와 경우가 비슷하다. 이는 황금 분할의 관계와 같다.

눈을 다시 인간에게로 돌려, 영적인 것의 차원이 먼저 인간의 공간을 구성한다는 방금 세운 가설로 돌아가 보자. 여기서 분명 '오직'이 아니라 '먼저'라고 말한다! 왜냐하면 영적인 것은 하나의 차원이 아닌 인간의 바로 '그' 차원을 의미하기 때문인데, 이게 유일한 차원은 아니다. 언젠가 파라켈수스Paracelsus는 '인간은 오직 인간의 높이일 뿐이다'라고 말했는데, 여기서 '오직'이란 말을 '먼저'로 대체해 이렇게 바꿔 말하고 싶다. 인간은 '오직' 높이에만, 높이의 차원에만, 영의 차원에만 '있는' 것은 아니다. 인간 존재와 같은 것은 무엇보다 '먼저' 인간의 공간인 몸, 마음, 영의 공간에 나타난다. 다시 말해서 인간은 '3'차원, 영적인 것의 차원뿐만 아니라 먼저 몸, 마음, 영의 3차원성에 나타나는 것이다. 이 세 통합체 안에서 호모 후마누스homo humanus는 제 집을 찾고, 인간성은 그 집에 머문다. 이와 달리 파라켈수스의 명제를 받아들인다는 것은 다시 투사하기만, 즉 다시 모든 것을 직선으로만 관찰하고 일원론에 빠진다는 걸 의미할 수 있다. 그것이 비록 하부의 유물론적 일원론과 반대로 상부의 일원론, 즉 유심론적spiritualism 일원론이라 할지라도 말이다.

영적인 것이 존재론적으로 '그 자신의' 존재 형태이자 인간학적으로 인간의 '고유한' 존재 형태이긴 하나, 다만 두 가지 제한이 있다. 그중 첫 번째는 영적인 것은 결코 인간에게 속한 유일한 존재론적 영역이 아니라는 점이다(이를 주장한다면 유심론에 빠지는 것일지 모른다). 왜냐하면 인간은—매우 영적인 존재, 본질적으로 영적일 수 있다—육체적, 정신적, 영적 통합체이자 완전체이기 때문이다. 이와 함께 또 다른 제한은, 영 안에서, 즉 영적으로 볼 때, 합리적이고 지적인 것이 인간 존재의 본래적인 것을 나타내지 않는다는 점이다. 그들과 자리를 놓고 다투는 것은 오히려 정서적인 것과 실존적인 것이다. (실존 분석은 인간상의 설계도 안에 영적인 것을 넣으려고 할 때 이러한 위계의 인정을 통해 인간학을 위협하는 세 가지 위험, 즉 불굴의 유심론, 합리주의, 지성주의에 앞서 있다.) 우리가 늘 투사와 밀접한 관계에 있다고 반박해서는 안 된다. 이를 테면 환자에게 신경학적인 진찰을 하려고 한다면 나는 인간이 생리학적 차원에만 있는 것처럼 행동해야 한다. 그때도 여전히 호모 후마누스를 상대하는 척해서는 안 된다. 여하튼 진찰하는 내내 나는 내 앞에 앉아 있는 환자가 마치 '~의 사례'인 것처럼 행동할 수밖에 없다. 간단히 말하자면 난 형용사적 '환자'와 관계가 있고 병에 걸린 명사적 '인간', 즉 호모 파티엔스와는 아무런 관련이 없는 듯 행동한다.

그래서 나는 항상 '마치 ~인 것처럼' 행동해야 한다. 왜냐하면 나는 전全차원 존재인 무릎 반사를 검사하는 것이 아니고 단지 한 유기체에 (중추신경계라고 말하는 대신) 검사하는 것이기 때문이다. 이는 호모 후마누스의 단순한 투사를 의미한다.

마찬가지로 인간에 의한 영적인 공간에서 인간을 신경학 진찰의 경우처럼 생리학적 평면이 아닌 심리학적 평면에 투사하는 것이 옳을지도 모르는데, 이는 이를테면 정신역동 연구에서 일어난다. 하지만 만일 이 연구가 방법에 대한 아무런 의식 없이 행해진다면 잘못된 길로 이끌 수도 있다. 특히 이런 경우 내가 가려내는 것을 유념해야 할 것이다. 그 이유는 일방적이면서 배타적인 정신역동 관찰의 좌표계에서 인간은 처음부터 오로지 충동에만 사로잡힌 것처럼 보이거나 이를 충족시키는 존재 외에는 아무것도 아니라는 걸 알 수 있기 때문이다. 그런데 본래 인간적인 것은 그러한 좌표계에서 필연적으로 왜곡되어 모사된다. 그렇다, 우리는 특정한 인간 현상들을 알아차리지 못한다. 의미와 가치 같은 것만 생각해 봐도 그렇다. 이들은 내가 오로지 충동과 충동력에 따라 움직이는 한 시야에서 사라질 수밖에 없다. 왜냐하면 가치는 나를 내모는 게 아니라 끌어당긴다는 단순한 이유에서 그럴 수밖에 없기 때문이다! 이 둘 사이에는 엄청난 차이가 있는데, 이것을 인정하는 것을 숨겨선 안 된다. 그렇지 않을 경우 우리는 현상학적 분석에서 인간 존재의 모든, 완전한 현실에 이르는 통로를 구하게 된다.

이렇듯 반드시 필요한 투사들이 존재한다. 말하자면 모든 존재적 학문은 온갖 존재론적 학문과는 반대로 투사에, 그 대상의 차원적 특성을 포기하는 데 의존하고 있다. 바로 이것이 대상을 투사하는 것이고, 이렇게 해서 '학문은 현실의 전차원적 구조를 불가피하게 포기하게 하는 것'이다. 즉 학문은 조리개를 좁히고 괄호 안에 넣어야(현상학에서 말하는 '판단 중지'를 뜻함-옮긴이) 한다. 그리고 '마치 ~인 것처럼' 가정하고 행동해야 한다.

하지만 마찬가지로 학문도 자신이 무엇을 하는지를 알아야 한다! 또 가정하는 것이 자신이 아니라 '상식' 혹은 인간 존재의 직접적인 자기 이해인 것처럼 누구를 속이려 들면 안 된다. 단순한 인간의 이러한 자기 이해에서 영, 자유와 책임 같은 것은 순전히 '허구'나 다름없다.

자연주의가 인간을 즐겨 속이려 들 듯이, 인간은 이 허구를 생물주의 적으로 어떤 뇌 처리 과정으로 환원하거나 심지어는 이와 동일시하고, 아니면 심리주의적으로 추론한다. 소탈하고 단순한 인간은 자기 자신 을 '심리 기제'로 이해하지 못한다. 그렇지만 이 복잡하지 않고 단순한 인간은 자신의 영성, 자유, 책임에 어떤 종류의 사정이 있는지는 늘 알 았다. 그는 뇌와 같은 것을 알기 전에 혹은 설명할 수 없는 본능적 갈등 에 대해 들어보기 이전에 이것을 이해했다. 불가피한 투사와 필요한 허 구만 존재하는 게 아니라 불필요한 것도 존재한다. 심리학은 본래 사유 학이어야 한다. 사람들이 그렇게 부르길 원하든 원하지 않든 상관없이 말이다. 먼저 그러한 것으로서 심리학은 접근할 수 있다. 다시 말해 '인 격'-'실존'-'영적인 것' 같은 것에 가까이 다가갈 수 있다(우리가 어떤 것 에 현상학적, 인간학적 혹은 존재론적으로 접근하는지 여부에 따라서).

'영성', '자유' 그리고 '책임'은 인간 존재의 실존주의적 요소에 속한 다. 이 세 가지 실존주의적 요소들은 인간 현존의 특성을 나타낼 뿐만 아니라 인간적인 것으로서 그것을 구성한다. 이런 의미에서 인간의 영 성은 특징일 뿐만 아니라 (본질적인) 구성 요소다. 다시 말해 인간의 특 색을 나타내는 것이 단지 영적인 것만은 아니고, 몸, 마음도 인간을 특 징적으로 보여 주는데 이 둘은 동물의 특징이기도 하다. 하지만 영적 인 것은 인간에게 두드러진 것으로 오로지 인간에게만 부여된다.

당연한 말이지만 비행기는 지상에서만 움직일지라도 비행기가 아 닌 것은 아니다. 그것은 언제나 지상에서 움직일 수 있고, 또 그래야 한다! 하지만 비행기는 공중으로 날아오를 때야 비로소 스스로 비행기임을 입증한다. 이와 유사하게 인간도 자기 자신에게 맞설 필요 없이 심신 유기체적 사실성의 평면을 벗어날 때에만—그리고 자기 자신 앞에 마주설 수 있을 때—인간으로서 행동하기 시작한다.

이러한 가능성이야말로 실존한다는 것을 의미하고, 실존한다는 것은 언제나 자기 자신을 초월해 있다는 뜻이다.

1. 인간의 영성

영적 존재자Seiendes는 다른 존재자 '곁에 있다'. 다만 곁에 있음Bei-Sein을 공간적으로 상상해선 안 된다. 왜냐하면 이는 공간적인 것이 아닌 '실제로' 곁에 있음을 의미하기 때문이다. 그런데 이러한 '실제'는 존재적인 것이 아닌 존재론적 실제다. 따라서 영은 존재적 의미에서 '외부에' 있는 게 아니라 존재론적 의미로 늘 유사 외부에 있다!

우리는 모든 것을 단지 '비유적으로'만 말한다고 결코 확언해선 안 된다. 그 이유는 사람들은 아무 어려움 없이 반대로 말할 수도 있고, 신체적인 곁에 있음(예를 들어 두 사람이 함께 있는 것처럼)은 좁은 의미, 즉 공간적인 것에 한정시킨 의미로, 혹은 달리 말해 신체적인 것에 한정된 의미로 곁에 있다는 것일 수 있기 때문이다! 또 비공간적이면서 비신체적 의미, 즉 신체적인 의미가 아닌 '존재론적' 의미가 더 근원적인 의미이기 때문이다.

모든 인식론의 특징적인 물음은 이미 시작부터 잘못되었다! 어떻게 주체가 대상에게 접근하는가 하고 질문하는 것은 무의미하다. 왜냐하면 이 질문은 이미 허용되지 않는 공간화의, 그리고 이로써 진상의 존재화의 결과를 나타내기 때문이다. 주체가 어떻게 자기'로부터' 자기 '밖에', '외부에' 있는 대상에게 다가갈 수 있는가 하고 묻는 것은 쓸데없는 일이다. 그 대상은 존재론적 의미로 볼 때 전혀 '외부에' 있지 않았기 때문이다. 하지만 이 질문이 존재론적인 것을 뜻하고 '외부에'가 '마치 ~인 것처럼'을 의미한다면 이렇게 답할 수밖에 없다. '그렇게 불리는' 주체는 '말하자면' 밖에, '그렇게 불린' 대상 곁에 늘 있었다고 말이다!

다른 말로 표현하면 우리는 그 벌어진 거리, 인식론이 부당하게 공간화해서 발생한 주체와 대상의 분리와 와해에 절대로 합류해서는 안 되고, 이를 안내해서도 안 된다. 그래야만 인식의 참된 존재론을 위한 단초를 손에 넣을 수 있고, 그래야만 '한편으로는 인식하는 영적 존재자와 다른 한편으로는 인식된 다른 존재자 사이의 간극이 벌어지지 않는다'. 안과 밖, 내부와 외부 사이의 모든 거리, 모든 원근, 다시 말해 존재화하는 비존재론적 인식론은 이런 표현들을 단지 공간적으로만 받아들인 덕분이다.

이러한 인식론적 입장은 그야말로 철학적 '타락'을, 진정 '선악과' 이론을 의미한다. 왜냐하면 이러한 분열은 한번 자리잡으면 그 '간극'을 넘는 데 그 어떤 것도 도움이 안 되기 때문이다. 그때는 벗어날 길이 없다! 우리가 이런 피할 수 없는 주체와 대상의 분열에서 벗어나기 위해 노력하려고 한다면 주체와 대상에서 분리가 일어나기 전에 무조건 물러서야 한다.

영적 존재자가 다른 존재자 '곁에' '있다'는 가능성은 본원적 능력이고, 영적 존재, 영적 실재의 본질이다. 그리고 그것은 우리에게 옛날부터 전해져 내려온 '주체'와 '대상'에 관한 인식론적 문제를 덜어 주고, 전자가 후자에게 어떻게 다가갈 수 있는지에 대한 문제를 우리가 증명해야 할 책임으로부터 자유롭게 해 준다. 그렇지만 우린 이러한 해방을 계속되는 물음을 포기한 대가로 얻는다. 그중에는 이런 물음도 있다. 다른 존재 '곁에' '존재'하기 위하여 영의 마지막 최후 가능성이라는 배후에 있는 것은 무엇인가?

사실 인식의 존재론은 영적 존재자가 '어떻게든' 다른 존재자 곁에 있다는 것 외엔 더는 제시하고 진술할 수 없다. 다시 말해 오로지 이 그것임Dass-heit만이 존재론적으로 도달할 수 있다. 하지만 무엇임Was-heit, 곁에 있음의 본질은 그럴 수 없다.

존재자는 이를 인식하는 영적 존재자에 맞서 결코 '밖'에 있지 않고 늘 '거기'에 있다. 먼저 모든 심리학의 특성인 성찰적 태도를 통해, 이러한 '거기' 있음은 주체 안과 대상 안에서 분리된다. 하지만 반성적 태도는 더 이상 존재론적이 아닌 오히려 존재적, 말하자면 심리학적 태도다. 바로 그때 영적 존재자도 사물 가운데 하나*가 되고, 그것의

---

*   데카르트의 '생각하는 사물res cogitans'과 비교하라.

곁에 있음은 현세적 관계가 된다.

그렇다면 결국 영적 존재자의 곁에 있다는 것은 무엇을 말하는가? 그것은 영적 존재자의 의도성이다! 영적 존재자는 본디 그의 본질에 있어 의도적이고, 이는 이렇게 말할 수 있다. 영적 존재자Seiendes는 '영적인' 존재자이고, 의식적 존재이며, '자기 곁에bei sich' 있고, 동시에 다른 존재자 '곁에', 다른 존재자를 '의식하'면서 '있다'. 그 때문에 영적 존재Sein는 곁에 있음(존재) 속에서 실현되고, 영적 존재의 이러한 곁에 있음은 그의 가장 고유한 가능성, 즉 그의 근원적 능력이다.

영적 존재자는 다른 존재자 '곁에' 완전히 '존재'할 수 있을 뿐만 아니라 무엇보다 동등한 존재자 '곁에', 즉 그에게 있어서 영적인, 바로 그러한 존재자 곁에 '존재'하는 것도 가능하다. 이제 우리는 다른 존재자 곁에 있는 영적 존재자의 이러한 곁에 있음, 다시 말해 각각의 영적 존재자 간에 옆에 존재하는 것을 '서로 곁에 있음'이라고 부른다. 그리고 결과적으로 먼저 그렇게 서로 곁에 있음 안에서만, 다시 말해 오로지 동등한 존재자 사이에서만 온전한 곁에 있음이 가능해진다.

하지만 이것도 완전히 서로에게 헌신한 존재, 우리가 사랑이라고 부르는 것 안에서만 가능하다.

사랑은 누군가에게 너Du라고 말할 수 있는 것, 그리고 더 나아가 그에게 예라고 말할 수 있는 것이라고 정의할 수 있다. 다른 말로 말하면 사랑은 한 사람을 그의 존재, 그의 그러한 존재, 그의 일회성과 유일성 안에서 이해하는 것이다. 하지만 사랑은 그의 존재와 그의 그러한 존재뿐만 아니라 그의 가치, 그의 존재 당위Seinsollen 안에서도 이해해야 한다. 즉 그를 긍정하는 것이기도 하다. 이에 흔히 사랑은 눈을 멀게 한다는 사랑에 관해 하는 말이 옳지 않다는 것을 다시 한 번 알 수 있다. 이와는 정반대로 사랑은 비전을 낳는다. 왜냐하면 사랑이 다른 사람에게서 발견하고 빛나게 하는 가치는 실재가 아닌 순전한 가능성이기 때문이다. 그것은 아직 존재하지 않지만, 그렇게 될 수 있고 또 되어야 하는 어떤 것이다. 인지적 기능은 사랑의 한 특성이다.

서로 곁에 있음이 다른 사람 '곁에' 있는 한 사람의 '존재'라면, 그리고 그것이 최대한 다른 사람의 절대 다름(다른 모든 사람을 상대로 다름) 속에서, 다시 말해 곁에 존재하는 것이—그리고 그러한 것만이—애정으로 이해하는 어떤 다름 속에서 그의 '곁'을 의미한다면, 이 경우 사랑은 전적으로 인간의 존재 방식을 나타낸다고 말할 수 있다.

인간의 영성 안에는 무의식적 영성 같은 것도 존재한다. 그렇지만 덧붙여야 할 것이 있는데, 우리가 무의식적 영성이라고 하는 것은 이 무의식이 반성적 자의식의 중지 상태에 있는 것이라는 점이다. 이때 인간 현존재의 암묵적 자기 이해*는 그대로 유지된다. 왜냐하면 자기 이해는 모든 실존에, 모든 인간 현존재에 부여된 것이기 때문이다.

무의식적 영성은 모든 의식적인 것의 원천층이자 근원층이다. 바꿔

---

* 실존의 자기 이해는 환원 불가능한irreducible 근원 현상이다. 그 이유는 실존은 스스로 이해할 수 있지만, 자신의 자기 이해를 이해할 수 없기 때문이다. 이러한 이해, 이런 강화된 자기 이해는 말하자면 근원적 자기 이해의 차원보다 더 높은 차원에서 전개된다.

말하면 우리는 충동적 무의식뿐만 아니라 영적 무의식도 알고 인정하며, 이 영적 무의식 안에서 모든 의식적 영성의 핵심적 토대를 발견한다. 나ich는 그것Es(이드)에 지배되지 않는다. 하지만 '영은 무의식에 의해 운반된다'.

우리가 '영적 무의식'이라고 부르는 것을 좀 더 자세히 설명하기 위해 본보기로 '양심' 현상을 이용하려고 한다.[4] 실제로 사람들이 양심이라고 하는 것 역시 무의식의 심층까지 내려가며 무의식 근저에 뿌리박고 있다. 인간 현존재의 위대하고 참된—실존적으로 참된—결정은 언제나 전적으로 비성찰적이고 이 점에서 무의식적이기도 하다. 근원에 있어서 양심은 무의식에 스며든다.

이런 의미에서 양심은 비합리적이라고 말할 수 있다. 양심은 비논리적이고, 혹은 더 자세히 말해 전논리적prelogical이다. 이는 비과학적이고, 존재론적으로 양심의 전방에 위치한 논리 이전의 자기 이해가 존재하는 것과 똑같다. 마찬가지로 본질적으로 모든 명백한 도덕보다 앞서는 도덕 이전의 가치 이해, 다시 말해 양심이다.

그렇다면 어떤 이유에서 양심은 비합리적으로 작용할 수밖에 없는가? 이 질문에 다음과 같은 사실을 고려해야 한다. 존재자는 의식에 다가갈 수 있지만 양심에 다가갈 수는 없다. 양심에 접근하는 것은 오히려 '비'존재자, 즉 '당위적' 존재다. 이 당위적 존재는 실재적인 게 아니라 실현되는 것이고, 실현되는 것도 단지 가능한 것이다(물론 이러한 순수한 가능성이 고차원적 도덕적 의미로 다시 필연성을 나타내지 않은 것은 아니다). 하지만 양심이 우리에게 보여 주는 것이 실현되는 것이라면, 또 그게 먼저 실현되어야 한다면 즉시 이러한 물음이 생긴다. '그것이 영적으로 먼저 어떤 식으로든 예측되는 것 외에 달리 어떻게 실현될 수 있겠는가?' 이러한 예측, 즉 영적인 선행은 직관이라고 부르는 것 안에서 이루어진다. 다시 말해 영적 선행은 관조하는 행위 안에서 발생한다.

이렇게 양심은 본질적으로 직관적인 기능이라는 것을 알았다. 양심이 실현되는 것을 예측하기 위해서는 먼저 직관해야만 한다. 이런 의미에서 양심, 에토스는 실제로 비합리적이며 추후에만 합리화가 가능하다. 우리는 이와 유사한 예를 알지 않은가? 에로스도 마찬가지로 비합리적이면서 또 직관적이지 않은가? 사실 사랑도 직관한다. 말하자면 사랑도 아직 존재하지 않은 것으로 본다. 하지만 사랑이 양심처럼 먼저 '존재의 당위'는 아니다. 사랑으로 밝혀지는 아직 존재하지 않는 것(비존재자)은 단지 존재의 '가능한 것'일 뿐이다. 사랑은 사랑하는 너의 가치 가능성을 알아차리고 기회를 열어 준다. 사랑 역시 영적인 비전 안에서 뭔가를 앞서 행한다. 말하자면 구체적인 것, 아직 실현되지 않은 개인적 가능성을 사랑하는 사람이 자기 안에 숨기고 있는 것일 수 있다.

하지만 양심과 사랑이 서로 닮은 것은 둘 다 현실이 아닌 똑같이 가능성과 관련이 있다는 점에만 있지 않다. 또한 처음부터 분명히 말한 둘 다 똑같이 직관적인 방법으로만 앞서갈 수 있다고 한 데에도 있지 않다. 그보다는 본질적이기에 꼭 필요한 그들의 직관적이고 비합리적인, 그리고 그 때문에 결코 완전히 합리화할 수 없는 작용 방식에 대한 두 번째 이유에 있다. 즉 사랑과 양심은 둘 다 철저하게 개인적인 존재와 관련이 있다.

양심의 과제는 인간에게 '꼭 필요한 한 가지'를 규명하는 일이다. 그것은 바로 유일한 것이다. 이는 무엇인가 철저히 개인적인 것, 개인적인 '존재의 당위'가 중요하다. 따라서 보편적 법칙, 일반적으로 말한 '도덕 법칙'(칸트의 명령법)으로는 이해할 수 없고, '개인 법칙'(게오르크 짐멜)으로 규정할 수 있다. 다시 말해, 개인 법칙은 결코 합리적으로는 인식할 수 없고 직관적으로만 이해 가능하다. 그리고 이러한 직관적 능력이 보살피는 것이 바로 양심이다.

양심만이 구체적 인물의 구체적 상황에서 일반적으로 이해한 '영원한' 도덕 법칙을 조율할 수 있다. 양심에 의한 삶은 말하자면 언제나 절대적으로 개인적인 삶이다. 절대적으로 구체적인 상황에서, 다시 말해 우리의 일회적이고 유일무이한 현존을 좌우할 수도 있는 상황에서 말이다. 양심은 늘 내 개인적 '존재'의 구체적인 '그곳'을 포함한다.

이젠 이러한 관계, 즉 본질적으로 개인적인 양심의 의도와 관련해서 사랑이 확실한 유사성이 있다는 것을 보여 주려고 한다. 에토스뿐만 아니라 에로스도 전적으로 개인적 가능성을 목표로 하고 있다. 양심이 '꼭 필요한 한 가지'를 밝히듯 사랑도 가능한 유일한 것을, 사랑하는 사람의 유일무이한 가능성을 밝혀 주기 때문이다. 그렇다, 먼저 사랑이, 그리고 오직 사랑만이 한 인간을 유일성 안에서 절대적인 개체, 바로 그 사람임을 알아차릴 수 있다.

에토스적인 것과 성애적인 것만으로는, 양심과 사랑만으로는 정서적이고 비합리적인 영적 무의식의 직관적 심층에 뿌리 내릴 수 없다. 마찬가지로 세 번째 파토스적인 것도 어떤 의미에서 이곳에 자리 잡을 수 있다. 예술적 양심이라고 할 수 있는 소위 심미적 무의식이 영적 무의식 안에, 에토스적 무의식, 도덕적 양심 옆에 있다는 점에서 그렇다. 이런 의미에서 예술가도 예술적 생산[5]은 물론 재생산의 관점에서 무의식적 영성에 의존하고 있다. 예술가에게 영감은 그 자체로 양심의 비합리적이고 완전히 합리화할 수 없는 직관과 일치하며, 무의식적 영성의 영역에 근원을 두고 있다. 예술가는 이러한 영감으로 창조하고, 이렇게 해서 창작의 원료가 되는 원천은 의식으론 결코 완전히 밝힐 수 없는 암흑 속에 존재하고 머물러 있다. 과도한 의식성이 '무의식에서' 나오는 생산을 방해할 수 있다는 것은 끊임없이 입증되고 있다. 때때로 지나친 자기 관찰, 다시 말해 무의식 심층에서 저절로 일어나는 것을 의식적으로 '만들'려는 의지는 창조하는 예술가에겐 커다란 장애가 된다. 모든 과도한 성찰은 해롭다.

무의식적 영성에 관해 말하면서 무의식적이라는 것은 비성찰적이라는 것으로 이해해야 한다고 앞서 잠깐 암시했다. 하지만 그 이상을 의미하기도 한다. 말하자면 그것은 성찰 불가능하다는 것도 뜻한다. 하지만 만약 인간의 영성이 전적으로 무의식적일 뿐만 아니라 의무적으로 무의식적이기도 하다면 다음과 같이 생각해 볼 수 있다.

사실 영은 자신을 근원에서, 기원점에서 파악하려는 모든 자기 관찰에 대해 맹목적이라는 점에서 최소한 스스로 성찰할 수 없음을 보여준다. 이와 관련하여 책《무의식의 신Der unbewusste Gott》에서 언급한 비유 하나를 들어 보자. 눈 망막의 기원점, 즉 안구에서 시신경이 진입하는 곳엔 소위 망막의 맹점이라는 것이 자리 잡고 있다. 또 다른 비유를 들면, 이러한 맹점은 온갖 자아도취 앞에서도 생기는데, 이는 스스로 '검안경'으로 볼 때마다 똑같이 일어난다. 그 순간 그는 눈이 멀 것이다. 망막은 유전학적으로 뇌에 속하는데, 참고하면 뇌—모든 통각 기관—자체는 전혀 통증을 느낄 수 없다. 이는 또 다른 유사점인데, 왜냐하면 인간—막스 셸러에 따르면 영적 행동 중심지, 마찬가지로 모든 의식의 중심지—자체도 의식할 수 없기 때문이다.

망원경으로 태양계의 모든 행성을 관찰할 때 지구라는 행성 자체는 예외로 남는다. 이와 비슷하게 우리 인간에게는 모든 인식이 그렇다. 인식이 인간적인 것인 한 현 위치에 고정되어 있다. 그렇지만 그 위치가 대상이 될 수는 없으며, 이에 주체도 마찬가지로 완벽하게 결코 자기 자신의 대상이 될 수 없다.

완벽한 자기반성은 할 수 없을 뿐 아니라 그렇게 해서도 안 된다. 왜냐하면 자기 자신을 관찰하고 비추는 것은 영의 과제가 아니기 때문이다. 어떤 것이든, 누구든, 그것이 일이든 인간이든, 또 이념이든 인격이든 뭔가에 집중하고 지향된 상태는 인간의 본질에 속한다! 다만 그런 식으로 의도한 만큼만 우리는 실존적이다. 인간이 영적으로 어떤 것 혹은 누군가 곁에, 또 영적인 것이나 그렇지 않은 다른 존재자 곁에 있는 만큼만, 즉 오로지 그러한 곁에 있음만큼만 인간은 제정신이다. 인간은 스스로 관찰하고 비추기 위해 존재하는 게 아니라 자신을 내어주고, 희생하고, 알아가고, 사랑하며 헌신하기 위해 존재한다.

인간은 이력으로 자신을 드러내고, 이는 직접적인 분석을 피하면서 자신의 존재를, 오직 이력이 말하는 독특한 존재로 보여 준다. 결국 이력은 개인의 일시적인 설명에 지나지 않는다. 이렇게 해서 '이력의 위치값'과 '개인의 표현 가치' 역시 당연히 모든 일대기적 날짜에, 말하자면 모든 전기적인 세부 사항에 귀속된다. 하지만 이것은 단지 어느 정도까지만, 그리고 어느 한도 내에서만 그렇다. 이러한 한계는, 사실상 제한적으로만 머물면서 오직 자의적으로만 절대적인 인간의 제약성과 일치한다. 왜냐하면 인간은 본질적으로 매우 영적인 존재일 수 있기 때문이다. 그는 유한한 존재로 머물고, 이는 영적 인격체가 반드시 심신의 층을 통과할 수 있는 것은 아니라는 점이 분명해진다. 영적 인격체가 언제나 심신의 층 전반에 드러나는 것도 영향을 미치는 것도 아니다.

어찌 됐든 심신 유기체나 이것에 발생한 모든 질병이, 그 배후에 있으면서 어떻게든 이를 이용하는 영적 인격체를 대변한다는 것은 말도 안 된다. 영적 인격체는 어떤 상황에서도 결코 그것을 이용할 수 없다. 이러한 영적 인격체는 모든 상황에서 심신 유기체 전반에 작용하는 것은 아니기에, 이런 이유로 모든 상황에서 심신 유기체 전반에 드러날 수도 없는 것이다. 바로 그 매개체가 활발하지 않기 때문에 침체된 것이다. 유기체—특히 병에 걸린—가 인격체를 반영하는 거울이라면 그 거울엔 얼룩이 있다. 달리 말해 거울에 묻은 얼룩들을 모두 다 거울에 비친 인간체 책임으로 돌릴 순 없다. 인간의 몸은 결코 인간의 영을 그대로 반영하는 거울이 아니다. 이는 '변용된' 몸에 적용될 수 있다. 오로지 변용된 몸만이 영적 인격체를 대변할지 모른다. 하지만 '타락한' 인간의 몸은 깨진 그리고 그 때문에 일그러진 거울이라고 볼 수 있다.

모든 질병을 병든 몸과 마음 탓으로 돌린다든지 아니면 정신병에서 그 원인을 찾으면 안 된다. 모든 병이 다 영인성은 아니다. 이를 주장하는 사람은 유심론자이거나—육체적 질병과 관련해—영육주의자 noosomaticist다. 인간이 영적인 인격체로서 자신의 심신 유기체에서 원하는 모든 것을 관철할 수 없다는 것을 의식할 때,—그러한 순종 불능을 고려하여—모든 육체적 질병을 마음의 쇠약에 전가하는 일은 없을 것이다. 확실한 것은 모든 질병은 저마다 '의미'가 있다는 것이다. 하지만 어떤 질병의 실제 의미는 병의 사실에 있지 않고 고통의 상태에 있다. 이에 의미는 먼저 병에 부여되어야 한다. 그리고 본래 운명의 순수한 고통 속에 있는 호모 파티엔스는 운명적으로 불가피한 고통의 가능한 의미를 실현한다. 영적 인격체인 자신과 심신 유기체의 질병 상태가 대결하면서, 병에 걸린 인간은 가장 심오한 의미를 충족시키고 가장 높은 가치를 실현한다. 질병은 의미 자체뿐만 아니라 별도의 의미를 가진다. 의미 자체는 초월 의미로, 이는 인간의 모든 의미 이해를 초월한 것을 뜻한다. 초월 의미는 우선 '정당한 심리치료 주제의 경계를 초월한다'. 그 경계를 벗어난 것은 당혹감의 형태로 되돌아오는데, 의사가 겪는 이 당혹감은 마치 아빠가 자녀로부터 하느님은 어느 정도까지 사랑이냐는 질문을 받았을 때 결의론적 예시를 들면서 대답했을 때와 같다. "하느님은 네가 홍역에서 벗어나게 해 주셨잖니." 이는 답변이 되지 않은 채로 남아 자녀는 이렇게 이의를 제기한다. "그건 맞아요. 하지만 하느님은 먼저 제가 홍역에 걸리게 만드셨잖아요!"

정신 질환에서 인간의 영의 무력함은 이 영이 스스로를, 그리고 그렇게 해서 정신 질환과 다투는 것도 표현할 수 없다는 데 있거나 아니면 이에 국한되는데, 이런 대결은 병에 대한 반발 혹은 병과 화해하는 것일 수 있다. 우리는 이 표현 불가능성을 대결 자체가 불가능한 것으로 혼동하면 안 된다. 후자는 가능성이 남아 있고, 우리가 '영의 반발력'이라고 부르는 것으로 언제든지 실현될 수도 있다. 바로 신경정신과 의사는 영적 인격체가 가진 심신의 제약성을 아주 잘 아는 전문가다. 하지만 영적 인격체의 반발력의 증인이기도 하다.

인간의 영은 조건적이다. 그 이하도 그 이상도 아니다. 몸은 아무것도 초래할 수 없다. 몸은 단지 제약일 뿐이다. 그렇지만 인간 영의 이러한 제약성은 무엇보다 그것이 몸과 함께 결합돼 있다는 데 있다. 소위 무인격적 메커니즘(겝자텔Viktor Emil von Gebsattel)이 영적인 것에 있지 않고 심신적인 것에 있다는 것도 마찬가지다. 여기서 인간의 영은 심신 유기체의 도구적*이고 표현적 기능의 완전함에 의지하고 있는데, 이이중의 기능—영적 인격체의 행동력이나 표현력에 기인한!—은 방해할 수 있다. 그런데 바로 이 때문에 영적 인격체는 결코 파괴할 수 없다. 또 만약 인간이 영적 인격체의 무능력으로부터(스스로 정신병과 대결하는 것을 표현하는 데 있어서) 영적 인격체의 무능력을(그것이 정신병과 대결하는 데 있어서) 단정 짓는다면 이는 궤변일 것이다. 어찌 됐든, 이러한 대결은 거의 드러나지 않고 우리 눈에 보이지 않을 수도 있다. 따라서 누군가 침묵하면서 자신의 고통을 짊어지고 견딘다고 할지라도 그 대결은 적지 않게 일어난다.

하지만 일반적으로는 제 기능을 발휘하는 심신 유기체가 인간의 영성이 발달하기 위한 조건이 된다는 점은 여전히 변함이 없다. 다만 심신적인 것이 영성의 조건이 된다 해도 아무것도 초래할 수 없으며, 그러한 영성을 낳을 수도 없다는 것을 잊어선 안 된다. 생명은 의미를, 신체 혹은 몸은 마음을 결코 초래할 수 없고 언제나 조건이 될 뿐이다.[6] 이와 함께 간과하면 안 되는 것은 오직 심신 유기체만이 병에, 정신 질환에 걸린다는 점이다. 왜냐하면 인격체는 영적인 것이고, 또 건강하고 아픈 것을 초월하는 존재이기 때문이다. 심신 기능 장애는, 심신 유기체 배후에 있으면서 어떻게든 이를 초월해 있는 영적 인격체가

---

* 영은 심신을 도구화하고, 영적 인격체는 심신 유기체를 조직한다. 다시 말해 영적 인격체는 심신 유기체를 도구로 만들면서 완전히 '자신의' 보조 수단으로, 기구로 만든다(V. E. 프랭클, 《무조건적인 인간. 초임상적 강의록》, 빈, 1949년, 53쪽).

자신을 표현할 수 없도록, 자신을 알아차릴 수 없도록 야기한다. 이것이 바로 정신 질환이 인격체에 의미하는 바다.

영적 인격체를 인지할 수 없는 것은, 정신 질환이 이를 가로막고 눈을 가리고 있기 때문이다. 그러는 동안에는 당연하지만 치료적으로 접근할 수 없고, 요구는 수포로 돌아갈 수밖에 없다. 이렇게 해서 의미치료는 임상에서 병의 증상이 경도에서 중간 정도인 경우에만 고려할 수 있다.[7]

정신 질환에서 로고테라피는('정신 질환의' 로고테라피란 것은 존재하지 않는다) 근본적으로 건강하게 남아 있는 것에 적용하는 치료로, 본래 병든 환자 안에 있는 건강한 태도를 다룬다. 건강하게 남아 있는 것은 발병 가능성이 없고, 병에 걸린 것은 심리치료에서 볼 때(단지 의미치료만 해당되는 건 아니다!) 치료 가능성이 없기 때문이다(이 경우는 오히려 신체 요법somatotherapy이 접근하기가 좋다).

정신 질환이라는 것의 운명은 이미 늘 정해져 있다. 사람은 늘 일했고, 늘 영향을 끼쳤고, 병이 생기는 데 늘 일조했기 때문이다. 발병은 인간에게 일어나고 나타난다. 동물은 병적 성향에 빠진다. 동물은 병적 충동에 그대로 순응한다. 이와는 반대로 인간만은 온갖 것과 대결할 수 있다. 그리고 그래야 한다. 자기 앞에 벌어진 일을 인간은 의식적으로 받아들이고 끊임없이 맞서 왔다. 다른 말로 하면 환자 안의 인간적인 것과 인간 안의 병적인 것의 대결은 반사적으로 일어나지 않는다. 오히려 그것은 암묵적으로 일어난다. 즉 대결은 전적으로 침묵하고 있다.

흔히 망상은 신체 과정에 대한 심리적 반응을 나타내는 것이라는 주장과 이런 암묵적 병의 형성을 혼동하면 안 된다. 그 이유는 우리에게 중요한 것은 심리 반응이 아니라 영적 행위, 즉 정신 질환에 대한 개인의 자세와 태도이기 때문이다.*

정신 질환에 걸린 개인을 보여 주고 비추는 것은 실존 분석이 하는 일이다. 실존 분석은 사례를 인간의 관점에서 투명하게 만들고, 병의 증상을 인간상으로 초월하게 하려고 시도한다. 말하자면 병의 증상은 단순히 본래 인간의 왜곡된 상이나 그림자에 지나지 않는다. 실존 분석은 본질적으로 신경증과 정신 질환 너머에 있는 인간 존재의 차원에서 그것을 단순히 임상적 평면에 투사하고, 이러한 초임상적 공간 안에서 신경증과 정신 질환의 현상 및 증상들을 추적한다.

그 공간 안에서 실존 분석은 훼손되지 않은 온전한 인간성을 발견한다. 만일 그렇지 않다면 정신과 의사라고 할 수 없을 것이다. 왜냐하면 정신과 의사라는 것은 저주받은 '심리 기제'를, 망가진 마음 '장치'나 부서진 기계를 대변하는 사람이 아니라 환자 안에 있는 인간적인 것을, 모든 배후에 있는 그리고 인간 안에 있는 모든 것을 초월한 영적인 것을 옹호하는 사람이기 때문이다.

---

* 편집증 환자—알다시피 구체적인 경우—가 질투 망상으로 제정신을 잃고 살인을 저지르는 대신 갑자기 병든 아내를 기쁘게 하고 애지중지하기 시작했다면 이는 영적 전환으로, 이 점에서 전적으로 책임질 능력이 있는 영적 인격체에게 전적으로 책임을 지울 수 있다. 소위 망상에서 결론을 이끌어 내는 이러한 업적에서는 영의 반발력은 끝내 드러나지 않는다. 이 편집증 환자의 경우 영의 반발력은 오직 그 사례 안에서만 드러나고, 당연한 말이지만 망상을 망상으로 이해한다든지 질투를 병으로 이해할 때, 즉 소위 병의 검열 속에서는 드러날 수 없다.

실존 분석은 그 분석을 심신 유기체뿐 아니라 영적 인격체를 갖춘 인간의 완전성까지 확장한다. 실존 분석은 충동에 의해 움직이는 무의식은 물론이고 영적 무의식까지 깊숙이 내려간다는 점에서 본래 깊이의 심리학(심층심리학)이라고 할 수 있다. 단 인간의 심신과는 달리 인간의 영을 높이의 차원으로 이해하지 않은 경우에 그렇다. 그때는 실존 분석이 깊이의 심리학의 정반대라는 것을 인정해야 할지 모른다. 다만 깊이의 심리학은 그 반대가 표면의 심리학이 아닌 '높이의 심리학'이라는 것을 잊고 있다. 우리가 아주 '교만'하지만 않다면, 이런 표현을 쓴다는 데는 어떤 심리학을 겨냥한 것일 수 있다. 의사가 임상에서 인간의 몸과 마음에 적용할 때 인간의 영을 잊지 않고, 심리치료가 영에서 유래한다고 할 때 영적 차원, 즉 인간 존재의 '높이'의 차원에 대해 잘 아는 심리학을 말이다. 깊이의 심리학은 지극히 합당하다. 하지만 "인간은 오로지 인간의 높이일 뿐이다"(파라켈수스).

그렇지만 오늘날의 인간은 정신적으로 피로감을 느끼고 있고, 바로 이러한 '정신의 권태'가 현대 허무주의의 본질이기도 하다. 집단 심리치료는 이러한 정신의 권태에 대처할 수 있다. 언젠가 프로이트는 인류는 자신에게 영이 있다는 것을 알았고, 영은 인류에게 충동이 있다는 것을 보여 줘야 했다고 말한 적이 있다. 하지만 오늘날은 다시 인간에게 '영을 향한 용기'를 북돋아 주고, 그에게 영이 있고 그가 영적 존재라는 것을 상기시켜 주는 것이 오히려 중요하게 여겨진다. 그리고 심리치료는 무엇보다도 집단 신경증을 고려할 때 이 점을 잊지 말아야 한다!

2. 자유

자기 이해가 우리에게 말해 주는 것은 우리는 자유롭다는 것이다. 하지만 자기 이해, 자유에 대한 이 근원적 사실의 자명성은 아주 쉽게 희미해질 수 있다. 이를테면 심리학은 자연과학의 영향 속에서 어두워질 수밖에 없다. 심리학은 자유를 모르고, 또 알아서도 안 된다. 이는 마치 생리학이 의지의 자유를 인정할 수 없고 볼 수도 없는 것과 똑같다. 정신생리학은 의지의 자유 쪽에서 멈춘다. 이는 신학이 의지의 자유 저편, 즉 신의 섭리가 인간의 자유보다 우선시되는 곳에서 시작되는 것과 마찬가지다. 자연과학자는 그 자체로 언제나 결정론자일 수밖에 없다. 하지만 '오로지' 자연과학자이기만 한 사람이 어디에 있을까? 자연과학자도 모든 학문적 태도를 초월한 인간, 완전한 인간이다. 그가 학문적으로 다가가는 대상도 마찬가지다. 또 인간 역시 자연과학에서 볼 수 있는 것 그 이상이다. 자연과학이 보는 것은 단지 심신 유기체일 뿐 영적 인격체는 아니다. 그 때문에 자연과학은 신체심리적 의존 관계에도 불구하고 인간의 특징인 영적 자율성도 간과할 수 없다. 이러한 '의존성에도 불구하고 자율성'(하르트만N. Hartmann)에서 자연과학이, 또 마찬가지로 자연과학적 심리학이 보는 것은 그저 의존의 순간뿐이다. 다시 말해서 '영적 실존의 자율성' 대신 '마음 장치의 자동성'만을 본다. 자연과학이 보는 것은 단지 필연성뿐이다.

하지만 인간 자체는 가능성의 이편에 있음에도 불구하고 늘 필연성의 저편에 있다. 인간은 본질적으로 필연성을 초월하는 존재다. 그는 필연성과 관계하지만 이와는 자유로운 관계에 '있다'.

이처럼 필연성과 자유는 결코 동일한 면에 있지 않다. 인간의 의존성이 발견되는 층에서는 결코 자율성이 나타날 수 없다. 그러므로 의지의 자유 문제를 다룬다면, 존재 층위의 혼합을 결코 허용해서는 안 된다. 그렇지만 존재의 층위가 혼합되는 곳이 없다면, 거기엔 관점의 타협 또한 존재할 수 없다. 따라서 결정론과 비결정론(자유 의지론) 사이에 어떠한 타협도 생각할 수 없다. 필연성과 자유는 똑같은 면에 있지 않으며, 자유가 모든 필연성 위에 위치하고 자리 잡고 있다. 그 때문에 인과 고리는 철저하게 닫혀 있다. 단 그것은 더 높은 차원, 고차원적 '인과성'에서만 열린다(252쪽을 보라!). 모든 인과성에도 불구하고 존재는 언제나 좁은 의미로, 말하자면 자신의 인과성 속에 있는 열린 그릇과 같아서 의미 있는 것을 받아들일 준비가 돼 있다. (뭔가를) 불러 일으키는 의미는 제약이 있는 존재에 영향을 끼친다.

자유에 대해 말하자면, 다음 세 가지에 대한 자유로 볼 수 있다.

ⅰ. 충동
ⅱ. 유전
ⅲ. 환경

ⅰ. 먼저 인간은 충동을 갖고 있다. 하지만 충동은 인간을 가질 수 없다. 인간은 충동으로 뭔가를 이루지만, 충동은 인간을 형성하지 못

한다. 우리는 충동 자체를 부정하지 않는다. 하지만 나에게 먼저 뭔가를 부인할 자유가 주어지지 않는다면, 난 그것을 긍정할 수 없다.

충동의 긍정하기는 자유와 상충되고, 마찬가지로 반대할 수 있는 자유도 전제 조건이다. 자유는 어떤 것에 대한 자유다. 다시 말해서 어떤 것'으로부터의 자유', 그리고 어떤 것을 '향한 자유'다(내가 충동이 아닌 가치에 의해 결정하는 한, 내겐 윤리적 요구를 거부할 자유가 있다. 나는 단지 결정할 뿐이다).

심리학적 사실은 '충동 자체'가 결코 인간에게 모습을 드러내지 않는다는 것을 입증하고 있다. 충동은 언제나 긍정되거나 부정된다. 그것은 늘 어떤 식으로든—어떻게 해서든—이미 형성되어 있다. 인간에게 있는 온갖 충동성은 영적 입장에서 언제나 새로운 형태를 취한다. 그리하여 영적인 것에 의한 각인 상태는 바로 영적인 선험으로서 인간의 충동성에 수반된다. 충동은 늘 인격체에 의해 조절되고, 조율되고, 제공된다. 충동은 늘 새로운 모습으로 만들어진다.[8]

인간의 충동은—동물과는 달리—언제나 영성에 의해 완전히 지배되고 장악되어 왔다. 인간의 충동성은 언제나 이 영성에 깊이 묻혀 있는데, 이는 충동이 억압되었을 때뿐만 아니라 억압되지 않은 곳에서도 끊임없이 작동하고 계속 간섭하거나 침묵을 유지한다.

인간은 충동이 일어나면 언제나 아니라고 말할 수 있고, 결코 언제나 예라고, 동의한다고 말해서는 안 되는 존재다. 인간이 충동을 긍정한다면, 이는 항상 먼저 그 충동과 동일시하는 과정 중에 발생한다. 이는 모두 동물의 대열에서 인간을 식별하는 것이다. 인간이 충동과 동일시해야 하지만(충동을 완전히 긍정하는 한), 동물은 충동이나 매한가지다. 인간에겐 충동이 있고, 동물은 충동'이다'. 인간이 다른 것은 바로 인간의 자유다. 자유는 인간에게 선험적이고 잃을 수 없는 특성이다. 난 그것을 완전히 '가지고 있'지만 잃어버릴 수도 있다.

인간에게는 자유 없는 충동이란 없고, 충동 없는 자유도 있을 수 없다. 이미 살펴본 바와 같이, 모든 충동성은 언제나 그것이 명백해지기 전에 자유 지대를 통과했고, 또 다른 한편으로 인간의 자유는 소위 자신이 서 있어야 할 기반으로서 충동성을 필요로 한다. 물론 동시에 자유는 그 기반 위에 일어서고 거기에서 도약할 수 있다. 어찌 됐든 충동과 자유는 서로 상호 관계에 있다.

하지만 이러한 상호 관계는 근본적으로 마음과 몸의 관계와는 전혀 다르다. 불가피한 심신 평행론과 반대로 우리가 자의적인 '영심리적 길항 작용noopsychological antagonism'이라고 부르는 것이 존재한다.

ii. 유전에 대해 말해 보자. 최근 중요한 유전 연구는 인간이 자신의 유전으로부터 꽤 자유롭다는 것을 증명하였다. 특히 쌍둥이 연구는 동일한 유전적 조건에서 삶이 어떻게 다를 수 있는지 잘 보여 준다. 나는 오래전에 알았던 일란성 쌍둥이를 기억하는데, 그들 중 한 명은 영리한 범죄자였고, 그의 쌍둥이 형제는 마찬가지로 영리한 형사가 되었다. 타고난 특성은 두 사람 모두 똑같이 '치밀한 사고'였지만 이것 자체는 가치 중립적이다. 이는 무거운 짐도 미덕도 아님을 뜻한다! 우리는 '실수로 바꿀 수 없는 미덕이란 없고, 미덕으로 만들 수 없는 실수란 없다'고 한 괴테의 말이 얼마나 옳은지 알 수 있다. 외국에 사는 어느 심리학자가 나에게 보낸 편지가 있는데, 그녀는 편지에서 자신의 성격 특성이 쌍둥이 자매와 세부적인 사항까지 완전히 일치한다고 했다. 이 자매는 똑같은 옷, 똑같은 작곡가 그리고 똑같은 남자를 좋아했다. 둘 사이의 유일한 차이점은 한 명은 생활력이 강하고, 다른 한 명은 신경증 환자라는 점이다!*

iii. 마지막으로 환경을 보면, 이 또한 마찬가지로 인간에게 결정적인 것은 아니고 그러한 환경에서 인간이 무엇을 하고 어떤 태도를 갖는가가 훨씬 중요하다는 것을 알 수 있다. 로버트 J. 리프톤Robert J. Lifton은 《미국정신의학저널》지에 미국 군인들에 관해 썼는데, 그들은 북한의 전쟁포로들이었다. "그 포로들 가운데 극도로 이타적 행동에서부터 살아남기 위해 전쟁의 가장 미개한 형태까지 보여 준 사례는 이루 말할 수 없이 많다."[9]

인간은 '결코 유전과 환경의 산물이 아니다'. 제3의 가능성도 있다. 그건 바로 선택이다. '결국 인간은 자기 자신에 대해 결정한다!'

이제 가장 중요한 인간 존재의 가능한 차원들을 간추려 설명해 보

---

* 칼리만Kalimann은 쌍둥이 2,500쌍 가운데 11쌍에서(8쌍은 이란성, 나머지 3쌍은 일란성) 쌍둥이 형제나 자매 한 명이 평균 17세 전에 자살했다는 사실을 발견했다. 하지만 쌍둥이 모두 자살한 경우는 없었다. 이와 관련된 참고도서와 이를 근거로 해서 저자는 동일한 생활환경에서 성장하고 비슷한 성격과 정신 질환을 보이는 쌍둥이도 둘 다 자살하지는 않는다고 결론 내렸다.

자. 이러한 차원 가운데 하나는 '생체적 기질'이라고 할 수 있다. 여기에는 생물학과 심리학이 관련 있다. 또 다른 것은 인간의 '사회적 상태'라고 할 수 있다. 이것은 사회학적 관찰의 주제가 된다. 생체적 기질과 사회적 상태, 이 둘은 인간의 '자연적 위치'를 결정한다. 이 자연적 위치는 생물학, 심리학, 사회학, 이 세 가지 학문을 통해 언제나 확인 가능하고 고정 가능하다. 다만 우리가 간과해선 안 될 것은 본래 인간 존재는 모든 탐지 가능성과 고정 가능성, 다시 말해서 확실하고 결정적인 모든 규정 가능성이 멈추는 곳에서 시작된다는 점이다. 그곳에서 시작하고, 그쪽으로 합류하고, 인간의 자연적 위치에 계속 부가되는 것은 인간의 '개인적 태도', 즉 어떤 기질이나 상황에 맞서는 개인적 입장이다. 그러므로 개인적 태도는 더 이상 앞서 제시한 학문들의 주제가 될 수 없다. 인간의 태도는 그러한 종류의 모든 점유를 초월한다. 그것은 오히려 하나의 차원, 그 안에서 발생한다. 그뿐만 아니라 그것은 본질적으로는 자유롭다. 그리고 마지막으로 선택이다. 만일 우리가 이러한 좌표계를 마지막 가능한 차원으로 확장시킨다면, 그것은 개인적 태도의 자유로 인해 어느 때든 가능한 것, 즉 실존적 전환에 관계할 것이다.

인간에 대한 모든 진술은, 그 자체를 고려하면, 인간의 모든 각각의 차원에 당연히 있다. 다만 우리는 조건적 타당성을, 다시 말해 그러한 진술의 차원적 성격을 늘 의식하고 있어야 한다.

인간의 생체적 제약성은 생물학주의biologism와 심리주의를, 그의 사회적 제약성은 사회학주의를 주목한다. 사회학주의는 '오로지' 이런 사회적 제약성만 보며, 이러한 제약성으로 모든 인간적인 것이 궁지에 몰리고 고립되었다고 여기고 그 뒤에서 결국 본래 인간적인 것이 시야에서 완전히 사라졌다고 생각한다.

또 어떤 것을 파악하는 인식 역시 사회적으로 제한된다. 그러나 충분한 숙고로 이내 알 수 있는 것처럼 사회적으로 제한된 것은 단지 파악하는 자와 파악하기뿐이다. 하지만 그때그때 파악된 것이나 파악 중인 자는 온갖 사회적 제약으로부터 벗어난다. 사회학주의가 저지른 것은, 끊임없이 강조된 수없이 많은 인식 주체의 제약성 배후에서 그 대상을 사라지게 하는 걸 겨냥했다는 점이다!

이렇게 해서 대상의 객관성은 희생되었고, 사회학주의는 주관주의가 된다. 무엇보다도 사회학주의가 저지른 실수는 대상과 내용을 혼동한 데에 있다. 인식의 내용은 의식에 내재돼 있고 주체의 제약성에 종속되어 있다. 이와 달리 인식의 대상은 의식을 초월해 있고 주체의 제약성에 전혀 지배를 받지 않는다.

우리는 모든 이해가 왜 극도로 주관적인 제한을 받는지 알고 있다. 처음부터 모든 내용은 대상 영역으로 이루어진 한 부문을 나타낸다. 이를테면 우리는 감각기관들이 여과 기능과 관련되었다는 걸 알고 있다. 의미 기관은 특수한 감각 에너지 주파수에 맞추게 된다. 하지만 유기체 전체도 세계에서 한 단면을 끄집어내고, 이는 그의 (특수한) 주위 환경을 형성한다. 그러므로 모든 주위 환경은 세계의 한 관점을 의미

하고, 모든 관점은 세계의 스펙트럼에서 나온 선택을 의미한다.[10]

이제 우리에게 달려 있는 것은 인식의 모든 제약성과 모든 주관성 그리고 상대성은 오로지 인식할 때 선택되는 것에만 적용되고, 무엇에서 선택하게 되었는지는 아무 관계가 없다는 것을 명시하는 일이다. 다시 말해, '모든 인식은 선택적이지만 창조적이진 않다'. 그것은 결코 세계를 창조할 수 없고—주위 환경조차—단순히 언제나 세계를 선택할 뿐이다.[*]

당연한 말이지만 우리에게는 오로지 세계의 한 단면, 주관적인 단면만 있다. 여기서 중요한 것은 객관적 세계에서 나온 주관적 단면이라는 점이다!

모든 인간적인 것은 제한적이다. 하지만 본래 인간적인 것은 자신의 고유한 제약성 위에 서고 동시에 그것을 극복, '초월'하는 것이다. 이렇게 인간은 전적으로—영적인 존재로서—자기 몸과 마음의 존재를 '벗어날' 때에만 인간이다.

이제 나의 현존재의 모든 외적 상황뿐 아니라 모든 내적 상황도 내가 무엇 안에 존재하고, 또 동시에 무엇을 벗어나서 존재하는가 하는 문제의 일부이고[**], 이에 따라 특히 모든 심리적 상태 역시 마찬가지로

---

[*] 우리는 언제나 자기만의 고유한 메아리를 듣는다. 하지만 소위 레이더(전파 탐지기)는 메아리가 올바르게 해석되고 이해될 때만 얼마나 많은 세계 구조가 자신을 드러내고 있는지 보여 준다.

[**] 사실성—실존적 행위의 판단 중지(에포케)—을 위해서 인격체와 실존성을 포기하는 것은 신경증의 본질을 이룬다(다음을 참조하라). 외적 상황과 내적 상태는 '실패한 현존재에 대한 책임을

그 일부가 된다. 또 나는 원칙적으로 이러한 심리적 상태에 개입하지 않을 수도 있는데, 이는 우리가 체험적으로 심신 평행론과 대조시킨 영심리적 길항 작용 덕이거나 아니면 영의 반발력에 의해 그렇다. 영의 반발력은 인간으로 하여금 육체정신적 상태와 사회적 상황에 굴하지 않고 인간성을 지킬 수 있게 만든다. 앞에서 영의 반발력이 항상 필요한 것은 아니라고 설명했다. 본문 245쪽에서 인간은 다행스럽게도 이 반발력을 늘 사용하지는 않는다고 분명히 이야기했다. 그 이유는 적어도 충동과 유전 그리고 환경에도 불구하고 인간은 이러한 충동과 유전 그리고 환경 덕분에 자신의 권리를 주장할 수 있기 때문이다. 인간은 현존재의 시각으로 자연 및 사회 환경, 외적 환경은 물론이고 생동하는 심신의 내적 세계, 내적 환경에도 입장을 표명한다. 하지만 강조하고 싶은 것이 있는데, 영적 존재로서 인간은 세계—내적 세계 같은 환경—에 맞서 자신을 발견할 뿐만 아니라 늘 어떻게든 세상을 향해 자신을 '드러내고', 어떻게 하든 '행동'할 수 있으며, 또 이 태도는 다름 아닌 자유로운 행동이라는 사실이다. 이렇게 인간에게 있는 모든 사회적이고, 신체적이고, 또 심적인 것에 대항할 수 있는 것을 우리는 인간 안에 있는 영적인 것이라고 부른다. 영적인 것은 이미 그 정의에 내포되어 있는 것처럼 인간 안에 있는 자유로움이다. 우리는 처음부터

전가하는 희생양의 성격'을 획득한다(V. E. 프랭클, 〈사회의료비평Sozialärztliche Rundschau 3〉, 1933년, 43쪽).

오로지—어떠한 상황에도—자유롭게 행동할 수 있는 것만을 '인격체 Person'라고 불렀다. 영적 인격체는 언제든지 저항할 수 있는 인간 안에 있는 그것이다!

사물 위에 설 수 있는 인간의 능력에는 자기 자신 위에 설 수 있는 능력이 포함된다. 이것을 우리가 가끔 환자를 대할 때 이야기하는 것처럼 간단히 말하면, 나는 나 자신의 모든 것을 다 받아들일 필요가 없다. 나는 내 안에 있는 것, 정상적인 심리적인 것뿐 아니라 정신적으로 어느 정도까지—이동 가능한 경계 안에서—비정상적인 것에도 거리를 둘 수 있다. 그러므로 나는 단순히 내가 대변하는 생물학적인 것이나 심리학적 성격에 얽매이지 않는다. 왜냐하면 나는 순전히 어떤 유형 혹은 성격을 '가지고' 있기 때문이다. 이와는 반대로 '나인' 것은 인격체다. 이러한 나의 인격 존재Personsein는 자유, 즉 인격 '생성Werden'을 향한 자유를 의미한다. 이는 고유한 사실성으로부터의 자유이자 고유한 실존성으로의 자유다. 이런 존재So-Sein로부터의 자유이자 다른 생성Anders-Werden을 향한 자유이기도 하다.

이것은 특히 신경증적 숙명론과 관련이 있다는 점에서 중요하다. 신경증 환자는 자신의 인격적 존재에 대해 이야기할 때마다 그것을 의인화하면서 마치 그러한 존재가 불가피한 것인 양 행동하는 경향이 있다. 하지만 실제로 현존재는 그 어떤 존재 안에서 소모되지는 않는다. 실존은 고유한 사실성 '안에 있'지만 거기에 파묻히지 않는다. 다시 말해서 실존은 밖에 존재하고ex-ist, 이는 곧 실존이 언제나 자기만의 사실성을 초월해 있다는 것을 뜻한다.

서로 필요로 하는 '실존과 사실성' 이 두 가지 상황과 둘이 서로 의존하고 있음은 결과적으로 인간 존재의 고유한 변증법적 특징을 이룬다! 이 둘은 항상 서로 얽혀 있고, 그렇기 때문에 강제로만 분리할 수 있다.

인간 현존재의 심신적 사실성과 영적 실존이 서로 강력하게 결합된 이 변증법적 통일성과 전체성을 고려할 때, 영적인 것과 심신적인 것을 선명히 가르는 일은 결국 발견적인 것만 가능할 수 있다! 따라서 그러한 가르기는 순전히 발견적인 분리여야만 하는데, 그 이유는 영적인 것이 관습적인 의미에서 실체가 아니라는 데 있다. 그것은 오히려 존재론적 실재를 나타낸다. 존재적 사실에 관해 말할 수 없듯이 존재론적 실재에 대해서도 이야기할 수 없다. 이것이 바로 우리가 '영적인 것'에 관해서 항상 유사 명사적, 즉 형용사를 명사화하는 표현법으로 이야기하며 명사인 '영'이란 말을 피하는 이유다. 진짜 명사는 오로지 실체만을 명할 수 있다.

그렇더라도 영적인 것과 심신적인 것 사이엔 분명한 경계가 필요하다. 그 이유는 간단한데, 영적인 것 자체가 본질적으로는 스스로 거리를 두는 것, 스스로 대조를 이루는 것이기 때문이다. 다시 말해서 그것은 사실성의 실존으로서, 형체가 배경에 의해 두드러져 보이는 것처럼 특징적인 인격체로서 대조를 이룬다.

우리가 인간 존재를 알리는 관점에 따라서 앞으로 통일되고 전체적인 것을 더 많이 볼 것이고, 또 영적인 것과 대립되는 심신적인 것은 더 많이 나뉘게 될 것이라는 점은 분명하다. 우리만의 고유한 실존 분석적 관찰법이 점점 다양성을 강조하는 반면, 현존재의 분석적 연구 방향은 더욱더 통일성을 강조할 것으로 여겨진다. 확실한 것은 이제 (심리 또는 의미) 치료적 의도 안에 다양성이 나타나야 하듯이 (현존재 또는 실존) 분석적 의도 안에 인간 현존의 통일성이 나타나야 한다!

질병을 이해하려는 것과 환자를 치료하려는 것은 각각 별개다. 후자의 목적을 위해 환자는 어떻게든 병과 내적으로 거리를 둘 수 있어야 한다. 환자가 '반대(잘못된) 방향으로 옮겨진 상태Ver-rücktheit'로부터 거리를 둬야 한다고 말하는 대신에 말이다(독일어 'Verrücktheit'는 광기, 정신착란, 기발한 착상을 뜻함-옮긴이). 하지만 처음부터 병이 인간 존재 전체를 획일적으로 장악하고, 조직하고, 온몸 구석구석 침투한 것으로 생각한다면 환자 '자체'를, 다시 말해 온갖 병(마음의 병도)의 배후와 그 위에 있는 (영적) 인격체를 이해하고 파악할 수 없다. 그렇게 되면 나는 무엇보다 내 앞에 더 많은 병들만 보게 되고, 더 나아가 내가 병과, 그렇게(우울하게, 광적으로, 조현병적으로 등) 세계 내에 존재한다는 운명적인 힘과 겨룰 수 있는 것은 아무것도 없다.

만일 그때 환자가 영적 인격체로서 자의적인 영심리적 길항 작용에 의해 몸과 마음의 병에 맞서 대단히 의미심장한 자신의 입장을 표명하는 거리 두기를, 그런 치료적으로 매우 생산적인 거리 두기를 조성하는 데 내가 도움을 줄 수만 있다면! 왜냐하면 인간의 내적 열개(터져 벌어짐), 심신적인 것에 대한 영적 거리, 다시 말해 영심리적 길항 작용을 강화하는 거리는 치료적 관점에서 볼 때 말할 수 없이 큰 효과가 있기 때문이다. 모든 심리치료는 결국 영심리적 길항 작용과 결합되어야 한다.

우리는 환자들의 병이 그들 성격에서 비롯되었다고 주장하는 말들을 끊임없이 듣는다. 하지만 그 순간 나를 만든 성격은 속죄양으로 변해 버린다. 내가 성격에 대해 말하는 바로 그 순간 이미 그것을 변명하는 것에 지나지 않는다. 성향은 결코 결정적인 것이 아니다. 마지막에 결정적인 것은 언제나 인격체의 입장이다. 이로써 '최종심에서' (영적) 인격체는 (마음의) 성격을 선택하고, 이런 의미에서 다음과 같이 말할 수 있다.

인간은 '스스로' 선택한다. 모든 선택은 자기 선택이고, 자기 선택은 언제나 자기 조형이다. 내가 운명을 조형하는 동안 지금의 나인 인격체는 내가 가진 성격을 조형한다. 이렇게 해서 내가 되는 인성personality이 '스스로' 조형된다.

이 모든 것은 결국 이렇게 정리할 수 있다. '나는 지금의 나인 것에 따라 행동할 뿐만 아니라 내가 행동하는 방식에 따라 생성된다.'*

결국 끊임없이 선한 일을 함으로써 선한 존재가 된다.

행위는 가능성을 실제로, 잠재력을 행동으로 바꾸는 것이다. 특별히

---

* '행위는 존재를 따른다agere sequitur esse'는 명제는 반쪽짜리 진실에 불과하다. 그 나머지 반은 '존재는 행위를 따른다esse sequitur agere'라고 할 수 있다.

도덕적 행위와 관련해서 도덕적 행위자는 도덕적 행위를 일회성에서 멈추지 않는다. 그는 더 나아가 행동을 태도로 바꾼다. 도덕적 행동이었던 것은 이제 도덕적 태도가 된다.

이것이 말하는 것은 결국 '오늘의 선택은 미래의 성향이 된다'는 것이다.

3. 책임

실존 분석은 인간을 자유롭게 해 준다. 이러한 '무죄 판결'은 제한과 확장이라는 두 가지 특징으로 나타나는데, 이는 다음과 같이 말할 수 있다.

ⅰ. 실존 분석은 인간이 스스로 바라는 것을 모두 다 할 수 없다는 점에서 그를 '단지 제한적으로만' 무죄라고 본다. 말하자면 인간의 자유는 전능과 동일하지 않다.

ⅱ. 동시에 실존 분석은 '책임 있게' 말하지 않는 인간에게 자유는 없다고 한다. 이는 인간의 자유가 전능은 물론 자의와도 동일하지 않다는 것을 뜻한다.

ⅰ. 실존 분석은 인간을 자유롭게 해 주지만 이러한 무죄 판결은 조건적이다. 인간 자체는 제약이 있다. "인간은 단지 조건적으로만 제약이 없다."[11] 인간의 자유로움은 사실이 아니고 순전히 조건적이다. 인간은 늘 상황에 몸을 '맡기고', 이는 자유로운 자의 자리에서 물러난

다는 것을 의미한다. 이렇게 해서 자유롭지 않은 자로 무죄를 입증하게 된다. 이것이 특징적으로 드러나는 게 바로 신경증의 본질을 이룬다. 그것(이드)을 위해 나ᴵᶜʰ의 자리에서 물러나는 것—사실성을 위하여 인격과 실존성을 포기하는 것—은 실존적 행동의 판단 중지를 형성한다! 조금 전에 신경증 환자는 자신의 현존재—지금의 그로서 언제나 다르게 될 수 있는 존재—를 다른 것이 아닌 지금 그렇게 될 수밖에 없는 존재로 바꾸어 해석하는 사람이라고 정의하였다. '의도하지 않은 유머'뿐 아니라 '의도하지 않은 지혜'라는 것도 존재한다면, 나는 이것을 환자가 하는 말에서 발견할 수 있다. "만일 제가 원한다면 의도한 것이 아니고, 원하지 않는다면 의도한 거예요."

당연한 말이지만 신경증 환자는 자신의 신경증에 책임이 있을 수도 있다는 점에서 무죄가 아니다. 하지만 분명한 것은 그가 신경증에 대한 '태도'에 책임이 있다는 것으로, 이 점에서 자유도自由度도 그와 관련이 있다.

ⅱ. 실존 분석은 인간에게 자유를 준다. 하지만 인간에게 자유를 줄 뿐만 아니라 책임이 있다고도 말한다. 바로 이 점에서 실존 분석은 모든 실존 철학, 특히 프랑스 실존주의와 본질적으로 다르다. 그 까닭은 이미 책임성은 '누가 무엇에 책임이 있는가'를 암시하기 때문이다. 실존 분석 이론에 따르면 인간은 의미를 충족하고 가치를 실현하는 데 책임이 있다. 이렇듯 널리 통용된 정신분석 및 정신 역동 이론이 무엇보다 인간이 본능에 의해 결정되고 쾌락을 추구하는 존재로 이해하는

하는 것과는 반대로 실존 분석은 인간을 의미를 지향하고 가치를 추구하는 존재로 본다.

인간을 단지 충동에 이끌리고, 더 나아가 계속 충족시키는 존재로 보는 인간에 대한 분석역동적 '이론'('관점')은 우리들의 인간학적 인간 개념에 적합하지 않고, 자유롭기는 하나 책임이 없는 존재라는 인간상에 가깝다. 그럴 경우 인간은 그것(이드)과 초월 나(초자아)에 의해 움직인다. 하지만 이는 인간이 그것과 초월 나의 추동적 요구를 충족시키기 위해 애쓰는 자로 있다고도 말할 수 있다. 여기에 초월 나 대신 양심으로 바꿔 넣어도, 원칙적인 사실에서 변하는 것은 아무것도 없다. 그 이유는 첫째, 최근 정신분석학적 경향의 연구들도 초월 나가 양심과 결코 동일하지 않다는 것을 발견한 데에 있다(프레데릭 바이스 Frederick Weiss, 그레고리 칠보르크Gregory Zilboorg). 또 다른 이유는 인간은 일반적으로, 또 본질적으로 오로지 양심의 어떤 요구를 충족시키고, 전적으로 양심 때문에 혹은 심지어 '양심을 찌르는' 초월 나의 가시로부터 방해받지 않기 위해 어떻게든 존재하고 행동하는 것을 목표로 하진 않기 때문이다. 오히려 인간은 일반적인 경우—그리고 이상적인 상황에서만이 아니다—도덕적이라는 점에서 한 인격체, 한 인간을 위하여, 혹은 '선한' 일을 위하여 존재하고 행동한다. 하지만 '선한' 양심을 위해서 그러는 것은 아니다.*

---

* 선한 양심을 갖는 것이 결코 선한 존재의 이유가 될 순 없고 오로지 결과만 될 수 있다. 확실한

로고테라피는 개인심리학과 똑같은 것을 주장하고 강조한다면서 끊임없이 질책 당하고 비판 받고 있다. 즉 인간의 책임성을 말이다. 하지만 이것은 두 가지를 혼동하고 있는 것을 의미한다. 하나는 자신의 증상에 대한 신경증 환자의 책임성(아들러에 따른 배치의 의미로)이고, 다른 하나는 인간의 책임적 존재인데, 이는 환자로서도 아니고 증상에 대한 것도 아닌 일반적으로 그의 현존에 대한 것이다. 물론 후자 역시 환자의 책임성을 함축하고 있다. 그렇지만 이는 자신의 병에 대한 책임성이 아니라 병을 대하는 자신의 태도에 대한 책임성이다. 이런 의미에서 실존 분석은 '건강한 것 안에서'의 치료다.

자유로운 자로서 인간은 자유롭게 선택하는 존재다. 이것으로 우리는 계속 단순히 자유롭기만 한 인간의 일반적인 실존주의 개념에 거리를 둔다. 왜냐하면 자유로움 속에는 자유의 목적(무엇을 위하여)이 들어 있지 않기 때문이다. 이와 달리 선택 안에는 선택의 목적과 반대(무엇에 대항하여)가 주어진 것처럼 보인다. 의미와 가치의 객관적 세계, 말하자면 질서 있는 세계로서의 세계, 바로 우주로서의 세계가 말이다.**

것은, 선한 양심은 격언에도 있듯이 최고로 부드러운 베개다. 그럼에도 우리는 도덕으로 수면제를, 에토스로 진정제를 만드는 것을 경계해야 한다. 마음의 평화는 목적이 아닌 도덕적 행동의 작용이다.

** 적어도 의미는 그것을 '발견하는' 것이고, 결코 '주는' 것이 아니라는 점에서 객관적이다(본문 355쪽을 보라!). 또 의미는 발견되어야 하고 발명될 수 없다는 건 오로지 의미의 객관성에서만 있을 수 있다.

A. 인간의 책임감이란 무엇인가

a) 쾌락과 가치

일방적이고 배타적인 정신역동적 및 정신발생학적 경향을 띤 인간학의 첫 번째 약점은 인간의 특징인 가치 지향적 태도 대신 쾌락 지향적 태도를, 다시 말해서 쾌락 원칙의 결과를 명문화한 것이다. 그런데 쾌락 원칙은 그 자체로 모순이 된다. 그것은 스스로 고개를 든다.

쾌락을 원칙으로, 지나친 의도의 대상 혹은 지나친 반성의 객체로 내세워, 우리가 명명한 과잉 숙고를 만드는 자는 쾌락이 지속되어야 하는 것, 즉 효과가 될 수 없게 만든다. 이런 효과로서의 쾌락이 의도적 대상으로서의 쾌락으로 전도될 때 쾌락 자체를 놓치게 된다. 그리하여 쾌락 원칙은 수포로 돌아간다. 인간이 쾌락을 추구하면 할수록 그것은 점점 그에게서 사라진다. 그 반대도 마찬가지다. 인간이 불쾌, 고통에서 멀어지려고 애쓸수록 부가적인 고통 속으로 더욱 더 빠져들고, 그가 도피한 현실은 그에게 복수한다.

그렇다면 정신분석학으로 인해 가치 지향적 태도가 쾌락 지향적 태도로 잘못 이해되고 잘못 해석된 그 조건과 전제는 무엇인가? 쾌락은 심리학적 이해에 따르면 잔여물이다. 그것은 행동이 지향성을 박탈당할 때 남겨진 것이다.

분석적 심리주의psychologism의 본질은 그 대상, 객체로부터 심리적 활동을 빼앗고 그렇게 해서 주관화하는 것이다. 다른 한편으로 이러한 활동의 주체인 영적 인격체는 객관화되고 단순한 사물로 변한다. 이에

분석적 심리주의는 인간 안에 있는 영적인 것, 즉 주관적 영적인 것으로서 영적 인격체와 객관적 영적인 것으로서 객관적 가치에 이중으로 죄를 범했다. 간단히 말하면 분석적 심리주의는 주체감 상실(비인격화)뿐만 아니라 현실감 상실에도 책임이 있다. 동시에 본래 '인간 존재'를 왜곡함으로써 인간의 원초적 '세계 소유Welthaben'를 오인하는 데까지 이르렀다. 다시 말해 필립 레르쉬Philipp Lersch가 비난하듯이 말한, 마음의 자기 몰두와 무세계성worldlessness에까지 이르게 되었다.

흔히 정신분석 치료의 결과로 정착되는 대상 세계의 내재화에 따른 이러한 세계 상실에 대해서 구체적 사례와 함께 이야기하겠다. 뉴욕에서 약 5년간 정신분석을 받은 어느 미국 외교관이 우리를 찾아온 적이 있다. 그는 외교관 생활을 그만두고 산업 분야로 이직하고 싶은 갈망을 느꼈다. 하지만 정신분석가는 치료 내내 (물론 헛수고였지만) 외교관이 부친과 화해하게 하려고 시도했다. 그러면서 상사는 아버지상과 '다름없다'고 했고, 관직에 대한 모든 원한 감정이나 들끓는 분노가 모두 아버지상과 화해할 수 없는 환자의 싸움에서 유래한 것이라고 말했다. 정말 상사가 환자에게 거부당할 만한 충분한 이유가 있는지, 환자가 외교관을 그만두거나 직업을 바꾸는 것이 참으로 권할 만한 일인지에 관한 질문은 한 번도 나오지 않았다. 몇 해에 걸친 정신분석가의 뻔한 속임수는 가상과 싸우는 환자와 손잡고 오래 지속되었다. 설사 상상 속의 인물을 위해서가 아니라—혹은 저항 때문이 아니라—현실적인 일을 위해서 행해지고 수행된다고 해도, 관료주의의 기수가 되는 것은 누구에게나 있는 일인 듯이, 또 행해지고 수행되는 일 가운데 고상한 것은 존재하지 않는다는 듯이 말이다. 하지만 오로지 가상 앞에서 더 이상 현실은 볼 수 없었다. 이미 현실은 '정신분석가-환자' 팀 시야에서 사라져 버렸다. 온갖 상상 저편에는 실제 상사나 관직, 또 세계도 존재하지 않았다. 환자가 의무를 진 세계, 그 과제와 요구가 해결을 기다리는 세계는 더 이상 없었다. 이러한 분석은 세계가 없는 자기 해석과 자기 이해의 방식으로, 감히 말하자면 단자론적 인간상으로 환자를 끌고 갔다. 분석이 이루어진 것은 단지 아버지상에 대한 환자의 타협할 수 없는 고집뿐이었다. 하지만 (내가 이렇게 말해도 좋다면) 환자에게 의미를 향한 의지를 좌절시킨 것은 외교관 업무와 그의 경력이었다는 점을 어렵지 않게 알 수 있었다.

대상의 주관화와 객관적 세계의 내재화는 서로 협력하는데, 특히 의미와 가치의 세계, 가치의 상대화와 관련해서 그렇다. 세계는 이인증이 수반되는 현실감 상실 과정 속에서 발전할 뿐만 아니라 무가치해지기도 한다. 현실감 상실은 특히 가치 파괴devalorisation에 있다. 가치가 평준화의 희생물이 되면 세계는 가치 구호를 잃게 된다.

가치 문제에 대한 정신역동, 정신발생학적 관점은 이 문제를 결코 해결할 수 없으며 오히려 가치 자체를 주관화하고 상대화한다. 여기서 정신역동적 관찰법은 모든 것을 충동 발생으로 환원하는 것을 뜻하고, 정신발생학적 관찰법은 충동의 역사에서 추론하는 것으로 이해할 수 있다. 가치는 주체로부터 더 이상 자유로울 수 없을 때 주관화되고, 절대적이라고 볼 수 없을 때 상대화된다.

심리주의적 관찰법에서 의도한 행위의 대상은—가치와 같은 대상이 단자론적 인간상에서 멀어지는 동안—단지 욕구 충족을 위한 도구에 지나지 않는 것처럼 보인다. 하지만 실제로는 그 반대다. 말하자면 욕구는 주체를 대상 영역에, 객체 영역에 맞추고 그쪽으로 향하게 하기 위해 존재한다. 만약 그렇지 않다면 모든 인간 행위는 결국 자신의 욕구를, 주체 자신을 충족시키는 행위에 지나지 않을 것이다. 즉 모든 행위는 결과적으로 '자기만족'을 위한 행위가 될 것이다. 하지만 실제로는 그렇지 않다. 흔히 회자되는 자기 충족과 자기실현이란 말은 얼마나 유혹적인가! 인간이 마치 자신의 욕구 혹은 자기 자신만을 충족시키기 위하여 존재하기라도 하듯이 하는 말은…. 인간 현존이 전적으로 자기 충족과 자기실현에 달려 있는 한, 이들은 단지 결과로만 획득할 수 있고 노력으로는 얻을 수 없다. 오로지 우리가 자신을 내던지고, 헌신하고, 세계와 우리 삶을 빛나게 하는 과제와 요구에 희생하는 만큼, 자기 자신이나 욕구보다는 저 밖의 세계와 대상들이 우리에게 중요한 만큼, 또 우리가 과제와 요구를 이행하고, 의미를 충족시키고, 가치를 실현한 만큼만 우리는 자기 자신도 충족시키고 실현할 수 있다.

내가 할 수 있는 것이 되기를 바란다면 난 해야 할 일을 해야 한다. 내가 나 자신이 되길 바라면 구체적이고 개인적인 과제와 요구들을 충족시켜야 한다. 인간이 고유한 자기 자신을 깨닫기를 원한다면 길은 세계 위에 있다.

다시 말하면 의미가 아닌 자기 자신을 목표로 삼는 실존은 실패할 수밖에 없다. 하지만 그렇지 않을 때—의미를 추구할 때, 스스로를 초월할 때—실존은 빗나가지 않는다. 한마디로 지향성이 인간 존재의 본질을 이룬다면, 초월성은 의미와 가치의 본질을 이룬다.

자기 충족과 고유한 가능성의 실현은 생각할 수 있는 자기 목적이 아니다. 자기 충족은 인생의 참된 의미를 찾지 못한 인간에게 결과가 아닌 목적으로 떠오른다. 하지만 자기 자신에게 돌아오는 것, 반성은 목적(의도)의 불완전하고 유도된 방법일 뿐이다. 목표물을 놓친 부메랑만이 자신이 던져진 곳으로 되돌아온다. 부메랑의 타고난 목적은 사냥감을 맞추는 것이지 자기를 내던진 사냥꾼에게 다시 돌아오는 데 있지 않다.

우리가 분명히 말할 수 있는 것은 먼저 일차적인 구체적 방향이 빗나가서 실패했을 때, 신경증적 현존재에게 아주 잘 드러나는 것처럼 상태에 따른 관심이 나타난다는 것이다. 하지만 심리주의적 관찰법은 마치 인간의 마음이 닫힌계처럼 작용하고, 또 그것(이드)과 나(자아), 추동의 요구들과 화해하고 이를 충족시킴으로써 정신 내적 상황의 회복을 위한 것인 양 행동한다. 이렇게 해서 '인간학'은 '단자론 monadology'에 빠지게 된다. 참된 인간에게 중요한 것은 자기 마음의 어떠한 상태가 아니라 세계 안의 대상들이다. 그는 일차적으로 이러한 대상을 향해 있고 지향하는데, 신경증 환자의 경우 정상적인 사람들과는 다르게 대상보다는 오히려 상태에 더 많은 관심을 보인다.

그럼에도 결국 근본적으로는, 인간의 마음이 '균형 및 평형 원칙'의 지배를 받는 어떤 것, 즉 조정자인 항상성 원칙의 규정에 의해 지배된다고 이해하고, 더 자세히 말하면 오해하고 있다. "프로이트가 가정한 동기의 주요 방향은 항상성을 염두에 두었다. 다시 말해 프로이트는 모든 행위가 무너진 균형을 회복하는 역할을 한다고 보았다. 하지만 그가 활동하던 당시 물리학을 근거로 생물의 유일한 일차적 기본 성향이 긴장 완화라고 본 프로이트의 가정은 전혀 옳지 않다. 성장과 생식은 항상성 원리를 통한 설명에 역행하는 과정이다."[12] 생물학적 차원 안에서도 항상성 원칙은 타당성이 없다. 하물며 심리이지적인 것 안에서는 말할 것도 없다. 이를테면 "창조하는 자"가 "자신의 생산물과 작품을 긍정적으로 해석해서 현실에 내놓는다면, 적응하는 자가 균형을 위해 애쓰는 현실은 부정적으로 해석된다."[13] 고든 올포트는 항상성 원칙에 반론적이고 비판적인 입장을 취했다. "동기는 우리가 평형, 안정, 조절, 만족이나 항상성을 추구하도록 이끄는 긴장 상태로 간주된다. 이러한 관점에서 볼 때 성격은 긴장을 감소시키는 습관적 양식에 지나지 않는다. 물론 이 표현은 인간은 본래 수동적인 존재고, 오로지 외적 목표로만 감명 받을 수 있고, 또 이에 대응한다는 경험주의 초기 가정과 완전히 일치한다. 이 공식이 기회주의적 조절에 해당하는 한 적절한 노력의 본질을 보여 주기엔 미흡하다. 이러한 노력의 특징은 균형에 대한 저항이다. 다시 말해 긴장은 감소되기보다는 유지된다."[14]

b) 추동과 의미

일방적이고 배타적인 정신역동적, 정신발생학적 인간학의 두 번째 약점은—실제로 인간의 특징이기도 한 가치 지향적 태도 대신 쾌락 지향적 태도를 명문화한 것과 더불어—인간의 의미 지향성을 명백한 추동의 결정성으로 오해한 점이다. 실존 분석에서 의식적 당위가 의욕 앞에 위치한다면, 정신역동에서는 의식적 의욕 뒤에 무의식적 의무가 있다. 실존 분석에서 인간은 가치를 눈앞에 두고 있다면, 정신역동에서는 인간 뒤에 추동, 그것(이드)이 있다. 정신역동에서 모든 에너지는 추동 에너지, 즉 추동력이며, 모든 '힘vis'은 배후의 힘vis a tergo이다.

하지만 실제로 인간은 충동에 이끌리지 않고 가치 있는 것에 이끌린다. 다만 언어폭력만이 가치와 관련해서 이끌린다든지 억압된다고 말하는 것을 허용한다. 가치는 나를 끌어당기지만 이끌지는 않는다. 나는 자유와 책임성 안에서 가치 실현을 선택하고, 가치를 실현하기 위해 가치의 세계에 나를 개방한다. 이 모든 것은 충동성과는 거리가 멀다. 확실한 것은 심적인 것뿐만 아니라 영적인 것도 고유한 역동이 있다는 점이다. 그렇지만 영적인 것의 역동은 충동성이 아닌 가치 지향에 기초한다. 마음의 충동성은 이러한 영적 가치 지향성을 향하고, 추동은 '공급하는' 에너지로서 관계한다.

정신적 삶을 공급하는, 이를 '단지' 공급하기만 하는 추동 에너지를 고려할 때 정신역동이 어떤 실수를 저질렀는지 한 가지 비유를 들어 좀 더 자세히 설명해 보겠다. 하수도 청소부는 하수도 청소부로서 도시 안에서 무엇을 볼까? 그가 보는 것은 기껏해야 가스 배관과 물 배관 그리고 전깃줄 외에는 아무것도 없다. 하수도 세계 안에 있는 한 그가 도시에서 보는 것이라곤 그게 전부다. 만일 그가 도시의 대학, 교회와 사찰, 극장과 박물관을 알지 못한다면 문화생활에 대해서는 아무것도 모를 것이다. 하지만 여가시간에 도시를 거닌다면 모든 것을 알게 된다. 그가 배관 안, 도시 하부 구조에만 머무는 한 에너지를 공급하는 문화생활 세계 안에서만 움직일 뿐이다. 문화생활이란 가스와 전기, 물만으로는 이루어지지는 않는다.

정신역동가도 마찬가지다. 그도 정신적 삶*에서 마음의 하부 구조만을 보고 있다. 그는 오로지 감정 역동(쾌락 지향성)과 추동 에너지 일원론(추동성)만을 본다. 하지만 정신적 삶은 쾌락과 추동으로만 이루어지지 않는다. 이 둘은 본질적인 것, 다시 말해 정말로 중요한 것은 아니다.

그렇지만 정신역동가 역시 이러한 본질적인 것을 아무 설명 없이 가정만 했다. 그 이유는 정신역동 치료가 정말로 효과가 있다면, 실존적 (방향) 전환Wendung으로 인해 실존적 (위치) 전환Umstellung**으로 돌아

---

* 정신분석을 이런 식으로 이해한 사람은 프로이트 자신이었다. 프로이트는 루트비히 빈스방거 Ludwig Binswanger에게 보낸 편지에 "나는 늘 건물의 최하층과 반지하에만 머물러 있었다네."라고 썼다.

** 실존적 전환—말하자면 실존 분석이 이것을 직접 그리고 방법을 의식하면서 목표로 삼는 것처럼—이 그러한 것, 실존적인 것으로서 적어도 소위 전이와 마찬가지로 지적, 합리적 과정의 경계를 허물고, 하지만 동시에 정서적인 것에 뿌리를 내리는 것은, 즉 전체적인, 완전히 인간적

가기 때문이다. 그리고 정신역동가는 정신역동가이기만 하지 않고 동시에 언제나 사람이기 때문이다.

이런 정신역동적 시각에서 무의식적 의무는 의식적 의욕 뒤에 있다고 말했다. 이러한 관점에서 '나'가 설정하는 목표는 단지 그것(이드)이 나의 등 뒤에서 관철하는 목적을 위한 수단일 뿐이다. 나의 의사와는 상관없이! 이러한 관점에서 볼 때 인간의 모든 동기는 비본질적으로 보일 수밖에 없다. 완전체로서의 인간은 그때 '비본질화된다'. 모든 문화적 열망은 이론적이거나 실용적, 심미적, 윤리적이거나 종교적인 본성으로 변할 수 있다. 한마디로 모든 정신적 지향은 단지 승화인 것처럼 보인다.

정말로 그렇다면 인간의 영적인 것은 그저 커다란 망상, 자기기만*에 불과하다. 모든 것의 배후에는 항상 뭔가가 있다는 게 정신역동가의 입장이다. 그 때문에 정신역동은 늘 가면을 벗길 궁리만 하고 있다. 그것은 근본적으로 '폭로하는' 심리치료다.

인 사건이 진행되는 것은 당연한 일이다.

* 아놀트 겔렌Arnold Gehlen과 비교하라: "만일 책임을 져야 할 경우 다른 누군가에게 암시를 받을 때 사람들은 행동에 대한 필연적 자기감정을 얻지 못한다. 내적으로 숙고한 동기 부여는 순전히 합목적적이고 객관적인, '본질적으로' 앞서는 과정을 감춘 자기기만일지 모른다. 이 과정은 쾌락의 획득 과정이거나, 아니면 순전히 나를 위한 어떤 다른 합목적적 기제일 수 있다. 사람들은 이러한 견해에 자신을 동일시할 수 없고 이에 자신의 선택을 중시한다. … 왜냐하면 인간이 자신을 인격체로 구성할 때 자신을 자기기만의 희생자로, 이 자기기만이 무엇을 위해 합목적적인지 '실제로' 전혀 다르게 행동하는 희생자로 여기는 것은 불가능하기 때문이다."(아놀트 겔렌, 《기술 시대의 영혼Die Seele im technischen Zeitalter: 산업 사회의 사회심리학적 문제들》, 함부르크, 1957년, 101~102쪽, 프랑크푸르트 암 마인, 2007년)

가짜의 실체를 폭로하는 것은 목적을 위한 수단으로 머물러야 하고, 이렇게 폭로를 아낌으로써 진짜는 더 잘 드러난다. 만일 그 폭로가 자기 목적이 되고 그 어떤 것도, 마찬가지로 진짜도 예외로 하지 않을 때, 그것은 자기 목적이 아닌 다시 목적을 위한 수단으로 변해 버린다. 다시 말해서 정신역동은 심리학자 편에 서서 가치 저하 풍조에 가담하고 이렇게 해서 냉소적인, 허무주의적 태도를 나타낸다.

B. 인간은 무엇에 대해 책임지는가

앞서 이야기한 것은 실존 분석이 매우 주목하는 책임지는 존재에 관한 것으로, 이는 책임성이 언제나 그 안에 '누가 무엇에 책임이 있는가'를 포함한다는 점에서 자유로운 존재를 초월한다. 하지만 책임성은 (다시 단순히 자유와는 반대로) '누가 무엇에 대해 책임이 있는가' 이 이상을 내포한다는 것도 알 수 있다. 하지만 문제는 인간의 책임성은 정말 대상을 암시하는가 하는 점이다. 인간의 책임이 존재의 대상을 고려하지 않는다면 원칙적으로 누가 귀책사유가 있는지, 혹은 그에게 책임을 지울 수 있는지 말할 수 있다. 하지만 그에게 책임이 있다고는 말할 수는 없다. 왜냐하면 누군가 책임이 있다는 것은 무엇을 위하여 뿐만 아니라 무엇에 대해서도 책임이 있기 때문이다.

a) 누군가 책임져야 하는 그 무엇

여기서 대상은 양심을 뜻한다. 영적 차원에서 심리적 차원으로 투사된 양심은 초월 나로 묘사된다. 하지만 초월 나는 내사introjection된 아버지 형상에 불과하고, 신은 투사된 초월 나에 불과하다고 볼 수 있다. 허풍선이처럼 들릴지 모르나, 나는 그것(이드)의 늪에서 초월 나의 머리를 끌어당긴다. 이런 식으로 정신역동은 한편으로는 실존성을 사실성으로 날조하고, 다른 한편으로는 초월성—초월을 향한 인간의 설계된 존재 및 지향된 존재—을 부인한다.

책임성은 인간 존재의 환원 불가능하고 추론 불가능한 현상에 속한다. 동시에 그것은 영성과 자유의 근원 현상이지 부수 현상은 아니다. 이와는 반대로 정신역동은 근원 현상을 충동으로 환원하려고 시도했고, 정신발생학은 이를 충동으로부터 추론하려고 했다. 마치 나가 그것(이드)에서 유래하고, 초월 나는 나로 소급할 수 있는 것처럼 말이다. 그런 식으로 의지는 충동에서, 의욕은 의무에서 그리고 당위는 의욕에서 유래할 것이다. 양심이 인간을 초월하는 것을 가리킴에도 불구하고.

당위는 존재론적으로 의욕 앞에 위치한다. 왜냐하면 누군가 나에게 질문해야만 답변할 수 있는 것처럼 마찬가지로 모든 책임의 대상도 책임 자체보다 앞서기 때문이다.[15]

충동적인 것은 결코 다른 충동적인 것을 변하게 하고 또 다른 충동 대상과 목표를 설정하도록 강요할 수 없다. 그렇지만 이미 말했듯이 추동이 공급하는 에너지로서 가치 지향성에 관계한다는 점에서 모든 가치 지향성 안에 언제나 충동적인 것도 들어 있다는 것을 배제하지는 않는다. 또 오로지 생물학적으로만 볼 때 그것은 충동성을 잠재우는 목적으로 투입된 추동 에너지일 수도 있다. 이 추동 에너지를 투입한 것 자체는 다시 충동성에서 유래한 것은 아니다.[16]

아무 말 하지 않아도 언제나 정신역동이 전제한 충동을 조절하는 힘은 어떤 원천적인 것이다. 포트만A. Portmann은 주저 없이 이렇게 말했다. "인간의 발달 과정에서 우리가 '영적'이라고 부각시킨 특징이 나중에야 눈에 띄게 나타나는 단계는 어디서도 찾을 수 없다."[17] 생물학은 물론 심지어 해부학적으로도 영성이라는 구성 요소, 즉 모든 인간 존재를 구성하는 '자유와 영성'은 인간의 특성이다. 그 이유는, 다시 한번 포트만의 말을 인용하면 이렇다. "인간은 온갖 생체적인 구속에도 불구하고 끊임없는 선택의 자유가 있다. 이러한 자유 속에는 성자는 물론 잔인한 인간의 가능성도 똑같이 들어 있다."[18]

인간은 그것(이드)뿐 아니라 초월 나에 의해서도 추동된다. 이에 내몰린 자는 아니다. 그렇더라도 그는 선택하는 자는 말할 것도 없고, 도덕적으로 선택자는 더더욱 아니다. 도덕적으로 선택하는 사람은 양심의 가책을 느끼는 자신의 '초월 나'를 달래려고 하지 않는다.

성 추동과 마찬가지로 같은 의미에서 도덕 추동이란 존재하지 않는다. 왜냐하면 나는 도덕적 양심에 의해 추동되는 것이 아니라 그것 앞에서 선택해야 하기 때문이다.

하지만 종국에는 인간이 정말 무엇에 대해 책임질 수 있는지, 다시 말해서 책임이란 단지 누군가에 대한 책임만을 생각할 수 있는 건 아닌지 의심스럽게 보일 수밖에 없다.

b) 누군가에 대한 책임

자유로운 인간 존재를 설명하려면 실존성으로 충분하다. 하지만 책임 있는 인간 존재에 대해 말하려면 '양심이 있다'는 초월성으로 소급해야 한다.

우리가 책임이 있다는 근거는 양심이다. 나의 양심과의 대화가 거짓이 없다면, 이 양심이 끝에서 두 번째가 아닌 마지막 권위인가 하는 의문이 생긴다. 실제로 이 '무엇에 대한'은 더 가깝고 상세한 현상학적 분석에서 해명할 수 있음이 입증되고, 어떤 것에서 어떤 누군가는 전적으로 인격적인 구조의 권한이 된다. 아니 그 이상인 '매우 인격적인 것'이 된다. 우리는 이러한 권한을, 이러한 매우 인격적인 것을 두려워하는 최후의 자들이 되어야 한다. 인류가 옛날부터 불러 왔듯이 이렇게 부르는 것, 즉 신을.

이와 관련해서 우리는 마치 중성 사용이 허락되는 양 매우 인격적인 것에 대해 이야기한다. 이렇게 해서 인격적 권한은 대상화되고 객관화될지 모른다. 하지만 인간은 신에 대해 말할 수는 없고, 단지 그를 향해 말할 수 있다. 사물, 어떤 것, 그것처럼 그에 대해서는 결코 말할 수 없다. 다시 말해서 우리는 그에 관하여 결코 말할 수 없고, 오로지 상대방으로서, 누군가에게, 너인 그를 향해서만 말할 수 있다.*

---

* 기도 자체는 순간적으로 신을 그의 너다움 속에서, 신적인 너를 너로 빛나게 한다. 기도는 신을 너로 존재하게 할 수 있는 인간 영의 유일한 행위다(V. E. 프랭클, 《호모 파티엔스》, 빈, 1950년, 108쪽).

인간의 초월 나 뒤엔 신의 너(Du)가 있다. 양심은 초월이 건네는 너의 말일 것이다.[19]

인간의 형이상학적 욕구가 존재하는 것과 마찬가지로 '상징적 욕구'도 인간의 특성이다. 보통 사람의 일상생활에 이 선천적인 상징적 욕구가 얼마나 깊숙이 고정되고 뿌리를 내렸는지 잘 알 수 있다. 매일 매순간 인간은 상징적 행위를 한다. 이는 누군가에게 인사하고, 누군가에게 뭔가를 바랄 때마다 일어난다. 합리적이고 공리주의적 관점에서 볼 때 이러한 모든 상징적 행위는 쓸모없고 헛되기에 전적으로 무의미하다. 실제로 그것은 아무런 의미가 없고 무익하고 무용할 뿐이다. 더 자세히 말하면 '단지' 어떤 목적에만 무용할 뿐이다.[20]

파스칼Blaise Pascal의 말을 한번 생각해 보자. "심장은 이성reason이 알지 못하는 이유reasons를 알고 있다." 심장은 오성과 이성이 알지 못하는 이유를 가지고 있다. 합리주의와 공리주의는 결코 알 수 없는 이유를.[21]

상징의 성과는 관점의 성과와 비교할 수 있을지도 모른다. 관점이 2차원에서 3차원을 끌어내고, 평면에서 공간을 생각할 수 있게 하듯이 상징, 상징적 비유는 이해할 수 없는 것을 어떻게든 이해 가능하게 만든다. 다만 우리는 방금 이야기한 관점과 비유 간의 유사성은 이들 쪽에서는 더 이상 비유가 아니라는 것을 인식해야 한다. 그 때문에 야스퍼스가 이 문제에 대해 마지막으로 한 말은 옳았다. 이 철학자는 "비유존재는 스스로 단지 비유일 뿐이다."[22]라고 말했다.

상징의 내재적 내용 전반에 걸쳐 초월적 대상은 끊임없이 새로운 것을 목표로 한다. 다만 전제가 되는 것은 이러한 내재적 내용이 침투 가능해야 하고 초월적 대상을 드러내야 한다는 점이다. 초월적 대상에 투명하게 남으려면 상징은 결코 문자 그대로 받아들여져선 안 된다. 단 의도적인 행위에 의해 자극 받을 때만 그 안에 있는 초월적인 것은 빛을 내기 시작한다. 상징은 새로운 행위 속에서 먼저 획득되어야 한다.

절대적인 것은 상징 '으로' 파악되지 않고 상징 '안에서' 파악된다. 한 가지 예를 들어 쉽게 설명할 수 있다. 우리가 매우 강한 탐조등으로 하늘을 비춘다 해도 하늘을 볼 수는 없다. 우리는 뭔가, 예를 들어 구름과 같은 것을 볼 수 있는데, 이는 우리가 보는 것이 하늘이 아님을 증명할 뿐이다. 그렇지만 보이는 구름은 다름 아닌, 볼 수 없는 하늘의 상징이다.[23]

만일 의도가 가시적인 상징에서 지속된다면 눈에 보이지 않는 초월도 놓치게 된다. 그 때문에 상징은 미결 상태로 남아야 한다. 말하자면 상징은 언제나 상징화되는 '사물 이하'이자 동시에 '단순한 그림 이상'이다. 언제 어디서든 '그림의 실제'에 대한 불평의 소리가 타당하다면 이는 상징에도 적용된다. 왜냐하면 그—실제—상징은 어떤 초현실적인 것의 상징이기 때문이다. 그것이 단순히 그림이라면 사물 자체처럼 똑같은 실제의 크기가 귀속될 수는 없다.

실존 분석에서 신은 결코 단지 아버지 형상만을 의미하지 않는다. 오히려 그 반대다. 아버지는 하나의 이미지이고, 이는 자녀가 신에 대해 떠올리는 첫 번째 구체적인 그림을 뜻한다.

우리에게 아버지는 모든 신성의 원형이 아니라 오히려 정반대다. 신은 모든 아버지다움의 원형이다. 아버지는 오로지 개체 발생적, 생물학적, 전기적으로만 첫 번째가 되지만, 존재론적으로는 신이 첫 번째다. 심리학적으로 볼 때 자녀-아버지 관계가 인간-신 관계보다 앞서지만 존재론적으로는 모범적이 아니고 모사적이다.

신은 볼 수 없고, 눈에 보이지 않는 증인이자 관객이라는 게 뭐가 문제일까? 무대에 선 배우도 자기 앞에 누가 있는지는 거의 볼 수 없다. 그는 무대 위를 비추는 조명 때문에 눈이 부셔서 볼 수 없고, 또 관객석은 어둡다. 그럼에도 불구하고 배우는 관객들이 저기 아래 깜깜한 공간에 앉아 있다는 것을 알고 있다. 자기가 '누군가의 앞에서' 연기한다는 것을 말이다. 인간의 사정도 이와 다르지 않다. 인생이라는 무대 위에서 행동하고 눈앞에 있는 일상에 눈이 멀긴 해도, 그럼에도 불구하고 인간은 늘—마음이 말하는 지혜로—눈에 보이지는 않지만 위대한 관객의 증언을 예감한다. 그 앞에서 인간은 자신에게 요구된 구체적이고 개인적 삶의 의미를 충족시킬 책임이 있다.

프로이트 이래로 도덕성은 인간 스스로 의식할 수 없다고 알려져 왔다. 프로이트는 인간은 여러 가지 면에서 생각보다 부도덕하지만 또한 생각보다 매우 도덕적이기도 하다고 말했다. 실존 분석은 여기에서 한 걸음 더 나아가 인간은 여러 가지로 자신이 생각하는 것보다 훨씬 더 종교적이라고 주장한다. 다만 그러한 무의식적 종교성을 억압된 성이나, 아니면 융의 제자가 그랬듯이 종교적 추동을 공격적 추동과 똑같은 것으로 나란히 견주어선 안 된다고 말한다.

방금 인간은 자신이 생각하는 것보다 훨씬 더 종교적이라고 말했다. 우리가 보기에 이러한 믿음은 억압된 종교성이라는 의미로 무의식적으로 아주 자주 발생한다. 이것을 부끄러운 종교성이라고도 말할 수 있다. 왜냐하면 자연주의, 자연주의적 세계상과 인간상 속에서 성장한 오늘날의 지성인이라면 종교적 감정을 부끄러워하는 경향이 있기 때문이다.

다만 그러한 억압적 혹은 의식적이지만 부끄러운 종교성은 어떤 원형에 호소할 필요가 없다. 그 이유는 내용의 유사성(신의 개념)은 어떤 형태의 일치성(원형)이 아닌 대상의 동일성(신의 동일함)으로 소급될 수 있기 때문이다. 예컨대 서로 비슷한 사진에 대해 이야기할 때, 그것이 똑같은 원판의 복사본은 아닐까 하고 생각하는 사람은 없다. 똑같은 대상을 찍은 것이기 때문에 서로 비슷했고 심지어 똑같았던 것이다.

II. 집단 신경증 치료로서의 실존 분석

우리는 신경증을 좁은 의미로 심인성 질환으로 정의했다.[24] 이 협의의 신경증과 함께 우리는 체인성, 영인성, 사회 유발성 (가성pseudo-) 신경증 같은 광의의 신경증도 알고 있다. 이 모든 것은 임상에서 말하는 신경증과 관련이 있다. 물론 초임상적metaclinical, 그리고 부임상적

paraclinical 의미의 신경증도 마찬가지로 존재한다. 집단 신경증은 후자의 경우에 속하며, 유사 신경증, 은유적 의미의 신경증이다. 다시 말해 임상적 신경증은 신경증이 집단화될 만큼 증가하진 않았다. 우리가 부임상적 의미의 집단 신경증에 관해 말해도 좋다면,* 오늘날의 집단 신경증은 우리 경험에 따르면 다음 네 가지 증상이 두드러지게 나타난다.

1. 일시적 현존 태도: 오늘날 인간은 미래의 원자 폭탄만 생각하고 끊임없이 곁눈질만 하면서 사는 것처럼 보인다.

2. 운명론적 인생관: 행동하고 자기 운명을 스스로 개척하는 것은 쓸데없는 일이라고 일시적 경향의 사람이 말한다면, 운명론적 경향의 사람은 그것이 전혀 불가능하다고 말한다.

3. 집단주의 사고: 앞서 두 현존 태도 안에서 인간이 상황을 제대로 파악하지 못한다면, '시대정신의 병리학'인 나머지 두 증상에서는 더 이상 다른 인격체를 이해할 수 없음을 보여 준다. 즉 자기 자신과 인격체로서의 다른 사람을 이해할 수 없다.

4. 광신: 집단주의 경향의 사람이 자신의 고유한 성격을 무시한다면 광신자는 다른 사람, 다르게 생각하는 사람의 성격을 무시한다.

---

* 이는 물론 우리가 신경증적 집단이라고 말할 자격이 있다는 것은 결코 아니다.

여기에서 처음 두 증상은 서구 세계, 나머지 두 증상은 동양에서 발견할 수 있는 것처럼 보인다.

이제 우리는 심리적인 것뿐만 아니라 도덕적, 영적 내면의 갈등(예를 들어)도 신경증의 원인이 될 수 있다는 것을 안다. 이것을 영인성 신경증noogenic neurosis이라고 부른다. 인간이 내적 갈등을 해결할 능력이 있는 것과 마찬가지로 광신 앞에, 말하자면 집단 신경증 앞에서도 대처 능력이 있다는 걸 이해할 수 있다. 반대로 집단 신경증에 시달리는 사람, 예컨대 정치적 광신자는 자신의 양심의 소리를 들을 수 있는 만큼 신경증을 겪는다. 그리고 딱 그 만큼만 집단 신경증을 극복할 수 있다.

한마디로 말하면 '집단 신경증과 임상적 건강의 공존'은 가능하지만, 집단 신경증과 영인성 신경증의 관계는 반비례한다.

집단 신경증의 이 모든 네 가지 증상, 즉 일시적 현존 태도와 운명론적 인생관, 집단주의 사고와 광신은 책임으로부터의 도피와 자유에 대한 두려움에서 그 원인을 찾을 수 있다. 자유와 책임성은 인간의 영성을 대변한다. 하지만 오늘날의 인간은 정신적으로 피로하고, 이러한 정신의 권태는 시대정신인 허무주의의 본질이다.

오늘날 이 '능숙한 허무주의'에 의해 인간의 정신 건강의 위기는 특별한 시사성을 지니게 되었다.

정신분석학은 쾌락 원칙을 이해할 수 있을 때 쾌락을 향한 의지를 알게 해 주었고, 개인심리학은 인정욕구의 형태로 힘을 향한 의지와 익숙해지게 했다. 하지만 인간 안에는 우리가 '의미에의 의지'라고 부르는 것이 아주 깊이 뿌리박고 있다. 인간 현존재가 의미를 충족시키려고 애쓰는 노력이.

개인심리학은 열등감에서 출발했다. 하지만 오늘날 인간은 자신이 다른 누구보다 가치가 없다는 감정이 아니라 자신의 존재가 무의미하다는 감정에 더 많이 괴로워하고 있다. 인간의 마음은 열등감뿐만 아니라 무의미감으로도, 자신의 현존재에 요구된 의미의 좌절로, 가능한 한 많은 의미를 현존에 쏟아 붓고 많은 가치를 삶 속에 현실화하려는 노력과 분투가 좌절됨으로써 병이 든다. 신경 질환의 원인과 관련해 오늘날 이러한 무의미감은 열등감을 능가한다. 우리가 의미를 충족시키려는 현존재의 요구가 실현되지 않을 때 병인이 될 수 있다고 보는 것처럼, 이와 관련해 정신분석학 저자들은 성적 좌절, 즉 성적 추동의 불충분한 상태를 큰 원인으로 보고 있다. 우리는 성적 좌절이 중심에 있고 실존적 좌절이 주목받지 못하는 사례들도 계속 경험하고 있다. 다시 말해서 먼저 자신의 삶을 매우 가치 있게 만들 수 있는, 가능한 한 의미를 충족시킨 현존재에 대한 인간의 헛된 요구를 말이다. '성적 리비도는 먼저 실존적 공허 안에서 무성해진다.'

그 어느 때보다도 지금은 실존적 좌절이 중요한 역할을 하고 있다. 오늘날 인간이 만연하는 '직감의 상실'뿐 아니라 '전통의 상실'에도 얼마나 괴로워하는지를 고려한다면, 그 안에는 실존적 좌절이 원인으로 있을지 모른다. 우리는 그 영향력을 내적 공허감과 무의미에서, 현존 의미의 상실감과 그다음 찾아오는 삶의 의미의 상실감에서 알 수 있다.

실존적 공허

실존적 공허는 명백하게 나타날 수 있고 잠재할 수도 있다. 우리는 점점 더 자동화되는 사회에 살고 있고, 이는 또한 여가 시간의 증가를 함께 가져왔다. 하지만 어떤 여가 시간뿐만 아니라 무엇을 위한 여가 시간도 존재한다. 실존적으로 좌절한 인간은 여가 시간을 무엇으로 보내야 할지, 무엇으로 자신의 실존적 공허를 채울 수 있을지 전혀 모른다. 쇼펜하우어Arthur Schopenhauer는 인류는 곤경과 권태 사이를 오간다고 말했다.[*] 오늘날 권태는 곤경보다 우리 신경학자들을 더 많이 괴롭히고 있다. 이를테면 성적 문제가 아닌 권태가 바로 정신 질환의 원인 1순위가 되었다.

권태는 이미 그 말이 가르쳐 주듯 '치명적'일 수 있다. 내적 공허가 끝없는 권태와 일치하는 것처럼, 실제로 많은 작가가 자살은 결국 내적 공허에서 기인한다고 말했다.

인간은 퇴근 후의 자유시간뿐 아니라 노년도 어떻게 보내야 하는가 하는 질문 앞에 놓인다. 또한 인구의 고령화로 갑자기 직장에서 쫓겨난 사람들은 자신의 실존적 공허와 직면한다. 우리는 고령층 외에 청소년에게서도 의미에의 의지가 얼마나 좌절되었는지를 볼 수 있다. 청

---

[*] 권태라는 현상의 실존은 완전한 항상성이 욕구의 완전한 만족, 충족을 의미하고 충족의 반대인 허무와 공허를 의미하지 않는다는 주장을 반박한다.

소년의 방치는 부분적으로 급격한 신체 변화에서 원인을 찾을 수 있다. 이와 동시에 일어나는 정신적 좌절은 사람들이 계속 인정하고 있듯이 매우 결정적이다.

가끔 우리가 마주치는 실존적 좌절에서 임상적인 주요 형태에 대해 묻는다면, 여러 가지 중에 소위 일요 신경증을 말할 수 있다. 일요 신경증은 일상의 활동이 멈추고 자신의 개인적인 현존의 의미를 구체적으로 알지 못하는 데서 오는, 인생의 무의미를 자각할 때 발생하는 우울증이다. 다른 한편으로 고려할 수 있는 것은, 이러한 실존적 좌절은 종종 견디기 어렵다기보다는 어떤 보상으로, 어떤 마비 상태로 몰아넣는다는 점이다.

실존적 공허가 꼭 명백히 드러나는 것은 아니다. 그것은 잠재적으로 가면을 쓰고 모습을 감춘 채 머물러 있을 수도 있는데, 우리는 실존적 공허를 숨기는 여러 종류의 가면을 알고 있다. 맹렬한 의욕으로 일에 뛰어드는 관리자병을 생각해 볼 때, 가장 원시적이고 진부한 형태인 '돈을 향한 의지'라고까진 말할 수 없어도 권력을 향한 의지는 의미를 향한 의지를 밀쳐 낸다!

하지만 관리자가 안도하면서 제정신으로 있기에는 해야 할 일들이 너무나 많고 늘 시간에 쫓길 때, 관리자의 아내는 할 일은 없는데 시간은 많고, 그 많은 시간을 어떻게 보내야 할지 몰라서 일단 자기와 관련된 것부터 시작한다. 그녀는 이런 자신의 내적 공허를 술과(칵테일파티), 잡담과(사교파티), 도박(브리지파티)으로 달랜다. 이런 사람들은 모두 어떤 여가 선용 형태에 빠져들면서 자기 자신으로부터 도피한다. 우리는 이것을 원심력이라고 부르고, 인간에게 기분 전환뿐 아니라 마음의 평정을 위한 기회를 주려는 것과 대조해 본다.

오늘날 우리는 헛되더라도 실존적 좌절의 자가 치유를 시도하기 위해서 매우 빠른 삶의 속도를 그대로 유지하고 있다. 자기 삶의 목표를 알지 못할수록 인간은 삶의 속도를 더욱 가속화한다. 하지만 이러한 실존적 좌절 역시 앞서 언급한 자살론의 의미로 볼 때 상당히 위험할 수 있다. 그것은 결코 질병의 모습으로 나타나지 않는다.

이와 반대로 우리가 경계해야 할 것은 '병리주의'다. 왜냐하면 본래 인생의 의미를 의심하는 것은—이는 결국 모든 의심의 바탕이 된다—결코 병이 아니기 때문이다. 우리가 잘 아는 사례가 있다. 이 사례의 주인공인 재발하는 내인성 우울증 환자는 자칭 실존의 무의미를 의심해 매우 절망적이었는데, 주목할 만한 것은 이러한 증상이 우울증, 즉 병이 나타나는 시기가 아닌 간헐기에 그의 심리 상태가 양호할 때 더 많이 나타났다는 점이다. 현존의 의미를 의심하거나 이를 위해 분투하고, 또 인간 현존의 의미를 가능한 한 충족시키려고 애쓰는 것은 결코 병적인 게 아니라 완전히 인간적인, 상상 가능한 가장 인간적인 것이다. 만약에 이를 병리주의에 빠졌다고 한다면, 사람들은 이런 가장 인간적인 것을 약점으로, 질병으로, 신경증과 콤플렉스로 변질시키고 격하하려 할 것이다. 하지만 반대로 의미에의 의지에서—또한 이것이 좌절될 때도—병은 아무런 문제가 되지 않아서, 심지어 우리는 그 의지를 마음의 병에 대항하는 데 동원할 수 있다. 심리치료라고 하는 것의 범위에서 우리는 의미에의 의지에 호소해야 한다. 하지만 그것은 의미의 의지에만 호소하는 것은 아니다. 이 의지가 무의식적으로 있는 곳에서 우리는 먼저 구체적이고 개인적인 의미 충족의 기회와 가능성을 제공하고 이를 촉진해야 한다. 의미에의 의지가 전혀 억압되지 않은 곳에서, 로고테라피는 이를 완전히 일깨워야 한다. 그러한 로고테라피는 대상의 편에서 영인성 신경증의 경우에도 끊임없이 시도해야 하는데, 인격적 의미 충족의 구체적인 가능성들을 상기하는 데 있어서 바로 의미의 의지가 좌절된 것, 즉 실존적 좌절이 영인성 신경증의 바탕이 되는 한 그렇다. 다시 말해 개인의 유일성 안에서 환자에게 요구되고 부과된 실현해야 할 가능성을, 그리고 좌절된 의미의 의지를 충족시키고, 이렇게 해서 자신의 현존재에게 요구한 의미를 만족시킬 수 있는, 실현해야 할 가치를 상기할 수 있게 해야 한다. 바로 여기서 모든 의미치료는 실존 분석에 이르고, 모든 실존 분석은 의미치료에서 절정에 이르게 된다. 다윈Charles Darwin은 현존을 위한 투쟁만을 보았고, 크로포트킨Peter Kropotkin은 상호 조력을 주시했다면, 실존 분석은 자신을 의미 발견의 조력자로 보면서 현존재가 의미를 위해 분투하는 것에 주목한다.

우리는 의사가 이러한 과제에 직면했을 때 도망치는 일을 어렵지 않게 볼 수 있다. 그렇지 않으면 그는 신체적인 것이나 심리적인 것을 선택한다. 전자는 의사가 환자를 말 그대로 진정제로 달래면서 환자의 형이상학적 욕구를 다양한 정신 안정제 속으로 빠트릴 때 발생한다. 신체론이 영적인 것을 무시할 때, 영적인 것은 심리주의로부터 오로지 심적인 것에만 투영된다. 하지만 실제로는 질병, 즉 신경증뿐만 아니라 정신 질환에도 불구하고 진실은 존재한다. 아무리 편집증 환자가 말했다 해도 2×2=4인 것은 틀림없는 사실이다. 문제와 갈등 자체는 결코 병적인 것이 아니다. '질병에도 불구하고 진실'이 존재하듯 '건강에도 불구하고 고통'은 존재한다. 심리주의는 전자를 망각했고, 병리주의는 후자를 망각했다.

우리는 의미 의지가 현존하는 가장 인간적인 현상일 뿐만 아니라, 그 좌절도 병적인 것을 뜻하는 건 아니라는 말을 들었다. 자신의 고유한 현존을 무의미하게 생각하기 때문에 병이 드는 것은 아니다. 실존적 좌절은 병에 걸린 것도, 또 어찌 되었든 병을 만드는 것도 아니다. 다시 말해서, 실존적 좌절 자체가 병리적인 것, 무조건적으로 병인성인 것은 아니다. 왜냐하면 만약 그것이 병인성이라면 단지 임의적으로만 그럴 수 있다. 하지만 실제로 실존적 좌절이 병인성이 될 때, 그것이 정말 신경증으로 이어질 때 그러한 신경증을 '영인성 신경증'이라고 부른다.

실존적 좌절이 절대적 병인성이 아닌 단지 임의적 병인성이라고 할 때 그것을 병인성이라고 하기에는 여전히 충분하지 않다.

이렇게 말해도 좋다면 병인성이 되지 않은, 별다른 특징 없이 머문 실존적 좌절은 다름 아닌 영인성 신경증으로, 이는 실존 분석을 필요로 한다. 다만 이때 실존 분석은 신경증 치료도, 의사의 관할 구역도 아니다. 그것은 철학자, 신학자, 교육자 그리고 심리학자와 매우 커다란 관련이 있다. 그 이유는 의사가 그렇듯이 이들도 마찬가지로 현존의 의미에 대한 의심을 다루어야 하기 때문이다. 따라서 로고테라피가 특수 치료이자 비전문적 치료이고, 의료적 영혼 돌봄도 의사의 일이라고 할 때, 실존 분석은 그 관심이 근본적으로 의료적인 것에만 국한되지 않는다는 점에서 이러한 지시를 벗어난다는 것은 분명해진다. 이런 의미에서 우리는 '아르헨티나 실존적 로고테라피협회'가 비의료인 부문을 독자적으로 개설한 것을 타당하다고 생각한다. 예나 지금이나 신경증 치료에서 심리치료는 의사의 독점적인 일이다. 하지만 그렇다고 해서 정신위생학, 즉 영인성 신경증을 포함한 신경 질환의 예방이 의사의 몫만 될 필요는 없다.

의미를 향한 의지의 좌절, 실존적 좌절 자체가, 그리고 아무 특징도 없는 병이 아닌 것이라고 해서 생명에 위험하지 않다고는 결코 말할 수 없다. 그것은 자살, 즉 비신경증적 자살로 이어질 수 있다. 결과적으로 실존 분석은 이렇게 삶을 살리는 조치를 의미할 수 있음에도 불구하고 본래 의미로 의사가 환자를 치료하는 모습으로는 거의 상상하기 어렵다. 이는 언제든―소위 한계 상황 같은 유사시(전쟁포로, 강제수용소나 이와 비슷한 상황)―삶을 향한, 생존에의 의지에, 계속 살아가려는 의지에 호소해야 한다는 것을 보여 준다. 경험이 보여 주듯이 실존 분석은 이러한 호소가 의미에의 의지로 받아들여질 때만 성공한다. 즉 생존 의지가 생존의 당위를 대변하고, 또 그렇게 이해되고 경험될 때만 그렇다. 한마디로 계속 살아가는 것이 의미가 있을 때만 성공한다.

이와 관련해서 얼마나 옳고 중요한지 증명해 주는 경험들이 있다. 니체는 이렇게 말했다. "왜 사는지 아는 사람은 어떤 상황도 견디어 낸다." 이 말속에서 우리는 심리치료를 위한 암호를 본다.

그런 의미에서 실존 분석은 더 이상 참을 수 없는 현존의 한계 상황에 있는 인간을 의미에의 의지로 소급해야 한다. 이 경우 실존 분석은 의미를 추적하는 것이기도 하다.

여기서 실존 분석이 모색하는 의미는 구체적인 것으로, 이러한 의미의 구체성은 모든 인격체의 유일무이함은 물론 온갖 상황의 유일성과도 관련 있다. 그때그때의 의미는 사람과 상황에 대한 의미다. 그때마다 모든 개개인에게 요구되고 남겨진 충족시켜야 할 의미를 찾게 된다. 치료의 중요성은 오로지 그런 구체적이고 사적인 의미에만 부합한다.

III. 의료적 영혼 돌봄으로서의 로고테라피

의료적 영혼 돌봄은 결코 전공 분야 의사들의 영혼 돌봄이 아니다. 수술 불가능하거나 절단 수술과 관련된 외과 의사라도 최소한 신경과와 정신과 의사와 똑같이 이 의료적 영혼 돌봄이 필요하다. 만약에 이를 단념한 외과 과장이라면 자신의 환자를 수술하기 전 수술대가 아닌 자살한 후 부검대 위에서 본다 해도 별로 놀라진 않을 것이다. 의사들은 의료적 영혼 돌봄 문제와 직면한다. 정형외과 의사는 수술로 수족이 절단된 사람이 아닌 선천적인 불구자나 신체 장애인과, 안과 의사는 감각 장애인과, 피부과 의사는 피부가 손상된 사람 그리고 산부인과 의사는 난임 여성과 관계가 있고, 내과 의사는 불치병 환자, 노인병 전문의는 노쇠한 사람을 치료한다. 한마디로 말해, 자기 전문 분야뿐만 아니라 의사라면 모두 언제든 운명적으로 불가피한 고통을 마주한 환자가 눈앞에 있을 때 의료적 영혼 돌봄을 행해야 한다.

호모 파티엔스는 의사로서 치료할 뿐만 아니라 인간으로서 행동하는 인간적인 의사를 필요로 한다. 인간적인 의사가 아닌 과학적이기만 한 의사는 과학의 도움으로 다리를 절단할 수 있을진 몰라도, 그것만으로는 다리가 절단된 사람이나 앞으로 그렇게 될 환자가 절단 후에 스스로 목숨을 끊는 것을 보호할 수는 없다.

오스트리아 빈종합병원의 지혜로운 창립자 황제 요제프 2세Joseph II가 병원 정문 위에 '환자들의 건강과 안위를 위하여Saluti et solatio aegrorum'라는 문구를 새기게 한 것은 우연이 아니다. 이는 환자의 치유뿐 아니라 위로하는 데도 바쳐졌다. 특히 위로 역시 의사의 임무에 속하게 된 것은 '미국의사협회American Medical Association'에서 유래한다. "의사는 마음도 위로해야 한다. 이는 결코 정신과 의사만의 과제가 아니다. 위로는 모든 의사들의 과제다." 이렇게 의사는 의료적 영혼 돌봄을 행하면서 의사로 남는다. 하지만 의사와 환자의 관계는 인간 대 인간의 만남으로 변한다. 이렇게 해서 과학적이기만 한 의사는 인간적인 의사도 된다. 의료적 영혼 돌봄이란 바로 이러한 의사의 인간성의 기술을 시도하는 것이다. 그리고 어쩌면 현재 기술화된 의학 세계에서 통용되는 기술의 비인간성으로부터 우리를 지켜 줄 수 있는 것이 인간성의 기술이기도 하다.

의료적 영혼 돌봄의 필요성과 가능성은 외과적인 사례를 들어 증명할 수 있다. 내가 담당한 병동에서 근무하던 간호사가 수술을 받게 되었는데, 시험적 개복술에서 종양이 수술 불가능한 것으로 판명되었다. 그녀는 매우 절망했고 나에게 도와 달라고 부탁했다. 대화를 통해 알게 된 사실은 간호사가 절망한 것이 병 때문이 아니라 일할 수 없다는 데 있었다. 그녀는 무엇보다 자기 일을 좋아했지만 더 이상은 일할 수 없었다. 이러한 절망 앞에서 내가 뭐라고 말할 수 있었을까? 간호사의 상황은 정말 아무 희망이 없었다. (일주일 뒤 그녀는 죽었다.) 그럼에도 불구하고 나는 그녀에게 이 점을 분명히 하려고 노력했다. 그녀가 하루에 8시간을 일하든 혹은 그게 몇 시간이 됐든 그건 어렵지 않았다. 일은 곧 다른 사람이 할 수 있었다. 하지만 나는 간호사에게 그녀가 당시 일하는 게 불가능한 상태에서 일하려고 한 것은—그리고 그럼에도 절망스러워하지 않은 것은—대단한 능력이라고, 앞으로 아무도 그처럼 할 수 없을 거라고 말했다. 그리고 계속해서 그녀가 간호사로서 자신의 일생을 헌신한 수천 명의 환자에게 부당한 일을 저지르지 말라고 말했다. "당신이 지금 환자나 병약한 사람의 삶이, 다시 말해서 일할 수 없는 사람의 삶이 마치 무의미한 것처럼 행동한다면, 그들에게 부당한 일을 저지르는 건 아닐까요? 당신이 현재 상황에 절망한다면, 인간 삶의 의미가 어떻게든 수많은 시간을 일할 수 있는 데만 달려 있는 것처럼 행동하는 거니까요. 그러면 당신은 모든 환자와 병약한 사람들에게 살 권리와 현존재의 권한을 부인하는 겁니다. 사실 당신에게는 지금 유일한 기회가 있어요. 지금까지 당신에게 의지했던 모든 사람에게 직업적인 도움 외에 아무것도 해 줄 수 없었다면, 이젠 그 이상이 될 수 있는 기회인 거예요. 바로 인간의 본보기가 될 기회가 말이죠."

이렇게 암시한 짧은 몇 마디가, 완전히 이해할 수 있고 겉으로 보기에 충분히 납득할 만한 이런 경우의 절망이라도 근본적으로 우울증을 바꾸기에 충분했음이 분명하다. 결국 모든 절망은 우상화, 즉 유일한 가치의 절대화라는 것을 알아야 한다(이 경우는 노동력이라는 가치의 우상화). 절망하는 사람은 자신이 뭔가를 우상화했다는 것을 폭로하는 것이라고 우리는 감히 주장하고 싶다. 그가 단지 제한적으로만 가치 있는, 상대적인 가치를 지닌 뭔가를 절대적인 가치로 절대화하는 것이라고 말이다. 이렇게 해서 모든 우상화는 절망에 의해 폭로될 뿐만 아니라 복수를 한다는 것도 알 수 있다.[25] 그럼에도 불구하고 당연히 상대적 가치의 우상화가 모두 신경증으로 이어진다거나, 아니면 모든 신경증이 상대적 가치의 절대화에서 기인했다고는 말할 수 없다. 모든 절망이 병인성은 아니고, 모든 신경증이 다 영인성은 아니다.

의료적 영혼 돌봄에서 중요한 것은 운명적으로 불가피한 고통에 직면한 인간이 참고 극복할 수 있는 능력을 갖게 만드는 일이다. 그때 다루는 것은 노동력 및 향유력의 회복이 아니라(해당 간호사의 경우 어쩔 수 없이 이 두 능력을 상실했다) '고통력'의 형성이다.

이쯤에서 환자의 고통력을 회복시키는 필요성에 대해 자세히 설명하기 위해 모르핀 중독자의 이야기를 하려 한다. 이 환자는 어린 시절부터 우울증을 앓았다. 그가 온갖 중독 치료를 거부한 원인은 일종의 자기 연민이─바로 그의 무고통력이─치유에서 멀어지도록 아주 깊숙이 자리 잡은 데 있었다. "그러면 전 절대로 나을 수 없고 우울증으로 갈 수밖에 없습니다. 우울증은 정말 견디기 힘들어요. 만일 그게 우울증이 아니라면 제가 맞서야 하는 어떤 갈등이겠죠." 이러한 수많은 환자가 그렇듯이 그도 지나치게 강조를, 다시 말해 모든 경험의 쾌락-불쾌 징조를 지나치게 중시했다. 하지만 결국 쾌락이나 불쾌와 같은 그러한 상태의 사실성을 피상적으로 내세우는 토대가 되는 것은 다름 아닌 현존재의 실존성에서 벗어나는 일이다. 삶에서 불쾌로부터의 도피는 언제나 현존재를 충족시킬 수 없지 않을까 하는 두려움이다. 이런 심리적 증상에 대한 영적인 의미심장한 발언을 계기로 모르핀 중독 환자는 이렇게 소리치며 말했다. "바로 그게 문제였어요! 다 맞는 말입니다. 그걸 이제야 알다니." 환자도 인정했다. "전 항상 커다란 화젯거리가 필요했어요. 지금까지의 삶은 제가 가지지 못한 뭔가를 찾아내는 일이었지요. 전 어떤 것에 몰두하고, 저 자신을 존경하게 해 줄 뭔가를 성취하길 바랐어요. 제겐 오직 그것만 중요했고, 아주 열심히 일했습니다. 또 일하는 게 즐겁기도 했고요! 전 해야 할일을 했다고 밤마다 자신 있게 말할 수 있었어요. 그렇게 해서 최전선에서 최고의 나날을 보냈습니다. 이와는 반대로 지금은 전쟁이 끝나고 사방이 고요한 곳에…. 여기엔 공허만 남았어요." 이 경우 '불안한 마음'의 종교적 뿌리까지 밝히긴 어려웠다. 다만 환자가 인정한 것은 '신앙심 깊은 가정에서 자랐지만 맹신적이진 않았다'는 것뿐이었다. "저는 경외감을 가질 수밖에 없는, 저를 초월한 뭔가를 믿습니다." 그는 단지 이렇게만 말했다. 이 사례에서 환자가 '일에서도 마비된 상태만'을 구했다는 점도 눈에 띄었다. "지금도 상사들은 하나같이 제가 어떻게 그 많은 일을 해낼 수 있는지 놀랍니다." 환자가 일중독일 수밖에 없는 이유는 불쾌감에서 벗어나려는 데 있었다. 이에 만약 심리치료의 목표를 노동력 및 향유력을 회복시키는 데 국한한다면 얼마나 잘못될 수 있는가 알 수 있다. 이 경우는 신경증적 일중독이나 쾌락에 대한 갈망 및 불쾌로부터 도피하는 데 도움을 줄 수 있었다. 이 구체적인 사례에서는 삶과 불가피하게 결합된 불쾌를 받아들이고 인정하면서 불쾌는 사소한 것이라고 보는 자세를 키우는 것이 중요했다.

고통력이란 결국 우리가 '태도 가치'라고 부르는 것을 실현하는 능력이다. 오로지 (노동력에 상응하는) 창조만이 현존재에 의미를 줄 수 있는 것은 아니다. 이는 '창조적 가치'의 실현을 말한다. 또 (향유력에 상응하는) 체험, 만남과 사랑만이 인생을 의미 있게 만드는 건 아니다. 이는

〈그림 4〉

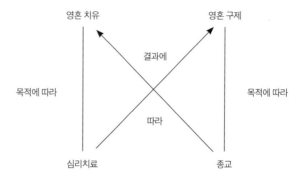

'체험가치'를 말한다. 고통 역시 의미를 준다. 여기서 중요한 것은 단순히 어떤 가능성이 아니라 최고의 가치를 실현하는 가능성과 가장 심오한 의미를 충족시키는 기회다. 즉 '고통의 은총…'

물론 고통이 운명적이라면 태도 가치*를 실현하는 것, 다시 말해 고통을 통해 인생의 의미를 부여한다는 것은 문제가 된다(이런 이유로 우리는 진짜 운명의 고통이라는 점을 강조한다).

여기서 의료적 영혼 돌봄은 엄밀한 의미로 심리치료가 불가능한 경우에 필수적이라는 것을 잘 보여 준다. 이때 꼭 필요한 것은 환자가 불가피한 것, 즉 육체나 심리적 치료 외 다른 가능성을 진짜 운명으로 받

---

*　태도 가치의 최소한도는 고통당하는 사람—고통을 온전히 짊어진 사람—에 의해 사실상 이루어진다. 고통의 유일한 사실은 의미가 아닌 존엄이다.

아들이는 법을 배우고, 이렇게 해서 모든 것은 오로지 이를 어떻게 감수하고 견디며, 또 어떻게 고통을 겪는가에 달려 있다는 것을 받아들이는 것이다.

로고테라피가 모든 지시군indication group에서 심리치료의 타당한 대체물이 아니라 오로지 보완물이라면, 적어도 의료적 영혼 돌봄은 사제의 영혼 돌봄의 대체물이 된다.

그렇다면 의사와 사제의 영혼 돌봄은 어떤 관계가 있을까? 이 둘의 목표 설정부터 살펴보자. 일반적으로 심리치료인 의료적 영혼 돌봄의 목표는 영혼 치유에 있다. 이와 달리 종교의 목표는 영혼 구제다. 종교는 심리치료적 동기가 없더라도 정신위생학적 효과는 가지고 있다. 종교는 인간에게 그 무엇과도 비교할 수 없는 마음의 안정과 정신적 지지대가 되어 주고, 따라서 인간 영혼이 평정을 유지하는 데 막대한 기여를 한다. 다른 한편으로 우리는 심리치료가 개별 사례에서 어떻게 환자를 감추어진 근원적 신앙의 원천으로 되돌아가게 하는지를 안다. 이는 목적이 아닌 결과로 이루어진다.

명백히 드러났듯이, 환자의 '믿음력' 회복은 노동력, 향유력, 고통력의 회복, 이 세 가지 과제를 넘어서는 의사의 네 번째 과제가 아니라 단지 심리치료의 가능한 효과일 뿐이다. 종교가 심리치료의 목적을 위한 수단이 아니듯, 심리치료는 종교의 임무와 아무 상관이 없다.

심리치료를 신학의 시녀, 즉 부속물로 만들려는 자는 학문의 자유와 함께 독자적인 학문의 존엄을 빼앗는 것뿐만 아니라, 이렇게 해서 심리치료가 종교를 위하여 가질 수 있는 어떤 이용 가치 안의 가능한 것도 빼앗는 것이다. 왜냐하면 심리치료는 그러한 이용 가치를 오로지 결과로만 얻을 수 있고 목적으로는 절대 얻을 수 없기 때문이다. 만약에 그것이(경험적 연구 결과에서든, 심리치료 효과에서든) 종교에 헌신할 수 있으려면, 얽매이지 않는 노선에서 움직이고, 처음부터 확정된 의도가 없을 때만 가능할 것이다. 왜냐하면 학문에는 언제나 신학의 가치에 영향을 받지 않는 독립적인 연구 결과들만 존재하기 때문이다.

영혼이 우리가 '본성적으로 종교적인 영혼Anima naturaliter religiosa'이라고 간주하는 것임을 심리치료가 증명한다면, 이는 스스로 '본성적으로 비종교적인 과학Scientia naturaliter irreligiosa'이라는 것을 증명하는 거다. 바로 '본래' 종교에 매이지 않은 학문, 즉 스스로 학문 외에는 아무것도 아니고 또 그렇게 남을 것이라는 것을.

심리치료가 신학의 시녀로 봉헌하는 데 몸을 굽히지 않을수록 실제로 신학에 기여하는 일도 그만큼 더 사라진다.* 봉헌하기 위해 시녀가 될 필요까진 없다.

언젠가 슐츠Johannes Heinrich Schultz는 이렇게 말했다. "기독교적 혹은

---

* "우리는 무엇보다 심리치료가 때와 장소를 불문하고 학문으로서 독립성을 보존해야 한다는 점을 고려해야 한다. … 심리치료는 신학의 존재 자체에서 벗어날 수 없는 '신학의 시녀'로 악용되"어선 안 된다(프란치스코 수도회 아디엘 드 마이어Adiel de Meyer 교수, '심리치료와 목회에서의 인생 문제', 출처:《미사와 도덕을 배경으로 한 심리치료에 대한 대화》, 네이메헌, 1955년, 32쪽).

불교적 강박신경증이 존재하지 않듯이 어떻게든 종파적으로 규정된 과학적 심리치료란 있을 수 없다."

오늘날 사람들은, 과거에 사제들을 찾았고 지금도 여전히 사제들 일에 속한 문제들을 가지고 정신과 의사에게 온다. 의사는 영혼을 돌보는 이러한 일을 강제적으로 해선 안 되고, 또 스스로 사제에게 들었던 충고를 환자에게 해 주면 안 된다. 이는 환자에게는 상처가 될 수 있고, 신학적 언어를 경솔하게 심리학에 들이대는 것일지도 모른다. 의료적 영혼 돌봄은 명백하게 모든 종교의 이쪽으로 움직인다.

우리 의사들은 철학이나 심지어 신학을 의학 속으로 나르는 사람이 아니다. 철학적 문제를 우리에게 가져오는 사람은 환자다. 왜냐하면 "환자는 우리를 문제 앞에 직면하게 하"고(구스타프 발리), "우리가 사는 시대는 의사에게 과거 사제와 철학자의 몫이던 과제를 점점 더 많이 성취하도록 몰아넣는"(칼 야스퍼스) 시대가 되었기 때문이다. 알퐁스 매더Alphons Maeder도 "상황 자체로 인해 이러한 전환은 떠밀리듯 이루어졌다."고 지적했고, 슐테W. Schulte는 "심리치료가 너무 빈번히 영혼 돌봄으로 흘러가는 데 의존하고 있다."고 꼬집기도 했다.

갭자텔이 명명한 '서구 인류의 사제에서 신경과 의사로의 이동 현상'은, 사제에게는 외면할 수 없는 사실이자 신경과 의사에게는 거절해서는 안 되는 요구 사항이다.

특히 신앙심이 깊은 의사라면 그러한 요구를 적어도 피할 수 있다. 그는 환자가 사제에게 가는 길을 찾지 못할 때 위선적인 샤덴프로이데

Schadenfreude(남의 불행을 보고 느끼는 쾌감이나 기쁨-옮긴이)를 멈춘다. 만일 의사가 믿음 없는 사람의 고통을 보고 기뻐하면서 '신앙이 있다면 사제에게 피난처를 구할 텐데'라고 생각한다면 그것은 위선일 수 있다. 수영을 못하는 사람이 물에 빠질 위험에 처한 것을 보고 '수영을 좀 배웠어야 했는데'라고는 절대 말하지 않는다. 우리는 수영 강사가 아니라도 도와준다.

의료적 영혼 돌봄은 오만이 아니다. 영혼을 돌보는 의사는 억지로 빼앗지 않는다. 의사는 의사가 아닌 사제처럼 행동할 때 궁지에 처하게 된다. 환자들이 '대부분 거부한'(하이어G. R. Heyer) 사제에게 가지 않을 때 의사는 그들을 거절하면 안 된다. 왜냐하면 "병든 것 외에 삶의 곤경에 빠진 자들을 조언하는 일은—그가 그것을 원하든 원치 않든—오늘날 여러 가지로 사제를 대신해 의사에게 부과되었"고, "사람들이 삶에 어려움이 닥쳤을 때 대부분 사제가 아니라 노련한 상담사인 의사를 찾는 것은 변할 수 없는 사실이기 때문이다."(바이트브레히트H. J. Weitbrecht). 우리는 지금 세속화된 세계에 살고 있고, 이에 영혼 돌봄도 세속화되었다 해도 전혀 놀랄 일은 아니다. 단, 이러한 심리치료에 대한 욕구 배후에는 아주 오래된 영원한 형이상학적 욕구가, 다시 말해서 현존의 의미를 해명하려는 인간의 욕구가 있다는 것을 예측한다면 우리는 분명 잘못된 길에 접어든 것은 아니다.

초임상적 고통의 해명

우리가 쾌락과 힘 그리고 의미에의 의지를 만난 후, 이제는 창조의 의미와 인생의 의미를 넘어 고통의 의미에 이르게 되었다.

현존에 의미를 부여하는 데는 창조적 가치 실현, 체험 가치 실현 그리고 태도 가치 실현이라는 세 가지 방법이 있다. 이러한 의미 가능성 및 가치 가능성을 충족하고 실현하는 것은 우리에게 요구되고 위탁된 것이다.

이제 방향을 바꿔 질문하고 싶다. 고통은 특별히 어떤 의미가 있는가? 내가 쓴 '고통 해명의 시도'란 글에서[26] 나는 '무엇 때문에 고통당하는가?'(니체) 하고 외치는 질문에 답하면서 이렇게 설명했다. 고통의 목적(무엇 때문에)은 자신에게 부여된 고통을 어떻게 받아들이는가에 있다. 그것은 병을 대하는 태도, 병과 대결하는 태도에 달려 있다. 한마디로 중요한 것은 올바른 자세이자 거짓 없는 운명의 온전하고 참된 고통이다. 더 이상 어찌할 수 없고 받아들일 수밖에 없는 이 운명을 어떻게 짊어지는가가 중요하다. 다시 말해 더 이상 아무런 행동—운명을 조형할 수 있는 행동—도 할 수 없는 바로 그때 필요한 것은 올바른 자세로 운명과 조우하는 일이다.

고통은 운명적으로 불필요하고 불가피하고, 또 변경 불가능한 상태에 있다. 만약 나의 잘못으로 인한 고통이라면 그 의미는 어디에 있을까? 나쁜 행동으로 인해서 생긴 고통은 올바른 행동으로 여전히 회복

가능하고, 이러한 회복은 잘 알려진 대로 속죄라고 한다. 하지만 그것이 최소한 속죄로, 올바른 행동으로 회복 불가능하다면 어떻게 될까? 그땐 올바른 자세, 옳은 태도만이 더욱 중요하다. 지금의 후회는 고통 그 자체에 대한 것이라기보다는 과거의 잘못에 대한 것으로, 후회는 자신의 잘못에 대한 올바른 자세다. 후회는 자기 자신을, 또는 과거의 죄지은 나를 마주하는 자세이자 태도다. 이와 관련해서 막스 셸러는 그가 쓴 논문에서 이미 복구할 수 없을 때의 후회는 적어도 도덕적인 면으로 얼마나 되돌릴 수 있고, 그때 어떤 일이 발생하며 또 어떤 책임이 있는지를 보여 주었다. 이에 대해 톨스토이Leo Tolstoy는 숨을 거두는 순간까지 결코 늦은 때란 없다는 것을 소설《이반 일리치의 죽음》에서 매우 강렬하게 보여 주었다. 이반은 엉망이 된 삶을 후회하는 가운데 스스로 극복하고, 자기 자신을 뛰어넘어 성장하고, 내적으로 크게 성숙한다. 이는 마지막 죽는 순간까지 결정적인 실패란 없다는 것을 의미한다. 그리하여 겐틸레G. Gentile가 한 말은 모든 개인의 인생사에도 다 적용된다. "역사에서 이미 끝난 것이란 결코 없고 모든 것은 여전히 해야 할 일이다."

이젠 괴테가 무슨 권리로 다음과 같이 말했는지도 분명해진다. "행위로든 인내로든 인간이 나아질 수 없는 상황이란 없다." 다만 보충해야 할 것이 있다. 견디기, 최소한 거짓 없는 온전하고 참된 고통에서 견디기는 그 자체가 하나의 능력이다. 아니 그 이상이다. 그것은 능력일 뿐만 아니라 인간에게 허락된 최고의 능력이다. 이 능력이 인간이 그에게 운명적으로 요구된 포기에 있지 않다면 말이다.

왜 고통이 인간에게 부여하는 의미가 가장 높은가 하는 물음에 답하려고 한다. 태도 가치는 창조적, 체험 가치에 비해 탁월하고, 고통의 의미는 차원적으로 노동의 의미와 사랑의 의미보다 더 높다는 게 입증되었다. 호모 사피엔스homo sapiens(생각하는 인간)가 자신의 존재감을 충족시키는 호모 파베르homo faber(만드는 인간), 체험하고 만나고 사랑하면서 삶을 의미로 풍부하게 하는 호모 아만스homo amans(사랑하는 인간) 그리고 고통력에 호소하기 위해 고통에서 의미를 쟁취하는 호모 파티엔스로 나눌 수 있다고 가정하자. 호모 파베르는 흔히 성공한 사람이라고 일컬어진다. 그는 오로지 성공과 실패라는 두 가지 범주만 알고, 그 안에서만 생각한다. 이 두 극단 사이에서, 그의 삶은 성공 윤리의 선에서 움직인다. 이는 호모 파티엔스와는 전혀 다르다. 이들의 범주는 결코 성공과 실패라고 할 수 없으며, 오히려 성취와 절망이다. 하지만 그는 이 한 쌍의 범주에서 모든 성공 윤리의 선에 수직으로 위치한다. 그 이유는 성취와 절망이 다른 차원에 속하기 때문이다. 그렇지만 이 같은 차원의 차이에서 차원의 우위가 발생한다. 왜냐하면 호모 파티엔스는 최악의 실패와 좌절 속에서도 성취할 수 있기 때문이다.*

---

* 세 가지 가치 범주 사이에서 지배하면서 태도 가치가 창조적 가치와 체험 가치보다 우위에 있는 위계는 피실험자 1,340명의 자료에 의거하여 요인 분석으로 증명되었다(엘리자베트 루카스). 그때 밝혀진 사실은 (요인 분석에서) 태도 가치가 위치한 축은 다른 가치 범주들이 위치한 축과 직각을 이룬다. 이는 다른 차원이라는 것을 뜻한다[V. E. 프랭클,《심리치료에서의 의미 문제Die Sinnfrage in der Psychotherapie》, 뮌헨, 1985년, 65쪽(뮌헨, 2002년)].

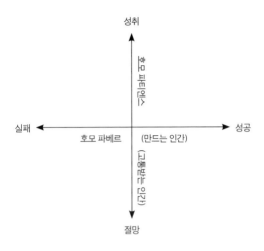

〈그림 5〉

성취

호모 파티엔스

실패 ←——————————→ 성공

호모 파베르 (만드는 인간)

(고통받는 인간)

절망

　그렇다면 성취가 실패와 양립할 수 있고, 성공과 절망도 다르지 않다는 것을 보여 줄지도 모른다. 하지만 이는 단지 범주 두 쌍의 차원적 차이에서만 이해할 수 있다. 물론 호모 파티엔스의 승리, 즉 고통 가운데 의미 및 자기 충족을 성공 윤리의 선으로 투사한다면 그것은 차원이 다르기 때문에 점으로 하나씩 그려져야 한다. 즉 아무것도 아닌 것처럼 보일 것이고 불합리하다는 인상을 받게 된다. 다시 말해, 호모 파베르의 눈에 호모 파티엔스의 승리는 어리석은 짓이자 불쾌한 일에 지나지 않는다.

　그럼에도 불구하고 올바르게 행동하면 운명을 손안에 거머쥘 가능성이 올바른 자세로 자신에게 고통과 잘못을 받아들이는 필요성보다 마땅히 우위에 서야 한다. 간단히 말해 비록 고통을 감춘 의미 가능성이 가치 순위에 따라 창조의 의미 가능성을 앞선다 해도, 즉 고통의 의미가 '우위'를 차지한다 해도 '우선권'은 창조의 의미에 있다. 왜냐하면 운명적으로 불가피한 고통이 아닌 불필요한 고통을 받아들이는 것은 능력이 아니라 방종이기 때문이다.

그렇다면 의료 임상 공간인 병원에서의 사정은 어떨까? 앞서 한 말은 상당히 역설적으로 들릴 수 있지만 불치병은 먼저 어떤 의미 가능성을 감추고 있다고 할 수 있다. 만약 어떤 이가 수술로 고칠 수 있는 악성 종양임에도 불구하고 수술하지 않는다면, 그는 의미 있는* 고통을 당하는 게 아니라 오히려 그건 악의적인 고통일지 모른다. 이 사람에게는 수술하려는 용기가 필요하고, 수술할 수 없는 종양이라는 운명에 걷잡을 수 없이 분개하고 원망하는 사람에게는 겸손이 필요하다.

만일 누군가 삶을 통해 운명이 처음에는 창조적 가치를 실현시키는 가능성과 멀어지게 하고, 또 체험과 만남과 사랑을 통해 의미를 충족시킬 가능성과 멀어지게 하고, 결국 마지막에는 오로지 그 운명에 맞서는 것, 스스로 올바른 태도를 갖는 가능성만 남도록 요구한다면 이것은 뭘 뜻하는가? 내가 늘 빼놓지 않는 구체적 예로 이 이야기를 설

---

* 인간은 고통이 얼마나 의미 있을 수 있는지 본능적으로 알고 있으며, 이러한 인간의 본능적 지식은 소위 무감각성 우울증melancholia anaesthetica 사례에서 잘 드러난다. 이들 사례에서 환자는 고통이 있음에도 고통에 둔감한 병에 시달렸다. 이러한 무감각 상태의(무통증은 아니다) 정반대가 동정심이다. 통증 없는 고통은—주목할 만한 것은 환자가 통증 없는 고통을 의미 있는 것으로 여긴다는 점이다—, 고통은 있지만 무감각한 사람이 그러하듯 고통 없는 통증과는 반대다.

명해 보겠다. 나는 이 예시가 매우 유익하다고 본다.

구체적인 사례에서는 환자가 실행해야 할 전환이 어떻게 이루어졌는가 보여야 한다. 이는 평범한 현존재의 일상적인 의식에서 중심을 이루는 가능성의 전환, 즉 창조하면서 삶에 의미를 부여하고, 피할 수 없는 고통을 통해 비통한 운명을 받아들임으로써 의미를 부여하는 전환을 말한다.

척수 종양을 앓는 환자가 있었는데, 더 이상 일을 할 수 없게 되었다. 그는 광고 디자이너였다. 창조적 가치 가능성은 즉시 사라졌다. 그는 병원에서 부지런히, 과거 그 어느 때보다 더 열심히 책을 읽었다. 말하자면 체험의 가치를 실현했다. 그때부터 그는 문화적 가치를 받아들임으로써 자기 삶에 의미를 부여했다. 하지만 결국 마비 증세는 점점 더 악화되었고, 더 이상 손으로 책을 잡을 수도 헤드폰을 머리에 쓸 수도 없는 지경이 되었다. 체험 가치의 실현도 더는 불가능했고, 환자 스스로 마지막 순간이 다가온다는 것을 알았다. 그런데 이러한 운명에 그가 어떤 태도를 보여 주었을까? 당시 젊은 의사였던 나는 야근을 했는데, 그날 오후 회진 때 환자는 자기 때문에 내가 밤에 방해받는 것을 원하지 않는다고 공손히 말했다. 그가 유일하게 걱정한 것은 나의 수면이었다. 이렇게 그 사람은 삶의 마지막 순간까지 자기 자신이 아닌 오로지 다른 사람, 야근한 의사인 나를 걱정했다. 이 조용한 영웅적 행위로 그 사람은 임무를 완수했고, 자신의 고통으로 업적을, 그가 과거 일하던 시절 성취한 광고 디자인보다 더 높게 평가받을 수 있는 업적을 이루었다. 당시 그는 인간이 그러한 상황에서도 할 수 있는 일을 광고했다.

또 다른 예는, 일과 그 속에 기반을 둔 의미 가능성뿐만 아니라 사랑을 포기하는 것이 어떻게 인간에게 의미를 충족시킬 기회를 깨닫게 하는지를 보여 줄 것이다. 바로 이런 불행한 의미 가능성은 운명적인 빈곤 아래 고통 속에 있다.

어느 늙은 의사가 도움을 청하러 온 적이 있었다. 1년 전, 그가 세상에서 가장 사랑한 아내가 죽었는데, 그는 이 상실감에서 벗어나지 못했다. 우리는 심각할 정도로 우울한 환자에게 만일 그가 아내보다 일찍 죽었다면 어떤 일이 벌어졌을까 생각해 보았는지 물었다. 그는 "그건 상상조차 할 수 없는 일이에요."하고 말했다. "아내는 무척 절망했을 겁니다." 이제 우리는 그에게 이 점만 환기하면 됐다. "보세요, 그럴 일은 없어요. 선생님은 아내에게 그런 일을 면하게 해 주셨어요. 물론 그 대가로 선생님이 지금 슬퍼할 수밖에 없지만요." 순간 그의 고통은 희생이라는 의미를 얻었다.

당연히 여기서 말하려는 것은 심리치료가 아니다. 치료는 전혀 문제가 되지 않는다. 중요한 것은 운명적인, 절대로 바꿀 수 없는 사실인데도 그 태도는 변했다! 운명이 그에게 요구한 것은 사랑을 통해 의미를 충족시킬 가능성에서 물러나게 한다. 그러나 그에겐 스스로 운명 앞에 서고, 올바르게 적응하는 가능성은 남아 있었다.

의미 있는 고통은 언제나 스스로 초월한다. 의미 있는 고통은 우리가 '누구를 위해' 고통받는지 말한다. 한마디로 '진정한' 의미 있는 고통은 희생이다.

하지만 고통은 윤리적 위엄만을 지니고 있지는 않다. 그것은 형이상학적인 중요성도 갖고 있다. 고통은 인간에게 통찰력을 갖게 하고 세상을 투명하게 만든다. 존재는 형이상학적 차원성 안에서 투명하게 된다.

존재는 투명해진다. 인간은 존재를 꿰뚫어 보고, 고통받는 자에게 자신을 보여 주며, 근원을 간파한다. 인간이 절벽 앞에 섰을 때 깊숙이 들여다보고, 낭떠러지 아래서 깨닫게 되는 것은 현존재의 비극적인 구조다. 그에게 드러나는 것은, 인간 존재란 철저히 고통이라는 것, 다시 말해서 인간의 본질은 고통받는 자, '호모 파티엔스'라는 사실이다.

인간상은 생물학적 범위에서 어떤 모습으로 나타날까? 고도로 진화한 포유류일까? 머리를 들고 직립 보행하는 포유류일까? 그의 정언 명령은 사페레 아우데sapere aude, 즉 과감히 알고자 하라, 이거다! 그리고 인간은 이를 감행'했다'. 이성을 절대화하는 것을 감행했다. 계몽은 이성을 말 그대로 신으로 만들었다.

우리는 그러한 생물학적 인간상에 영적인 것을 내놓는다. 호모 사피엔스를 호모 파티엔스로 대응한다. 그리고 정언 명령 '사페레 아우데'를 다른 것으로 대치한다. 파티 아우데pati aude, 과감히 고통을 당하라로!

이러한 대담성, '고통으로의 용기', 이것이 바로 핵심이다.*

---

* 이것은 의미를 발견하기 위하여 고통이 꼭 필요하다는 것을 뜻하는가? 만일 그렇다면 커다란

이렇게 태도 가치의 실현은 불가피한 고통의 가능한 의미 충족이라는 것이 입증되었다.[**]

현실 도피주의자가 불가피한 고통을 피한다면, 마조히스트는 불필요한 고통 위를 걷는다. 그렇다면 마조히즘masochism의 본질을 이루는 것은 무엇일까? 마조히즘은 불쾌를 쾌락으로 바꾼다. 마조히스트는 불쾌를 쾌락으로 바꾸는 게 아니라 고통을 업적으로 변화시키는 인간과 대치한다. 동시에 방종과 마조히즘에서 멀리 떨어져 있고 방종과는 반대로 고통을 의도한다. 하지만 마조히스트처럼 자기 목적으로서 의도하는 것이 아니다. 그는 온갖 고통으로 자신이 시련 당한다는 것을 의도하면서, 즉 희생하면서 그 속에서 고통을 초월한다. 인간은 이렇게 희생이라는 의미를 부여하면서 고통을 사실의 영역에서 실존의 영

오해다. 내 말은 고통이 필수적이라는 것은 결코 아니다. 오히려 내가 말하고 싶은 것은 고통에도 불구하고(고통을 통해서라기보다) 의미는 가능하고, 그때 전제가 되는 것은 고통이 불가피하다는 것인데, 다시 말해서 고통의 원인은 생물학, 심리학 혹은 사회학적 원인에 해당되지 않는 한 보완하고 제거할 수 없다는 것이다. 만약 악성 종양이 수술 가능할 경우 환자는 당연히 수술을 받는다. 신경증 환자가 진찰실에 오면 우리는 당연히 그가 신경증에서 자유로워질 수 있도록 온갖 시도를 할 것이다. 또 병든 것이 사회라면 가능한 범위에서 모든 정치적 행동을 착수할 것이다[V. E. 프랭클, 《고통받는 인간: 심리치료의 인간학적 토대Der leidende Mensch. Anthropologische Grundlagen der Psychotherapie》, 베른, 1984년, 59쪽(베른, 2005년)].

[**] 이 실존 분석 이론이 치료에 유익한 교정 수단이란 의미에서 현재 통용되고 있는 미국의 정신 위생, 정서 상태란 말과 얼마나 대립되는지 언급한 사람이 바로 미국 퍼듀대학교의 에디트 조엘슨(Edith Joelson)이다. 시련, 고통과 죽음에 대한 전형적인 미국 사람의 현실 도피주의는 그를 악순환에 빠지게 한다. 고통 속에서 의미 가능성이 아닌 오로지 부적응이나 신경증적 증상만 보는 사람은 고통당할 수밖에 없는 자신의 불행함으로 인해 운명적으로 불가피한 고통을 더욱 가중시키기만 한다('정신의학 빈 학파에 대한 논평', 출처: 〈이상 및 사회심리학저널The Journal of Abnormal and Social Psychology〉, 제51권, 3호, 1955년 11월).

역으로 이동시킨다.

이제 문제가 되는 것은 고통의 의미는 해석 가능한가, 하는 점이다. 여기서 우리는 자연스럽게 변신론辯神論, theodicy을 대신해 목표로 삼은 고통의 해명 문제에 휘말리게 된다. 이는 변신론이 실패로 끝난 데 원인이 있다. 왜냐하면 고통의 해명이 인간을 단련하기 위해 고통이 필요하다거나, 아니면 신이 선한 것을 더욱 부각시키고자 악을 허락한 것임을 내세운다면, 이 주장에 대해 끊임없이 다른 질문들이 이어지고 이에 대한 이유, 동기를 대면서 계속 다음과 같은 물음으로 돌아갈 수밖에 없기 때문이다. '전능한 신이라면 왜 인간이 시련을 통해 단련 받을 필요가 없게 창조하지 않았는가? 그리고 왜 선악이 대립하지 않는 세상을 만들지 않았는가?'

고통의 해명 문제나 심지어 변신론과 직면할 때 인간에게 적합한 유일한 태도는 비밀 앞에 머리를 숙인 욥의 태도다. 더 나아가 앎을 구실 삼은 소크라테스의 태도다. 이는 자신이 아무것도 모른다는 앎이었다.

그렇지만 우린 그것이 단지 철학자와 예언자에게만 해당되고 평범한 인간과는 아무 상관도 없는 것처럼 행동한다. 유엔군 2명이 한국전쟁에서 부상을 당하고 병원에서 형이상학적 문제에 강한 호기심이 있는 기자와 인터뷰를 한 적이 있었다. 그때 이 두 참전 군인은 그들이 당한 부상과 시련의 의미에 대해 어떻게 생각하느냐는 질문을 받았다. 그중 한 명이 이렇게 말했다. "사람들은 너무 많은 것을 묻는군요." 또 다른 한 명은 이렇게 대답했다. "신은 우리와 함께 할 일을 계획하십니다." 나는 이것을 욥과 소크라테스적 영으로 답변한 것이라고 말한다. 잘못된 질문은 존재한다. 그리고 온갖 답변을 압도하는 믿음도 존재하는 법이다.

그럼에도 불구하고 적어도 그림과 비유가 뜻하는 바는 분명하다. 그런 비유로서 황금 비율의 비유를 떠올릴 수 있다. 이에 따르면 알다시피 작은 부분과 큰 부분과의 관계는 큰 부분과 전체의 관계와 같다. 그렇다면 동물과 인간, 인간과 신의 관계도 이와 비슷하지 않을까? 알려진 바와 같이 단순한 환경은 동물과 관련이 있는 데 반해 인간은 '세계를 갖고 있다'(막스 셀러). 그렇지만 인간 세계와 내세와의 관계는 동물 세계와 인간 세계와의 관계와 다르지 않다. 동물이 주변 세계에서 인간과 인간 세계를 이해할 수 없듯, 인간이 내세를 인식하는 것은 거의 불가능해서 신을 이해하거나 신의 목적을 알 수가 없다.

개를 예로 들어 보자. 개는 사람들이 손가락으로 어디든 가리키면 다른 것은 쳐다보지 않고 오직 손가락만 바라본다. 개는 사람이 가리키는 것을 어떤 신호의 의미로 이해하지 못한다. 그런데 이는 인간에게도 비슷하게 벌어지는 일이 아닐까? 뜻밖에 닥친 운명의 '지시'를 이해하지 못하고, 자신의 운명을 원망하는 일이 우리에게도 일어나지 않은가? 손가락만 덥석 물려고 달려들면서 말이다.

당연한 말이지만—다시 황금 비율로 돌아가서—우리 인간이 '전체'의 의미를 파악하는 것은 불가능하다. 적어도 우리는 그것을 생각할 수 없으며 단지 믿는 것만 가능하다. 이에 알베르트 아인슈타인이 프린스턴 신학대학교 세미나에서 한 말을 이해할 수 있다. "오직 생각만으로는 최고의, 가장 근본적인 목적을 밝힐 수는 없다." 이때 우리는 '오직 생각'이 아닌 믿음에 의존한다. 그런데 결국 근본적으로 결정적인 인식, 스스로를 수단으로 사용하는 인식과 믿음의 다른 점은 뭘까? 믿음이란 생각의 현실로 축소된 생각이 아니라 생각하는 사람의 실존성으로 증대되는 생각이다.

그럼 존재 '전체'가 무의미한지, 초의미super meaning를 갖는지*, 그러한 결정은 누가 내릴까? 무엇이 그러한 인식을 결정할까? 그 배후에 인간적인 유한한 이해력을 뛰어넘는 의미가, 겉보기엔 매우 무의미한 고통을 그 안에 포함하고 있을지도 모른다. 그런데 모든 말을 초월할 수 있는 의미란 무엇을 말하는가? 온갖 말로도 부족하다면 말이 지나치게 많은 것이나 다름없다.

인간 현존의 차원을 이해한다는 의미에서 생리학은 심리학을 향해 열려 있고, 다시 심리학은 영적 실존으로서 인간 현존을 고려하는 사유학—이렇게 말하는 건 실례지만—에 열려 있듯이, 이러한 관찰 방식과 또 이로써 실존 분석은 기존의 것을 포함한 차원 앞에 열려 있어야 한다.

먼저 인간의 고통은 초월 세계로부터 마지막 의미 부여를 얻고, 이것은 인간의 모든 이해력을 뛰어넘는 초월 의미를 내포한다.

---

* '초의미(초월 의미)'는 '초감각적인' 것과는 전혀 상관없고 '이성적인 것을 초월한' 것이다.

이는 프랑스 실존주의가 옹호하는 것처럼, 인간이 현존의 무의미를 받아들여야 한다는 뜻이 아니다. 이는 단지 우리가 내세워야 할 초월 의미의 증명 불가능성일 뿐이다.**

정말 의미를 묻는 것이 가능하다면 구체적 인물과 구체적 상황의 의미에 대해 물어야 한다. 인생의 의미에 대한 물음은 오로지 구체적으로만 제기할 수 있으며, 오로지 능동적으로만 대답할 수 있다. 살아남기의 근원적 구조를 숙고한다면 인생의 의미에 대한 물음에 코페르니쿠스적 전환을 해야 한다. 삶 자체가 인간에게 질문하는 것이다. 인간은 질문해서는 안 되고 삶으로부터 질문 받은, 삶에게 대답해야 하는 자다. 삶을 책임져야 하는 자다. 하지만 인간이 건네는 답변은 오로지 구체적인 '삶의 물음'에 대한 구체적인 답변만 가능하다. 그것은 현존재의 책임 가운데 이루어지고, 인간은 실존 안에서 고유한 질문에 대한 답을 '완성한다'.

대답에 대한 역설적으로 보이는 질문의 우위는 일찍이 질문 받은 자인 인간의 자기 경험에 근거한다. 하지만 신앙을 가진 인간은 현존을 구체적 과제가 아닌 '개인적인 사명'으로 체험한다. 이 사명은 개인적으로, 개인을 초월한 존재에게 행해진다. 그리하여 그는 과제를 투

** 주의해야 할 것은 모든 증명 가능성을 면하게 한 성급하게 결론 내린 계시에 대한 언급이다. 왜냐하면 내가 계시로 인정하는 것은 항상 믿음의 결정을 전제로 하기 때문이다. 정말로 믿어야 할 경우, 그 결정은 먼저 충족되어야 할 조건이 된다. 믿음이 없는 자에게 계시가 존재한다는 것을 충고한다면, 이는 아무런 효력이 없다. 만일 그것이 그에게 계시였다면 이미 그는 믿었을 것이다.

명하게, 다시 말해서 초월적으로 본다. 그는 스스로 어떤 상황 속에서도, 극심한 역경에도 불구하고, '그럼에도 삶에 예라고 말할' 수 있다.

의미에 대한 물음이 구체적으로 제기되었다면 그것은 임시적인 것으로, 단지 상대적인 의미만을 물었다는 것을 뜻한다. 하지만 전체에 관한 것이라면 이는 무의미하다. 인간은 절대적 의미에 대한 물음에 대답할 수 없다. 왜냐하면 당연한 말이지만 전체는 한눈에 파악할 수 없고, 그런 까닭에 전체의 의미는 어쩔 수 없이 우리가 가진 이해력을 초월하기 때문이다. 결과적으로 그것은 더 이상 말할 수도, 더 가까이 접근할 수도 없다. 단 한계 개념이란 의미로 우리가 말하는 '전체는 아무 의미가 없다'라는 경우를 제외하면 말이다. 그것(전체)은 초의미를 가지고 있다.

자신에게 떠오르는 의미를 끝까지 실현하는 것은 일체의 행동에 달렸다. 내가 행하는 모든 일에 따라서 무슨 일이 생기느냐, 생기지 않느냐 둘 중 하나다. 그렇지만 초월 의미는 내가 참여하든 회피하든 내 행위와는 아무 상관 없이 관철된다. 한마디로 이 초월 의미가 실현되는 역사는 인간의 행동이나 불이행을 초월해서 일어난다.

그렇지만 우리가—논리상 반드시—믿어야 하는 것은 초월 의미뿐 아니라 초월 존재, 즉 지나간 것을 간직함으로써 과거의 있음을 통해 무상함으로부터 구원받고 구조된 존재도 믿어야 한다. 왜냐하면 지나간 것은 과거 안에서 유지되고 보존되고, 또 과거 속에서 구조되기 때문이다. 이에 사명을 완수한 것은 영원히 존재하는 것이라고 한 노자의 말을 이제는 이해할 수 있다. 하지만 그러한 것은 창조적 가치뿐만 아니라 우리에게 그 실현이 허락되었을지 모를 체험 가치에도 적용된다. 노자는 이런 말도 남겼다. '네가 겪은 일은 세상 그 어떤 권력도 빼앗을 수 없다.' 결국 비슷한 위로는 고통에도 적용된다.

대개의 경우 인간은 사라진 것의 그루터기만 본다. 그때 간과하는 것은 가득 찬 과거의 곳간이다. 말하자면 과거의 있음 안에서는 만회할 수 없는 것도 잃어버린 것도 하나 없이 모두 잘 간직되어 있다. 그런데 우린 창조뿐 아니라 체험하고 시련을 겪으면서 과거의 그루터기를 채우고, 의미와 가치를 충족하고 실현한다. 고통은 능력이고, 죽음은 수확이다. 실제로 고통과 죄와 죽음, 이 비극의 삼위일체는 삶에서 그 의미를 빼앗을 수 없다.*

만약 우리가 죽지 않는다면 틀림없이 모든 행위를 끝없이 미룰 테고, 이를 지금 당장 행하는 일은 절대로 없을 것이다. 하지만 극복할 수 없는 미래의 한계이자 가능성의 제한인 죽음의 면전에서 우리는 남은 시간을 철저히 이용하고, 단 한 번뿐인 기회들—이들의 '유한한' 총합이 전체 삶을 나타낸다—을 놓치지 않도록 강요받게 된다.

유한성과 시간성은 인간 삶의 본질적 특징이자 그 의미를 위한 구성 요소이기도 하다. 인간 현존의 의미는 인간의 비가역적 성격에 기

---

* 여기서 핵심은 고통을 능력으로—죄를 변화로—죽음을 책임지는 행동을 위한 자극으로 변형하는 것이다[V. E. 프랑클, 《고통받는 인간: 심리치료의 인간학적 토대》, 베른, 1984년, 51쪽(베른, 2005년)].

초하고 있다. 실존 분석적 원칙은 다음과 같은 명령형으로 표현할 수 있다. '두 번째 인생을 사는 것처럼 살고, 지금 하려는 행동이 첫 번째 생에서 잘못했던 것이라고 생각하며 행동하라.' 이런 상상 개념에 몰두하는 데 성공한 사람이라면 즉시, 매 순간 자기 삶의 전체 책임의 크기를 의식하게 된다.

한 번 일어난 일은 그 어떤 것도 없앨 수 없다. 하지만 더욱 중요한 건 세상에 창조되는 일이 아닐까?

텅 빈 그루터기만 덩그러니 놓여 있다면 어떻게 될까? 만약 일생이 커다란 흉작 외엔 아무것도 아니라면 어떻게 될까?

우리 의사들은 매일 진료 시간마다 그렇게 현존의 흉작을 받아들여야 하는 사람들을 정면으로 마주한다. 우리는 노쇠한 사람을 보고, 난임 여성을 만나기도 한다. 의료 행위의 초임상적 의미에 대한 지식이 없이는 절망에 빠진 사람을 도울 수 없다. 우리는 그들에게 이러한 절망이 잘못된 오해에서, 다시 말해 개별적 가치를 과대평가하고 그것이 유일한 가치인 양 행동한 데서 기인한다는 것을 보여 주고, 이 점을 직시해야 한다. 이렇게 그것은 다른 가치보다 더욱 강렬히 빛나서, 우리의 눈을 멀게 한다. 이를테면 난임 여성의 경우, 마치 여자로서 삶의 의미가 남편과 자녀를 자신의 소유물이라고 일컫는 데 있는 것처럼, 결혼하지 않고 자녀가 없는 여성의 삶은 다른 의미나 가치의 가능성이 그 안에 들어 있지 않은 것처럼 행동하게 된다. 마치 삶의 의미가 전적으로 아기를 낳는 데 있는 것처럼 말이다. 그렇지만 무의미한 삶을 잉

태하는 것이야말로 가장 무의미하다.

우리는 강제수용소로 끌려와 그곳에서 자신의 필생의 역작인 책 원고를 다른 더 나은 시대까지 보존하고자 몰래 숨기던 남자를 알고 있다. 죽음이 바로 눈앞에 닥친 듯 보이는 상황에서도 그가 무엇보다 절망했던 것은 책을 더 이상 출간할 수 없을 거라는 이유 때문이었다. 그때 그에게 요구된 것은 두 번째 원고를 포기하는 일이었고, 이는 구체적 상황에서 확신에 이르기까지 뚫고 나가야 함을 뜻했다. 인생의 의미가 책을 출간할 기회를 얻느냐 마느냐에 걸려 있는 삶이란 대체 어떤 삶인가. 말할 수 없이 괴롭고 무척 고통스러웠지만 분명한 것은 인생의 의미 자체는 실패 속에서도, 곳간이 텅 비었을 때도 성취된다는 것이었다. 새로 쓴 원고를 집어넣고 보관하는 책상 서랍이 비어 있을 때도….

나는 강제수용소에서 더 이상 삶에 희망이 없다고 한탄하는 두 사람을 만났다. 내가 그들에게 분명히 이해시키려고 했던 것은 내가 삶에 무엇을 바라는지 물어선 안 되고, 누가 혹은 무엇이 날 기다리고 있는지 물어야 한다는 거였다. 그것이 사람이든 일이든, 인간이든 사물이든…. 또 누가 나에게 무엇을 바라는지도. 예컨대 실로 절망적인 상황 속에서도 당당히 나에게 요구된 고난의 길을 걸어가는 것을…. 왜냐하면 살다 보면 더 이상 하던 일을 할 수 없고, 더 이상 사람을 만날 수 없고, 그리하여 정말 기다리는 것이 아무것도, 아무도 없는 상황이 한 번쯤은 존재하기 때문이다. 성공 윤리에서 볼 때 그러한 상황에서 온갖 영웅적 행동은 모두 무의미하다. 아무것도 가진 것이 없을 때, 심지어 아무것도 모르는 상황에서 영웅이 된다는 것은 아무 의미가 없다. 신앙을 가진 사람은 절망 앞에서도 흔들리지 않는다. 왜냐하면 그는 신이 자신에게 바라는 것을 알고 있기 때문이다. 온갖 절망에도 불구하고 끝까지 버티는 것은 눈에 보이지 않는 증인과 관객이 있다는 것을 알 때만 의미가 있다.

오직 신의 면전에서, 고통의 의미까지 미리 계획한 신 앞에서만 인간은 자신에게 요구된 구체적이고 개인적인 삶의 의미를 실현할 책임이 있다는 것을 고려할 때, 인간의 현존은 무조건 그 어떤 상황 속에서도 살 만한 가치가 있는 차원으로 이동한다.

이는 질병, 심지어 불치병과 치유 불가능한 정신 질환과 같은 조건 속에서도 마찬가지다. 이 말은 심지어 '살 가치가 없는 삶'처럼 보일지라도 인간 현존재는 살 만한 가치가 있다는 뜻이다.

독자 여러분이 의아하게 생각할지도 모르지만 예후가 불확실한 정신 질환 환자가 모든 이용 가치를 상실했다 해도 그에게는 여전히 존엄성이 있고 우리가 경외할 가치가 있다.* 그리고 이는 그가 '정신적'으로 아플수록 더욱 그렇다. 왜냐하면 호모 파티엔스의 가치 순위는

---

* "그가 아직 세상에 태어나지 않았든 어린아이든, 혹은 인간적 표현이 불가능한 정신 이상으로 살지라도 존재적으로 주어진 사실인 그의 인간적 존재, 그의 인격은 언제나 똑같이 지속된다. 선에 대한 내적인 도덕적 선택 가능성은 특별히 지능과 의지력 수준 그 자체와는 아무런 관계가 없다."[요세프 풀코 그로너Josef Fulko Groner, 출처: 〈고원Hochland〉, (제48권, 1955년, 42쪽). 이는 결과적으로 "모든 인간 안에, 또 미치광이 안에도 여전히 존재하는 영에 대한 존경"을 가져온다.(A. F. 우츠A. F. Utz, 출처:《토마스 아퀴나스 신학대전 독일판》, 제18권, 주석, 484쪽.]

호모 파베르보다 더 높기 때문이다. 고통받는 인간은 유능한 인간보다 우위에 있다. 아무 쓸모가 없음에도 불구하고 그의 삶은 '살 가치가 없는 삶'의 정반대다. 그것은 은밀하고 감추어진 방식으로 의미 충만하고 살 만한 가치를 지니고 있다!

우리 병원에 약 60세 정도 되는 남성이 이송되어 왔다. 그는 조발성 치매(젊은 치매) 후 결손 및 최종 상태로 있었다. 환자는 여러 목소리, 즉 환청을 들었고, 자폐증이 있었으며, 하루 종일 종이를 찢는 행동 외에는 아무것도 하지 않았다. 그렇게 그의 삶은 완전히 무의미해 보였다. 아들러가 분류한 인생의 과제를 놓고 본다면, 환자는—사람들이 부르는 것처럼 이 '바보'는—그 어떤 인생 과제도 성취하지 못했다. 그는 일에 전념하지 않았고, 공동체를 떠난 것이나 다름없고, 성생활, 즉 사랑과 부부에 관한 이야기에도 실패했다. 그럼에도 불구하고 그에겐 그만의 묘한 매력이 흘러나왔다. 정신 질환에도 아무 해를 입지 않은 인간성의 진수를 그는 간직하고 있었다. 우리 앞에는 귀인이 있었다! 대화를 통해 그가 가끔 벌컥 화를 냈는데, 최근에는 화를 참을 수 있었다는 것을 알게 되었다. 나는 곧바로 대략 이렇게 질문했다. "누구를 위해 참으셨나요?" 그는 이렇게 대답했다. "하느님을 위해서요…." 난 순간 키르케고르Søren Kierkegaard의 말이 떠올랐다. '비록 광기가 어릿광대 옷을 입고 눈앞을 가릴지라도 신을 향한 사랑이 내 안에서 승리할 때, 난 내 영혼을 구제할 수 있다.' 우리 '바보 같은' 환자가 보여 준 것처럼, 인간이 먼저 암울하고 절망적인 운명을 짊어진 그곳에 서 있어야만, 즉 '신을 위해서'만 인간은 가장 힘들고 불리한 어떤 상황에도 불구하고 예라고 말할 수 있다.

환자들이 우리에게 삶의 모습을 보여 주었다면, 예언자들은 삶의 모범을 보여 주었다. 성경시대에 팔레스타인 지역 농부들의 생활 조건은, 조발성 치매 환자 사례와 전쟁 포로로 잡혔거나 강제수용소에 수감된 남자의 생활 조건과는 완전히 달랐다. 농부들이 겪은 장애와 위기와 재난은 20세기 초반 50년의 한계 상황이던 그것과는 근본적으로 달랐다. 농부들에게 치유 불가능한 정신 질환이라든가 출판 가능한 원고는 전혀 중요하지 않았다. 그들에게는 말 그대로 오로지 텅 빈 그루터기와 흉작만이 문제가 됐다. 그럼에도 불구하고 하박쿡은 하느님을 위하여 고통에 예라고 대답했다. "무화과나무가 열리지 않고, 포도나무에 수확이 없고, 올리브나무에 열매가 없고, 밭은 먹을 것을 내지 않을지라도. 우리에서 양이 사라지고, 외양간에는 소가 없을지라도. 난 주님 안에서 환호하고, 내 구원의 하느님 안에서 기뻐 뜁니다."(구약성경 하박쿡서 3장 17~18장-옮긴이)

IV. 영인성 신경증의 특수 치료로서의 로고테라피

신경증이 반드시 심리적 영역에서 유래하는 것은 아니다. 신경증은 근본적으로 심리적 영역을 벗어난 곳, 즉 이지적noetic 영역, 영적 영역에 뿌리내리고 있을 수도 있다. 영적 문제, 도덕적 갈등이나 실존적 위기가 해당 신경증의 병인이 되는 경우, 우리는 이를 영인성 신경증 noogenic neurosis이라고 말한다.

이때 고려해야 하는 것은 심리주의와 함께 또 다른 위험인 사유주의noologism다.

심리주의라는 괴물 옆에서 사유주의라는 또 다른 괴물이 우리를 노리고 있다. 심리주의자가 영적 차원에 의해 먼저 구성된 인간의 공간에서 영적인 것을 단순히 심리적 평면에 투사한다면, 사유주의자는 신체적인 것을 일방적이고 배타적으로 영적인 것의 표현 의미로 해석한다. 또 심리주의가 모든 영인성 신경증을 심인성인 것으로 그릇된 진단을 내린다면, 사유주의는 모든 심인성 신경증을(체인성 가성신경증도 마찬가지로) 영인성으로 간주한다. 만일 이것이 사유주의의 오류에 빠진 것을 의미한다면, 사람들은 모든 신경증이 영인성이라고 주장할 것이다. 반대로 병리주의의 오류에 빠진 것이라면, 실존적 좌절은 모두다 신경증적인 것이라고 내세울지 모른다. 모든 신경증이 실존적 좌절에서 기인하지 않듯 모든 실존적 좌절이 다 병의 원인이 되는 것은 아니다. 이젠 우리가 단지 영인성 신경증만 존재한다고 생각하지 않는다는 게 분명해졌다. 이것을 앞서 언급한 내용과 함께 결합해 보면 이렇게 정리할 수 있다. 실존적 좌절이 모두 다 병인이 되는 것은 아니고, 모든 신경증이 다 영인성은 아니다. 독일 튀빙엔대학병원 신경과 심리치료소에서 얻은 통계 자료를 보면, 그곳에서 부수적으로 발생한 신경증 사례의 약 12%는 영인성으로 해석하는 게 가능했다(랑엔, 폴하르트Langen & Volhard). 또 뷔르츠부르크대학병원 여성클리닉 통계 자료에서는 영인성 신경증이 21%에 이른다는 사실을 알 수 있었고(프릴Prill), 오스트리아 빈종합병원 신경과 심리치료소 소장이 발표한 신경증 관련 통계 보고서는 영인성 신경증이 14%, 더 나아가 실존적 좌절이 진행 중인 사례가 7%에 달함을 보여 주었다(니바우어Niebauer). 이에 우리는 병리주의뿐 아니라 사유주의 또한 조심해야 한다. 영적인 것에서 인간 현존의 유일한 영역과, 이에 따라 신경증의 유일한 원인을 보는 것이 사유주의일 수 있다. 이는 모든 신경증이 영인성도 양심의 갈등이나 가치문제로 발생하는 것도 아니라는 것을 뜻한다.

신경증의 원인을 늘 상대 가치의 절대화에 돌릴 수 없으며, 또 이러한 가치 절대주의가 항상 신경증의 원인이 되는 것도 아니다. 워싱턴 소재 미국 가톨릭대학교의 반 데어 펠트J. H. van der Veldt가 모든 신경증이 다 갈등에서 연유하는 것이 아님을 분명히 강조했다는 점에서 우리의 고유한 해석을 뒷받침해 준다. 도덕적 혹은 심지어 종교적 갈등은 말할 것도 없다.

흔히 사람들이 가정하듯 아주 많이 인용되고 병인성으로 빈번히 지탄받는 심리적 트라우마, 콤플렉스, 갈등 및 문제들이 결코 신경증의 원인이 아니라는 것은 의학 사례 보고에 의거해서 어렵지 않게 입증할 수 있다. 이들이 모습을 드러내는 것은 때때로 신경증의 영향일 뿐 그 원인은 결코 아니다.

이와 비슷한 것이 (일반적으로 병의 발생이 아닌 특별히) 정신 발생 noogenesis 영역에도 적용될 수 있다. 다시 말해 영인성 신경증의 토대가 될 수도 있는 실존적 좌절은 도처에 너무나 흔해서 그 자체가, 그리고 그것으로는 병인이 될 수 없다는 것은 영인성 신경증에도 해당된다.

문제는 실존적 좌절이 언제 병의 원인이 되는가 하는 점이다. 이를 위해 신체정신적 질환에 접근하는 것이 필요하다. 그것은 먼저 실존적 좌절에서 발생해야 한다. 유기적으로 제한된 모든 '신체적 호응'을 초월해, 특정하고 특수한 유의성이 일정한 기관에 배속된다. 이에 우리는 이러한 종류의 신체적 호응을 상징적 호응이라고 칭한다. 예컨대 소화관은 아주 특정한 심적 상태에 대해 어떤 특별한 상징적인 대표성을 갖는지 잘 알려졌다. 우리는 정신분석과 또 최근에 신정신분석 학파들이 내세운 한편으로는 변비, 다른 한편으로는 인색함이라든가 (인간학적 자격 부여로, 다시 말해 소위 총체적 세계 내 존재의 특정 방식으로) 아무것도 내놓지 않으려는 내적 태도 간의 관련성을 기억하고 있다. 분명한 것은 신경증적 증상이 특정 목적성 때문에 선택된 모든 경우 신경증은 해당 기관을 덮치게 되고, 그곳에 발생한 병은 신경증적 목적을 실현할 최대 기회를 얻는다. 예를 들어 방광 기능 장애가 있는 매우 특정한 생활 구성 안에서 신경증이 도달할 수 있는 것은, 바로 기관 열등성이 비뇨기 부분에 '신체적으로 호응'하지 않을 때다.

따라서 영인성 신경증이 발생한다면 신체정신적 질환은 먼저 실존적 좌절을 끌어들이게 된다. 로고테라피에 따르면 다른 것을 생각한다는 것도 완전히 불가능하다. 왜냐하면 의미치료는 처음부터 질병은 영적 인격체가 아닌 오로지 심신적 유기체 범위 내에서만 발생한다고 보기 때문이다. 영적 인격체는 병들 수 없다.* 하지만 인간은 병들 수 있다. 언제든 이럴 때마다 심신 유기체가 포함될 수밖에 없다. 신경증에 관해 말할 수 있으려면 심신 질환이 있어야 한다. 모든 질병은 처음부터, 이미 심신적인 것이다. 이런 의미에서 우리가 의식적으로 말하는 것은 오로지 영인성 신경증이지 이지적 신경증이 아니다.

다시 말해서 영인성 신경증은 '영에서' 나온 질환이지 '영 안에' 있는 질환이 아니다. '영인'이란 존재하지 않는다. 이지적인 것은 그 자체로 병리적인 것이 될 수 없고, 바로 그 때문에 신경증적인 것도 될 수 없다. 신경증은 이지적인 병도, 정신 질환도, 인간의 영성 안에 있는 인간의 병도 아니다. 그것은 늘 '인간의 통일성과 전체성 안에 있는 인간의 병'이다. 앞서 언급한 모든 것에서 실존적 신경증이란 개념보다는 영인성 신경증이란 말을 더 선호할 수 있다는 것도 밝혀졌다. 실존적이라는 것은 엄밀히 하나의 좌절일 수 있다. 하지만 좌절이 신경증, 즉 병리적인 것을 뜻한다는 말은 절대로 아니다.

영적인 것에서 발생한 영인성 신경증의 경우 심리치료가 영적인 것에 의해 지시된다는 것은 분명한 사실이고, 로고테라피도 스스로 그러

---

* 영적인 것은 이미 그것이 정의를 내포하고 있는 것처럼 오직 인간 안에만 있는 자유로운 것이다. 우리가 처음부터 '인격체'라고 부르는 것은 전적으로 오로지—어떠한 사정에도—스스로 자유롭게 행동할 수 있는 것뿐이다(본문 284쪽을 보라).

한 것으로 이해한다. 다음 소개하는 것은 영인성 신경증의 구체적 사례들이다.

먼저 살펴볼 것은 젊은 여성의 사례다. 그녀는 반응성 우울증reactive depression과 함께 자율신경증vegetative neurosis 증상으로 우리를 찾아왔다. 모든 원인은 부부와 신앙 사이에서 일어난 양심의 갈등에 있었다. 이는 둘 중 하나를 희생하거나 아니면 그 반대로 해야 하는가였다. 그녀는 자녀들을 종교적으로 훈육하는 데 커다란 가치를 두고 있었고, 철저한 무신주의자인 남편은 이를 단호히 반대했다. 갈등 자체는 인간적이었고 병적이라고 할 게 없었다. 다만 갈등의 작용, 즉 신경증이 병이었다. 그런데 의미 및 가치 문제를 논하기도 전에 환자는 치료를 거부했다. 그녀 스스로 주장하기를 만일—일반적으로 자신의 사회 환경인—남편에게 맞춘다면(사회 적응) 풍족한 삶, 안정(정서적 균형)과 평화(마음의 평화)를 얻을 수 있다고 했다. 하지만 문제는 모든 것을 희생해서라도 이 남편, 이 사회에 순응해야 하는가 하는 점이었다. 환자는 그렇게는 할 수 없을 것 같다고 토로했다. 무엇보다 먼저 필요한 것은 약물 치료로 유기체의 감정 공명affective resonance을 약화시켜 도덕-영적 갈등의 심신 작용을 차단하는 것이었다. 그런 다음 환자에게 원칙적인 관점, 즉 세계관적 원칙에 있어 남편에게 순응하지 말라고 조언했다. 다만 종교적 확신에 있어서는 융통성 있게 남편이 하는 모든 자극적 언사를 피하고, 그를 더 잘 이해시킬 수 있는 길을 마련하고 준비할 것을 환자에게 권하면서 원인 치료를 유도했다.

환자는 남편의 인생관에 순응할 수 없다고 했는데, 그건 그녀 '자신'을 희생하는 것을 의미하기 때문이었다. 이 말을 환자가 남편에게 하지 않았다면, 아무래도 도덕 – 영적 갈등에서 발생했고 이런 이유로 영적인 것에 의한 치료가 요구되는 영인성 신경증의 심리치료는—구체적인 경우에 의미치료(로고테라피)는—그 어떤 방향으로든 결코 환자를 지지해선 안 될 것이다. 환자가 남편에게 순응하든 자신의 세계관을 주장하든 말이다. 왜냐하면 의사는 자신의 세계관을 강요하는 것을 경계해야 하기 때문이다. 개인적 세계관과 자기만의 고유한 세계의 위계질서가 환자에게 고스란히 '전이'되어선 안 된다! 그리하여 의미치료사는 자신에게 환자가 책임을 전가하는 것을 미리 주의해야 하는데, 그 이유는 로고테라피가 근본적으로 책임을 위한 교육이라는 데 있다.[27] 이러한 책임으로부터 환자는 개인적인 현존의 구체적 의미를 향해 독립적으로 밀고 나가야 한다. "이렇게 해서 인간이 '던져지는' 구체적인 현존의 공간은 의미를 갖추게 된다."(폴 폴락Paul Polak)[28] 실존 분석은 인간이 책임지는 존재임을 의식하게 만들어야 한다. 하지만 더 나아가 구체적 가치를 결코 그에게 전달해선 안 되고, 오히려 그가 실현하기를 기다리는 가치와 그가 충족해 주기를 고대하는 의미를 자율적으로 발견하도록 제한해야 한다. 반대로 치료사가 환자에게 자신의 세계 위계질서나 세계관을 강요하는 일, 즉 세계관의 전이는 전혀 고려되지 않는다. 이 환자는 종교적 확신 및 그 실천을 포기한다는 건 자기 자신을 희생하는 것이라고 명확히 암시했다. 이는 우리가 치료하는

데 있어, 신경증은 위협적이고 이미 발생한 환자 자신의 정신적 폭력의 결과로 나타난 것임을 그녀에게 분명히 설명할 권리를 준다.

또 다른 사례를 소개하면, 슈테판 V. 씨는 58세 남성 환자다. 그는 단지 친구들을 위해 외국에서 왔는데, 빈으로 와서 나와 대화하기 전에는 스스로 목숨을 끊지 않겠다고 친구들과 약속했다. V. 씨의 아내는 8개월 전 암으로 죽었다. 그 때문에 그는 자살을 시도했고, 1주일 동안 병원에 격리되기도 했다. 왜 자살 시도를 다시 하지 않았느냐는 내 질문에 환자는 이렇게 대답했다. "아직 해야 할 일이 하나 있기 때문이죠." 그건 바로 아내의 묘지를 돌보는 일이었다. 나는 물었다. "그 외에 이루어야 할 일은 없나요?" 그는 답했다. "모든 게 무의미하고 공허하게 느껴져요." 난 계속 질문했다. "공허하게 느끼느냐 아니냐에 모든 것이 달려 있을까요? 그보단 오히려 그것이 중요한가에 달려 있지 않을까요? 당신이 느끼는 무의미감이 당신을 속이고 있다고 생각하진 않으세요? 그 어떤 것도, 그 누구도 아내를 대신할 수 없다고 느끼는 건 너무나 당연합니다. 하지만 한 번쯤은 다르게 느끼고, 이를 행할 시간을 체험할 수 있는 기회를 스스로에게 줄 의무가 있어요." 환자는 이렇게 말했다. "전 삶의 진미를 발견할 수 없어요." 나는 그에게 만약 너무 많이 요구받았다면 그것이야말로 그에게 바라는 것이라고 말해 주었다. 문제는 그럼에도 불구하고 그가 계속 살아갈 의무가 있는가 하는 점이었다. 이 말에 그는 이렇게 답했다. "의무요…? 그건 다 헛소리예요. 모든 게 헛되다고요." 그의 말에 나는 반문했다. "우정이나 맹세

도요?―죽은 이를 위하여, 다시 말해 더 이상 실제로 있지도 않는 존재를 위해―묘비를 세우는 것도 그런가요? 이는 직접적인 유용성과 실용성을 다 벗어나지 않나요? 당신이 고인을 위해 묘비를 세우는 데 의무감을 느낀다면, 그녀를 위해 사는 것, 계속 살아가는 것은 '더 많이' 의무로 느끼지는 않을까요?" 그는 사실 실리적인 생각을 넘어서 은연중에 암묵적으로 의무를 진 존재임을 인정했다. 그의 친구들이 그랬던 것처럼 환자가 약속을 이행할 것을 요구(기대)하는 것으로 충분하지 않았다. 이는 그의 '행위'도 마찬가지였고, 이렇게 하는 것은 실존 분석의 본질에 속한다. '실제로' 환자는 의무가 있다고 믿는 사람처럼 행동하기보다는 오히려 현존의 고차원적 의미를 믿는 듯 행동했다. 언제나, 그리고 그가 사랑한 사람이 숨을 거둔 후에도, 현존의 그가 마지막 순간까지 의미를 부여하는 것을 믿는 것처럼 행동했다.*

로고테라피는 환자가 구체적이면서 개인적인 의미에 방향을 맞추고 이를 지향할 수 있도록 노력한다. 하지만 로고테라피가 환자의 현존에 의미를 부여하기 위해 존재하는 것은 아니다. 결국 어느 누구도 성과 매우 밀접한 관련이 있는 정신분석에 결혼을 중재해 주길 기대

---

* 누군가에게 행위를 요구한다는 것은 법의 문제quaestio juris(권리 문제)에서 (행동한 것의) 사실 문제quaestio facti를 만든다는 것을 뜻한다. 그 속에서 나는 (칸트에서 훗설을 거쳐 하이데거에 이르는) 선험주의의 비밀을 본다. "이에 우리는 가치는 증명될 수 없고 단지 바랐던 것임을, 하지만 그것을 누구나 스스로 간절히 바란다는 것도 증명할 수 있다."(V. E. 프랭클, '심리치료와 세계관', 출처: 〈국제개인심리학회지〉Internationale Zeitschrift für Individualpsychologie〉, 1925년 9월(초기 논문들 1923~1942, 빈, 2005년, 34쪽)]

하거나 아니면 협력에 지나치게 몰두하는 개인심리학에 일자리를 주선해 주길 바라진 않을 것이다. 마찬가지로 의미치료에 가치를 전달해 달라는 요구를 하진 않는다. 우리가 환자에게 현존의 의미를 부여하는 것이 중요한 건 아니다. 말하자면 환자에게 가치에 대한 가시 범위를 확장시켜서 인격적이고 구체적인 의미 및 가치 가능성의 스펙트럼을 완전히 발견하게 하기보단, 마치 로고테라피와 마찬가지로 매우 명백하게 가치를 다루는 심리치료가 뭔가 다른 의도를 가지고 있는 듯 하는 것은 핵심을 벗어나는 일이다. 하지만 로고테라피는 환자가 책임지는 존재라는 것을 깨닫게 해서 스스로 결정하도록 해 준다. 어떤 구체적 의미를 충족시키고 개인적 가치를 실현하는 것을—누구에 대해서(신에 대해서)라기보다는 전적으로 무엇에 대해(양심이나 사회에 대해)—환자가 책임지는 존재로서 자기만의 현존을 설명할 수 있게 해 준다. 어찌 됐든 환자에게 현존의 의미를 부여하는 것이 중요한 게 아니다. 유일하게 중요한 것은, '환자가 현존의 의미를 발견할 수 있도록 돕는 것'이다.

의미치료사는 그러한 결정에 대해 환자의 책임을 덜어 주거나, 아니면 환자가 자신의 책임을 심리치료사에게 전가하는 것을 허용하는 최후의 사람이 될 것이다. 이렇게 해서 로고테라피는 책임을 위한 교육이며, 또 그러한 것으로서—모든 심리치료 학파를 위협하는!—평가 경계를 초월하는 위험에 대해서도 아마 가장 견고하다는 것이 밝혀진다.

V. 비특수 치료로서의 로고테라피

지금까지 말한 내용으로, 영인성 신경증에서 로고테라피는 특수 치료를 말한다는 점이 분명해졌다. 영인성 신경증은 영적인 것에서 발생한 신경증으로, 영적인 것으로부터의 치료인 의미치료를 요구했다. 영인성 신경증에서 의미치료는 그것이 의미치료의 가장 긴밀한 적용 범위를 보여 주는 한도 내에서 설명될 수 있다. 사실 이러한 한계 안에서 로고테라피는 심리치료의 대체물이 된다. 하지만 의미치료의 적용 범위의 폭도 넓고, 또 엄밀한 의미에서 신경증을 대표하는 것은 영인성이 아닌 심인성 신경증인 것도 사실이다.

우리는 심리치료에서 영적 영역의 독립성과 자율성을 간과한다면 위험해질 수 있다는 것을 알았다. 하지만 이지적인 것을 무시해선 안 되는 것과 마찬가지로 이를 과대평가해서도 안 된다. 영적인 것을 소홀히 하거나 이것을 그만의 고유한 공간에서 단순히 심리적인 평면으로 투영하는 일은 심리주의에 빠지는 것이라고 말할 수 있다. 그렇다고 영적인 것을 과대평가하는 것은 다시금 사유주의를 신봉한다는 것을 뜻한다. 우리는 결코 이런 일을 범하면 안 된다. 이와는 반대로 신경증이 영적인 것뿐만 아니라 심신의 층위 속에도 얼마나 깊숙이 뿌리내리고 있는지 끊임없이 강조해야 한다. 우리가 주저 없이 말하는 것은 엄밀한 의미로 신경증은 (영인성이 아닌 오히려) 심인성 질환으로 정의 내릴 수도 있다는 점이다.

심인성이라 함은 심리적인 것에 의해 유발된 것을 말한다. 이와 달리 우리는 심리적인 것에 의해 유도된 질환들도 알고 있다. 이러한 병을 정신신체psychosomatic 질환 혹은 심신 질환이라고 부른다.

하지만 정신신체 의학과 달리 우리는 특수한 콤플렉스, 갈등, 문제 및 트라우마가 병의 원인이 된다고 보지는 않는다. 오히려 동료들은 신경과 병동에서 임의로 선택한 일련의 사례에서, 입원 환자들이 심리치료소 외래 환자들보다 이미 콤플렉스나 갈등, 트라우마를 겪은 경우가 훨씬 더 많았다는 사실을 통계 조사를 진행하는 가운데 어렵지 않게 입증했다.[*] 그리고 우리는 신경학적인 병에 걸린 환자들이 추가적으로 떠안는 문제의 짐을 감안하는 것도 설명해야 한다. 어쨌든 콤플렉스, 갈등, 트라우마가 병의 원인이 된다고는 전혀 말할 수 없다. 왜냐하면 이들은 일상적으로 편재해 있기 때문이다(350쪽을 보라). 일반적으로 병인성이라고 보는 것은 실제로 병징적病徵的, pathognomonic, 즉 원인이라기보다는 병의 징후다. 병력 자료에서 콤플렉스, 갈등과 트라우마는 빈번히 등장하는데, 이들은 썰물 때면 떠오르는 암초 같지만 썰물의 원인은 아니다. 다시 말해서 암초가 썰물을 일으키는 것이 아니라 썰물이 암초를 드러나게 한 것이다. 콤플렉스 분석도 이와 비슷하게 생각할 수 있는데, 여기서 우리는 신경증 증상, 즉 병의 징후와 관

---

[*] 비교하라! 주스트 미어루Joost A. Meerloo(뉴욕): "최근에 한 대형 병원에서 시행된 로르샤흐 테스트는 내외과 병동 환자들이 정신과 환자들만큼이나 갈등에 시달린다는 사실을 입증했다."(〈미국심리치료저널American Journal of Psychotherapy〉, 제12호, 1958년, 42쪽.)

런이 있다. 갈등이나 트라우마가 부담과 긴장이라는 사실, 한마디로 셀리Selye가 말한 스트레스가 중요한 것은, 단지 예나 지금이나 널리 확산된 오류를 경고하는 이유일 뿐이다. 이 오류를 기반으로 다른 것이 아닌 오로지 부담만이 병인에서 면제할 수 있다거나(프랭클V. E. Frankl, 플란츠와 폰 윅스퀼M. Pflanz & Thure von Uexküll, 슐테W. Schulte) 아니면 부담이 적정량일 경우, 즉 우리가 말하는 어떤 과제에 의해 발생한 부담이나 스트레스를 받은 상태라면 '반병인성anti-pathogenic'(플란츠와 폰 윅스퀼) 인 것처럼 행해졌다.

로고테라피에 따르면, 심인성 신경증에서 심신 질환만 개념적으로 분리되는 것은 아니다. 우리는 체인성 가성신경증pseudoneurosis도 구별하고 있다. 가성신경증이란 신경증처럼 보이는 것을 말하는데, 하지만 이는 심리적인 게 아니라 반대로 신체적인 것이 원인이 된다. 이 가성신경증을 기능성 질환이라고도 부르는데, 왜냐하면 구조 변화가 아닌 단지 기능 장애만 나타나고, 또 무엇보다 자율신경과 내분비와 관계하기 때문이다. 이 점에서 우리는 특별히 자율신경 및 내분비 기능 장애를 다음 세 가지 유형으로 나눈다.

1. 교감 가성신경증(잠복성 갑상샘기능항진증)

2. 부교감 가성신경증(우리가 부르는 것처럼 잠복성 부신피질기능저하증)

3. 파상풍성 가성신경증

진단 시 이들을 잘못 판단하는 경우가 아주 흔히 발생하는데, 그 까닭은 단일 증상만 계속 반복적으로 진행되고, 그 해당 증상이 심리적인 데 그 이유가 있다. 우리가 입증했듯이 잠복성 갑상샘기능항진증의 유일한 증상이 대부분 광장 공포증이라면, 비슷한 의미로 잠복성 부신피질기능저하증은 (우리가 그러한 것을 일컫는) 정신 무력증으로 이어질 수 있고, 증상학적으로는 이인증depersonalization(탈인격화), 집중력 저하, 기억력 감퇴 이 세 요소가 정신 무력증의 중심을 이룬다. 자명한 것은, 잠복성인 경우라도 갑상샘기능항진 환자는 기초 대사가 증가하고, 부신피질기능저하증은 동맥 혈압이 낮아지며, 파상풍성 가성신경증은 높은 칼륨칼슘 비율을 수반한다는 점이다. 신체정신 동시 치료에서 우리는 일정한 목적을 가진 약물로 환자를 치료하는 것을 가르치기도 하고 배우기도 하는데, 교감신경증에는 디히드로에르고타민dihydroergotamine, DHE, 부교감신경증은 데스옥시코티코스테론 아세테이트desoxicorticosterone acetate, 파상풍성은 o-메톡시페닐 글리세린에테르o-methoxyphenyl glycerinether를 처방한다.

구체적인 예를 들면, 나는 어느 젊은 여성 환자 주치의의 요청을 받아 의료 고문을 맡은 적이 있다. 요양소에서 와병 중이던 환자는 5년 동안 어떤 비전문 분석가의 치료를 아무런 효과 없이 받았다. 마침내 그녀의 인내심은 폭발했고, 정신분석가에게 치료를 그만두겠다는 뜻을 전했다. 하지만 분석가는 치료를 중단하는 것은 말도 안 된다고 하면서 치료는 아직 시작조차 안 했고, 지금까지 치료가 실패한 것은 환자의 저항력 때문이라고 했다. 나는 데스옥시코티코스테론 아세테이트 주사를 처방 내렸다. 몇 개월 후 나는 환자의 주치의로부터 새로운 소식을 들었는데, 환자가 다시 일상생활을 할 수 있을 정도로 건강해졌고, 대학에서 학업을 계속하고 박사 논문을 쓸 수 있게 됐다고 했다. 이 사례는 이인증이라는 임상 증상이 있는 부신피질기능저하에 해당한 경우였다.

하지만 동시에 그러한 종류의 모든 사례가 심리적 측면에서도 치료되는 건 아니다. 그 이유는 예컨대 갑상샘항진증이 폐소공포증의 직접적인 원인이 되진 않기 때문이다. 그것은 단지 그러한 불안을 일으킬 준비 태세만 갖추고 있을 뿐이다. 반응성 예기 불안이 불안에 대한 대응을 어떻게 점령하는지 그 메커니즘을 우리 심리치료사들은 잘 알고 있다. 그 자체로는 무해하고 일시적인 증상이 환자 안에서 반복되어 공포를 일으키고, 이런 예기 불안은 증상을 강화시키며, 강화된 증상은 결국 공포증을 더욱 증대시킨다. 그런 다음 악순환이 이어지고 환자는 누에고치처럼 그 안에 갇히게 된다. 이런 경우 적용할 수 있는 속담이 있다. 소망은 생각의 아버지이고, 이렇게 해서 두려움은 사건, 즉 발병의 어머니가 된다.

아돌프 P. 환자 사례: "… 예기 불안은 내가 말을 더듬는 데 한몫했다. 예기 불안이 잠시 멈추면 말을 전혀 더듬지 않았다. 한 번은 말 더듬기를 객관적으로 살펴볼 목적으로 난 새카만 원통이 달린 장치에 고정되었는데, 말을 더듬지 않고 아주 정확히 잘 말하면 원통에 곡선 그

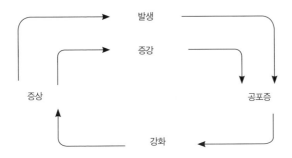

림이 나타났다. 하지만 말을 더듬으면 아무 흔적도 나타나지 않았고, 그때 거기에 있던 사람들은 내가 방금 이상적인 언어 곡선을 달성하지 못 했다고 설명해 주었다."[29]

예기 불안은 대개의 경우 증상을 완전히 먼저 정착시킨다는 점에서 근본적으로 병인적인 것이다. 하지만 그때 우리가 수행한 치료는 악순환이 일어나는 심리적, 신체적 지점에 동시에 적절한 조치를 취했다. 그것은 한편으로는 불안 대기 상태에 대응하고—목적을 가진 약물을 이용해—, 다른 한편으로는 앞으로 이야기할 역설적 의도라는 의미로 예기 반응에도 맞선다. 이러한 방법으로 신경증적 순환은 치료적 협공을 당한다.

방금 예기 불안은 증상을 정착시킨다고 말했다. 그렇다면 증상이 예기 불안을 유발하는 것은 뭘까? 전형적으로 다음 경우를 언급할 수 있다.

〈그림 7〉

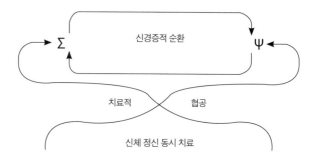

1. 아주 빈번히 나타나는 환자의 불안 자체에 대한 불안. 무엇보다도 환자는 혹여 자신이 의식을 잃고 쓰러지거나 아니면 심장마비나 뇌졸중에 걸리진 않을까 걱정하면서, 불안해하는 자극이 건강에 미칠 수 있는 영향을 두려워한다.

불안에 대한 기대
　　　　　　　　ⅰ. 실신 공포증
　　　　　　　　ⅱ. 경색 공포증
　　　　　　　　ⅲ. 상해 공포증

불안에 대한 불안으로 환자는 불안으로부터 도망치지만, 역설적이게도 환자는 그대로 그 자리에 머물러 있다. 왜냐하면 이런 경우 광장 공포증의 반응 패턴과 관련 있기 때문이다. 이는 다양한 반응 유형이라는 의미로, 우리는 임상 로고테라피에서 반응 패턴과 반응성 신경증 reactive neurosis을 구별한다.

2. 불안신경증 환자가 불안에 대한 불안으로 불안 발작에 반응하는 것처럼, 강박증 환자는 강박에 대한 불안으로 강박적 생각에 반응을 나타낸다. 그리고 이런 반응에서 본래의, 임상적으로 명백한 강박신경증이 생긴다. 해당 환자들은 강박적 생각을 두려워하는데, 그 이유는 그 안에서 전조나 혹은 심지어 정신 질환의 징후를 이미 보았기 때문이다. 하지만 환자들은 강박 충동을 행동으로 옮기기를 두려워하기도 한다.

불안 자체에 대한 불안

환자가 두려워하는 것은

1. 상태가 악화되는 것과

   1) 전조 혹은 그 이상의 것   1. 정신 질환 공포증psychotophobia

   2) 정신 질환의 징후일 수 있는 것

1. 환자 스스로 어떤 일을 저지르고 해를 끼칠 수도 있다, 이를테면

   1) 자기 자신에게   1) 자살 공포증

   혹은   2. 범죄 공포증kriminophobia

   2) 타인에게   2) 살인 공포증

하지만 불안에 대한 두려움으로 불안에서 도망치는 불안신경증 유형과는 반대로, 강박신경증 유형은 강박에 대한 불안으로 강박에 맞서 싸우는 것으로 반응한다. 불안신경증 환자가 불안으로부터 달아난다면, 강박신경증 환자는 강박을 향해 돌격하고, 대개의 경우 이런 메커니즘은 실제로 병인적이다.

3. 불안 및 강박신경증과는 달리 성적 신경증적 반응 패턴에서는 어떤 이유로 성생활에 불안해진 환자가 성적 능력을 요구하는 데 지나치게 민감해져서 불안에 반응하는 것임을 알 수 있다. 이때 요구의 성격은 1) 상황, 2) 상대방에 집착 그리고 3) 환자로부터 시작될 수 있다. 마지막 경우는 환자가 성적 쾌락을 지나치게 의도했든 아니면 성적 행위를 지나치게 반영했든 이와 상관없이 언제나 발생한다. 첫 번째 경우, 환자는 행위를 프로그램으로 만든다. 하지만 쾌락은 의도할 수 없고, 원래 효과라는 의미에서 의도하지 않아도 저절로 이루어진다. 쾌락은 바라면 바랄수록 사라져 버린다. 일관성 있게 관철되는 쾌락 원칙은(103쪽 참고) 스스로 걸림돌이 되어 주저앉게 된다. 우리는 뭔가를 간절히 원할수록 놓쳐 버린다. 앞서 두려움은 그것이 두려워하는 것을 실현한다면, 너무 간절한 소망은 바라는 것을 불가능하게 한다고 말할 수 있다.

의미치료는 환자가 순간적이라도 의도하는, 즉 매우 두려워하는 것을 알려 주도록 애쓰며 이러한 점을 선용할 수 있다. 그때 최소한 예기불안은 잠재울 수 있을 것이다.

1. 역설적 의도

이제부터는 역설적 의도를 귀납적 방식, 즉 신경증 치료에 의해 안내하는 것이 아니라 연역적으로, 다시 말해 신경증 이론에서 도출하려고 한다.

이를 위해 다시 불안신경증으로 돌아가 보자. 불안신경증 환자들이 겪는 불안은 끊임없이 불안에 대한 불안을 강화시킨다는 점을 관찰할수 있다.

강박신경증의 경우는 다르다. 환자는 강박에 불안을 느낀다. 불안신경증 환자가 불안으로부터 도망친다면, 강박신경증 환자는 강박에 저항한다.

성적 신경증은 또 다르다. 쾌락을 얻기 위한 싸움은 성적 신경증 반응 패턴의 특징이다. 불안신경증의 불안에 대한 두려움과 강박신경증의 강박에 대한 두려움이 어떤 비정상적인 것과 관련 있다면, 우리가 성적 신경증 사례에서 보는 남성의 성적 능력과 여성의 오르가슴에 대한 지나친 의도는 비정상적인 것을 두려워한다기보다는 어떤 정상적인 것을 과도하게 바라는 것을 표현한다.

그렇다면 원하는 것과 비정상적인 것을 결합시켜서 신경증을 방해하면 어떨까? 공포증 환자가 두려워하는 것을 스스로 바라도록 우리가 유도하고 이끌어 준다면 (그리고 이것이 단 한순간만이라도 일어날 수 있다면) 어떨까? 만일 내가 성 장애가 있는 사람으로 성교를 강조하기를

〈그림 8〉

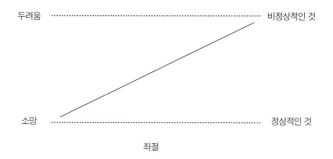

두려움 ·· 비정상적인 것

소망 ·· 정상적인 것

좌절

'원한다'면, 다시 말해서 지나치게 의도한다면, 그것은 불가능해진다. 그렇다면 내가 광장 공포증 환자로서 쓰러지는 것에 '강세를 두'길 원할 땐 어떻게 될까? 만약 환자가 두려워하는 것을 역설적으로 의도하는 데 성공한다면, 이러한 심리치료법은 공포증 환자들에게 매우 유익한 영향을 미칠 것이다. 동시에 환자들은—당연히 비록 아주 짧은 순간일지라도—불안의 자리를 (역설적) 의도로 대신하면서 불안을 불식시킬 수 있다. 결국 이 '멍청한' 불안은 현명한 쪽에 양보한다.

이 모든 것을 구체적인 예를 들어 설명해 보자. 한 젊은 동료가 우리에게 도움을 청한 적이 있다. 그는 매우 심각한 공수병hydrophobia으로 고통받고 있었고, 선천적으로 교감신경이 불안정했다. 하루는 상사와 악수를 했는데, 그 순간 눈에 띌 정도로 손에서 땀이 많이 난다는 것을 발견했다. 이후 그는 비슷한 경우에 미리부터 손에 땀이 날 것을 예견했고, 이러한 예기 불안으로 즉시 땀이 났으며, 이렇게 악순환은 자동으로 계속됐다. 다한증hyperhidrosis은 공수병을 자극했고, 공수병은 다한증을 정착시켰다. 우리는 그 동료에게 경우에 따라―발한 불안을 기대하며―만나는 사람 앞에서 아주 많이 '땀을 흘리겠다'고 마음먹으라는 지시를 했다. 그는 사람을 만날 때마다 자신을 향해 '땀을 고작 1리터밖에 안 흘렸잖아'라고 말했다(동료는 이를 나중에 우리에게 털어놓았다). '그럼 이제부터는 10리터를 흘려야겠군!' 결과는 어떻게 되었을까? 4년 동안 공포증에 시달리던 그는 우리가 제시한 치료법으로―단 한 번의 치료로―일주일도 채 안 돼서 그로부터 완전히 자유로워졌다.

젊은 외과 의사의 사례도 있다. 병원장이 수술실에 모습을 보일 때마다 이 외과 의사는 수술 시 손을 떠는 것은 아닐까 하고 매우 불안했고, 얼마 후 이 불안은 정말로 기정사실이 되었다. 결국 그는 매번 수술하기 전에 취하도록 술을 마심으로써 진전(떨림) 공포증과 이로 인해 야기된 떨림을 억제했다. 그럼에도 손을 떨지 않은 적은 단 한 번도 없었다. 그는 마치 매우 심하게 흔들리는 기차 안에서는 손을 떠는 것이 당연하다는 듯 행동했다. 하지만 그가 손을 떠는 이유는 따로 있었다.

이 사건은 치료에 연쇄 반응을 일으켰다. 나는 이 외과 의사의 병력과 치료법을 의대 수업 시간에 학생들에게 들려주었는데, 그로부터 몇 주 후 그날 청강했던 의대생 중 한 명이 편지를 보내왔다. 이 학생도 계속 진전 공포증을 겪어 왔는데, 그녀는 해부학 교수가 해부실에 나

<그림 9>

타날 때마다 떨기 시작했다. 학생은 외과 의사 사례에 대한 내 강의를 들은 뒤 스스로 똑같은 치료를 시도했다고 했다. 그때부터 그녀는 교수가 해부하는 모습을 지켜볼 때마다 이렇게 다짐했다. "자, 이제 교수님 앞에서 한 번 떨어 볼까. 내가 얼마나 기가 막히게 잘 떠는지 보여 줘야지!" 그 후 편지에 쓴 것처럼, 진전 공포증과 떠는 증상은 즉시 사라졌다.

불안의 자리에 치유 효력이 있는 소망이 등장했다. 물론 이러한 소망이 진심도 결정적인 것도 아니지만, 중요한 것은 그러한 바람을 마음속에 잠시 품는 일이다. 최소한 환자는 혼자 남몰래 속으로 웃을 수 있고, 이런 웃음은 모든 유머와 마찬가지로 환자를 신경증, 신경증적 증상에서 거리를 두게 만든다. 인간을 그렇게 무언가와 자기 자신 사이에 거리를 둘 수 있도록 만들 수 있는 것은 유머 외에는 그 어떤 것도 없다. 이를 통해 환자는 신경증적 증상을 어떻게든 비꼬는 법을 배울 수 있다. 역설적 의도가 우선 관심을 두는 공포증 증상은 그 배후에 있는 더 깊은, 실존적인 데까지 미치는 근원적 불안의 증상학적 전경을 보여 주는 것일지 모른다. 하지만 역설적 의도는 더욱 깊숙이 들어가 실존적 조치를 취하는 전환의 매개체, 즉 '현존에 대한 근원적 신뢰' 회복의 매개체이기도 하다.

환자를 자기 자신으로부터 거리를 두게 만드는 것은 '유머' 외엔 아무것도 없다. 유머는 하나의 실존이라고 부를 만하다. 그것은 염려와 (하이데거) 사랑과(빈스방거) 다르지 않다.

환자는 불안을 똑바로 쳐다보는 것을, 아니 불안을 보고 웃는 법을 배워야 한다. 이를 위해 우스꽝스러움에 대한 용기가 필요하다. 환자가 스스로 무엇을 말해야 할지 의사가 환자에게 미리 말해 주는 것을, 다시 말해서 연기하는 것을 의사는 수줍어해서는 안 된다. 만일 환자가 웃으면, 우리는 그에게 이렇게 말한다. "당신 스스로 이 모든 것을 말하더라도, 당신은 마찬가지로 웃게 될 것이고, 또 아무 문제없이 잘 해낼 겁니다."

역설적 의도 치료법이 고든 올포트의 이론적 가정을 체계적으로 임상에 옮겼다는 것은 사실과 다르다. "자신을 웃어넘기는 것을 배우는 신경증 환자는 자기 관리를 위한 길 위에, 어쩌면 치료 중인지도 모른다."[30]

역설적 의도는 가장 순수한 의미치료다. 환자는 신경증을 객관화하고 자기 자신에게, 영적 인격체로서 심신적 유기체의 병인 신경증에 거리를 둬야 한다. 다시 말해서 인간 안에 있는 영적인 것은 심리적인 것을 외면해야 한다. 이렇게 해서 자의적인 심리이지적 길항 작용이 사실적인 것으로 만들어지고, 실현되고, 현실화될 때마다 로고테라피는 J. M. 데이비드J. M. David가 증명했듯이, 가장 좋은 의미로 행해진다.* 다음의 사례 보고에 의거하여 역설적 의도의 적용 예를 살펴보자.

마리 B. 씨: 이 환자는 코쿠렉 박사에게 치료를 받았고, 환자의 간단한 의료 기록 역시 그가 작성했다.[31] 환자의 어머니는 씻기 강박에 시달렸다고 한다. 환자는 자율신경 근긴장이상증neurovegetative dystonia으로 11년간 치료를 받았지만, 신경은 점점 더 날카로워졌다. 병의 증상은 발작적 두근거림이 중심을 이뤘다. 그리고 불안과 '쓰러질 것만 같은 기분'을 수반했다. 심장 및 불안 발작을 처음 겪고 난 뒤부터 환자는 이런 일이 또다시 일어나지 않을까 불안했고, 그때마다 심장은 바로 두근거렸다고 했다. 그녀가 무엇보다 두려워한 것은 길 위에서 쓰러지거나 발작을 일으키는 것이었다. 환자는 나의 동료이기도 한 코쿠렉 박사에게 스스로 이렇게 말하라는 지시를 받았다. '심장은 더 많이 뛰어야 해. 난 골목길에서 쓰러지도록 '노력'할 거야.' 이와 함께 훈련 삼아서 불편한 상황들을 모조리 찾아내고 이를 회피하지 말라는 지시

---

* "공포증과 강박신경증에 적용하는 새로운 심리치료 요법인 '역설적 의도'에 대하여."(1954년 아르헨티나 투쿠만에서 개최된 제1차 아르헨티나 심리학회 강연에서)

도 받았다. 치료를 받은 지 2주 후 환자는 이렇게 상태를 보고했다. '지금은 기분이 아주 좋고 더 이상 심장도 두근거리지 않는다. 불안한 상태는 완전히 사라졌다.' 환자가 퇴원한 뒤 보고한 내용은 이렇다. "가끔씩 가슴이 두근거리면 '심장은 더 많이 뛰어야 해' 하고 나 자신에게 말한다. 그러면 두근거림은 멈춘다."

또 다른 사례도 있다. 환자는 카를 P. 씨, 나이는 44세, 음악가다. 그를 치료하고 병력을 작성한 의사는 니바우어 박사다.[32] 환자는 유년 시절부터 매우 꼼꼼한 성격에 정확했다고 한다. 16세에 성홍열을 앓고 감염 전문병원에 입원했다. 당시 그와 같은 병실에 있던 환자들은 음식을 몰래 들여오고 돈을 밀반출했다. 그때부터 환자는 모든 지폐가 감염의 온상이 될 수 있다는 강박관념에 사로잡혔고, 세균, 전염병, 피부병과 성병에 두려움을 느꼈다. 그에겐 그만의 의식이 있었는데, 일을 마치고 집으로 돌아오면 현관 손잡이부터 몇 번이고 닦은 뒤 손을 씻었다. 그를 방문하는 친구들은 이미 그러한 사실을 알고 있었고, 그가 불안해하지 않도록 이와 똑같이 했다. 환자는 지폐가 오가는 상점엔 갈 수 없다고 했다. 월급도 항상 신권으로 수령했고, 그것도 10실링 지폐로만 받았다. 돈을 치러야 할 땐 지폐를 받을 수 없었다. 거스름돈으로 받은 동전은 전용 주머니에 넣어서 집으로 와 여러 번 세척하거나 끓는 물에 삶았다. 그는 항상 물병과 비누를 소지하고 다녔다. 또 손님이 다녀가면 온 집안을 쓸고 닦았고, 아들이 하교하면 옷과 신발을 솔로 털고 공책과 가방은 닦았다. 자동차는 말할 것도 없었다. 그래야 마음이 놓였다. 그는 세균 방지 기능이 있는 외투를 여러 벌 가지고 있었다. 이런 옷을 입으면 '면역이 된' 것 같아서 심지어 더러운 지폐도 넣을 수 있었다. 그는 일할 때도 그러한 보호용 흰 겉옷을 입었다. 하지만 연주회가 있는 날이면 검정 슈트를 입어야 했는데, 그때마다 안절부절못하고 무척 불안해했다. 환자는 영화 〈잠복 독〉을 본 이후 성병을 두려워했다. 또 매일 새벽 2~4시 사이 침대에 누울 때까지 단 하루도 빼놓지 않고 수많은 계획을 세우고 일정을 정해야만 잠자리에 들 수 있어서, 근무 시간에는 늘 깜빡 졸았다. 어릴 때 그는 엄마가 보기에 항상 지저분한 아이여서, 엄마의 씻으라는 소리가 그칠 줄을 몰랐다. 사춘기 때 여관에서 바나나를 통해 나병이 옮을 수도 있다는 이야기를 들은 뒤부터 바나나를 멀리했다. 그 이유는 나병 환자가 바나나를 땄고, 이에 그것이 특히 감염원이 된다고 믿었기 때문이다. 1953년에 병원에서 치료를 받은 적이 있는데, 5회 차 치료에서 치료사가 인내심을 잃고 그를 도울 수 있는 사람은 없을 거라고 말했다고 한다. 니바우어 박사는 치료상 역설적 의도의 의미로 환자에게 불안 앞에서 도망치지 말고, 또 강박 쪽으로 뛰어들어서도 안 된다는 점을 매우 엄격히 일렀다. 그가 강박적으로 생각하지 않으려고 할수록 이는 더욱 심해졌다. 여러 가지 다양한 예가 환자에게 소개되었고, 안면홍조 불안과 폐소공포증 같은 실제 예의 도움으로 어떻게 하고, 하지 말아야 하는지 알게 되었다. 그런 뒤 니바우어 박사는 그가 불안해하는 것을 스스로 먼저 '바라면서' 이렇게 말하라고 조언했다. '이젠 가능한 한 많은 전염병을 가만두지 않을 거야. 이제부터는 감염되도록, 심지어 감염되기를 바라야지.' 이렇게 해서 환자는 어디를 가든 지폐를 옷 안에 넣고 다니고, 집안 곳곳에 놓아두기도 했다. 현관 손잡이도 여러 번 손으로 만지면서 '우글거리는 세균 속을 온통 헤집'고 다녔다. 처음엔 이 모든 것이 몹시 힘들고 마치 연옥을 통과하는 것 같겠지만 이를 무사히 넘겨야 한다는 주의를 들었다. 처음 두 번은 그런대로 수월했다. 치료 3회 차에 접어들었을 때, 환자는 주치의에게 이렇게 말했다. "이건 기적 같아요. 지난 28년 동안 전 세균 공포증으로 무척 고생했어요. 지금은 완전히 달라졌습니다. 토요일에 병원을 나서자마자 바로 선생님 조언대로 했어요. 먼저 더 이상 차를 닦지 않고 아무렇지 않게 앉았어요. 그리고 항상 차 안에 두었던 열쇠와 비상금을 넣어 두는 비닐봉지 2개를 즉시 버렸고, 지갑을 양복 안주머니에 찔러 넣었습니다. 또 평소와 달리 차고도 청소하지 않았고, 휴지로 차고 문손잡이도 닦지 않았어요. 집에서는 손을 씻지 않았고, 아들이 와도 더 이상 솔로 털어 내거나 책가방을 닦지 않고 아들이 하는 대로 놔뒀습니다. 그 외에도 예전에는 발을 들여놓지 않던 가게에서 바나나를 사서 아내와 아들에게 갖다 주고 저도 하나 먹었어요. 지금 가족들은 매우 기뻐합니다. 전 제가 해낸 것을 그대로 유지하고 있어요. 선생님이 예상한 것처럼 어렵지 않고 오히려 반대예요. 전 지금 완전히 자유로운 기분입니다."

니바우어 박사는 그것은 원칙적으로 잘 되고 있다는 증거로, 모든 것이 다 성공적이기 때문에 앞으로도 계속 잘 될 거라고 말해 주었다. 또 여전히 강박 행위의 많은 부분은 조건 반사이기 때문에 설령 실패하더라도 계속 시도하면서 '다시 길을 개척하'는 법을 배우라는 말도 덧붙였다.

4회 차 치료 날, 환자는 며칠 전 자신이 강박 행위를 멈추는 걸 성공하기보다 갑자기 죽을지도 모른다는 생각이 들었고, 지금도 여전히 똑같은 상태라고 보고했다. 그리고 치료 여섯 번째 날에는 이렇게 말했다. "지난번 이야기한 것을 전 그날 즉시 실행했어요. 여벌의 옷 없이 같은 옷을 입고 여기저기 돌아다녔어요. 그건 이제 더 이상 필요 없어요. 지금까지 제가 얼마나 많은 걸 해냈는지 선생님은 상상 못 하실 거예요. 놀라운 것은 가족이 더는 어떤 일도 할 필요가 없다는 거예요. 제가 옷을 털지 않고 그냥 집안으로 들어가면 당연히 아들과 아내도 그렇게 할 수 있거든요. 그들은 지금 더없이 좋아해요! 아내는 지금처럼만 머물 수 있다면 다 좋을 거라고 말합니다." 하지만 일종의 불안정, 다시 말해 예기 불안은 여전히 남아 있었다.

7회 차 치료: 장시간 이어진 상담 끝에 환자는 이미 아주 어린 시절부터 병을 무서워했다는 사실이 밝혀졌다. 그가 아플 때마다 돌봐 주던 이웃집 아주머니가 자신에게 병원에 대한 아주 무서운 이야기를 끊임없이 들려주었다고 했다. 결국 어른들이 그녀에게 병에 관해 더는 이야기하지 말라고 하기까지 했다. 환자는 어릴 때 매번 그런 이야기를 듣고 싶지 않았고, 두려움을 느끼고 싶지 않았지만 방어할 용기가 없었다. 이후 (16세에 성홍열을 앓는 동안) 처음으로 강박 기제가 나타났다.

8회 차 치료: 상태는 변함없이 크게 호전되었다. 심지어 환자는 사람들을 자기 차에 태우기도 했고, 더 이상 세차를 하지 않았으며, 급료를 지급하는 걸 돕기도 했다. 하지만 가끔씩 자신도 모르는 사이에 강박 행위가 완전히 자동으로 이루어질 때가 있었다. 그렇지만 아내가 이런저런 행위에 주의를 주면 쉽게 중단하는 게 가능했다.

9회 차 치료: 상태는 계속 나아졌다. 환자는 프라터Prater(오스트리아 빈에 소재한 세계에서 가장 오래된 놀이공원—옮긴이)에 있는 매우 '지저분한 음식점'에 갔다. 거기서 음식을 주문하고 계산도 직접 했다. 이전까지만 해도 이 모든 것은 결코 할 수 없는 일들이었다. 그는 어떤 집 지붕 위를 걷는 꿈을 꾸기도 했다. 꿈에서 자신이 그 집 전면을 기어서 오르락내리락했고, 온몸이 더러워졌다고 했다. 그런 다음 지붕에서 내려와 벽돌로 둘러싸인 집 앞에 앉아 사람들에게 먹을 걸 구걸했고, 몹시 더러운 빵을 아주 맛있게 먹었다고 했다. "제가 무척 놀랐던 건 이 모든 행위에 전혀 불쾌감을 느끼지 않았다는 거예요. 몸이 아주 더러워졌는데도 기분이 좋았어요." 니바우어 박사는 심지어 그가 꿈속에서도 역설적으로 의도한 거라고 설명했다.

치료를 시작한 지 3개월이 지난 10회 차 치료: 호전된 상태는 계속 유지되었다. 환자는 '완전히 새로운 삶을 살고 있다'고 보고했다.

3주 후 11회 차 치료: 강박관념은 여전히 불쑥불쑥 떠오르지만, 이는 순전히 습관에서 나온 것이었다. 그래도 환자는 이것을 언제든 멈추는 게 가능했다. 8개월 뒤(1957년 6월 25일) 그는 이렇게 보고했다. "아직도 100% 만족하지는 않아요. 그것이 문득문득 절 덮치곤 합니다. 하지만 예전에 비하면 아주 '잘' 지내고 있어요. 80%는 사라졌습니다. 이제 돈이며, 솔로 터는 일이 모두 다 사라졌어요!"

씻기 강박에 관한 또 다른 사례를 살펴보자. H. 씨는 강박증으로 인한 심각한 씻기 강박이 있었다.[33] 강박 증세가 처음 나타난 것은 유년기 때였는데, 그녀는 '어느 것 하나 제대로 하는 게 없'었다. 환자는 끊임없이 더럽다는 기분에 시달렸고, 정말 필요한 경우가 아니면 주위에 손을 대지 않았다. 그녀는 자신이 더러워져서 씻어야 하는 것과 씻기를 멈출 수 없는 것에 불안해했다. 또 모든 것이 가능한 한 질서 있게 정리·정돈돼 있어야 했다. 그렇게 환자는 제풀에 지쳐 기진맥진했고, 몹시 의기소침하고 위축되었다. 그녀는 집에만 있었고, 엄마와 여동생의 상태도 환자와 다르지 않았다. 환자는 '더 이상 즐거운 것이 하나도 없'고 했고 삶이 무의미하고 텅 비었다고 말했다. 주치의인 코쿠렉 박사는 그녀에게 더러워졌다는 기분을 무시하라고 지시했다. 이는 가능한 한 더러워질 '작정을 하'면서 비꼬라는 말이었다. 또 주위를 정돈하지 말고 그냥 두라는 지시도 내려졌다. 입원 첫날, 씻고 옷을 벗는데 6시간이 걸렸다면, 치료 셋째 날에는 밤낮으로 각각 10분만 소요되었다. 그리고 닷새째 되는 날은 시간이 단 5분으로 줄어들었다. 얼마 지나지 않아 이상 증세는 눈에 띄지 않았다. 환자는 영화관도 가고, 집에 머문 4시간 동안 단 한 번만 씻었다. 환자는 퇴원할 때 기분이 좋았고, 그 후에도 이전보다 훨씬 나아졌다. 그리고 전과 달리 장갑을 끼지 않고 트램을 탔다.

당연한 말이지만 환자가 몸에 깊숙이 밴 강박신경증적 의식儀式 행위를 방해하는 주위 환경에서 벗어나 생활환경이 변할 때 다시 입원 치료를 받지 않는다 해도 지속적인 심리치료는 필요하다.

범죄 공포증의 경우 역설적 의도는 더욱더 필요하다. 이에 대한 사례를 살펴보자.[34] 환자는 23세 여성으로 17년 동안 강박관념에 시달렸다. 자신도 모르는 사이에 누군가를 죽였을지도 모른다는 강박에 시달렸다. 그럴 때마다 몇 번씩 오던 길로 되돌아가서 어딘가 길에 죽은 여자가 없는지 확인해야 했다. 그녀는 니바우어 박사에게 치료(역설적 의도)를 받았다. 환자는 자신에게 이렇게 말하라는 조언을 들었다. '어제는 30명을 죽였는데, 오늘은 10명밖에 안 되네. 제시간 안에 하루 할당량을 끝내려면 어서 빨리 계속해야 해.' 그로부터 6일 후(녹취). "역설적 의도는 정말 놀라워요. 이제는 전혀 뒤돌아보지 않아요. 누군가를 죽인 건 아닐까 하는 강박관념도 잘 다룰 수 있게 되었어요. 이제는 그런 생각을 없앨 수 있어요!" 니바우어 박사: "지금은 어떻게 행동하나요?" 환자: "아주 간단해요. 그런 강박관념이 떠오를 때마다 스스로 이렇게 말하죠. 아직도 죽여야 할 사람이 많으니 당장 계속해야 하고, 제시간 안에 할당량을 다 마쳐야 한다고요. '그러면 그 즉시 강박도 사라져요.'"

범죄 공포증의 하위 그룹, 즉 신성 모독 강박관념의 경우 특별한 지시가 필요하다. 우리는 환자의 강박신경증을 이해하도록 노력하는 동안 치료에 있어서 환자와 최고의 만남을 가질 수 있다. 우리는 환자에게 계속되는 두려움을 이용해 신성을 모독하라고 말한다. 왜냐하면 신의 능력을 부인하면서 신을 아주 형편없는 진단가로 간주하고, 신에 대한 불경과 강박관념을 진단으로 구분한다는 것 자체가 이미 신성 모독이기 때문이다. 실제로 우리는 환자에게 신은 환자의 인격체에 모독적 강박관념에 대한 책임을 절대 묻지 않는다는 점을 확신시켜야 한다. 강박증, 즉 강박신경증의 토대는 사실 환자의 (영적) 인격체에 책임을 지울 수 없고, 그것은 오히려 환자의 (심리적) 성격에 책임이 있다. 이 점에서 환자는—자기 안에 있는 인간적인 것과 인간 안에 있는 병적인 것 사이에 거리를 두면서—자유롭지도 않고 책임도 없는데, 이는 강박관념에 대한 태도와 관련해 더욱 그렇다. 다시 말하면 자의적인 심리이지적 길항 작용이 활성화되면서, 그러한 자유의 범위를 확장하는 것은 모든 역설적 의도의 본래 목적이 된다.

그러한 치료는 대증적對症的 치료가 아니다. 반대로, 증상에는 많은 관심을 두지 않고, 증상에 대한 환자의 태도를 변화시키는 데 애쓰도록 환자의 인격체에 도움을 청한다.*

---

* 로고테라피가 증상에 관심을 보이기보다는 증상에 대한 태도 변화, 인격체의 전환을 초래하도록 노력한다는 점에서 진정한 인격적 심리치료personalistic psychotherapy다.

우리는 환자가 강박에 사로잡히는 것 자체에 책임이 있다고는 전혀 생각하지 않는다. 다만 그가 책임이 있는 것은 강박관념에 대한 태도라는 게 우리들 소견이다.

2. 탈숙고

불안신경증에서 끊임없이 관찰되는 것은, 매우 빈번히 발생하는 예기 불안과—이와 함께 한 쌍을 이루고 이에 의해 만들어지는—'관찰 강박'이 서로 결합한다는 점이다. 관찰 강박은 악순환에서 가장 고약한 것이기도 하다.

우리가 경험한 성적 신경증의 사정은 다르다. 여기서는 성행위의 '지나친 숙고'가 '지나친 의도'와 한패를 이룬다. 과도한 의도와 과도한 주의, 이 둘은 모두 병인성이다. 왜냐하면 지나친 의도와 주의는 수면에서처럼 완전히 유사한 방식으로 성교, 성행위를 방해하는 것으로 나타난다. 하지만 예기 불안은 근본적으로 이 둘, 과도한 의도 및 주의의 바탕을 이루고, 불안에 대한 기대는 어떤 장애의 바탕이 된다. 불안에 대한 기대는 한편으로는 아무런 문제 없는 기능적 진행을 지나치게 바라고, 다른 한편으로는 두려워한 장애 쪽으로 과도한 자기 관찰을 유도한다. 이렇듯 모든 관찰과 마찬가지로 모든 의도는 정상적으로 기능이 진행하는 것을 매우 효과적으로 방해한다는 것을 우리는 경험으로 잘 알고 있다.

강박신경증은 또 다르다. 매우 전형적인 강박신경증적 반복 강박은

'명증적 감정의 불충분'에서, 통제 강박은 '본능적 자신감의 불충분'에서 그 원인을 찾을 수 있다는 것이 입증되었다. 슈트라우스E. Straus는 모든 일시적인 것에 대한 반감이 강박신경증 환자를 특징짓는다고 언급하기도 했다. 우리가 보기에 사소한 것에 대한 무관용 역시 특징적이다. 앎에 관해서는 그 어떤 것도 대충 넘어가면 안 되고, 결정은 일시적이어서는 안 된다. 모든 것은 확정되어야 하고, 확정적으로 머물러야만 한다.

강박신경증 환자는 이러한 앎과 관련된 불충분한 인지를 꼼꼼함과 과잉 의식으로 상쇄시키고, 결정과 관련된 불충분한 결단력은 용의주도함과 면밀성으로 보완하려고 노력한다. 강박신경증에 있어 인지 영역에서는 결과적으로 과잉 숙고와 관찰 강박이 발생한다면, 결정 영역에서는 (난 이렇게 말하고 싶다) 양심의 청각 과민증이 발생한다.

아돌프 P. 씨의 사례: "나는 존재라는 사실을 단 한 번도 느낀 적이 없었다. 다만 말할 수 있는 것은 사색에서 나온 존재일 뿐이다. 그때 이 존재라는 사실은 당연한 것이었다. 나는 어리석은 사람들이 아는 것이라도 완벽하게 증명하길 바랐다. 모든 것을 먼저 의식적으로 습득해야 했다. 나에게 옳은 일은 단 한 번도 일어나지 않았다. 언제나 지루한 장고 끝에 결론에 도달했고, 모든 것을 이성적으로 수긍할 수 있어야 했다. 그렇게 해서 합리적인 것에 의존했고, 모든 것을 알기-관찰하기-주의하기는 원칙이 되었다. 하지만 이는 이성적으로만 할 수 있는 건 아니었다. 어떻게 하면 존재 안에 깊숙이 파묻힌 자명한 사실에 도달할 수 있을까? 나는 함께 타오르고 싶었다. 우주 속에는 모든 것을 뜨겁게 데우는 하얗게 타오르는 중심부 같은 것이 존재하는 게 확실했다. 이에 반해 난 이성적인 것 없이는 지낼 수 없었다. 만일 내가 유일하게 확실한 플랫폼—지성과 이성 또는 나의 지나친 합리주의—을 포기했더라면, 이미 난 무의미 한가운데 있을 것이고, 과도한 양심을 뿌리쳤다면 비양심 속에 들어앉았을 것이며, 꼼꼼함은 진즉에 어설픔으로 바뀌었을 것이다. 다시 말해 과도한 책임에서 바로 무책임으로 변했을 것이다. 그리하여 난 무분별한 사람이 되었을지도 모른다!"[35]

끊임없이 새로운 인식과 경험을 추구하는 파우스트적 열망, 완벽을 향한 의지, 100% '확실한 인식'과 100% '옳은 결정'을 위한 분투는 강박신경증 환자를 고무한다. 하지만 그는 파우스트처럼 '인간은 결코 완벽해질 수 없다'는 사실을 깨닫는 순간 좌초하고 만다.

그렇지만 강박신경증 환자는 인식과 결정의 완벽성을 얻으려는 투쟁을 포기하지 않는다. 왜냐하면 불안신경증에서 불안이 구체화되고 응결핵으로서 내용과 대상으로 응축되듯이, 강박신경증에서는 인지적, 결정적 절대주의가 전체를 대표하는 부분pars pro toto으로(빌츠R. Bilz) 물러나기 때문이다. 이러한 절대주의는 유사절대pseudoabsolute로 제한된다. 말 잘 듣는 학생은 매우 깨끗이 씻은 손에 만족하고, 부지런한 주부는 먼지 하나 없는 완전무결한 거실에 만족하며, 정신노동자는 완벽할 정도로 깔끔하게 정돈된 책상에 만족해한다.

불안신경증 환자와 똑같이 강박신경증 환자의 특징은 이들의 안전 추구가 소위 왜곡되고, '역전되고', 숙고되었으며, 심리주의적이라기보다는 어느 정도 자기중심적 특성이 강하다는 점이다. 그렇지만 이 모든 것을 더 잘 이해하기 위해서는 평범한 사람의 안전 추구에서부터 출발해야 한다. 이에 관해 말하면, 그 내용은 전적으로 안전이라는 점이다. 하지만 신경증 환자의 안전 추구는 결코 모든 인간 존재의 그런 막연한 안전으로는 만족하지 못한다. 불안신경증 환자의 경우, 그 의지는 재난 앞에서의 안전을 목표로 삼는다. 그러나 절대 보장이란 존재하지 않기 때문에 그는 단지 안전'감'에 자신을 제한하는 데 의존한다. 이와 함께 객체와 대상의 세계를 외면하면서 주체와 정태적인 것에만 관심을 기울인다. 다시 말해서 불안신경증이 실존하는 장소는 결코 보통 사람에게 일상의 안정, 즉 재난이 발생할 개연성이 상대적으로 낮은 것에도 만족하는 안정을 주는 그런 세계에 있지 않다.

불안신경증 환자는 재난의 절대 불가능성을 바란다. 절대 보장에 대한 이러한 욕구는 그가 안전감을 우상처럼 떠받들게 만든다. 하지만 근본적으로 세상을 등진 것은 일종의 타락을 나타내고, 이는 결과적으로 소위 양심의 가책을 낳는다. 양심 자체는 이제, 불안신경증 환자가 여전히 숙고하는 자기중심적 보장 추구를 비-인간적으로 과장하면서 시도할 수 있는 보상을 요구한다. 그에게는―억지로 안전감만을 얻기 위해 왜곡하게 만드는―재난에 대한 절대 보장이 중요하다면, 강박신경증 환자에게는 인식과 결정의 확신이 중요하다. 하지만 그에게도 이러한 안전 추구는 인간 존재의 부차적이고 일시적인 것에 묻혀 있지 않고, 주체적인 전환을 경험하면서 있는 힘을 다해 '100%' 안전감을 추구한 것은 막을 내린다. 여기서 비극적 무상함이 모습을 드러낸다. 왜냐하면 절대 확신을 향한 그의 '파우스트적' 추구가 실패했고, 이것으로 절대 안전감의 추구도 더욱 그러하기 때문이다. 그 이유는 그러한 감정이 의도되는 순간(순전히 현실적 이행의 결과로서 저절로 생기는 것 대신), 바로 그때 이미 내쫓기기 때문이다. 어떻게 해도 인간에게 완벽한 안전이란 주어지지 않는다. 하지만 최소한 강박신경증 환자가 있는 힘을 다해 얻으려는 절대적 안전감은 부여될 수 있다.

요약하면, 보통 사람이 어느 정도 안전한 세상에 있기를 바란다면 신경증 환자는 절대적 안전감을 얻고자 애를 쓴다. 보통 사람이 사랑하는 너에게 헌신하려 한다면, 성적 신경증 환자는 오르가슴을 목표로 겨냥한다. 그는 오르가슴을 의도해서 성기능 장애가 생긴다. 보통 사람이 세계의 일부를 '대략적으로' 인식하길 원한다면, 강박신경증 환자는 명증적 감정을 원한다. 그는 이것을 의도하고, 진행 과정에서 끝없이 자기 앞으로 몰고 온다. 결국 보통 사람은 구체적 현존을 실존적으로 책임지려고 하는 데 반해, 매우 꼼꼼한 강박신경증 환자는—그 대신—오로지 양심에 거리낌 없는 감정만을 가지길 바란다. 다시 말해서 이는 (인간적으로 바랄 수 있는 것의 관점에서 보면) 과잉이자 동시에 (인간적으로 성취 가능한 것의 관점에서 보면) 부족함이다.

치료를 좌우하는 것은 강박신경증 환자에게 마침내 합리주의의 자기 지양Selbstaufhebung에 이르는 황금 다리를 놓는 일이다. 이러한 길 위에서 우리는 환자에게 가장 이성적인 것은 너무 이성적이지 않으려고 하는 것이라는* 암호를 제공한다.

강박신경증 환자는 모든 것을 지식과 의지로 '만들'려고 하고, 그렇게 해서 모든 것이 '만들어지'고 '의도한' 것처럼 보이고, 굼뜨며 서툴다. 지성이 예리하다기보다는 감정이 더 예민한 것일지도 모른다. 이에 기분과 감정이 인지적으로 모든 지성과 이성을 능가한다는 것을 알 수 있고, 이는 무의식적인 것도 마찬가지다. 인간의 비성찰적 영성은 그 스스로, 인간이 생각하는 것보다 더 지혜롭고 인간 스스로 자부하는 것보다 더 현명하다고 말할 수 있다. 한마디로 마음의 지혜는 측량할 수 없는 인지적 사정거리를 가지고 있다. 마음은 바로 인간, 즉 은밀한 인격체의, 영적으로 깊은 인격체의 핵심 부분이자 중심을 뜻한다.

이 모든 것에서 강박신경증의 경우 무의식적인 것에 대한 신뢰를 가르쳐주는 것이 얼마나 필요한지 밝혀졌다. 무의식적 영성에 대한 신뢰, 인간의 이성 및 지성적인 것에 맞서 인간 안에 있는 기분과 감정적인 것의 인지적, 결정적 우월성에 대한 신뢰 말이다. 요컨대 우리가 강박신경증 환자에게 알려 주고, 재현하고, 그가 재발견하도록 해야 하

---

*   예방에 있어서의 핵심은 완벽에의 의지를 극복하고, 100% 현명한 인식과 100% 옳은 결정의 요구를 포기하라는 권고에 있다. 이는 이미 앞서 행해지기도 했다. "너는 너무 의롭게 되지 말고 지나치게 지혜로이 행동하지 마라. 어찌하여 너는 너 자신을 파멸시키려 하느냐?"[구약성경 코헬렛(전도서 7장 16절)] 해당인은 파멸되지 않고, 미치지도 정신병에 걸리지도 않았다. 하지만 신경증과 정신병 간의 감별 진단을 내리지 않았다고 성경에 화를 낼 사람이 어디 있겠는가?

는 것은 다름 아닌 마음의 지혜에 대한 신뢰다.

우리는 한 사례(페터 S. 교수)를 알고 있다. 마찬가지로 강박신경증 환자였는데, 스스로 말하고 생각하는 모든 것에서 자기 자신을 습관적으로 관찰했다. 이러한 관찰 강박은 말할 때 맥락을 놓치게 할지도 모른다는 불안감을 갖게 할 정도였다. 이것은 정말 일에 장애가 될 만큼 커져서 점점 예기 불안으로 발전했다. 우리가 환자에게 확실히 이해시킨 것은 훌륭한 연설자가 되기를 포기하는 만큼 실제로 말을 더 잘할 수 있다는 거였다. 그렇게 해서 그는 어떻게가 아닌 무엇을 말하는가에 더욱 집중할 수 있었고, 더 잘 말할 수 있게 되었다. 가능한 한 훌륭한 연설자가 되기 위해 '발화 행위speech act' 자체와 그것에 집중할수록 연설의 '내용'과 대상에는 신경을 쓸 수 없다.

환자의 관찰 강박의 근저에 무엇이 있는지 우리는 자문했다. 그것은 자기 자신을 통제할 수도 뜻대로도 할 수 없으며, 자기 속마음을 보이고 또 무의식에 내맡기는 것에 대한 불안이었다.

그런데 우리가 인간의 무의식적 영성이라고 이해한 것이 마음의 지혜만 있는 것은 아니다. 언어의 지혜도 마찬가지로 존재하고, 그 속에서 잘 축적되고 비축된 인류의 정신을 볼 수 있다. 이러한 인류의 지혜의 언어는 인간이 잠에 '빠졌다'고 말한다. 마찬가지로 잠과 결부된 무의식도 우리가 우리를 그 속에 빠지도록 놔둬야 하는 어떤 것이다!

오늘날 우리는 심리치료에서 무조건 의식화를 목표로 한다는 입장을 고수해서는 안 된다. 왜냐하면 치료사는 단지 일시적으로만 뭔가를 의식하게 해야 하기 때문이다. 치료사는 무의식적인 것을, 또한 영적으로 무의식적인 것도 의식하게 해서 종국에는 이를 다시 의식하지 못하게 만들어야 한다. 무의식의 가능성을 의식적 행동으로 바꾸어야 한다. 하지만 결국 무의식적 아비투스를 복구하는 것 외에 다른 목적이 있어선 안 된다. 다시 말해서 '심리치료사는 최종적으로 무의식적 실행의 자명함을 회복시켜야 한다'.

따라서 뭔가가 무의식적으로 머무르거나 다시 무의식화 하는 것은 심리치료에서 여러 가지로 중요하다. 그렇지만 우리는 다시 무의식화되기, 망각이 근본적인 보호 기제를 나타낸다는 것을 잘 이해하며, 탈무드의 이야기에서 나온 지혜도 알고 있다. 이에 따르면 천사는 세상에 태어난 모든 신생아의 입을 한 대 때리는데, 그러면 아기는 태어나기 전에 배우고 보았던 것을 그 즉시 잊어버린다. 우리가 이런 플라토닉적 '기억 상실'을 보호 기제로 여겨야 한다는 것을 감안하면, 탈무드에 나온 천사는 수호천사라고 할 수 있다.

이제는 흔히 주의를 집중시키는 어떤 증상에서 이런 주의를 없애는 게 증상 자체를 해소하는 일보다 훨씬 더 중요하다는 것을 이해할 수 있다. 이와 관련해서 비참하게 몰락한 지네에 관한 유명한 이야기를 환자에게 상기시켜도 좋을 것이다. 지네는 의식적으로 자신의 '1,000개의 다리'가 움직이는 모습을 관찰하는 헛된 노력을 시도했다. 그러다가 어느 다리로 먼저 걸음을 시작하고, 어떤 순서로 발을 움직여야 하는지 더 이상 알 수 없게 되었다. 숙고는 일반적으로 무의식적이고 자동으로 발생하는 행위의 집행을 방해한다.

우리가 예기 불안 치료법으로 역설적 의도를 선택한 것처럼, 이와 비슷하게 관찰 강박은 탈숙고를 교정 수단으로 필요로 한다. 역설적 의도는 환자가 신경증을 '비꼴 수 있게' 해 준다면, 탈숙고의 도움으로 환자는 증상을 '무시할 수' 있다.

결국 탈숙고가 의미하는 것은 자기 자신을 무시하다. 베르나노스 G. Bernanos의 소설《어느 시골 신부의 일기》를 보면 멋진 문장이 나온다. "자신을 미워하는 것은 믿는 것보다 쉽다. 그리고 은총은 자신을 망각하는 데 있다." 이 문장을 바꿔 많은 신경증 환자가 꼭 기억해야 하는 것을 말할 수 있다. 자신을 매우 등한시하거나(과잉양심) 아니면 자신에게 지나친 관심을 두는 것(과잉의식)보다 훨씬 더 중요한 것은 자신을 완전히 망각하는 일이다. 다만 환자들은 칸트처럼 해서는 안 된다. 언젠가 칸트는 도벽이 있는 하인을 해고하고 나서 그 고통을 이기지 못하고 다음과 같은 글을 칠판에 써서 방 벽에 걸어 놓고 말았다. '난 하인을 잊어야 해.' 이 철학자는 구리로 금을 만들 수 있다고 기대했던 그 남자와 똑같다. 단 조건이 있는데, 그는 연금술이 진행되는 10분 동안 카멜레온을 생각하면 안 되었다. 하지만 그는 희귀한 동물을, 결코 생각해 본 적이 없던 그 동물을 생각하는 것 외에는 아무것도 할 수 없었다.

환자들은 칸트나 연금술사처럼 해선 안 되고, 뭔가를 무시해야—다시 말해서 요구된 탈숙고를 행해야—한다. 뭔가를 지나쳐서 '행동'하고, 뭔가 다른 것을 목표로 삼아 '존재'할 때에만 다른 것을 추구할 수 있다. 바로 여기서 로고테라피는 실존 분석으로 변한다. 실존 분석의 본질은 어떤 의미에서 인간이 (그때그때 먼저 분석적으로 규명하는) 자신의 개별적 현존의 구체적인 의미를 지향하게 되고 그쪽으로 방향을 돌리는 데 있다.

조직화되고 정렬되는 것은 인간 본질의 일부다. 그것이 어떤 것이든, 누구이든, 일이나 인간이든, 이념이나 인격체이든(268쪽을 보라)! 우리는 인간 현존재의 이러한 원칙이 치료에서도 열매를 맺도록 해야 한다. 여기서는 바로 불안신경증 환자가 그렇다. 그는 주의를 증상에서 다른 곳으로 돌리는 법을 배우고, 스스로 어떤 일에 관심을 기울이는 것을 이해할 때야 비로소, 오직 그렇게 해서만 불안 주위를 맴도는 생각의 악순환에서 벗어날 수 있다. 이렇게 말해도 좋다면 그런 새로운, 즉 새롭게 획득한 객관성이란 의미에서 환자가 삶을 의미 있고 가치 있게 만들 수 있는 어떤 일을 의식의 전면에 내세울수록, 그의 고유한 인격체는 더 많이 움직이고 이와 함께 개인적 곤경은 체험의 배후에 서게 된다.[*]

우리는 먼저 어떤 일에 헌신하면서 고유한 인격체를 만들어 간다.[**]

---

[*] 참고: "노력 집중이 갈등에서 이타적 목표로 변할 때, 비록 신경증이 완전히 사라지지 않았다 해도 전체로서의 삶은 더욱 건강해진다."(올포트, 《비커밍: 성격심리학에 대한 기본 고찰Becoming. Basic Considerations for a Psychology of Personality》, 뉴 헤이븐, 1955년, 95쪽)

[**] 참고: "일에서 자신을 망각하려는 자만이 참된 자기를 얻을 것이다."(막스 셸러, 《철학적 세계관 Philosophische Weltanschauung》, 베를린, 1954년, 33쪽)

불안으로부터 자유로워지는 것은 자기반성이나 심지어 자기도취(나르시시즘)를 통해서가 아니고, 자신의 불안 주위를 계속 맴도는 생각에 의해서도 아니다. 그것은 자신을 바치고, 그렇게 희생할 만한 일에 자신을 내던지고 헌신함으로써 가능하다. 이것이 모든 자기 형성의 비밀이다. 이에 대해 야스퍼스처럼 적절히 표현한 사람은 없을 것이다. "인간이란 자기 것으로 만드는 일을 통과한 자다."

이렇게 해서 신경증 환자의 태도 유형을 다음 네 가지로 정리할 수 있다.

1. 나쁜 소극적 태도: 불안신경증 환자는 불안 발작으로부터 도망친다.
2. 나쁜 적극적 태도: 1) 강박신경증 환자는 강박 발작에 맞서 싸운다. 2-1) 성적 쾌락을 지나치게 의도한다. 이는 결과적으로 2-2) 성적 행위를 지나치게 의도한다(둘 다 병인성이다).
3. 올바른 소극적 태도: 증상 무시하기(탈숙고), 비꼬기(역설적 의도)
4. 올바른 적극적 태도: 증상을 지나쳐서 행동하기, 어떤 목표를 향해 존재하기.

이 밖에도 부담뿐만 아니라 경감도 병의 원인이 된다는 것을 잊으면 안 된다. 중요한 것은 치료적 교정 수단이 되는 적절한 요구인데, 어떤 것, 즉 이를 목표로 행동하는 것을 보증할 수 있다는 측면에서 그렇다. 하지만 바로 그런 이유로 방금 언급한 네 번째 올바른 적극적 태도를 효과적으로 내세워야 한다. 이런저런 수많은 신경증 증상은 결국 근본적으로 구체적 현존의 무의미에서 나온, 정신적 공허 안으로 들어온 마음의 지방 위축증이라는 것을 보여 준다. 여기서 우리는 다시 실존적 공허, 실존적 좌절과 만난다.

이미 말했듯이 로고테라피는 심리치료의 대체물이라기보다 보완물이라고 할 수 있다.

당연한 말이지만 로고테라피가 목표로 삼는 것은 지금까지의, 그리고 엄밀한 의미로 심리치료를 대체하는 것이 아니다. 로고테라피는 단지 이를 보완하길 원한다. 또 인간상을 '온전한' 인간의 그림으로(영적인 것이 본질적으로 그 일부임을 우리가 아는 것처럼 인간의 전체성으로) 완성하기를 원한다.

그런데 로고테라피가 단지 심리치료의 보완물만 되는 것은 아니다. 그것은 신체 요법somatotherapy을 보충해 주기도 한다. 더 자세히 말해서 신체정신 동시 요법의 보완물이기도 하다. 이 동시 요법은 신체, 정신적으로 치료적인 조처를 함으로써 신경증을 근본적으로 변화시키고자 한다.

하지만 끊임없이 관찰할 수 있는 것은 한편으로는 자율신경 및 내분비 기능 장애와 다른 한편으로는 기능 장애에 대한 병인성 반응 유형 사이에 발생하는 악순환이다. 이때 반작용적 예기 불안은 자율신경이 불안에 대비하는 것에 편승하고, 환자는 그러한 예기 불안으로 점점 더 불안신경증에 빠져들게 된다. 그렇지만 이런 경우 치료는 성취

가능하다는 것과 혹은 환자가 여전히 실존 분석 과정에서 밝힐 수 있는 개별적 현존의 구체적인 의미를 지향하고 이에 정위함으로써 신경증이 완전히 극복 될 수 있다는 것이 분명해진다.

신경증적 악순환의 고리는 모두 오로지 실존적 공허 안에서만 번성할 수 있고, 이에 본래 결코 영적인 것에서 발생하지 않은 신체정신적인 경우에서도 마찬가지다. 그럼에도 불구하고 영적인 것에 의한 치료가 타당하다. 로고테라피는 자신을 이렇게 여기고, 그럼으로써 신체정신 치료의 사유적 보완임을 나타낸다.

하지만 의미치료가 생물학적, 생리학적인 것을 무시한다는 말은 절대 아니다. 단 한 가지 원하는 것은, 로고테라피가 생리적이고 심리적인 것을 초월해 영적인 것을 잊지 않는 것이다. 집을 세우고 마지막으로 기와를 얹을 때 지하 창고를 신경 쓰지 않는다고 기와를 탓할 사람은 없다.

그때 당연히 우선 배치되어야 할 것이 남아 있는데, 이렇게 말해도 좋다면 '인간의 영적인 인격적 존재 가능성의 자연 조건'을 나타내는 것이다. 만약 이를 소홀히 한다면, 계속 되풀이되는 것처럼 장애의 원인을 일방적으로 심리적인 것에만 국한하려고 할 것이다. 이는 장애의 원인을 잘못 판단한 것을 의미한다. 우리는 신경 질환의 병인론에 합류하는 동인들 중 단 하나도 소홀히 해서는 안 되고, 어떤 것을 과대평가해서도 안 되며, 또 신체주의, 심리주의 혹은 사유주의에 빠져도 안 된다.

다음에 소개하는 여성 환자(엘레오노레 W., 30세)의 사례는 이를 잘 보여 준다.[36] 이 환자는 정신 질환 공포증과 범죄 공포증을 비롯해 살인 및 자살 공포증까지 병세가 매우 심각했다. 정신 질환 공포증은 입면 환각hypnagogic hallucination[잠이 들 때 일어나는 환각으로 수면 마비(가위눌림)와 함께 대표적인 기면증 증상이다–옮긴이]과 관련이 있었다. 겉으로 보기에 환자는 직관자처럼 보였다. 이 점을 제외하면 그녀는 명백히 강박증 환자였다. 강박증이 신경증의 체질적 토대에서 정신 질환적 측면을 형성했다면, 신경 질환적 측면은 교감신경긴장증(호프F. Hoff와 쿠르티우스Curtius의 타당성은 의심할 여지가 없다)과 이와 중복되는 갑상샘기능항진증 형태로 나타났다. 다시 말해서 갑상샘비대, 안구 돌출, 손 떨림, 빈맥(맥박 수 140회/분), 몸무게 감소(-5kg)와 기초 대사 증가(+72%) 현상이 나타났다. 이러한 체질적 토대에 기질적 동인이 더해졌다. 2년 전 받은 갑상샘종 절제술은 자율신경 교란과, 또 결국 신체적 요소로 자율신경 불균형을 가져왔다. 어느 날 환자는 평소 습관과 달리 아주 진한 모카커피를 마시고 반작용적 예기 불안으로 반응이 나타난 자율신경 불안 발작을 일으켰다("첫 발작을 일으킨 후 이에 대해 생각만 해도 즉시 또 불안해졌어요."). 나중에 우리가 들은 바로는, 이 예기 불안은 그녀의 강박적 생각으로 응축된다. 이 사례의 실존 분석은 정신, 신경 질환의 유전적인 면과 체질적, 소질적, 신체적 토대를 벗어나 신경증의 실존적 배후를 상기시킨다. 환자는 이를 다음과 같이 표현했다. "정신적 공회전이 있었어요. 저는 공중에 떠 있었지요. 모든 것이 무의미하게 여겨졌어요. 저한테 늘 큰 도움이 된 건 누군가를 돌봐야 할 때였어요. 하지만 전 지금 혼자예요. 저는 다시 삶의 의미를 갖고 싶어요." 이 말에서 환자의 병력과 관련된 진술은 더 이상 전혀 중요하지 않았다. 우리가 간파한 것은 도움을 구하는 한 인간의 절규였다. 그녀가 말하려 했던 것은 다름 아닌 실존적 공허였다. 다시 말해 우리에게 도움을 청한 환자의 동기는 실존적 좌절이 아니었다. 이 경우 치료 효과는 환자의 실존적 공허를 채워 주면서 신경증적 지방 위축증을 모두 해소하는 길을 보여 주었을 때 비로소 나타났다.

이런 의미에서 로고테라피는 영인성 신경증의 적절하고 인과적 치료임을 보여 줄 뿐만 아니라 비영인성, 즉 심인성, 체인성인 경우에도 비특수 치료로서 효과적이라는 것을 입증하고 있다. 왜냐하면 실존적 공허가 근본적인 병인이 아니었던 곳에서도—실존적 좌절이 반드시 병의 원인이 되는 것은 아니다—그러한 공허를 채우는 것은 '병인에 저항하는' 것이기 때문이다(플란츠와 폰 윅스퀼).

이러한 경우 '질병은 자연에서 시작되지만 치유는 정신에서 시작된다'고 했던 파라켈수스의 말이 아주 잘 들어맞는다. 모든 신경증이 다 영인성은 아니다. 그럼에도 불구하고 영인성 신경증에서 신체정신 동시 요법과 결합된 로고테라피의 필요성은 잘 드러났다.

그렇지만 환자가 모든 치료법에 다 반응하는 게 아닌 것처럼 의사가 모든 치료법으로 다 성공을 거두는 것도 아니다.

어떤 이유에서든 나는 심리치료가 2개의 미지수를 갖는 방정식이라고 늘 입버릇처럼 말하곤 한다. $\psi=x+y$에서 미지수 하나가 비합리적이고 산출할 수 없는 동인, 의사의 인성이라면 다른 하나는 환자의 개성이다.

중요한 것이 있다면, 우리가 기술적인 것을 과대평가하지 않는 일이다. 심리치료와 관련해서 기술에 지나친 관심을 가지려고 할 때, 환자 배후에 있는 인간이 아닌 오히려 인간 안에서 기계를, 다시 말해 고통받는 인간이 아닌 '인간 기계homme machine'를 본다는 것을 시인하는 것이나 마찬가지다.

부록

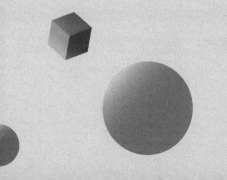

참고 문헌

신판에서 참고 자료는 모두 통일했다. 이 책에 등장한 저서들의 최신판 및 관련 도서는 대괄호 [ ] 안에 적어 넣었다.

신판 서문_알렉산더 바티야니

1   V. E. Frankl: *Ärztliche Seelsorge. Grundlagen der Logotherapie und Existenzanalyse. Und Vorarbeiten zu einer sinnorientierten Psychotherapie*, 출처: V. E. Frankl: Gesammelte Werke. Bd. 5, hg. v. A. Batthyány, K. Biller u. E. Fizzotti. Wien 1993, p. 347

2   예를 들면 D. Mourlane: *Resilienz. Die unentdeckte Fähigkeit der wirklich Erfolgreichen*. Göttingen 2012, p. 29-31

3   V. E. Frankl: *Psychologie des Konzentrationslagers. Synchronisation in Birkenwald*. Und ausgewählte Texte 1945-1993, 출처: V. E. Frankl: *Gesammelte Werke*. Bd. 2, hg. v. A. Batthyany, K. Biller u. E. Fizzotti. Wien 2006, p. 185

4   V. E. Frankl: *Psychologie des Konzentrationslagers. Synchronisation in Birkenwald*. Und ausgewählte Texte 1945-1993, 출처: V. E. Frankl: *Gesammelte Werke*. Bd. 2, hg. v. A. Batthyány, K. Biller u. E. Fizzotti. Wien 2006, p. 195-196

5   V. E. Frankl: *Theorie und Therapie der Neurosen. Einführung in die Logotherapie und Existenzanalyse*. München 1993, p. 146

6   S. Freud: *Brief an Prinzessin Marie Bonaparte, 1937. 8. 13*, 출처: S. Freud: *Briefe 1873-1939*, hg. v. E. u. L. Freud. Frankfurt a. M. 1960, p. 429

7   K. Eissler: *The Psychiatrist and the Dying Patient*. New York 1955, p. 190-191(Edith Weißkopf-Joelson 옮김)

정신과 의사의 자기반성

1   O. Schwarz: *Sexualpathologie*. Wien 1935

2   E. Straus: *Geschehnis und Erlebnis*. Berlin 1930

3   V. E. Frankl: 'Psychotherapie und Weltanschauung. Zur grundsätzlichen Kritik ihrer

Beziehungen', 출처: *Internationale Zeitschrift für Individualpsychologie*, 1925와 비교하라. [출처: V. E. Frankl: *Frühe Schriften* 1923-1942, hg. v. G. Vesely-Frankl. Wien/München/Bern 2005, p. 33-35]

4   K. Häberlin: *Die Bedeutung von Ludwig Klages und Hans Prinzhorn für die Psychotherapie*, 출처: Deutsche Seelenheilkunde, hg. v. M. H. Göring. Leipzig 1934

5   Gauger: *Politische Medizin. Grundriss einer deutschen Psychotherapie*. Hamburg 1934

6   *Zentralblatt für Psychotherapie*, 1933

7   Wl. Eliasberg: 'Das Ziel in der Psychotherapie', 출처: *Zeitschrift fur die gesamte Neurologie und Psychiatrie*, 1925

8   V. E. Frankl: 'Zur geistigen Problematik der Psychotherapie', 출처: *Zentralblatt für Psychotherapie*, 1938과 비교하라. [이 책 p. 33-51]

9   Prof. Lic. F. K. Feigel, 출처: *Deutsche medizinische Wochenschrift*, 1936. 9. 19.

10 *Zentralblatt für Psychotherapie*, 1937

신경증 환자 심리치료에서의 약물 지원에 대해

E. Guttmann: 'The Effect of Benzedrine on Depressive States', 출처: *Jour. Mental Science* 82, 1936, p. 618

E. Guttmann / W. Sargant: 'Observations on Benzedrine', 출처: *Brit. Med. Jour*. I, 1937, p. 1013

A. Myerson: 'Effect of Benzedrine Sulfate on Mood and Fatigue in Normal and in Neurotic Persons', 출처: *Arch. Neur. and Psych*. 36, 1936, p. 816

M. Prinzmetal / W. Bloomberg: 'The Use of Benzedrine for the Treatment of Narcolepsy', 출처: *J. A. M. A*. 105, 1935, p. 2051

D. L. Wilbur / A. R. MacLean / E. V. Allen: 'Clinical Observations on the Effect of Benzedrine Sulphate', 출처: *Proc. Staff Meet. Mayo-Clinic* 12, 1937, p. 97

강제수용소의 심리학과 정신의학

H. G. Adler: *Theresienstadt 1941-1945*. Tübingen 1955

H. G. Adler: *Die verheimlichte Wahrheit*. Tübingen 1958

H. W. Bansi: 'Spätschaden nach Dystrophie(in der Sicht des intermedizinischen Gutachters)', 출처:

Materia med. Nordmark 8, 1956, p. 319

B. Bettelheim: 'Individual and Mass Behavior in Extreme Situations', 출처: *Abnorm. Psychol. Albany* 38, 1943, p. 432

J. Bok: *De cliniek der hongerzietke*(Diss.). Leiden 1949

E. A. Cohen: *Human Behavior in the Concentration Camp*. London 1954

V. E. Frankl: *Ein Psycholog erlebt das KZ*. Wien 1946 (1. Aufl.), 1947 (2. Aufl.) [⋯*trotzdem Ja zum Leben sagen. Ein Psychologe erlebt das Konzentrationslager*. München 2015]

V. E. Frankl: *Un psicologo en el campo de concentracion*. Buenos Aires 1955(스페인어)

V. E. Frankl: *Yoru to kiri*. Tokio 1956(일본어)

V. E. Frankl: *From Death-Camp to Existentialism. A Psychiatrist's Path to a New Therapy.* Vorwort von Gordon W. Allport. Boston 1959

V. E. Frankl: 'Psychohygienische Erfahrungen im Konzentrationslager', 출처: *Handbuch der Neurosenlehre und Psychotherapie*, Bd. IV, hg. v. V. E. Frankl, V. E. v. Gebsattel und J. H. Schultz. München/Berlin 1959, p. 735

V. E. Frankl: 'Psychotherapie im Notstand-psychotherapeutische Erfahrungen im Konzentrationslager', 출처: *The Affective Contact. Internationaler Kongress für Psychotherapie 1951*. Amsterdam 1952

V. E. Frankl: 'Group Therapeutic Experiences in a Concentration Camp', 출처: *Group Psychotherapie* 7, 1954, p. 81

S. Freud: *Gesammelte Werke* V. London 1942

G. M. Gilbert: *The Psychology of Dictatorship*. New York 1950

P. Helweg-Larsen / H. Hoffmeyer / J. Kieler / E. Hess-Thaysen / J. HessThaysen / P. Thygesen / M. Hertel-Wulff: *Famine Disease in German Concentration Camps etc.* Kopenhagen 1952

K. Hermann, *Atrophia cerebri. Acta psychiat. neurol. scand.* Suppl. 74, 1951

A. Hottinger / O. Gsell / E. Uehlinger / C. Salzmann / A. Labhart: *Hungerkrankheit, Hungerödem, Hungertuberkulose*. Basel 1948

K. Jaspers: *Der philosophische Glaube*. Zürich 1948

B. Kautsky: *Teufel und Verdammte*. Zürich 1946

K. Kolle: 'Die Opfer der nationalsozialistischen Verfolgung in psychiatrischer Sicht', 출처: *Nervenarzt* 29, 1958, p. 148

V. A. Kral: 'Psychiatric Observations under Severe Chronic Stress', 출처: *Amer. J. Psychiat.*

108, 1951, p. 185

M. Lamy / M. Lamotte / S. Lamotte-Barillon: 'Études et Réflexions sur les Troubles Constantés dans les États de Dénutrition', 출처: *Presse med.* 54, 1946, p. 510

M. Lazarsfeld / H. Zeisel: *Die Arbeitslosen von Marienthal.* Leipzig 1933

Z. Lederer: *Ghetto Theresienstadt.* London 1953

M. Michel: *Gesundheitsschaden durch Verfolgung und Gefangenschaft und ihre Spätfolgen.* Frankfurt 1955

J. E. Nardini: 'Survival Factors in American Prisoners of War of the Japanese', 출처: *Amer. J. Psychiat.* 109, 1952, p. 242

H. Rosencher: 'Medicine in Dachau', 출처: *Brit. med. J.*, 1946, 2, p. 953

A. L. Vischer: *Die Stacheldrahtkrankheit.* Zürich 1918

P. M van Wulfften-Palthe: 'Neuro-psychiatrie Experiences in Japanese Internment Camps in Java', 출처: *Docum. Neerl. Indones. Morb. Trop.* 2, 1950, p. 135-140

E. de Wind: 'Confrontatie met de dood', in: *Folia psychiat. neerl.* 6, 1949, p. 1-7

철학자이자 정신과 의사 루돌프 알러스

1   Th. v. Aquin: *Über das Sein und das Wesen*, Rudolf Allers 옮김(주해). Frankfurt a. M./ Hamburg 1959, S 109

2   R. Allers: *Das Werden der sittlichen Person.* Freiburg i. Br. 1930, p. 188

3   위의 책, p. 183

4   R. Allers: *Heilerziehung bei Abwegigkeit des Charakters.* Einsiedeln/Köln, p. 353

5   R. Allers: *Das Werden der sittlichen Person*, in loc. cit., p. 166

6   위의 책, p. 169

7   위의 책, p. 192

8   위의 책, p. 100

9   위의 책, p. 243

10   위의 책, p. 92

11   위의 책, p. 114

12   L. Jugnet: Rudolf Allers ou l'Anti-Freud. Paris 1950, p. 10-11

13   위의 책, p. 26

14   R. Allers: *Über Psychoanalyse.* Berlin 1922, p. 42-43

15 위의 책, p. 15

16 위의 책, p. 15-16

17 위의 책, p. 17

18 위의 책, p. 44

19 R. Allers: *Das Werden der sittlichen Person*, in loc. cit. 1930, p. 278

20 위의 책, p. 279

21 R. Allers: 'The Meaning of Heidegger', 출처: *The New Scholasticism* 36, 1962, p. 445-474

22 R. Allers: 'Ontoanalysis: A New Trend in Psychiatry', 출처: *Proceedings of the American Catholic Philosophical Association* 1961, p. 78-88

23 위의 책, p. 83

24 L. Jugnet: *Rudolf Allers ou l'Anti-Freud*, in loc. cit., p. 9

25 R. Allers: *Das Werden der sittlichen Person*, in loc. cit., p. 283

심리화인가 의학의 인간화인가

1 V. E. Frankl: *Theorie und Therapie der Neurosen*. München 1983 (5. Aufl.)

2 H. Takashima: *Psychosomatic Medicine and Logotherapy*. New York 1977

3 F. Mlczoch: 'Zur Konzeption des Asthma bronchiale', 출처: *Therapiewoche* 26, 1976, p. 7630

4 F. A.: Freyhan: 'Is psychosomatic obsolete?', 출처: *Comprehensive Psychiatry* 17, 1976, p. 381

5 V. E. Frankl: *Das Leiden am sinnlosen Leben*. Freiburg i. Br. 1985 (9. Aufl.) [Freiburg i. Br. 2013]

6 L. Skolnick: 'Kinder sind hart im Nehmen', 출처: *Psychologie heute* 5, 1978, p. 44

7 V. E. Frankl: *Die Psychotherapie in der Praxis*. München 1986 (5. Aufl.) [München 2002]

8 V. E. Frankl: *···trotzdem Ja zum Leben sagen. Ein Psychologe erlebt das Konzentrationslager*. München 1986 (11. Aufl.) [München 2015]

9 V. E. Frankl: *Der Wille zum Sinn*. Bern 1982 (3. Aufl.) [Bern 2016]

10 V. E. Frankl: 'Psychologie und Psychiatrie des Konzentrationslagers', 출처: *Psychiatrie der Gegenwart*, Bd. III, Berlin/Göttingen/Heidelberg, p. 743-759 [이 책 p. 87-125]; V. E. Frankl: *Die Sinnfrage in der Psychotherapie*. München 1985 (2. Aufl.) [München 2002]

11 V. E. Frankl: *Ärztliche Seelsorge.* Frankfurt a. M. 1985 (13. Aufl.) [München 2014]

12 J. B. Fabry: *Das Ringen um Sinn.* Freiburg 1978

13 W. v. Baeyer: *Gesundheitsfürsorge-Gesundheitspolitik* 7, 1958, p. 197

14 V. E. Frankl: *Der leidende Mensch. Anthropologische Grundlagen der Psychotherapie.* Bern1984 (2. Aufl.) [Bern 2005]

15 J. Moltmann, in: *Zeitschrift für Allgemeinmedizin*

개인심리학과 로고테라피의 만남

1 Michael Titze: *Lebensziel und Lebensstil.* München 1979, p. 194

2 V. E. Frankl: ···*trotzdem Ja zum Leben sagen. Ein Psychologe erlebt das Konzentrationslager.* München 1986 (11. Aufl.) [München 2015]

3 V. E. Frankl: 'Zur mimischen Bejahung und Verneinung', 출처: *Internationale Zeitschrift für Psychoanalyse* 10, 1924, p. 437 [출처: V. E. Frankl: Frühe Schriften 1923-1942, hg. v. G. Vesely-Frankl. Wien/München/Bern 2005, p. 21-22]

4 V. E. Frankl: 'Psychotherapie und Weltanschauung. Zur grundsätzlichen Kritik ihrer Beziehungen', 출처: *Internationale Zeitschrift fur Individualpsychologie* 3, 1925, p. 250 [출처: V. E. Frankl: *Frühe Schriften 1923-1942*, hg. v. G. Vesely-Frankl. Wien/München/Bern 2005, p. 33-35]

5 W. Soucek: 'Die Existenzanalyse Frankls, die dritte Richtung der Wiener psychotherapeutischen Schule', 출처: *Deutsche Medizinische Wochenschrift* 73, 1948, p. 594

6 V. E. Frankl: 'Forerunner of Existential Psychiatry', 출처: *Journal of Individual Psychology* 26, 1970, p. 12.

7 V. E. Frankl: *Ärztliche Seelsorge. Grundlagen der Logotherapie und Existenzanalyse.* Wien 1946, 1985 (13. Aufl.) [München 2014]

8 V. E. Frankl: *Die Sinnfrage in der Psychotherapie.* München 1985 (2. Aufl.) [München 2002]

9 V. E. Frankl: *Die Psychotherapie in der Praxis. Eine kasuistische Einführung für Ärzte.* Wien 1947, 1986 (5. Aufl.) [München 2002]

10 V. E. Frankl: *Die Sinnfrage in der Psychotherapie,* in loc. cit.

11 A. Adler: *Der Sinn des Lebens.* Frankfurt a. M. 1933, p. 55 [Frankfurt a. M 1978]

12 R. F. Antoch: *Studien zur individualpsychologischen Theorie und Praxis*. München 1981, p. 202

13 A. H. Maslow: 'Comments on Dr. Frankl's Paper', 출처: *Readings in Humanistic Psychology*, hg. v. A. Sutick u. M. A. Vieh, New York: The Free Press 1969

14 *Journal of Humanistic Psychology*, 1966, p. 107-112

15 V. E. Frankl: 'Zur medikamentösen Unterstützung der Psychotherapie bei Neurosen', 출처: *Schweizer Archiv für Psychiatrie* 43, 1939, p. 26-31 [이 책 p. 73-85]

16 V. E. Frankl: *Die Psychotherapie in der Praxis*, in loc. cit.

17 위의 책, p. 155-156

18 J. Hand / Y. Lamontagne / I. M. Marks: 'Group Exposure in vivo for Agoraphobics', 출처: *Brit. J. Psychiat*. 124, 1974, p. 588

19 잠언 22장 13절

20 L. Solyom / J. Garza-Perez / B. L. Ledwidge / C. Solyom: 'Paradoxical Intention in the Treatment of Obsessive Thoughts', 출처: *Comprehensive Psychiatry* 13, 1972, p. 291

21 M. L. Ascher / R. M. Turner: 'Controlled Comparison of Progressive Relaxation, Stimulus Control, and Paradoxical Intention Therapies', 출처: *Journal of Consulting and Clinical Psychology* 47, 1979, p. 500

22 Byung-Hak Ko: 'Applications in Korea', 출처: *The International Forum for Logotherapy* 4, 1981, p. 89

23 미출간 원고

24 V. E. Frankl: *Die Psychotherapie in der Praxis*, in loc. cit.

25 V. E. Frankl: 'Logotherapy on Its Way to Degurufication', 출처: *Analeeta Frankliana. The Proceedings of the First World Congress of Logotherapy* (1980), hg. v. Sandra A. Wawrytko. Berkeley: Institute of Logotherapy Press 1982

궁극적 의미를 찾는 인간

1 S. Freud: *Gesammelte Werke* XI, p. 370

2 H. Hartmann: 'Ich-Psychologie und Anpassungsproblem', 출처: *Psyche* 14 (1960), p. 81

3 S. Freud: *Gesammelte Werke* V, p. 415

4 W. B. Cannon: *The Wisdom of the Body*. New York 1932

5   S. Freud: *Gesammelte Werke* XI, p. 370

6   V. E. Frankl: 'Zur geistigen Problematik der Psychotherapie', 출처: *Zeitschrift für Psychotherapie* 10 (1938), p. 33 [이 책 p. 33-51]

7   O. Pfister: *Die Willensfreiheit. Eine kritisch-systematische Untersuchung*. Berlin 1904, Thomas Bonhoeffer 인용: 'Das Christentum und die Angst – dreißig Jahre später', 출처: *Wege zum Menschen* 25, 11/12, 1973, p. 433

8   V. E. Frankl: *Der unbedingte Mensch*. Wien 1949

9   V. E. Frankl: *Pathologie des Zeitgeistes*. Wien 1955

10   I. D. Yalom: *Existential Psychotherapy*. New York 1980

11   V. E. Frankl: 'Über Psychotherapie', 출처: *Wiener Zeitschrift für Nervenheilkunde 3* (1951), p. 461

12   M. Wertheimer: 'Some Problems in the Theory of Ethics', 출처: *Documents of Gestalt Psychology*, hg. v. M. Henle. Berkeley 1961

13   V. E. Frankl, *The Unconscious God. Psychotherapy and Theology*. New York 1985.

14   V. E. Frankl: *Der leidende Mensch. Anthropologische Grundlagen der Psychotherapie*. Bern 1984 [Bern 2005]

15   G. Moser: *Wie finde ich zum Sinn des Lebens?* Freiburg im Breisgau 1978, 인용: V. E. Frankl: *Die Sinnfrage in der Psychotherapie*. München 1985

16   V. E. Frankl: *Die Sinnfrage in der Psychotherapie*, in loc. cit.

17   *Newsweek*, 1971.4.26.

18   V. E. Frankl: *Die Sinnfrage in der Psychotherapie*, in loc. cit.

19   V. E. Frankl: *Der unbedingte Mensch*. Wien 1949

20   V. E. Frankl: *Die Existenzanalyse und die Probleme der Zeit*. Wien 1947

21   K. Lorenz / F. Kreuzer: *Leben ist Lernen*. München 1981

22   V. E. Frankl: *Der leidende Mensch*, in loc. cit.

23   V. E. Frankl: *Das Leiden am sinnlosen Leben*. Freiburg i. Br. 1987

24   위의 책

25   G. W. Allport: *The Individual and His Religion*. New York 1956

26   V. E. Frankl: *Das Leiden am sinnlosen Leben*, in loc. cit.

27   V. E. Frankl: *The Unconscious God*, in loc. cit.

28   V. E. Frankl: *Der Wille zum Sinn*. Bern 1982

29   V. E. Frankl: *The Will to Meaning*. New York 1988

30 V. E. Frankl: *The Unconscious God*, in loc. cit.

31 V. E. Frankl: *Man's Search for Meaning*. New York 1985와 비교하라; V. E. Frankl: *The Will to Meaning*, in loc. cit.

32 A. Einstein: *Out of My Later Years*. New York 1950

33 L. Wittgenstein: *Tagebücher 1914-1916*. Frankfurt a. M. 1960.

시대정신의 병리학에 관한 소견

1 V. E. Frankl: 'Zur medikamentösen Unterstützung der Psychotherapie bei Neurosen', 출처: *Schweizer Archiv für Neurologie und Psychiatrie* 43, 1939, 9, p. 26-31와 비교하라. [이 책 p. 75-87]

실존 분석과 로고테라피 개요

1 F. W. Foerster: *Sexualethik und Sexualpädagogik*. Recklinghausen 1952 (6. Aufl.), p. 275

2 P. Schilder: *Psychoanalys, Man and Society*. New York 1951, p. 19

3 V. E. Frankl: *Ärztliche Seelsorge*. Wien 1946, p. 140, p. 196 [München 2014]

4 V. E. Frankl: *Der unbewusste Gott*. Wien 1948 (1. Aufl.), p. 37-47 [München 1992]

5 V. E. Frankl: *Die Psychotherapie in der Praxis. Eine kasuistische Einführung für Ärzte*. Wien 1947, Anhang 'Psychotherapie, Kunst und Religion' [Wien 1982]와 비교하라.

6 V. E. Frankl: *Der unbedingte Mensch. Metaklinische Vorlesungen*. Wien 1949, p. 39

7 V. E. Frankl: 'Psychagogische Betreuung endogen Depressiver'., 출처: V. E. Frankl: *Theorie und Therapie der Neurosen. Einführung in Logotherapie und Existenzanalyse* 5 München/Basel 1983, p. 67-69

8 V. E. Frankl: *Der unbewusste Gott*, in loc. cit., p. 74; V. E. Frankl: *Logos und Existenz*. Wien 1951, p. 70; V. E. Frankl: *Theorie und Therapie der Neurosen. Einführung in Logotherapie und Existenzanalyse*. München/Basel 1983 (5. Aufl.), p. 23 [Stuttgart 2007]

9 R. J. Lifton, in: *American Journal of Psychiatry* 110(1954), p. 733

10 V. E. Frankl: *Homo patiens*. Wien 1950, p. 36-37

11 V. E. Frankl: *Der unbedingte Mensch. Metaklinische Vorlesungen*, in loc. cit., p. VII

12 Charlotte Bühler, 출처: *Psychologische Rundschau*, Bd. VIII/I, 1956

13 위의 책

14 G. W. Allport: *Becoming. Basic Considerations for a Psychology of Personality*. New Haven 1955, p. 48-49

15 V. E. Frankl: *Der unbewusste Gott*, in loc. cit., p. 84

16 위의 책, p. 83

17 A. Portmann: *Biologie und Geist*. Zürich 1956, p. 36

18 위의 책, p. 63

19 V. E. Frankl: *Der unbewusste Gott*, in loc. cit., p. 85

20 V. E. Frankl: *Homo patiens*, in loc. cit., p. 110

21 위의 책

22 위의 책, p. 109

23 위의 책

24 V. E. Frankl: 'Zur Definition und Klassifikation der Neurosen', 출처: V. E. Frankl: *Theorie und Therapie der Neurosen. Einführung in Logotherapie und Existenzanalyse*, in loc. cit., p. 43-45

25 V. E. Frankl: *Homo patiens*, in loc. cit., p. 87-88, p. 90

26 위의 책

27 K. Dienelt: *Erziehung zur Verantwortlichkeit (Die Existenzanalyse V. E. Frankls und ihre Bedeutung für die Erziehung)*. Wien 1955와 비교하라.

28 P. Polak: *Frankls Existenzanalyse in ihrer Bedeutung für Anthropologie und Psychotherapie*. Innsbruck/Wien 1949

29 Neurologische Poliklinik, amb. 1015/1948

30 G. W. Allport: *The Individual and his Religion. A Psychological Interpretation*. New York 1956, p. 92

31 Neurologische Poliklinik, 394/1955 bzw. 6264/1955

32 위의 책, 901/1956

33 위의 책, amb. 3578/1953 bzw. stat. 34/1953

34 위의 책, amb.-prot. Nr. 1015 ex 1957

35 위의 책, amb. 1015/1948

36 위의 책, amb. 3070/1952

빅터 프랭클의 저서들

빅터 프랭클의 모든 저서가 담긴 완전한 목록과 로고테라피와 실존 분석에 대한 광범위한 도서 목록은 빅터 프랭클 연구소 웹사이트 www.viktorfrankl.org에서 찾아볼 수 있다.

... trotzdem Ja zum Leben sagen. Ein Psychologe erlebt das Konzentrationslager. Kösel-Verlag, München 2002 (8. Aufl.); ISBN 3-466-10019-4

Ärztliche Seelsorge. Grundlagen der Logotherapie und Existenzanalyse. Deuticke Zsolnay, Wien / dtv, München 2005-2007 / 2011 (dtv); ISBN 3-552-06001-4

Bergerlebnis und Sinnerfahrung. Tyrolia, Innsbruck/Wien 2013 (7. Aufl.); ISBN 978-3-7022-3297-9

Das Leiden am sinnlosen Leben. Psychotherapie für heute. Herder/Kreuz, Freiburg i. Br. 2015; ISBN 978-3-451-61337-1

Dem Leben Antwort geben. Autobiografie. (Was nicht in meinen Büchern steht. Lebenserinnerungen) Beltz, Weinheim 2017; ISBN 978-3-407-86460-4

Der leidende Mensch. Anthropologische Grundlagen der Psychotherapie. Hans Huber, Bern / Serie Piper 1975-2005 (3. Aufl.); ISBN 3-456-84214-7

Der Mensch vor der Frage nach dem Sinn. Eine Auswahl aus dem Gesamtwerk. Serie Piper 289, München 1979-2019 (28. Aufl.); ISBN 9783-492-20289-3

Der unbewusste Gott. Psychotherapie und Religion. Deutscher Taschenbuch Verlag (dtv 35058), München 1992-2018 (15. Aufl.); ISBN 3-466 20302-3

Der Wille zum Sinn. Ausgewählte Vorträge über Logotherapie. Hogrefe, Bern 2016 (7. Aufl.); ISBN 978-3-456-85601-8

Die Psychotherapie in der Praxis. Eine kasuistische Einführung für Ärzte. Serie Piper 475, München 1986-2002; ISBN 978-3-492-20475-9 / 978-3-492-20475-0

Es kommt der Tag, da bist du frei. Unveröffentlichte Texte und Reden. Kösel-Verlag, München 2015; ISBN 978-3-466-37138-9

Gesammelte Werke 1:... trotzdem Ja zum Leben sagen / Ausgewählte Briefe 1945-1949. Böhlau, Wien 2005; ISBN 3-205-77351-9

Gesammelte Werke 2: Psychologie des Konzentrationslagers / Synchronisation in Birkenwald / Ausgewählte Texte 1945-1993. Böhlau, Wien 2006; ISBN 3-205-77390-X

Gesammelte Werke 3: Die Psychotherapie in der Praxis / Und ausgewählte Texte über angewandte Psychotherapie. Böhlau, Wien 2008; ISBN 3-205-77664-X/978-3-205-77664-2

Gesammelte Werke 4: Grundlagen der Logotherapie und Existenzanalyse. Böhlau, Wien 2011; ISBN 978-3-205-78619-1

Gesammelte Werke 5: Psychotherapie, Psychiatrie und Religion. Bölhlau, Wien 2018; ISBN 978-3-205-20574-6

Gottsuche und Sinnfrage. Gütersloh 2005-2014 (5. Aufl.); ISBN 978-3-579-05428-5

Psychotherapie für den Alltag. Rundfunkvorträge über Seelenheilkunde. (Psychotherapie für jedermann.) Kreuz Verlag, Freiburg i. Br. 2015; ISBN 978-3-451-61373-9

Theorie und Therapie der Neurosen. Einführung in Logotherapie und Existenzanalyse. Uni-Taschenbücher 457, Ernst Reinhardt, München/Basel 1967-2007 (9. Aufl.); ISBN 978-3-497-01924-3

빅터 프랭클 연구소

빅터 프랭클 연구소 소장: 알렉산더 바티야니 교수

빅터 프랭클 연구소Viktor-Frankl-Institut, VFI는 1992년 빅터 프랭클이 참석한 가운데 세계 여러 나라에서 온 동료들과 친구들이 학술 단체로 설립했다. 연구소의 주요 과제는 그의 평생 업적을 기리고, 정신의학, 심리학, 철학, 응용심리치료로서의 로고테라피와 실존 분석을 후원하고 보급하며, 또 이들의 심리치료 및 상담사 교육을 질적으로 보장하는 일이다. 이와 함께 빅터 프랭클 연구소 빈은 빅터 프랭클 이후 정통 로고테라피 및 실존 분석 교육 인증기관이기도 하다.

로고테라피와 실존 분석을 전문적으로 가르치는 걸 인정받은 기관들과 오스트리아 내 협회는 전 세계에 150개가 넘는다. 이들 목록은 빅터 프랭클 연구소 웹사이트에 자세히 소개돼 있다.

빅터 프랭클 연구소는 빅터 프랭클 개인 아카이브를 위한 독점 권한을 보유하고, 로고테라피와 실존 분석에 관한 글들과 연구논문들을 세계에서 가장 많이 소장하고 있다.

1999년에는 도시 빈과 협력해 '빅터 프랭클 재단 빈'을 창립하였다. 빅터 프랭클 재단 빈은 의미지향 및 인도주의적 심리치료 분야에서 탁월한 업적을 이룬 것을 기리고 연구 프로젝트를 장려하고자 매년 상장과 장학금을 수여하는데, 이는 재단의 창립 목표이기도 하다. 또한 뛰어난 인물의 업적을 인정하고 높이 평가하는 명예상도 해마다 수여하고 있다. 지금까지 명예상을 받은 수상자는 하인츠 폰 퓌르스터, 파울 바츨라빅, 프란츠 쾨니히 추기경, 시슬리 손더스 여사, 에르빈 크로이틀러 주교, 오스카 안드레 로드리게스 마라디아가 추기경, 에릭 리처드 칸델 등이 있다.

빅터 프랭클 연구소는 세계 최초로 국가에서 인정한 국제철학아카데미(리히텐슈타인 공국 대학교)의 빅터 프랭클 철학 및 심리학 강좌에서 로고테라피 박사과정 학생들을 지도하고 있다. 또 2012년 신설된 모스크바대학교 정신분석 연구소 내 로고테라피 및 실존 분석학부와 협력해 로고테라피 마스터 과정과 심리치료 교육을 제공하고 있다.

세계 여러 나라에 설립된 로고테라피 연구소 활동에 대한 더 자세한 정보는 빅터 프랭클 연구소 빈 홈페이지에서 살펴볼 수 있다. 여기서는 로고테라피 연구 및 실제에 관한 새로운 소식과 더불어 방대한 양의 로고테라피 1, 2차 문헌들도 함께 소개하고 있다.

연락처 및 그 밖의 정보는 www.viktorfrankl.org에서 찾아볼 수 있다.

빅터 프랭클,
당신의 불안한 삶에 답하다

초　　판 1쇄 인쇄 · 2021. 6. 15.
초　　판 1쇄 발행 · 2021. 6. 30.

—

지은이　　　빅터 프랭클
옮긴이　　　마정현
발행인　　　이상용
발행처　　　청아출판사
출판등록　　1979. 11. 13. 제9-84호
주소　　　　경기도 파주시 회동길 363-15
대표전화　　031-955-6031　　　팩스　　031-955-6036
전자우편　　chungabook@naver.com

—

ISBN 978-89-368-1182-2　03180

—